汽车专业技能型教育一体化教材

汽车电器构造与维修

丛书主编　夏长明
丛书副主编　涂潭生　肖楠榕　李锡威　何南昌
本册主编　许　楠
本册副主编　龙　乐
本册参编　成　有

机械工业出版社

本书以一体化教学模式为指导思想，以企业实际作业任务为参考，同时结合理论分析进行编写。书中系统地讲述了汽车电器及电子设备的基本结构、工作原理、工作特性、常见故障的诊断与排除以及主要电器系统的保养与维护等内容。并在此基础上使学生掌握整车电路图的识图方法与故障诊断程序，掌握各种工具、仪器的使用方法，能够独立地进行汽车电器的拆装与检修。本书主要内容包括：蓄电池、发电机及电压调节器、起动系统、点火系统、照明与信号系统、仪表与报警灯系统、辅助电器等几大部分。

本书按照“认知 + 技能 + 能力 + 实战”的理实一体化教学规律进行编排，内容系统、连贯、完整，实操配以大量图片，具有较强的实用性。本书主要作为中高级技工类及中高级职业学校汽车类专业教材，也可供汽车维修从业人员、汽车驾驶人员以及汽车运行管理人员参考。

图书在版编目(CIP)数据

汽车电器构造与维修/许楠主编. —北京：机械工业出版社，2011.4(2016.8重印)

汽车专业技能型教育一体化教材

ISBN 978-7-111-33770-6

Ⅰ.①汽… Ⅱ.①许… Ⅲ.①汽车—电气设备—构造—教材②汽车—电气设备—车辆修理—教材 Ⅳ.①U472.41

中国版本图书馆CIP数据核字(2011)第044036号

机械工业出版社(北京市百万庄大街22号 邮政编码100037)

策划编辑：徐 巍 责任编辑：刘 煊

责任校对：肖 琳 封面设计：路恩中

责任印制：乔 宇

北京铭成印刷有限公司印刷

2016年8月第1版第6次印刷

184mm×260mm · 13.25印张 · 324千字

11001—12900册

标准书号：ISBN 978-7-111-33770-6

定价：29.80元

凡购本书，如有缺页、倒页、脱页，由本社发行部调换

电话服务 网络服务

服务咨询热线：010-88379833 机 工 官 网：www.cmpbook.com

读者购书热线：010-88379649 机 工 官 博：weibo.com/cmp1952

教育服务网：www.cmpedu.com

封面无防伪标均为盗版 金 书 网：www.golden-book.com

汽车专业技能型教育一体化教材编委会

广东金桥技工学校简介

广东金桥技工学校是在广州金桥管理干部学院、广州海员学校基础上发展起来的，是隶属于广东省人力资源和社会保障厅的重点技工学校。

学校位于广州市天河区，紧邻奥林匹克体育中心，交通便利，空气清新，环境优美。学校占地面积近百亩，建筑面积约60000平方米，是一间具有十几年大专办学经验的综合性职业教育院校。学校设有经济贸易系、机电工程系、汽车工程系、计算机系、外语系、艺术设计系6个教学系，拥有各类学生4000多人，教职员工300多人。

广东金桥技工学校校长谢丽君博士

学校以“学用结合，能者为先，做人第一”为教育宗旨，努力锻造学生能力，塑造学生人格。学校的发展引起中国十大教育服务品牌之一的安博教育集团的高度关注。安博教育集团正着力对学校进行全面升级管理，广东金桥技工学校将成为安博教育集团在华南地区重要的职业教育基地。

序　言

汽车作为人类历史文明发展的标志，从1886年发明至今，已有100多年的历史。近几年，我国的汽车产销量迅速增长，全国汽车拥有量大幅度上升。世界知名汽车企业的大量涌入，国内汽车企业的迅速发展，合资厂家的不断增加，大大促进了国内汽车技术的进步。汽车保有量的急剧增加，汽车技术的不断更新，使得汽车运用与维修行业的车源、车种、服务对象以及维修作业方式等都已发生了新的变化，使得技能型、应用型的实用人才非常紧缺。为了尽快培养能用、实用、好用的技术人才，我校根据多年来实施“理论-实践一体化教学”的经验，在机械工业出版社汽车分社领导和专家的指导下，组织了多名具有丰富的教学和实践经验的老师编写这套教材来满足教学的需要，并加以全国推广。

本套教材包括《汽车发动机构造与维修》、《汽车底盘构造与维修》、《汽车电器构造与维修》、《汽车车身构造与维修》、《汽车发动机电控系统原理与维修》、《汽车自动变速器原理与维修》、《汽车安全舒适系统原理与维修》、《汽车故障诊断技术》、《汽车营销》及《汽车维护》共十种。

本套教材在编写过程中，力求体现以下特色：

1. 以实际工作任务为驱动，突出以实物、实图、实例、易教易学的一体化教学内容来编写，并在教材的结构内容上彰显：

（1）结构原理（即认知部分）——以实物、原理图加标注为主，辅以简单必要的文字说明，旨在提高学生对汽车专业知识的理解、概括、运用等能力。

（2）拆检（即技能训练部分）——以原理图和实物为主，加上操作要领、注解、技术要求、注意事项及相关知识链接，旨在提高学生的实际动手能力。

（3）故障排除（即能力提高部分）——以诊断流程图为主线，突出故障现象及导致故障的原因，使学生能够按图索骥，能够迅速掌握汽车常见故障的诊断排除要领，以提高学生将基本知识和实操技能进行有机结合、综合运用从而转化为解决生产实践中实际问题的能力。

（4）典型案例分析（即实战演练部分）——以汽车售后服务行业一线技术服务人员在工作实践中总结的成功经验所形成的技术论文为典型案例，配以知名专家的点评，来提高学生的学习兴趣和实际应变能力，为学生后期的顶岗实习及进入企业打下坚实基础。

2. 以就业为导向，面向实际，贯彻“一体化教学”特点，全程设计，整体优化。

3. 借鉴国内外职业教育经验，融传统式教学、模块式教学、情境化教学、项目式教学、案例式教学等为一体，顺应现代职业教育制度改革。

4. 面向技工教育，难易适度，图文并茂，深入浅出，通俗易懂。

5. 教材中各知识单元与技能模块力求做到“一体化”，且尽可能以汽车案例展开讲解，来激发学生学习兴趣，以期提高教学质量。

6. 加强针对性和实用性，力求实现理论与实践、教与学、学与用的完美结合。

由于编者水平所限，书中难免出现差错，希望读者在使用过程中及时批评指正。

汽车专业技能型教育一体化教材编委会

前　言

汽车电器技术经历了一百多年的发展历程，随着电子技术的快速发展，电器设备在汽车上的应用越来越广泛，数量越来越多，电子技术已经成为汽车的神经网络和汽车技术系统的核心，由此人们也将汽车称作是车轮上的计算机。

随着汽车电器设备占有率的加大，汽车故障亦变得更加隐蔽难排，故业内广泛流传“不懂汽车电器，就等于不懂汽车”之说。《汽车电器构造与维修》课程在汽车类专业中的教学地位也越显重要，理所当然地成为汽车类专业的核心课程。其教学任务是力求把传授汽车电器构造与维修知识和实践技能结合起来，强调理论知识的应用性，培养学生具备从事汽车电器维修的基本职业能力，同时培养学生具有一定的逻辑思维能力和分析解决实际问题的能力。

本书以一体化教学模式为指导思想，以企业实际作业任务为参考，同时结合理论分析进行编写。书中系统地讲述了汽车各种电器及电子设备的基本结构、工作原理、工作特性、常见故障的诊断与排除以及主要电器系统的保养与维护等内容。并在此基础上使学生掌握整车电路图的识图方法与故障诊断程序，掌握各种工具、仪器的使用方法，能够独立地进行汽车电器的拆装与检修。

本书为适应中高级技工及职业类学校汽车类专业学生学习之需要，以认知(结构原理)、技能训练(拆检)、能力提高(故障排除)、实战演练(典型案例分析)的理实一体化学习规律进行编排。用大量结构原理图片加文字标注和注解的方式，使学生通过阅读本书，可以举一反三、触类旁通地去解决更多、更深层次汽车电器设备的问题。再通过自己的检修实践逐渐提高认识，成为一名熟练的汽车电器维修人员。

本书主要作为中高级技工及职业类学校汽车类专业教材，也可供汽车维修从业人员、汽车驾驶人员以及汽车运行管理人员参考。

编者

目　录

项目一　蓄　电　池

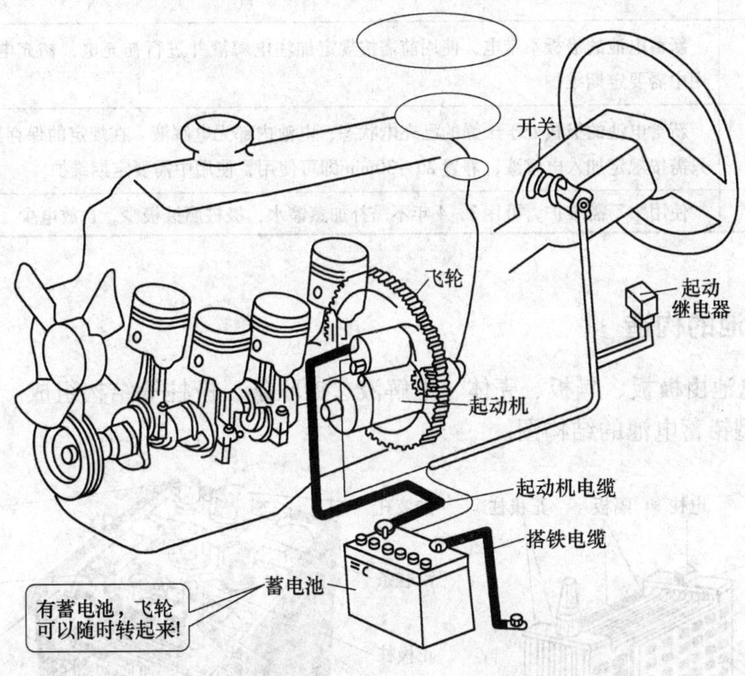

【学习目标】

◇ 认识蓄电池的构造，了解蓄电池的工作原理

◇ 学会蓄电池的使用与维护

◇ 掌握蓄电池的检修方法

任务一　蓄电池的构造与工作原理

蓄电池是能将所获得的电能以化学能的形式储存并将化学能转换为电能的一种电化学装置。

汽车用蓄电池是一种储存电能的装置，是汽车的低压直流供电电源之一，一般采用铅蓄电池。

一、车用蓄电池的分类

铅蓄电池由于结构简单、价格便宜、内阻小、可以短时间供给起动机强大的起动电流而被广泛采用。其分类如图 1-1 所示，各种铅蓄电池的特点见表 1-1。

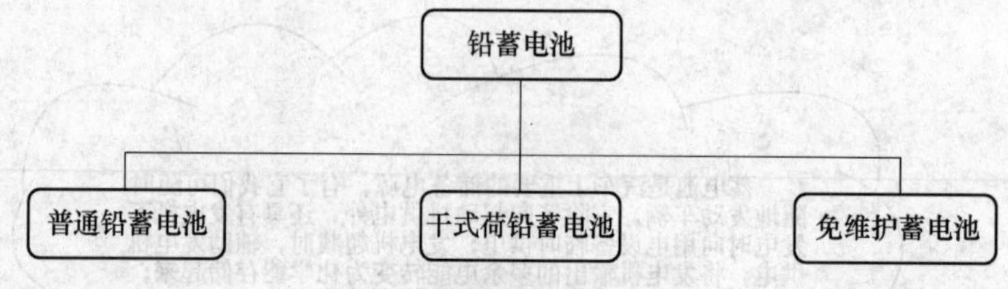

图 1-1　铅蓄电池的分类

表 1-1　各种铅蓄电池的特点

类　型	特　点
普通铅蓄电池	新蓄电池的极板不带电，使用前需按规定加注电解液并进行初充电，初充电的时间较长，使用中需要定期维护
干式荷铅蓄电池	新蓄电池的极板处于干燥的已充电状态，电池内部无电解液。在规定的保存期内，如需使用，只需按规定加入电解液，静置 20～30min 即可使用，使用中需要定期维护
免维护蓄电池	使用中不需维护，可用 3～4 年不需补加蒸馏水，极桩腐蚀极少，自放电少

二、蓄电池的构造

普通铅蓄电池由极板、隔板、壳体、电解液、铅联条、极柱等结构组成。图 1-2 所示是一个 12V 普通型铅蓄电池的结构图。

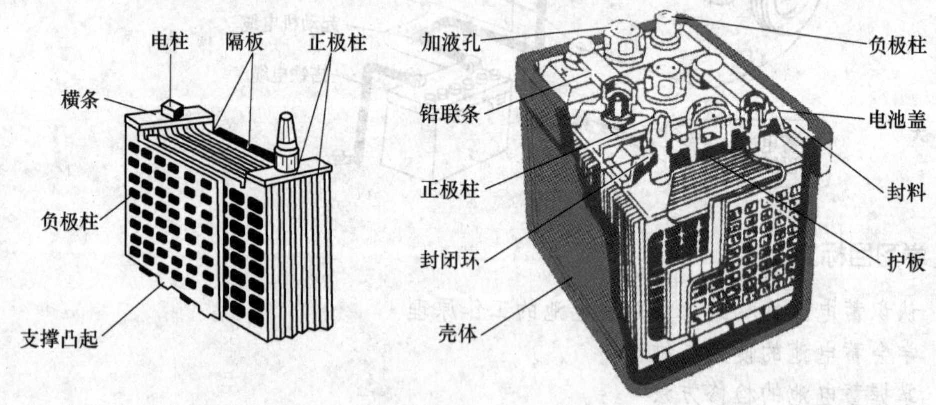

图 1-2　铅蓄电池的结构

1. 极板

极板是蓄电池的重要部件，蓄电池的充电和放电就是由极板和电解液一起进行化学反应来完成的。极板分为正极板和负极板两种，均由栅架和填充在其上的活性物质构成。正极板

上的活性物质是二氧化铅(PbO_2)，呈深棕色；负极板上的活性物质是海绵状纯铅(Pb)，呈青灰色。

栅架的作用是容纳活性物质并使极板成形。蓄电池充、放电过程中，电能和化学能的相互转换，就是依靠极板上活性物质和电解液中硫酸的化学反应来实现的。为增大蓄电池的容量，通常将多片正、负极板分别相互嵌合并联焊接，组成正、负极板组，如图1-3所示。其中极板组中负极板的数量总比正极板多一片。每个极板组构成一个单格电池，每单格电池的额定电压为2V。蓄电池一般都由3个或6个单体电池串联而成，额定电压分别为6V或12V。单体电池的串接方式一般有传统外露式、穿壁式和跨越式三种方式。

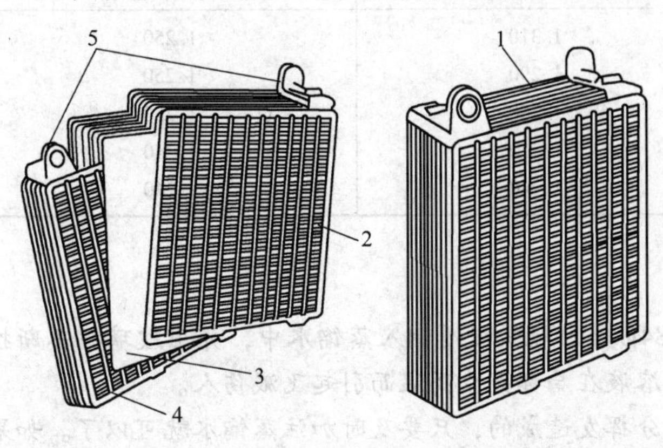

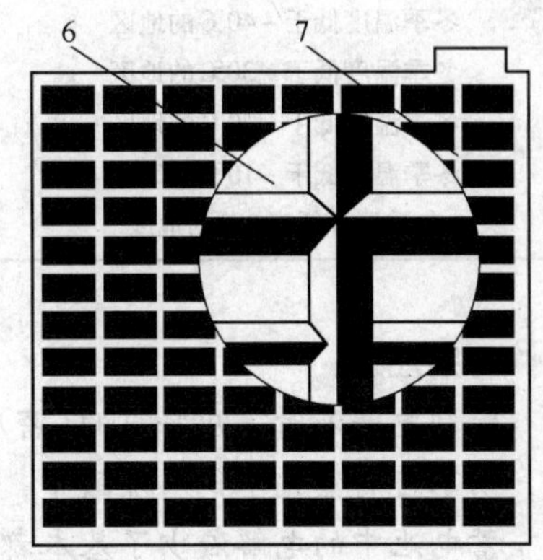

图1-3　极板组

1—极板组总成　2—负极板　3—隔板　4—正极板

5—极板联条　6—活性物质　7—栅架

2. 隔板

隔板的作用是将相互紧靠的正负极板隔开。为了减小蓄电池的内阻和尺寸，蓄电池内部正负极板应尽可能地靠近。为避免正负极板彼此接触而短路，正负极板之间要用隔板隔开。隔板材料应具有多孔性和渗透性，且化学性能要稳定，即具有良好的耐酸性和抗氧化性。常用的隔板材料有木质隔板、微孔橡胶、微孔塑料、玻璃纤维和纸板等。

注意：安装时，隔板上带沟槽的一面应面向正极板。

3. 联条与极柱

联条的作用是将单格电池串联起来，提高整个铅蓄电池的端电压。普通电池联条也由铅锑合金浇铸而成，硬橡胶外壳电池的联条位于电池小盖上方，形状如图1-4所示。

联条的安装形式有顶部安装和穿壁式安装两种。穿壁式安装具有联条尺寸小、蓄电池内阻小、使用寿命长等优点。塑料外壳蓄电池一般采用穿壁式联条。

极柱用于蓄电池与外电路相连。为了便于区别，极柱的上方或旁边标刻有“+”(或P)、“-”(或N)标记，或者在正极柱上涂红色油漆。

4. 电解液

电解液是蓄电池内部进行电化学反应的主要物质，由纯净硫酸和蒸馏水按一定的比例配制而成。蓄电池

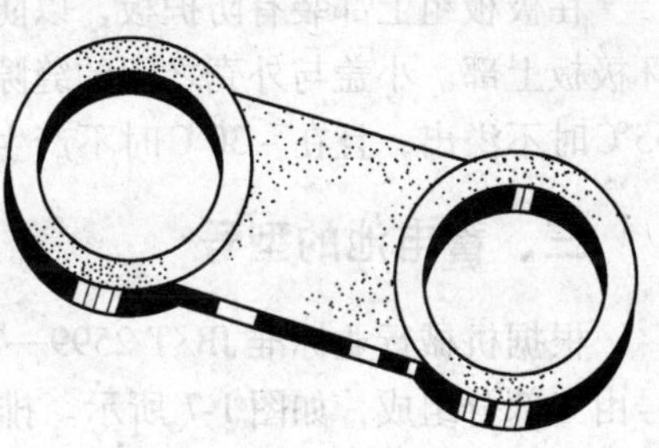

图1-4　联条

内部通过电解液与极板上活性物质发生化学反应，实现电能与化学能互相转换。电解液的密度、温度和纯度是影响蓄电池性能、寿命和还原系数的重要因素。标准的电解液密度为1.24～1.30g/mL。在气温高的地区和季节，应采用较低密度的电解液，而在气温低的地区或季节，应采用较高密度的电解液。不同地区、不同季节时电解液密度是不同的，如表1-2所示。

表1-2　不同气候条件和不同季节的电解液密度　（单位：g/mL）

气候条件	完全充电的蓄电池15℃时密度	
	冬季	夏季
冬季温度低于－40℃的地区	1.310	1.250
冬季温度低于－30℃的地区	1.290	1.250
冬季温度低于－20℃的地区	1.280	1.250
冬季温度低于－10℃的地区	1.270	1.240
冬季温度低于0℃的地区	1.240	1.240

特别注意：

配制电解液时，应将浓的（密度1.84g/mL）硫酸缓慢倒入蒸馏水中，并用玻璃棒不断搅拌，切不可将蒸馏水倒入硫酸中，以免溶液在局部产生高温而引起飞溅伤人。

蓄电池中的电解液少了基本都是水分挥发造成的，只要及时加注蒸馏水就可以了。如果电解液严重缺少就要更换了，更换前要倒光残液，并用蒸馏水对蓄电池内部进行清洗。

电解液严重缺少时，极板暴露在空气中，易导致极板被氧化，也就是硫化，硫化后的极板活性大大下降。

5. 壳体

是用来盛放电解液和极板组的容器，使铅蓄电池构成一个整体。壳体材料有硬橡胶和塑料两种。壳体为整体式结构，壳体内部由间壁分隔成3个或6个互不相通的单格，底部有突起的肋条以搁置极板组。

提示：肋条之间的空间用来积存脱落下来的活性物质，以防止在极板间造成短路。

极板装入壳体后，上部用与壳体相同材料制成的电池盖密封。在电池盖上对应于每个单格的顶部都有一个加液孔，见图1-5，用于添加电解液和蒸馏水，也可用于检查电解液液面高度和测量电解液相对密度。加液孔平时用加液孔盖拧紧。加液孔盖中心的通气孔应经常保持畅通，使蓄电池化学反应放出的气体随时逸出。

壳体由耐酸、耐热、耐振、绝缘性好并且有一定力学性能的材料制成。

在极板组上部装有防护板，以防止测量电解液相对密度、液面高度或添加电解液时，损坏极板上部。小盖与外壳之间的缝隙用封口胶密封，如图1-6所示。封口胶能保证电解液在65℃时不溢出，且在－30℃时不产生裂纹。

三、蓄电池的型号

根据机械行业标准JB/T 2599—1993《铅蓄电池产品型号编制方法》的规定，铅蓄电池型号由三部分组成，如图1-7所示。排列如下：

串联单格数——电池类型和特征——额定容量和特殊性能

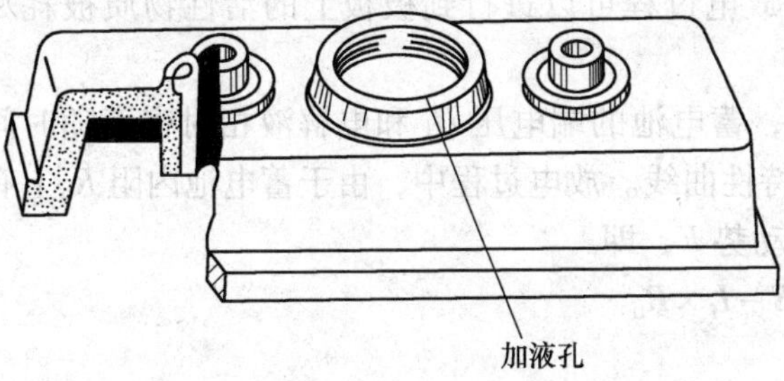

图 1-5 加液孔

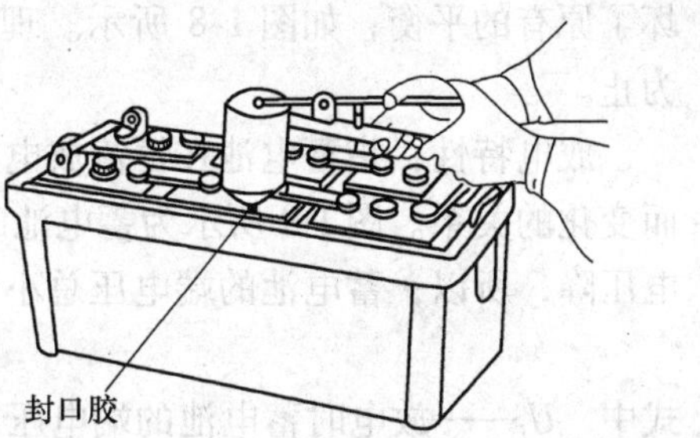

图 1-6 封口胶

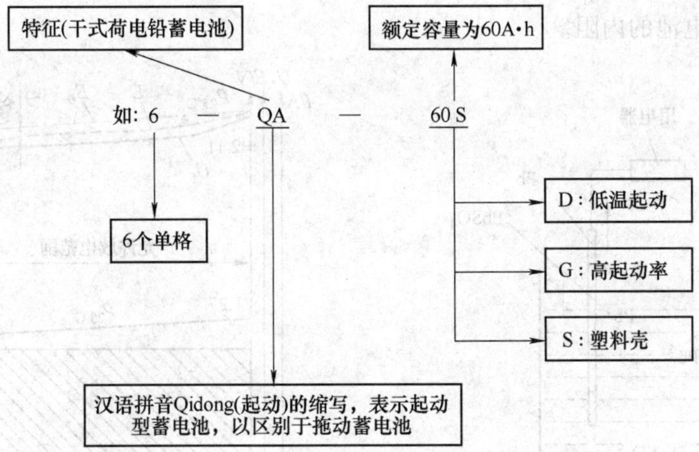

图 1-7 蓄电池的标志

蓄电池的单格数表示一个整体蓄电池串联的单格电池数，用阿拉伯数字表示，其额定电压用单格数乘以 2。蓄电池类型和特征用大写的汉语拼音字母表示，其含义如表 1-3 所示。额定容量用阿拉伯数字表示，单位为 A · h。当蓄电池有不同于一般性能的蓄电池时，标注特殊性能标志(D、G、S)。

表 1-3 常见蓄电池特征

特征	干式荷电	湿式荷电	免维护	少维护	胶体电解质
代号	A	H	W	S	J

四、铅蓄电池的工作原理

蓄电池的充放电过程是可逆的，其工作过程就是化学能与电能相互转化的过程。当蓄电池向外供电时，将化学能转化为电能；而当蓄电池与外部直流电源相连进行充电时，将电能转变成化学能。

1. 蓄电池的放电

当蓄电池接上负载后，正极板上的 PbO_2 和负极板上的 Pb 都逐渐转变为 $PbSO_4$，电解液中的 H_2SO_4 逐渐减少而 H_2O 和 $PbSO_4$ 增多，故电解液相对密度下降。在电动势的作用下，电流从正极经过负载流往负极(即电子从负极到正极)，使正极电位降低，负极电位升高，破坏了原有的平衡，如图 1-8 所示。理论上，放电过程可以进行到极板上的活性物质被耗尽为止。

放电特性：指蓄电池在恒流放电过程中，蓄电池的端电压 U_f 和电解液相对密度随时间而变化的关系。图 1-9 所示为蓄电池的放电特性曲线。放电过程中，由于蓄电池内阻 R_0上有电压降，所以，蓄电池的端电压总小于其电动势 E，即

$$U_f = E - I_f \times R_0$$

式中 U_f——放电时蓄电池的端电压；

E——放电时蓄电池的电动势；

I_f——放电电流；

R_0——蓄电池的内阻。

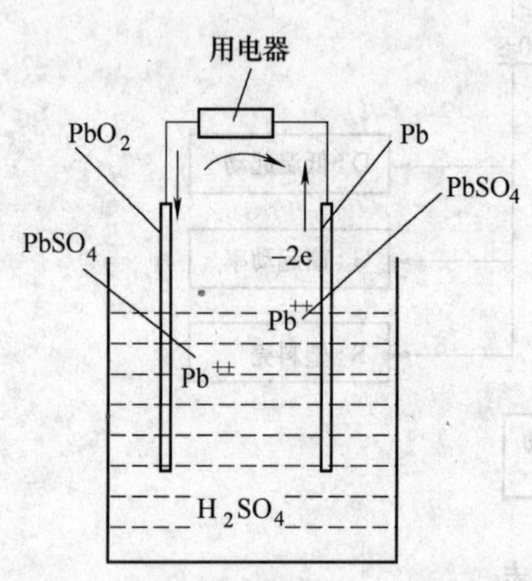

图 1-8 蓄电池放电时的化学反应过程

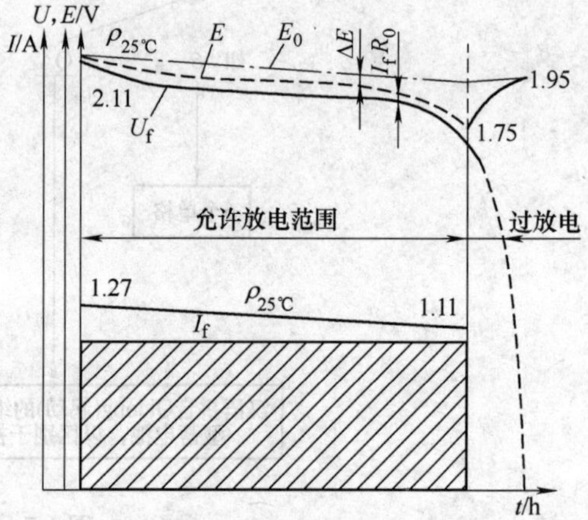

图 1-9 蓄电池的放电特性曲线

第一阶段：开始放电阶段，电压下降较快。

第二阶段：相对稳定阶段，电压缓慢下降。

第三阶段：迅速下降阶段，放电终了，密度迅速下降，端电压也急剧下降。

蓄电池放电终了的特征是：

1）电池电压降到放电终了电压。

2）电解液密度降到最小许可值。

蓄电池放电终了电压与放电电流的大小有关，放电电流越大，放电的持续时间就越短，放电终了电压也越低。

2. 蓄电池的充电

充电时，蓄电池的正、负极分别与直流电源的正、负极相连。正负极板上的 $PbSO_4$将逐渐恢复为 PbO_2和 Pb，电解液中硫酸成分逐渐增多，H_2O 逐渐减少。电源电压高于蓄电池电动势，在直流电源电压作用下，电流从蓄电池正极流入，从负极流出(即驱使电子从正极经外电路流入负极)。这时正负极板发生的反应正好与放电过程相反，如图 1-10 所示。

充电特性：指蓄电池在恒流充电过程中，蓄电池的端电压 U 和电解液密度随充电时间而变化的关系。图 1-11 所示为蓄电池充电的特性曲线。充电时电源电压必须克服蓄电池的

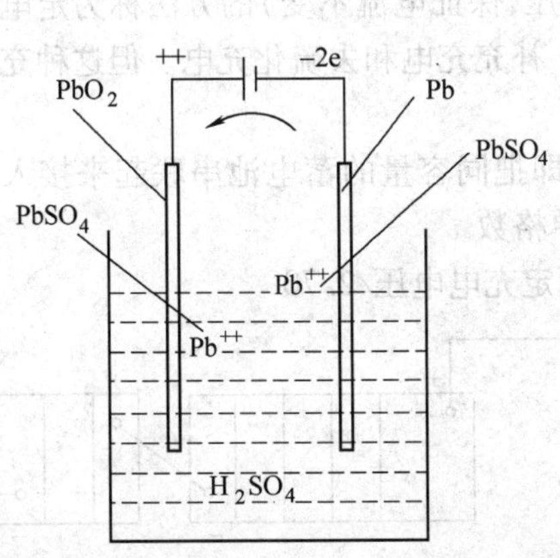

图 1-10 蓄电池充电时的化学反应过程

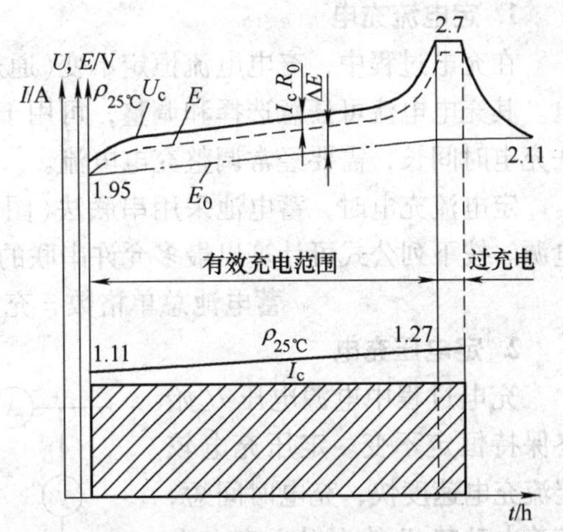

图 1-11 蓄电池的充电特性曲线

电动势和蓄电池内阻产生的电压降 I_cR_0，因此，充电过程中蓄电池的端电压总是大于蓄电池的电动势，即

$$U_c = E + I_cR_0$$

蓄电池的充电大致经过四个阶段。

第一阶段：开始充电阶段，端电压迅速上升。

第二阶段：稳定上升阶段，端电压随电解液密度上升而相应提高。

第三阶段：迅速上升阶段，水电解产生的 H 以离子状态和极板之间产生附加电阻，形成沸腾现象。

第四阶段：充电停止后，端电压逐渐下降至静止电动势。

蓄电池充足电的标志是：

1）电解液中有大量气泡冒出。

2）电解液的密度和蓄电池的端电压上升到规定值，且在 2～3h 内保持不变。

综上所述，蓄电池的充放电化学反应方程式为：

$$\underset{\text{正极板}}{PbO_2} + \underset{\text{电解液}}{2H_2SO_4} + \underset{\text{负极板}}{Pb} \underset{\text{充电}}{\overset{\text{放电}}{\rightleftharpoons}} \underset{\text{正负极板}}{2PbSO_4} + \underset{\text{电解液}}{2H_2O}$$

任务二 蓄电池的使用与维护

一、蓄电池的充电

无论是新启用的蓄电池还是修复后的蓄电池，以及装在车上使用的蓄电池，必要的时候都应该对其进行充电，它对蓄电池的使用寿命和使用性能都有很大影响。蓄电池的常规充电方法有定电流充电和定电压充电两种，非常规充电有脉冲快速充电。

1. 定电流充电

在充电过程中，充电电流恒定不变(通过调整电压,保证电流不变)的方法称为定电流充电。其充电电流可任意选择和调整，可用于初充电、补充充电和去硫化充电。但这种充电方法充电时间长，需要经常调整充电电流。

定电流充电时，蓄电池采用串联法(图 1-12)。即把同容量的蓄电池串联起来接入充电电源。按下列公式可计算出最多允许串联的蓄电池单格数

$$蓄电池总单格数 = 充电机的额定充电电压/2.70$$

2. 定电压充电

充电过程中电源电压 U 始终保持恒定不变。定压充电较定流充电速度快，充电时间短，随着电动势 E 的上升，充电电流 I_c 逐渐减小到零，使充电自动停止，不必人工调整。但要选择好充电电压大小，若电压过高，不但充电初期充电电流过大，且会发生过充电现象，以致引起极板弯曲、活性物质大量脱落，蓄电池温升过高；若充电电压过低，则会使蓄电池不能充电。

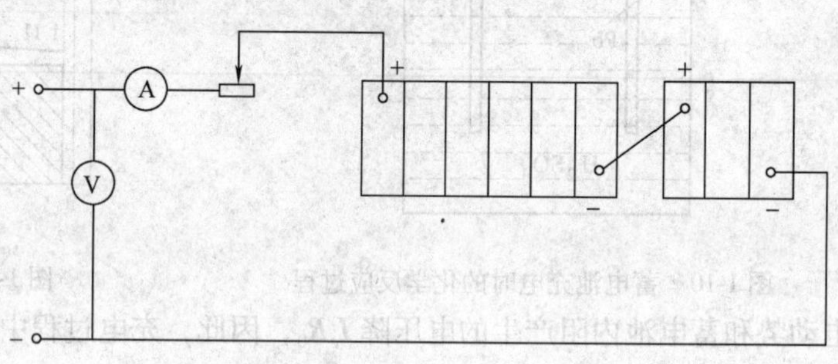

图 1-12　定电流充电时蓄电池的连接

注意：定电压充电法一般不适用于初充电和去硫化充电。

定电压充电时，蓄电池采用并联法，如图 1-13 所示。它要求各并联支路的单格电压总和相等，但各蓄电池的型号、容量以及放电程度可以不同。并联蓄电池的数目必须由充电设备的最大输出电流来决定。

3. 脉冲快速充电

脉冲快速充电是指以脉冲大电流充电来实现快速充电的方法。可极大地克服充电过程中所产生的极化现象，从而增加蓄电池的容量。并有效地提高充电效率。一般初充电时间不超过 5h，补充充电不超过 1h。但脉冲充电机控制电路复杂，价格高于普通充电机，充电电流波形如图 1-14 所示。

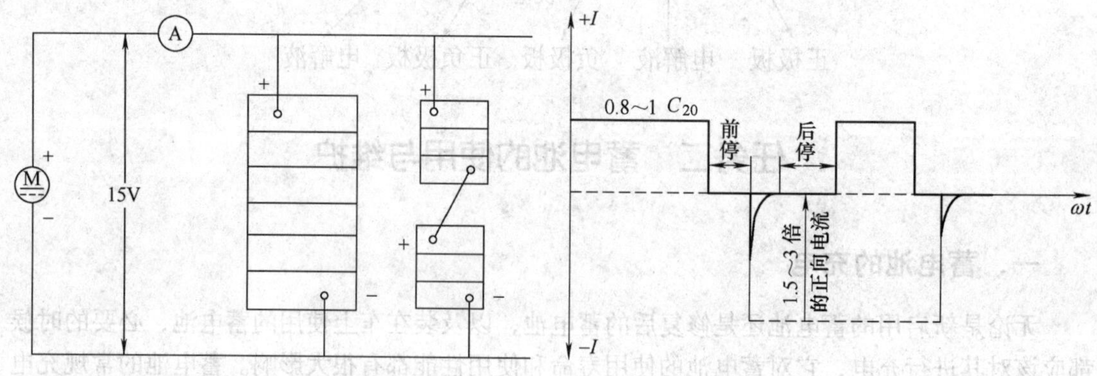

图 1-13　定压充电时蓄电池的连接

图 1-14　脉冲快速充电规律

注意：根据充电目的不同，蓄电池的充电种类可分为初充电、补充充电、去硫化充电等。

(1) 初充电　对新蓄电池或更换极板后的蓄电池进行的首次充电。可以恢复蓄电池在存放期间，极板上部分活性物质缓慢硫化和自放电而失去的电量。对蓄电池的使用性能极为重要。初充电的充电电流要小、充电时间要长，必须要彻底充足。一般全部充电时间约为60～70h。

(2) 补充充电　一般每月对蓄电池进行补充充电一次。在车辆行驶中蓄电池常有充电不足的现象，尤其是短途行驶，应根据需要随时进行补充充电。当遇到下述情况之一，说明蓄电池需要补充充电：

1) 电解液密度下降到1.20g/mL以下时。

2) 冬季放电超过25%，夏季放电超过50%。

3) 前照灯灯光暗淡、起动机运转无力(非机械故障)，表明电力不足时。

4) 蓄电池放置时间超过一个月时，也应进行补充充电；在大量补充蒸馏水后也应进行补充充电。

(3) 预防硫化充电　为避免蓄电池在使用中极板硫化，一般应每隔3个月进行一次间歇过充电。充电方法是先按补充充电方式充足电，停歇1h后，再以减半的充电电流进行过充电，直至充足电为止。

二、影响蓄电池容量的因素

蓄电池的容量是指在规定的放电条件下，完全充足电的蓄电池所能放出的电量，用“C”表示。单位A·h(安时)。容量是标志蓄电池对外放电能力、衡量蓄电池质量优劣以及选用蓄电池的最重要指标。影响蓄电池容量的因素有放电电流、电解液温度、电解液相对密度、电解液纯度和极板结构等。

1. 放电电流的影响

放电电流越大，单位时间生成的硫酸铅越多，则孔隙易被堵塞，活性物质利用率降低，因而容量越小。如图1-15所示是蓄电池在不同放电电流时所输出的容量。

2. 电解液温度的影响

温度降低，电解液的粘度增加，渗入极板内部困难，活性物质利用率低，容量减小。同时电解液粘度的增加会使得电解液内阻增加，内阻上的压降增大，蓄电池端电压降低，容量同样会减小。图1-16所示为蓄电池在不同温度下，蓄电池容量的变化情况。

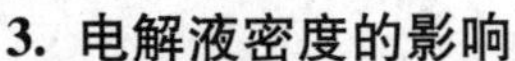

3. 电解液密度的影响

如图1-17所示，适当增加电解液的相对密度，可以提高电解液的渗透速度和蓄电池的电动势，并减小内阻，使蓄电池的容量增大；但相对密度超过某一数值时，由于电解液粘度增大使渗透速度减低，内阻和极板硫化增加，又会使蓄电池的容量减小。

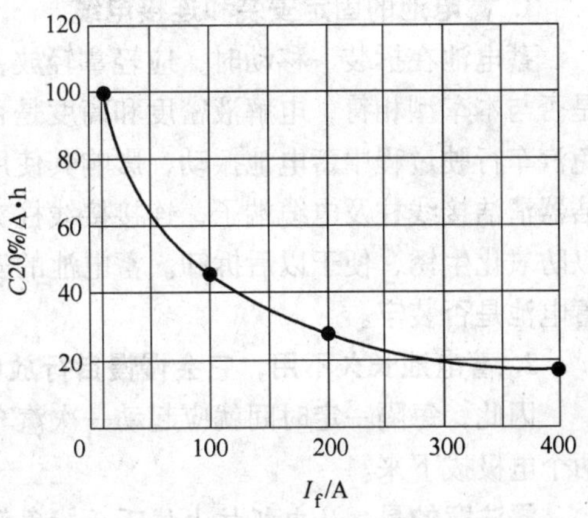

图1-15　蓄电池在不同放电电流时所输出的容量

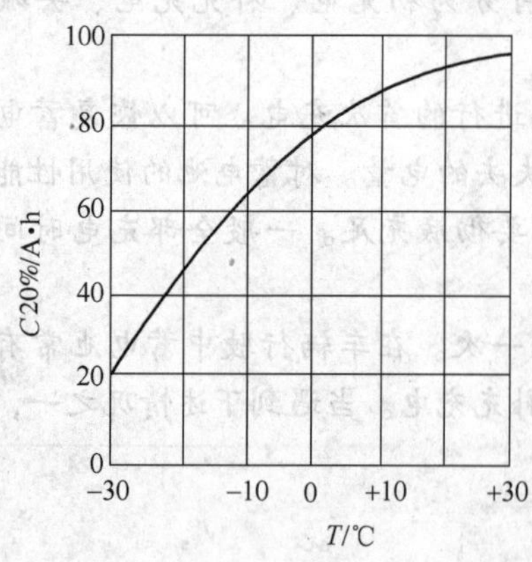

图 1-16 蓄电池的温度与容量关系图

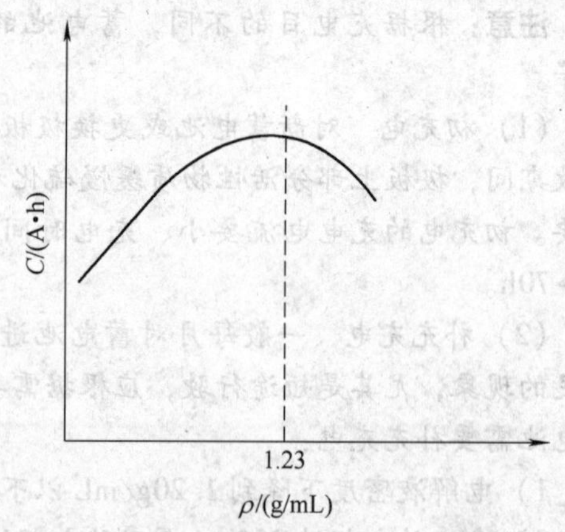

图 1-17 电解液相对密度和容量的关系

实践证明：电解液密度偏低有利于提高放电电流和容量。冬季使用的电解液，在不使其结冰的前提下，尽可能采用稍低的电解液密度。

4. 电解液纯度的影响

纯度不高的电解液明显减少蓄电池的容量。若电解液中含有质量分数1%的铁杂质，蓄电池则在一夜内就会放完电。

5. 极板构造的影响

极板厚度越薄，活性物质的利用率就越高，容量就越大。极板面积越大，同时参与反应的物质就越多，容量就越大。同性极板中心距越小，蓄电池内阻越小，容量越大。

三、蓄电池使用的注意事项

在汽车的日常使用中，蓄电池是最重要的部件之一，使用不当将会影响蓄电池的使用寿命及汽车的运行状况。由于汽车使用的是起动型蓄电池，它可使汽车储能，然后瞬间释放电能以克服起动阻力使飞轮旋转，所以说用质量好的起动型蓄电池，汽车起动也就更为迅速。蓄电池在日常使用及保养方面需要注意以下问题。

1. 蓄电池的固定安装和连接电缆

蓄电池在拆装、移动时，应轻拿轻放，严禁在地上拖拽。安装前应检查代用蓄电池型号是否与本车型相符，电解液密度和高度是否符合规定。安装时必须将电池固定在支架上，以免汽车行驶过程中蓄电池振动，影响其使用寿命。安装电缆端子时，应先用细砂纸或专用清洁器清洁接线柱及电缆端子，连接接线柱夹头时，螺栓螺母的螺纹应先涂凡士林或润滑脂，以防氧化生锈，便于以后拆卸。蓄电池的安装可按与拆卸相反的顺序进行。安装完后应检查蓄电池是否装牢。

2. 蓄电池长久不用，它会慢慢自行放电，直至报废

因此，每隔一定时间就应起动一次汽车，给蓄电池充电。另一个办法就是将蓄电池上的两个电极拔下来。

需注意的是：从电极柱上拔下正、负两根电极线，要先拔下负极线，或卸下负极和汽车车身的连接。然后再拔去带有正极标志(＋)的另一端。

蓄电池有一定的使用寿命，到一定的时期就要更换。

提示：在更换时同样要遵循上述次序，不过在把电极线接上去时，次序则恰恰相反，先接正极，然后再接负极。

3. 大电流放电时间不宜过长

在起动汽车时，不间断地使用起动机会导致蓄电池因过度放电而损坏。正确的使用办法是每次发动车的时间总长不超过5s，再次启动间隔时间不少于15s。在多次起动仍不能起动的情况下应从电路、点火线圈或油路等其他方面找原因。

4. 日常行车时应经常检查蓄电池盖上的小孔是否通气

倘若蓄电池盖小孔被堵，产生的氢气和氧气排不出去，电解液膨胀时，会把蓄电池外壳撑破，影响蓄电池寿命。检查电池的正、负接线柱有无被氧化的迹象。可以用热水时常浇蓄电池的电线连接处。检查电路各部分有无老化或短路的地方。防止蓄电池因为过度放电而提前报废。

四、蓄电池的检查与维护

为了使蓄电池经常处于完好的技术状况，对蓄电池应严格按照保养制度进行检查和维护。蓄电池检查和维护的规程及技术要求如下：

1. 清洁、检查蓄电池外部

1）保持蓄电池外表面的清洁干燥，及时清除极桩和电缆卡子上的氧化物，并确定蓄电池极桩上的电缆连接牢固，如图1-18a所示。

2）清洗蓄电池时，最好从车上拆下蓄电池，用苏打水溶液冲洗整个壳体(图1-18b)，然后用清水冲洗蓄电池并用纸巾擦干。对蓄电池托架，可先用腻子刀刮净厚腐蚀物，然后用苏打水溶液清洗托架(图1-18c)，之后用水冲洗并干燥。托架干燥后，漆上防腐漆。

3）对极桩和电缆卡子，可先用苏打水溶液清洗，再用专用清洁工具进行清洁，如图1-19所示。清洗后，在电缆卡子上涂上凡士林或润滑脂防止腐蚀。

注意：清洗蓄电池之前，要拧紧加液孔盖，防止苏打水进入蓄电池内部。

2. 检查电解液的高度

1）用内径4～6mm，长约150mm的玻璃量管，垂直插入加液孔内，直到极板的边缘为止，然后用拇指压紧上管口，将量管取出，管中电解液柱的高度，即为蓄电池内电解液液面高出极板的高度，应为10～15mm，如图1-20所示。

2）液面过低时，应补加蒸馏水，不准加入自来水或稀硫酸。

3. 检查电解液比重

1）拧下单格电池的加液孔盖，用－5～100℃的温度计测量电解液的温度，记下当时的温度。

2）用密度计从加液孔吸出电解液至密度计内的浮漂浮起时为止，观看读数时，应使浮漂在玻璃管中央而不与管壁接触，并把密度计提至与眼睛视线平齐的位置，以免影响读数的准确性，见图1-21。

注意：在蓄电池大电流放电和添加蒸馏水后，不要马上测量密度，因为此时电解液还没有混合均匀，所测的密度不准确。

3）电解液密度通常以＋15℃为计算基准，在高于或低于＋15℃的温度下测量的电解液密度值，应将测得的读数加以修正。电解液温度高于＋15℃时，每高出1℃，应从实际测得

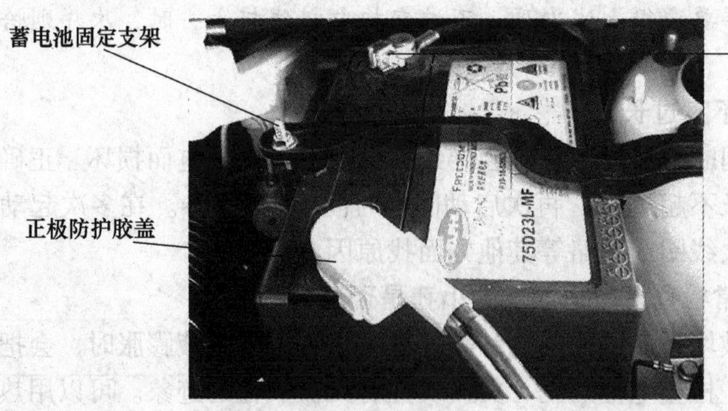

a)

刷子

苏打水溶液

b)

刷子

蓄电池托架

c)

图 1-18　蓄电池的外部清洗

a）蓄电池外部清洗实物图　b）壳体的清洗　c）托架的清洗

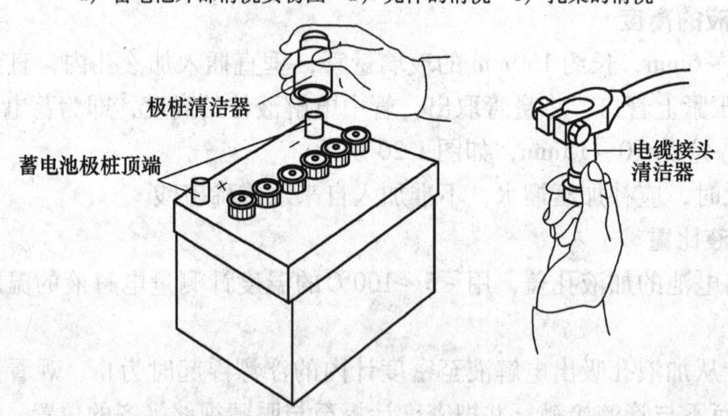

图 1-19　极桩和电缆卡子的清洗

的数值中加上 0.0007g/mL；反之，低于 +15℃时，没低于 1℃时，应减去 0.0007g/mL；当温度与 +15℃相差较大时，可按表 1-4 的数据予以修正。

提示：同一蓄电池各单格的电解液密度相差不应超过 0.01g/mL，如某一单格密度下降过大，则该单格电池内部可能有故障，应用高率放电计作进一步的检查。

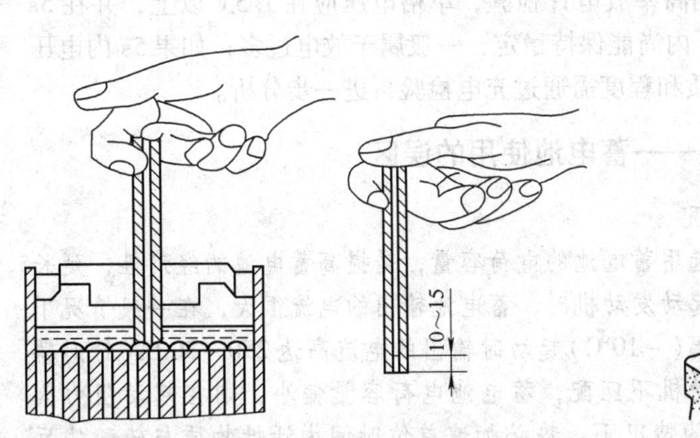

图 1-20 电解液液面高度检测

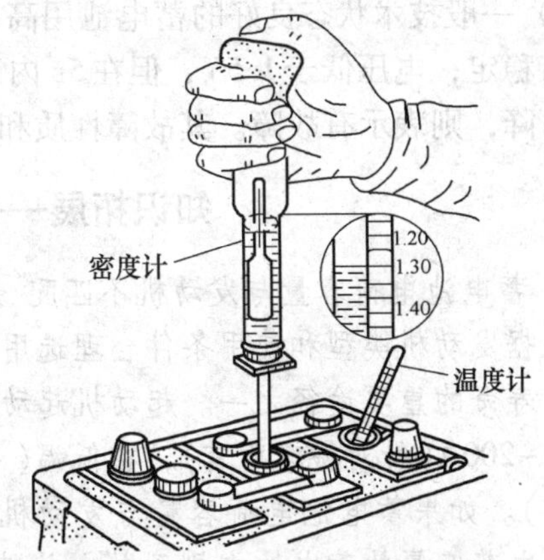

图 1-21 电解液密度检测

表 1-4 电解液密度在不同温度的修正值

温度/℃	密度修正值/(g/mL)	温度/℃	密度修正值/(g/mL)	温度/℃	密度修正值/(g/mL)
70	加 0.0385	30	减 0.0105	-10	减 0.0175
65	加 0.0350	25	减 0.007	-15	减 0.0210
60	加 0.0315	20	减 0.0035	-20	减 0.0245
55	加 0.0280	15	0	-25	减 0.0280
50	加 0.0245	10	减 0.0035	-30	减 0.0315
45	加 0.0210	5	减 0.007	-35	减 0.0350
40	加 0.0175	0	减 0.0105	-40	减 0.0385
35	加 0.0140	-5	减 0.0140	-45	减 0.042

4. 用高率放电计检查蓄电池技术状态

1）凡是经电解液密度测量后，确定已放电 50% 以上的蓄电池不必进行高率放电检查。

2）测量时，将高率放电计的表针稍微用力压在单格蓄电池的两个极柱上，每次连续时间不能超过 5s，要求在 5s 内，其表针能稳定在一个电压数值范围内，如图 1-22 所示。

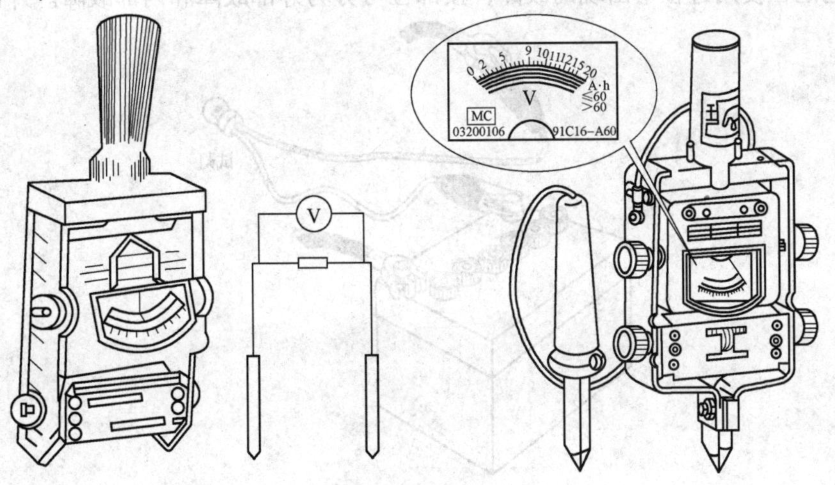

图 1-22 高率放电计

3）一般技术状态良好的蓄电池用高率放电计检验，单格电压应在1.5V以上，并在5s内保持稳定；电压低于1.5V，但在5s内尚能保持稳定，一般属于放电过多；如果5s内电压迅速下降，则表示有故障。其故障性质和程度需通过充电检验再进一步分析。

知识拓展——蓄电池使用的误区

1. 蓄电池电荷容量与发动机不匹配

根据发动机类型和使用条件合理选用蓄电池的电荷容量，是提高蓄电池的经济性，延长其使用寿命的重要途径之一。起动机起动发动机时，蓄电池输出的电流很大，在一般情况下为150～200A(针对轿车而言)，在低温(－10℃)起动时输出的电流高达250～300A(针对轿车而言)。如果蓄电池电荷容量与发动机不匹配，蓄电池电荷容量偏小，则在起动阻力大时，小电荷容量的蓄电池在剧烈放电的情况下，势必加速单位时间内活性物质与硫酸的反应，使蓄电池温度升高，极板因超负荷而弯曲，结果造成活性物质大量脱落，极板早期损坏，从而使蓄电池寿命大大缩短。如果蓄电池电荷容量偏大，虽然不会发生上述问题，但不能充分利用其活性物质，使蓄电池经济性下降。因此蓄电池电荷容量的选择，应根据起动机功率、电压和用电设备的负荷而定。

2. 蓄电池并联混用

有些驾驶员在起动发动机时，因原有蓄电池存电不足，就并联上一只充足电的蓄电池共同使用。实际上并联后充足电的蓄电池会以很大的充电电流向存电不足的蓄电池充电，极易造成极板活性物质脱落，影响其使用寿命。同时蓄电池并联后并不能提供给起动机很大的起动电流，更不利于发动机的起动。正确的方法应当是把存电不足的蓄电池拆下，换上充足电的蓄电池，然后再起动发动机。

任务三　蓄电池的故障诊断与排除

一、蓄电池常见故障诊断与排除

铅蓄电池在使用过程中出现的故障，按部位可分为外部故障和内部故障。外部故障可用

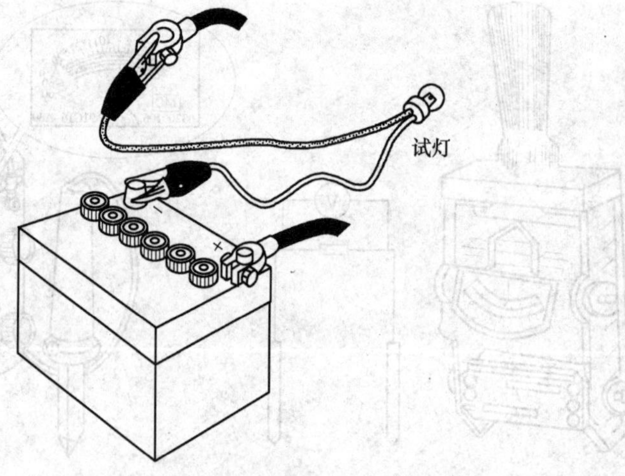

图1-23　检查汽车电路是否漏电

串联试灯的方法检测是否漏电，如图 1-23 所示。蓄电池内部主要故障的现象、原因、处理方法见表 1-5。

表 1-5 铅蓄电池的常见故障

故 障	现 象	原 因	处理方法
极板硫化	极板上生成白色粗晶粒硫酸铅，在正常充电时不能转化为二氧化铅和海绵状铅 放电时蓄电池容量明显下降，用高率放电计检查时，单格电压急剧降低；充电时单格电压上升快，电解液温度迅速升高，但密度却增加很慢，且过早出现“沸腾”现象	① 蓄电池长期充电不足或放电后不及时充电，温度变化时，硫酸铅发生再结晶的结果 ② 电解液液面太低，使极板上部被氧化(主要是负极板) ③ 电解液相对密度过高	蓄电池应经常处于充足电状态，放完电的蓄电池应及时补充充电，电解液相对密度要恰当，液面高度应符合规定。对于已硫化的蓄电池，较轻者可按过充电方法进行处理，较严重者可用小电流长时间过充电法或去硫化充电法消除硫化
极板活性物质大量脱落	电解液中有沉淀物，充电时电解液中有褐色物质浮出；电压上升快，电解液很快沸腾；充电时间比正常蓄电池短，放电容量减小。一般多发生在正极板上	① 充、放电电流过大使电解液温度太高，或经常过充电将导致极板过早损坏 ② 低温大电流放电，造成极板拱曲。以及汽车行驶时颠簸使蓄电池受剧烈振动时，也会引起活性物质脱落	活性物质脱落较轻的，可以在清洗蓄电池后更换电解液。脱落严重的，需要更换极板
极板短路	断路电压较低，大电流放电时端电压迅速下降，无法起动；充电电压与电解液保持很低的数值就不再上升了或上升缓慢过程中，充电后期很快沸腾但气泡很少，电解液温度迅速升高	① 隔板损坏使正负极板相接触而短路 ② 活性物质大量脱落在蓄电池底部，沉积过多；金属导电物落入正负极板之间也将造成蓄电池内部极板短路	对于短路的蓄电池必须拆开，查明原因而排除之
自行放电	充足电的蓄电池，放置不用会逐渐失去电量。蓄电池轻微放电时属正常现象，若一昼夜自行放电量超过了 2% ~3% 时，则属于故障性自行放电	① 电解液杂质过多，杂质在极板周围形成局部电池而产生自行放电 ② 电解液密度偏高引起的自行放电 ③ 蓄电池表面不清洁，蓄电池盖上洒有电解液时，会造成自行放电，同时，还会使极柱或连接条腐蚀	使用中应经常保持蓄电池表面的清洁，电解液的配制应符合要求，液面高度应符合规定。自行放电严重的蓄电池，可将它完全放电，使极板上的杂质进入电解液，然后将电解液倒出，用蒸馏水将电池反复清洗干净，最后灌入新电解液重新充电

二、蓄电池典型案例分析

蓄电池自行放电(漏电)故障

1. 故障现象

蓄电池经常出现存电不足，头一天出车回家时发动机还能起动，第二天起动时，出现起动机不能带动发动机转动或转动很慢，发动机起动不了。

2. 故障原因

造成蓄电池自行放电(漏电)的主要原因有以下几个方面：

1）蓄电池内部短路。

2）蓄电池表面脏污，极柱间短路。

3）某些用电设备导线绝缘层破损造成短路或搭铁。

4）交流发电机整流器正二极管击穿短路，导致蓄电池通过交流发电机放电。

3. 故障诊断与排除

蓄电池自行放电故障按照图1-24所示步骤进行诊断。

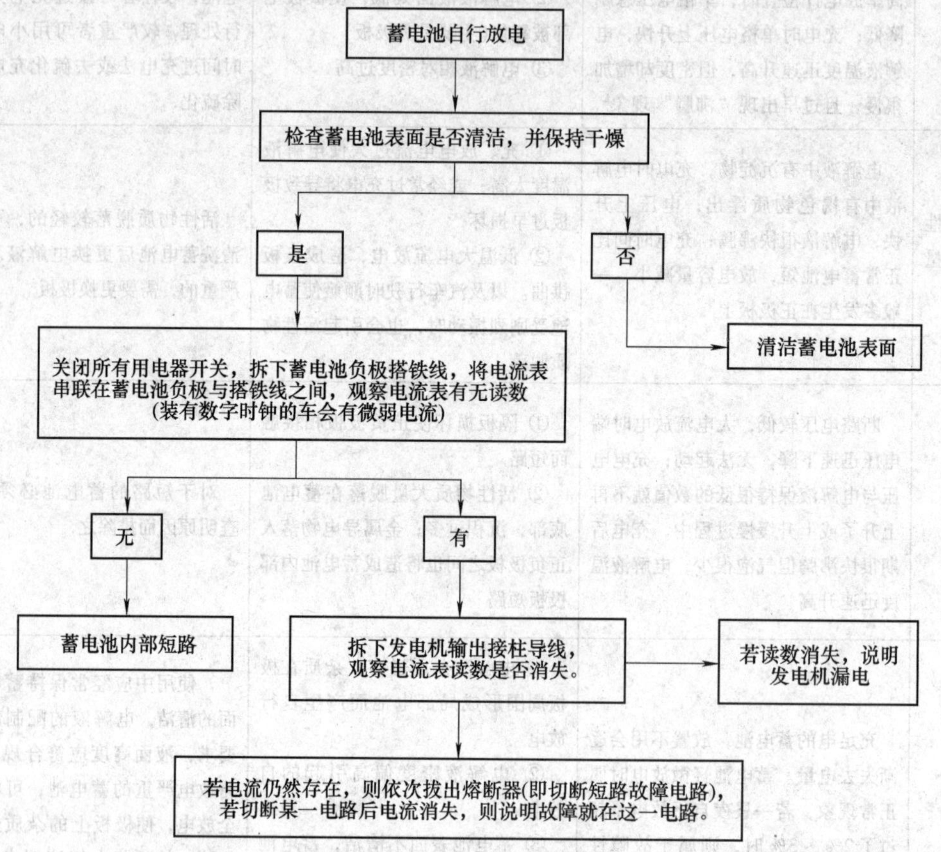

图1-24　蓄电池自行放电故障诊断方法

知识链接——蓄电池的历史

蓄电池是1859年由普兰特(Plante)发明的，至今已有一百多年的历史。铅蓄电池自发明后，在化学电源中一直占有绝对优势。这是因为其价格低廉，原材料易于获得，使用上有充分的可靠性，适用于大电流放电及广泛的环境温度范围等优点。

到20世纪初，铅蓄电池历经了许多重大的改进，提高了能量密度、循环寿命、高倍率放电等性能。然而，开口式铅蓄电池有两个主要缺点：

① 充电末期水会分解为氢、氧气体析出，需经常加酸、加水，维护工作繁重。

② 气体溢出时携带酸雾，腐蚀周围设备，并污染环境，限制了电池的应用。近二十年

来，为了解决以上的两个问题，世界各国竞相开发密封铅蓄电池，希望实现电池的密封，获得干净的绿色能源。1912 年 ThomasEdison 发表专利，提出在单体电池的上部空间使用铂丝，在有电流通过时，铂被加热，成为氢、氧化合的催化剂，使析出的 H_2 与 O_2 重新化合，返回电解液中。但该专利未能付诸实现，其原因是：

① 铂催化剂很快失效。

② 气体不是按氢 2 氧 1 的化学计量数析出，电池内部仍有气体发生。

③ 存在爆炸的危险。

20 世纪 60 年代，美国 Gates 公司发明铅钙合金，引起了密封铅蓄电池开发热，世界各大电池公司投入大量人力物力进行开发。1969 年，美国登月计划实施，密封阀控铅蓄电池和镉镍电池被列入月球车用动力电源，最后镉镍电池被采用，但密封铅蓄电池技术从此得到发展。

本项目小结

1. 蓄电池主要用于存储发电机输出的多余电能，稳定电压，并在发电机不发电及超载时向用电设备供电。汽车上常用的铅蓄电池主要有普通蓄电池、干荷蓄电池和免维护蓄电池三种。

2. 极板分为正极板和负极板两种，蓄电池的充电和放电就是由极板和电解液一起进行化学反应来完成的；隔板用于将相互紧靠的正负极板隔开；联条的作用是将单格电池串联起来，提高整个铅蓄电池的端电压，极柱用于蓄电池与外电路相连；电解液由纯净硫酸和蒸馏水按一定的比例配制而成，蓄电池内部通过电解液与极板上活性物质发生化学反应，实现电能与化学能互相转换；壳体是用来盛放电解液和极板组的容器，使铅蓄电池构成一个整体。

3. 铅蓄电池型号由三部分组成：第一部分表示蓄电池串联单格数，第二部分表示电池类型和特征，第三部分表示蓄电池的额定容量和特殊性能。

4. 蓄电池的工作过程就是化学能与电能相互转化的过程，其内部化学反应方程式为

$$PbO_2 + 2H_2SO_4 + Pb \rightleftharpoons 2PbSO_4 + 2H_2O$$

5. 蓄电池的常规充电方法有定电流充电和定电压充电两种，定电流充电可用于初充电、补充充电和去硫化充电；定电压充电较定电流充电速度快，充电时间短，但要选择好充电电压大小，若电压过高，会发生过充电现象，以致引起极板弯曲、活性物质大量脱落。非常规充电有脉冲快速充电，可极大地克服充电过程中所产生的极化现象，从而增加蓄电池的容量。

6. 蓄电池在日常使用及保养方面需要注意以下问题：

① 固定蓄电池的安装和连接电缆。

② 长久不用应定期充电。

③ 不要长时间大电流放电。

④ 应经常检查蓄电池盖上的小孔是否通气。

7. 蓄电池常见故障主要有：极板硫化，极板活性物质大量脱落，极板短路，自行放电。可根据实际情况利用试灯法、观察法等进行故障诊断及排除。

练习与思考

一、填空

1. 蓄电池：6-QA-60S 的额定电压是________V，额定容量是________A·h.。

2. 添加电解液时，应使电解液液面高度保持在________mm。

3. 在起动汽车时，正确的使用办法是每次发动车的时间总长不超过________s，再次起动间隔时间不少于________s。在多次起动仍不能起动的情况下应从电路、点火线圈或油路等其他方面找原因。

二、判断

1. 免维护蓄电池在使用过程中需经常添加电解液。(　　)

2. 安装蓄电池时应先接正极，后接负极。(　　)

3. 蓄电池如长期不使用，则不需要进行补充充电。(　　)

三、问答

1. 铅蓄电池主要由哪几部分组成？

2. 铅蓄电池常见的故障现象主要有哪几种？分别怎么处理？

项目二　发电机及电压调节器

【学习目标】

◇ 认识发电机的构造
◇ 知道发电机和电压调节器的工作原理
◇ 学会发电机的拆装与检修
◇ 掌握充电系统常见故障诊断与排除

任务一　认识发电机的构造

发电机是汽车电源系统的重要组成部分，由汽车发动机驱动，在磁场的作用下将发动机的机械能转换成电能，如图 2-1 所示。它与发电机调节器互相配合，在发动机正常工作时，发电机对起动机以外的所有用电设备供电，还向蓄电池充电以补充蓄电池在使用中所消耗的电能。

汽车用发电机可分为直流发电机和交流发电机，由于交流发电机的性能在诸多方面优于直流发电机，所以直流发电机已被淘汰。

注意：目前汽车采用的三相交流发电机，内部带有二极管整流电路，可将交流电整流为直流电。这种交流发电机向外输出的是直流电，所以也称为硅整流发电机。

一、交流发电机的结构

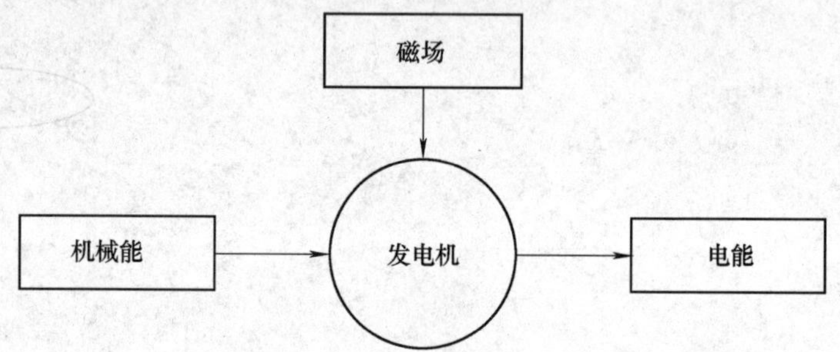

图 2-1　发电机的能量转换原理

交流发电机的结构如图 2-2 所示，它主要由转子、定子、电刷、整流器、前后端盖、风扇、带轮等组成。

1. 转子

转子是发电机的励磁部分。转子总成主要由两个爪极、铁心、励磁绕组、集电环、转子轴等组成，如图 2-3 所示。

转子轴上压装着两块爪极，两块爪极各有 6 个被加工成鸟嘴形状的磁极，爪极空腔内装有励磁绕组和铁心。集电环由两个彼此绝缘的铜环组成，压装在转子轴上并与轴绝缘，两个集电环分别与励磁绕组的两端相连。当给两集电环通入直流电时，励磁绕组中就有电流通过，并产生轴向磁通，使爪极一块被磁化为 N 极，另一块被磁化为 S 极，从而形成相互交错的磁极。当转子转动时，就形成了旋转的磁场。

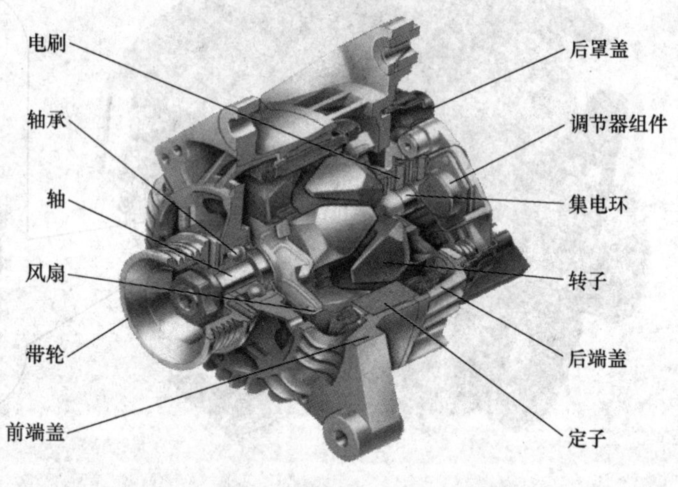

图 2-2　硅整流发电机的结构组成

2. 定子

定子是三相交流发电机的电枢，其作用是产生三相交流电。定子由定子铁心和定子绕组（线圈）组成，如图 2-4 所示。

定子铁心由内圈带槽、互相绝缘的硅钢片叠成，定子绕组有三组线圈，对称的嵌放在定子铁心的槽中。三相绕组的连接有星形（Y形）联结和三角形（△形）联结两种，如图 2-5 所

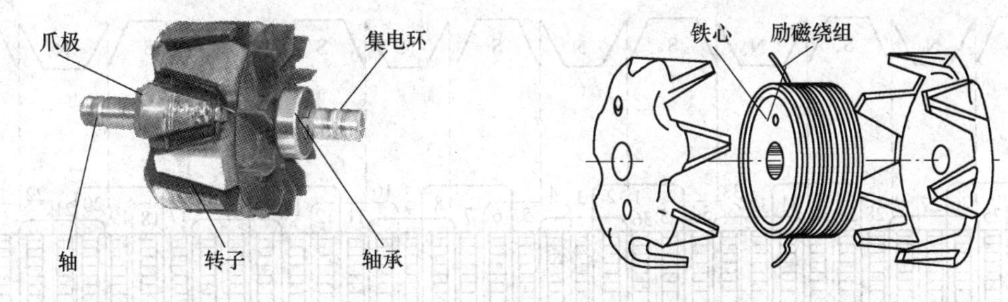

图 2-3　转子总成实物及其结构组成

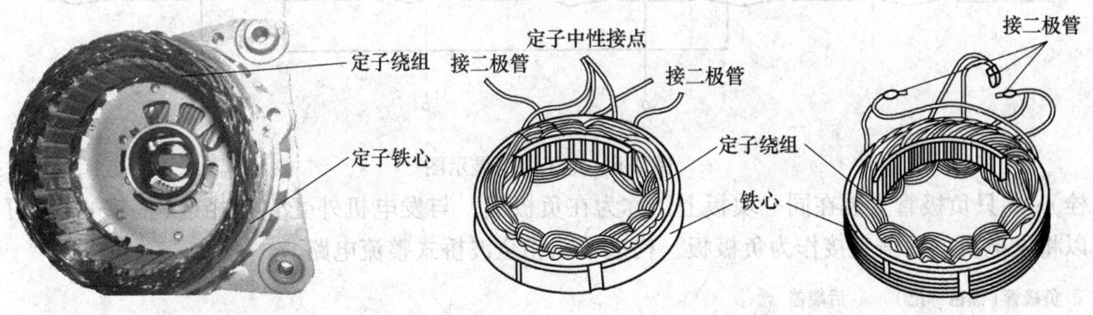

图 2-4　定子总成实物及其结构组成

示。汽车上一般使用的是星形联结。

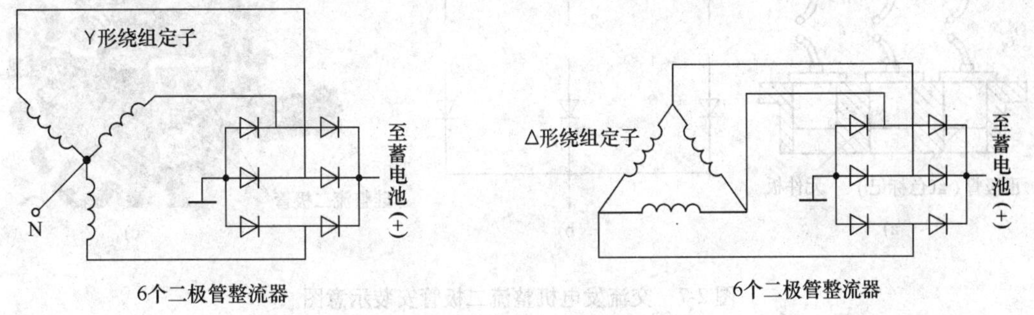

图 2-5　定子绕组的联结方法

定子安装在转子的外面，和发电机的前后端盖固定在一起，当转子在其内部产生旋转的磁场时，定子绕组中的磁通发生变化，定子绕组感应出交变的电动势。绕组引线端子共有 4 个(Y 形联结)，三相绕组各引一个，分别接整流器各接线柱；中性点引出一个，接负极或整流器接线柱。为了保证三相定子绕组能够产生频率和幅值相同、相位相差 120°电位角的三相交流电，定子绕组线圈的绕制和在定子铁心槽中的嵌入应符合一定规律(图 2-6)。

3. 整流器

整流器的作用是将定子绕组产生的三相交流电转变为直流电。整流器由整流板和整流二极管组成，如图 2-7 所示。一般由 6 只硅整流二极管接成三相桥式整流电路，如图 2-7b 所示。整流二极管有正极管和负极管之分，如图 2-7a 所示，引出电极为正极的称为正极管，引出电极为负极的称为负极管。6 管交流发电机的整流器是由 6 只硅整流二极管分别压装(或焊装)在相互绝缘的两块板上，3 只正极管装在同一块板上，称为正极板(带有输出端螺

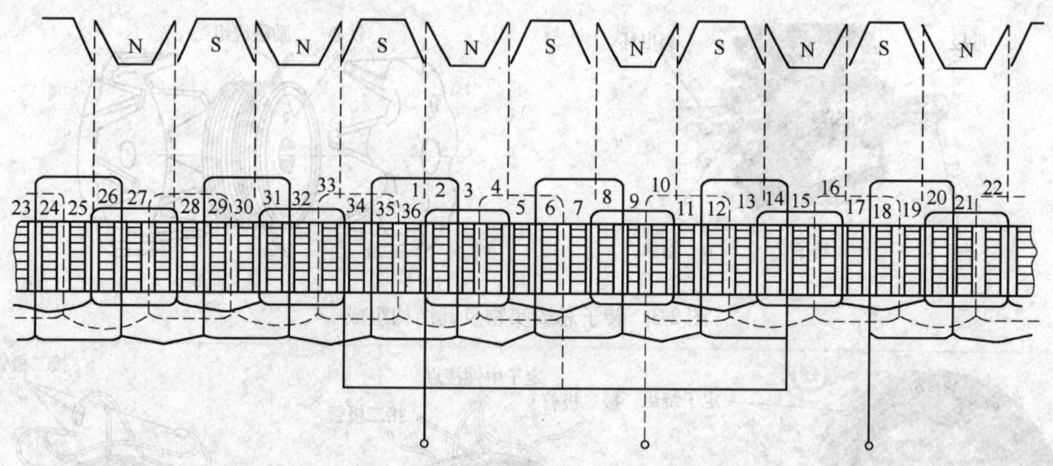

图 2-6　定子绕组展示图

栓)；3 只负极管安装在同一块板上，称为在负极板，与发电机外壳直接相连(搭铁)，也可以将发电机的后盖直接作为负极板。构成了三相全波桥式整流电路。

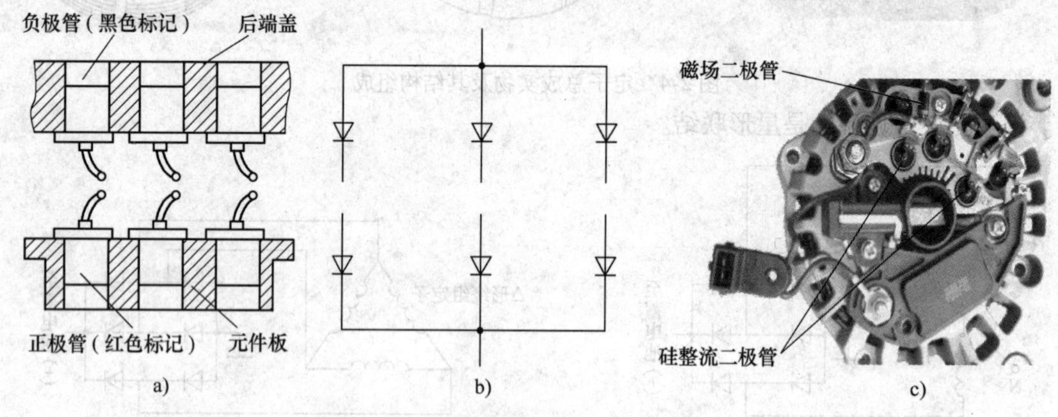

图 2-7　交流发电机整流二极管安装示意图

a）实物示意图　b）电路图　c）安装示意图

4. 端盖及电刷组件

如图 2-8 所示，端盖包括驱动端盖(前端盖)和整流端盖(后端盖)以及安装在其上的轴承、轴承盖等零部件，起支撑转子、定子、整流器和电刷组件的作用。交流发电机的前后端盖均由铝合金压铸或用砂模铸造而成，用铝合金铸造是因为铝合金为非导磁性材料，可减少漏磁并具有轻便、散热性能良好的优点。

后端盖上装有电刷组件。电刷总成由两只电刷、电刷弹簧和电刷架组成，如图 2-9 所示。电刷的作用是将电流通过集电环引入励磁绕组。两个电刷分别装在电刷架的孔内，借助弹簧压力与集电环保持接触。电刷和集电环的接触应良好，否则会因为励磁电流过小，导致发电机发电不足。交流发电机的电刷架有两种结构，一种是外装式(可直接从发电机的外部拆装,因此拆装维修方便)；另一种是内装式(不能直接从发电机外部进行拆装,如需更换电刷,需将发电机拆开)。

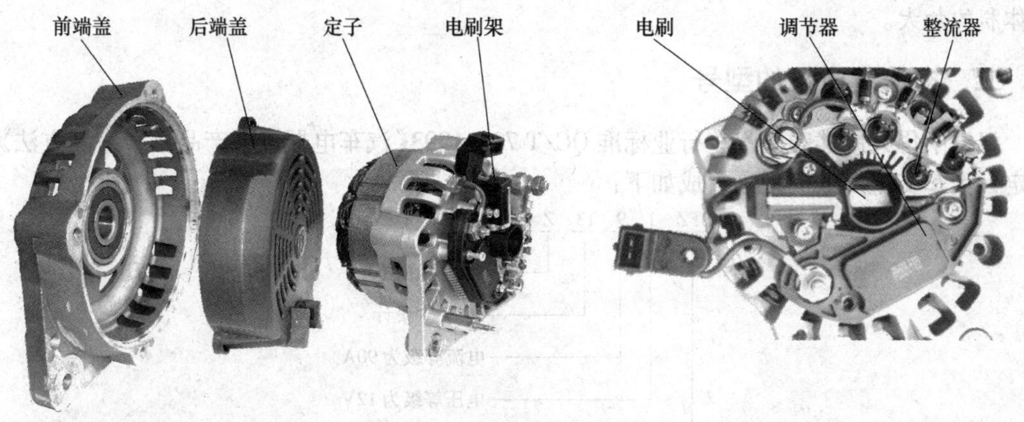

图 2-8　端盖及电刷组件

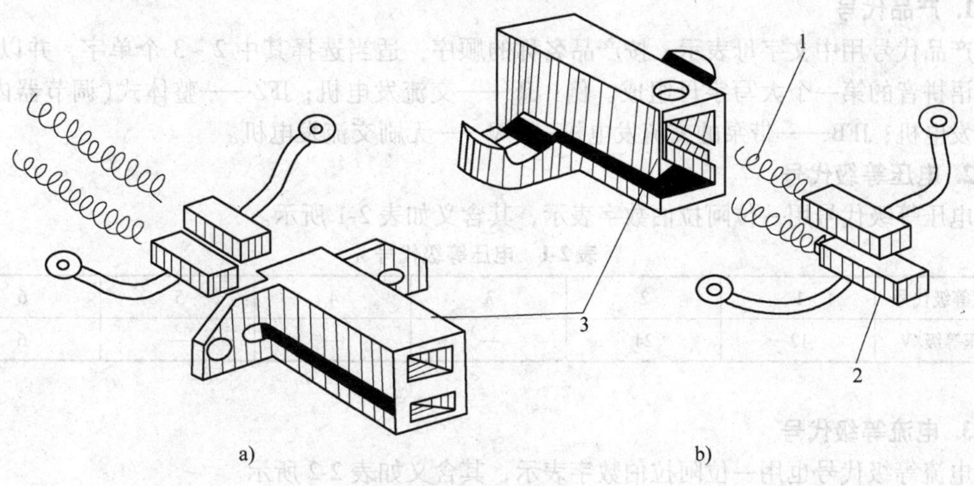

图 2-9　电刷和电刷架

a）外装式　b）内装式

1—电刷弹簧　2—电刷　3—电刷架

知 识 链 接

电能是现代社会最主要的能源之一。发电机是将其他形式的能源转换成电能的机械设备，最早产生于第二次工业革命时期，由德国工程师西门子于 1866 年制成，它由水轮机、汽轮机、柴油机或其他动力机械驱动，将水流、气流、燃料燃烧或原子核裂变产生的能量转化为机械能传给发电机，再由发电机转换为电能。

发电机的形式很多，但其工作原理都基于电磁感应定律和电磁力定律。因此，其构造的一般原则是：用适当的导磁和导电材料构成互相进行电磁感应的磁路和电路，以产生电磁功率，达到能量转换的目的。

随着汽车电子技术的进步，汽车的用电量越来越高。20 年前，中级轿车的发电机输出功率一般只有 500W 左右，现在一般中级轿车发电机都在 1000W 左右。发电机功率的增加是随着车上用电设备增加而增加的。现在汽车上的发电机都是风冷式发电机，由带轮后的风扇吹风进入机壳进行冷却。在现有风冷式发电机构造的限制下，功率的增加必然会导致发电机体积的加大。

二、交流发电机的型号

根据中华人民共和国汽车行业标准 QC/T 73—1993《汽车电器设备产品型号编制方法》的规定，汽车交流发电机型号组成如下：

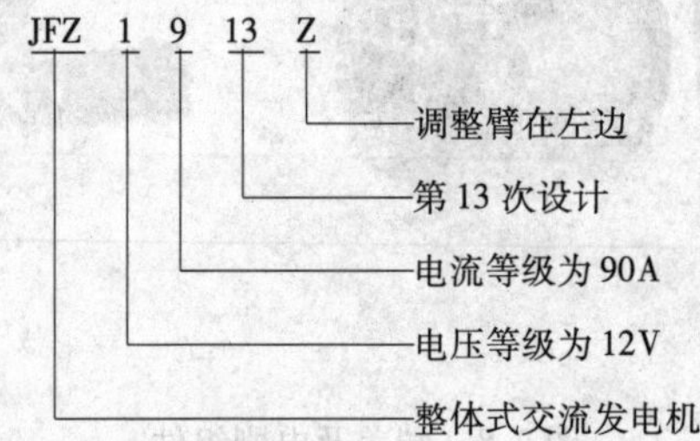

1. 产品代号

产品代号用中文字母表示。按产品名称的顺序，适当选择其中 2 ~ 3 个单字，并以该单字汉语拼音的第一个大写字母组成。例：JF——交流发电机；JFZ——整体式(调节器内置)交流发电机；JFB——带泵的交流发电机；JFW——无刷交流发电机。

2. 电压等级代号

电压等级代号用一位阿拉伯数字表示，其含义如表 2-1 所示。

表 2-1　电压等级代号

电压等级代号	1	2	3	4	5	6
电压等级/V	12	24	—	—	—	6

3. 电流等级代号

电流等级代号也用一位阿拉伯数字表示，其含义如表 2-2 所示。

表 2-2　电流等级代号

电流等级代号	1	2	3	4	5	6	7	8	9
电流等级/A	10 ~ 19	20 ~ 29	30 ~ 39	40 ~ 49	50 ~ 59	60 ~ 69	70 ~ 79	80 ~ 89	≥90

4. 设计序号

设计序号用 1 ~ 2 位阿拉伯数字表示，表示产品设计的先后顺序。

5. 变形代号

交流发电机以调整臂位置作为变形代号，从驱动端看，调整臂在左边用 Z 表示，调整臂在右端用 Y 表示，调整臂在中间不加标记。

注： 进口发电机不符合上述标准。

任务二　发电机和电压调节器的工作原理

一、发电机的工作原理

1. 交流电动势的产生

交流发电机的工作原理如图 2-10 所示。

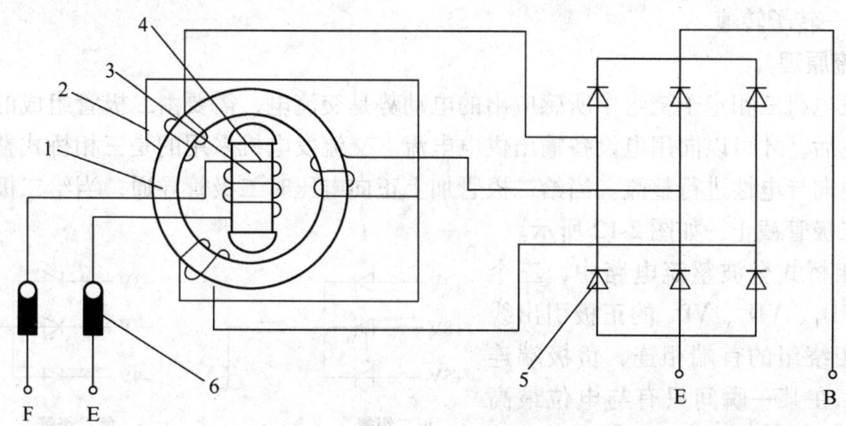

图 2-10　交流发电机发电原理示意图

1—定子铁心　2—定子绕组　3—转子　4—励磁绕组　5—整流二极管　6—电刷

交流发电机定子的三相绕组按一定规律均布在发电机的定子槽中，依次相差 120°电角度。中间的转子上安装着爪极和励磁绕组。当电源通过电刷、集电环使励磁绕组通电时，励磁绕组周围便产生磁场，使爪极被磁化为 N 极和 S 极。当转子旋转时，定子绕组与磁力线有相对的切割运动，磁通交替地在定子绕组中变化，根据电磁感应原理可知，定子的三相绕组中便产生频率相同，幅值相等，相位互差 120°电角度的正弦感应电动势 U_U、U_V 和交变的电动势 U_W(图 2-11)。

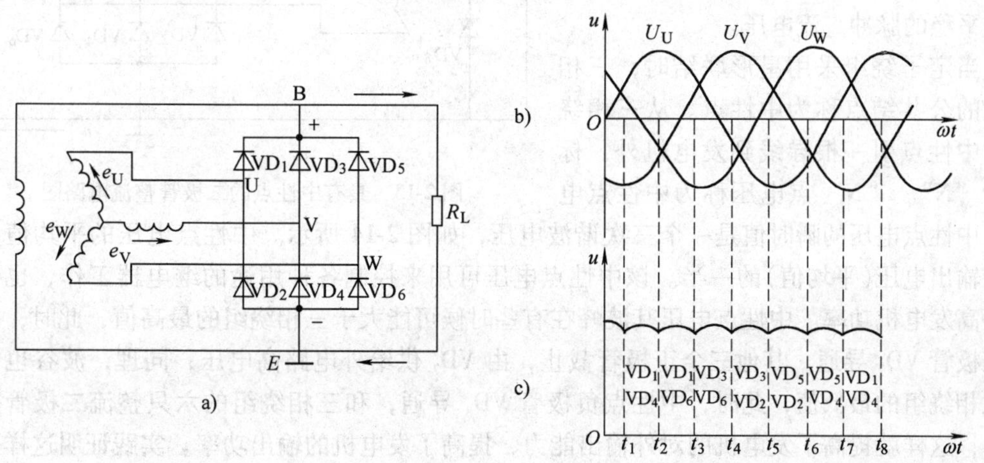

图 2-11　交流发电机整流原理

a）整流电路图　　b）三相绕组电压波形图　　c）整流后发电机波形输出图

每相绕组的电动势有效值的大小与转子的转速成正比，与磁极磁通成正比，还与发电机的结构有关，即

$$E = C\Phi_n$$

式中　E——电动势；

C——发电机结构常数；

Φ——磁极磁通；

n——转子转速。

2. 整流原理

交流发电机三相定子绕组中所感应出的电动势是交流电，需要由二极管组成的整流器转变成直流电后，才可以向用电设备输出供电电流。交流发电机采用的是三相桥式整流，利用二极管的单向导电性进行整流。当给二极管加上正向电压时二极管导通，当给二极管加上反向电压时二极管截止，如图 2-12 所示。

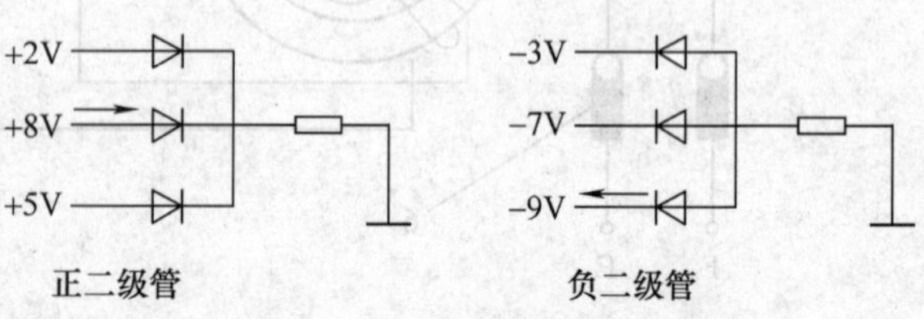

图 2-12　二极管的单向导电特性

在三相桥式全波整流电路中，三个正二极管 VD_1、VD_3、VD_5 的正极引出线分别同三相绕组的首端相连，负极端连接在一起，在某一瞬间只有与电位最高的一相绕组相连的正二极管导通（图 2-13）。三个负二极管 VD_2、VD_4、VD_6 的负极引出线也同三相绕组的首端相连，正极端连接在一起，在同一瞬间只有与电位最低的一相绕组相连的负二极管导通（图 2-13）。照此原则，每个时刻整流器上都有两个二极管即正、负管子各一个同时导通。这样反复循环，6 只二极管轮流导通，使得负载 R_L 两端得到一个比较平稳的脉冲直流电压。

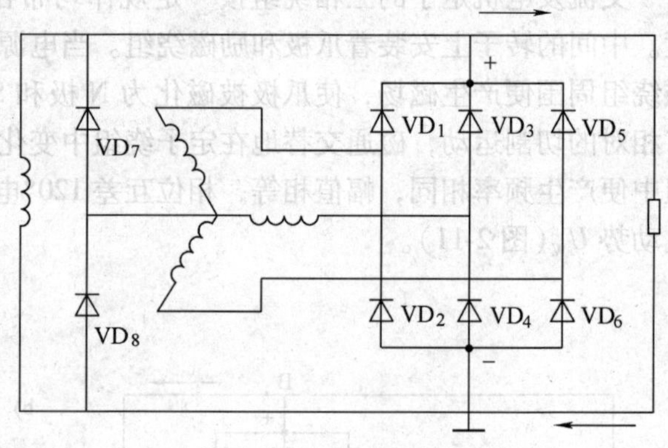

图 2-13　具有中性点的二极管整流电路图

当定子绕组采用星形联结时，三相绕组的公共结点称为中性点。从三相绕组的中性点引一根导线到发电机外，标记为“N”。“N”点电压称为中性点电压。中性点电压的瞬时值是一个三次谐波电压，如图 2-14 所示。中性点电压的平均值为发电机输出电压（平均值）的一半。该中性点电压可用来控制各种用途的继电器工作，也可用来提高发电机功率。中性点电压其波峰在有些时候可能大于三相绕组的最高值，此时，中性点正极管 VD_7 导通，其他三个正极管截止，由 VD_7 供给外电路高电压；同理，波谷也能小于三相绕组的最低值，此时，中性点负极管 VD_8 导通，和三相绕组的六只整流二极管并联输出，这样就提高了发电机的对外输出能力，提高了发电机的输出功率。实践证明这样可提高发电机功率 10%～15%。

3. 交流发电机的励磁

将电流输入到励磁绕组，使之产生磁场称为发电机的励磁。除了永磁式交流发电机外，其他形式的交流发电机都需要给励磁绕组通电才会有磁场产生而发电。交流发电机励磁方式有自励和他励两种，如图 2-15 所示。

1）他励。汽车在起动和发电机转速较低时，发电机自身不能发电，需要蓄电池给发电机励磁绕组提供电流，使励磁绕组产生磁场来发电。这种由蓄电池供给磁场电流发电的方式称为他励发电。

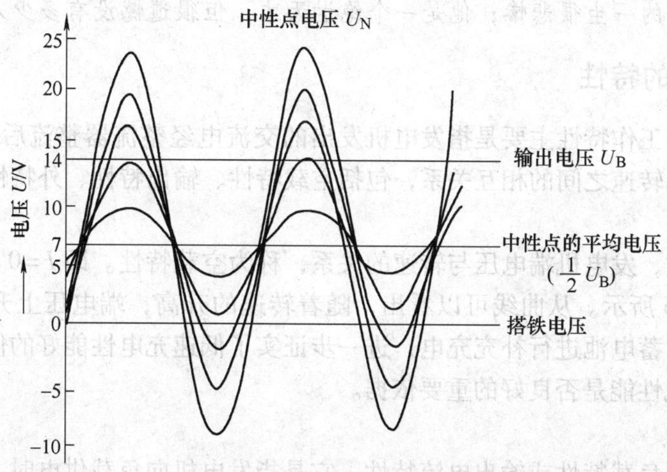

图 2-14 中性点电压波形图

2）自励。随着转速的提高(一般在发动机达到怠速时)，发电机定子绕组的电动势逐渐升高并能使整流器二极管导通，当发电机的输出电压 U_B 大于蓄电池电压时(一般高出蓄电池电压 1 ~2V)，发电机就能对外供电了。此时，发电机就可以把自身发出的电流供给励磁绕组，这种自身供给励磁电流发电的方式称为自励发电。

提示：硅整流发电机的实际励磁过程是"先他励后自励"。

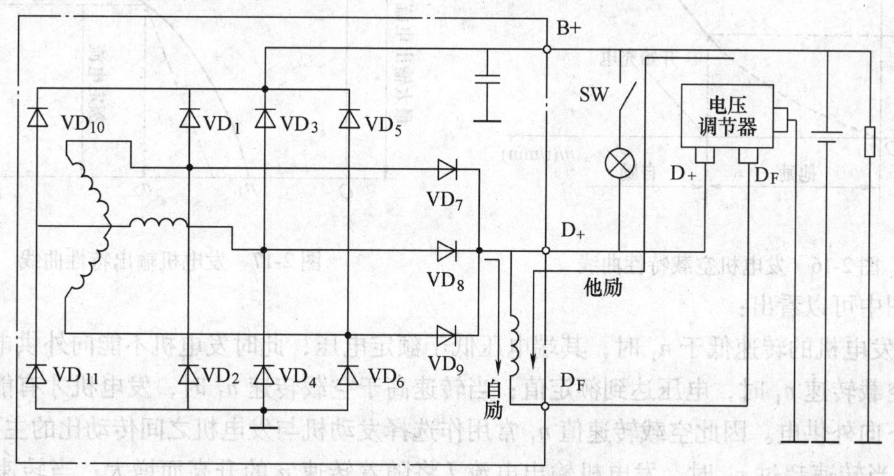

图 2-15 交流发电机的励磁方式

知 识 链 接

尼古拉·特斯拉(Nikola Tesla,1856—1943 年)是世界知名的发明家、物理学家、机械工程师和电机工程师。塞尔维亚血统的他出生在克罗地亚(后并入奥地利帝国)。特斯拉被认为是历史上一位重要的发明家。他在 19 世纪末和 20 世纪初对电和磁性的研究做出了巨大的贡献。他的专利和理论工作帮助了第二次工业革命。

他是一个被世界遗忘的伟人，交流发电机就是他发明的。如果特斯拉不是被迫放弃了交流电的专利权供世人免费使用，那他会是世界上最富有的人。他的梦想就是给世界提供用之不竭的能源，但他的一生很悲惨；他是一个绝世天才，但很遗憾没有多少人记得他。

二、发电机的特性

交流发电机的工作特性主要是指发电机发出的交流电经整流器整流后输出的直流电压、直流电流和发电机转速之间的相互关系，包括空载特性、输出特性、外特性。

1. 空载特性

发电机空载时，发电机端电压与转速的关系，称为空载特性。即 $I=0$ 时，$U=f(n)$ 的函数关系，如图 2-16 所示。从曲线可以看出，随着转速的升高，端电压上升较快，由他励转入自励时，即能向蓄电池进行补充充电，进一步证实了低速充电性能好的优点。空载特性是判断硅整流发电机性能是否良好的重要依据。

2. 输出特性

输出特性又叫负载特性或输出电流特性，它是指发电机向负载供电时，保持发电机输出电压恒定(对 12V 的发电机规定为 14V,对 24V 的发电机规定为 28V)的情况下，发电机的输出电流与转速之间的关系，即 $I=f(n)$ 函数关系。交流发电机的输出特性曲线，如图 2-17 所示。

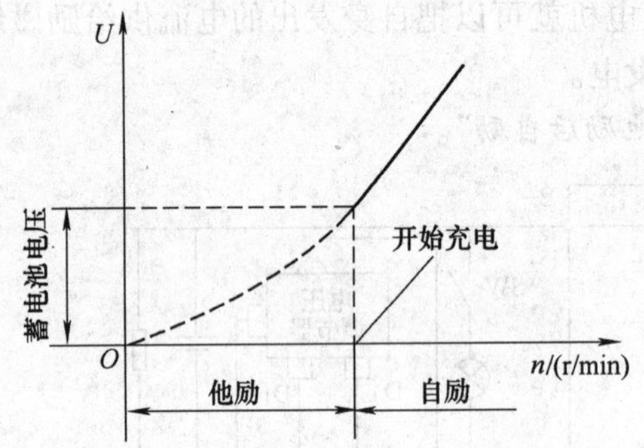

图 2-16　发电机空载特性曲线

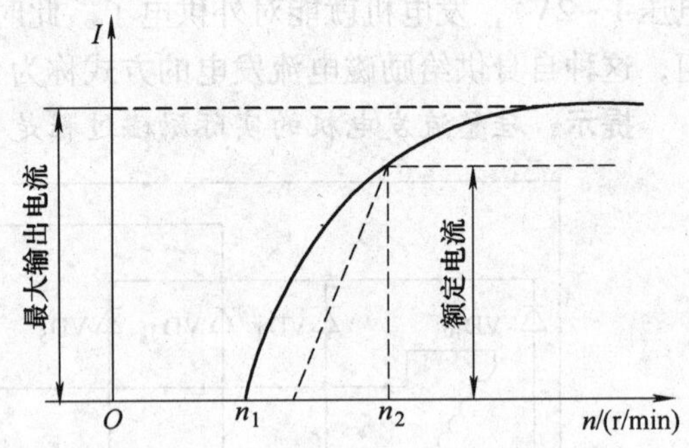

图 2-17　发电机输出特性曲线

从图中可以看出：

1）发电机的转速低于 n_1 时，其端电压低于额定电压，此时发电机不能向外供电；当转速达到空载转速 n_1 时，电压达到额定值；当转速高于空载转速 n_1 时，发电机才有能力在额定电压下向外供电。因此空载转速值 n_1 常用作选择发动机与发电机之间传动比的主要依据。

2）当转速超过 n_1 时，发电机输出电流 I 将随着转速 n 的升高而增大；当转速等于 n_2 时，发电机输出额定功率(即额定电流与额定电压之积)，故将转速 n_2 称为满载转速。

提示：自载转速和满载转速是交流发电机的主要性能指标。在使用中，定期测量这两个数据，与规定值相比较，就可判断发电机性能是否良好。

3）当发电机转速达到一定值时，发电机的输出电流就不再随转速的升高而增大。这时的电流值称为发电机的最大输出电流或限流值。该性能表明，交流发电机具有自动限制电流的自我保护能力。

3. 外特性

外特性是指转速一定时，发电机的端电压与输出电流的关系。即 $n=$ 常数时，$U=f(I)$ 的曲线，如图 2-18 所示。

从外特性曲线可看出，随着负载即输出电流的增加，发电机的端电压会很快下降，且转速越高，下降的斜率越大。当发电机在高转速下运转时，如果突然失去负载，则端电压会急剧升高，这时发电机中的二极管以及调节器中的电子元器件将有被击穿的危险。

另外，当输出电流增大到一定值时，如负载再增加，其输出电流不仅不会增加，反而会同端电压一起下降，即在外特性曲线上存在一个转折点。因此，当发电机短路时，其短路电流是很小的，这也说明交流发电机具有自身限制电流的功能。一般交流发电机工作在转折点以前。

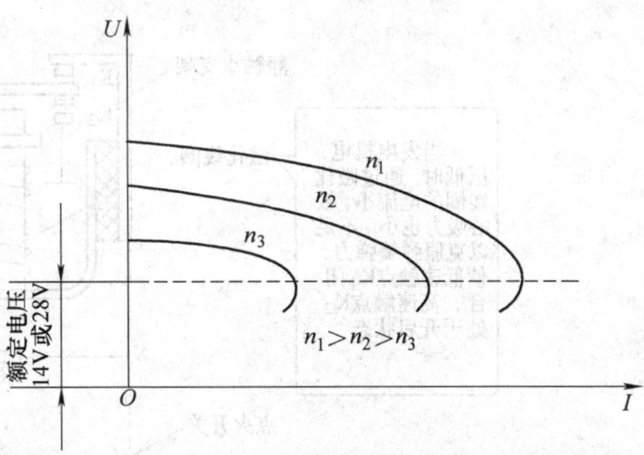

图 2-18　交流发电机的外特性曲线

三、电压调节器的原理与类型

电压调节器是发电机电压调节装置，其功能是当发电机转速变化时，自动调节发电机的电压，使电压保持一定或保持在某一允许范围内，以防发电机电压过高或者过低，烧坏用电设备或使用电设备无法正常工作，并导致蓄电池过充电或者使蓄电池充电不足。

1. 双级触点式电压调节器

双级触点式电压调节器主要由铁心、衔铁、磁轭、调压弹簧、磁化线圈和低速触点 K_1、高速触点 K_2 及加速电阻 R_1、调节电阻 R_2 和温度补偿电阻 R_3 等组成。

1）当发电机电压低时，磁化线圈电流小，铁心吸力小，克服不了弹簧拉力，低速触点 K_1 闭合，高速触点 K_2 断开，如图 2-19 所示。

此时，励磁电路为：蓄电池→点火开关→低速触点 K_1→调节器 F 端头→励磁绕组→搭铁构成回路。励磁电流较大，使发电机发电电压升高。

2）当发电机转速升高时，发电机电压稍高于第一级调节电压，流经磁化线圈的电流产生的吸力克服弹簧拉力使 K_1 打开，K_2 仍然处于打开状态。如图 2-20 所示。

此时，励磁电路为：发电机电压输出端→点火开关→加速电阻 R_1→调节电阻 R_2→调节器 F 端头→励磁绕组→搭铁构成回路。励磁电流减小，发电机发电电压保持稳定。

磁化线圈电路由：发电机电压输出端→点火开关→加速电阻 R_1→磁化线圈→温度补偿电阻 R_3→搭铁。

这一阶段，低速触点 K_1 一直打开，加速电阻 R_1 一直串入励磁回路中，励磁电流和发电机端电压都随转速的升高而升高，低速触点失去调节作用，活动触点处于中间位置，称为失控区。

3）当发电机转速继续升高时，发电机电压进一步升高，流经磁化线圈的电流产生的吸力克服弹簧拉力使高速触点 K_2 闭合，低速触点 K_1 维持断开状态，如图 2-21 所示。

此时，高速触点 K_2 将励磁绕组短路，励磁电流减小到零。发电机不发电。当降至低于第一级调节电压时，高速触点 K_2 再次断开，低速触点 K_1 闭合，励磁电路再次接通，发电机的端电压又逐渐上升。如此反复，使发电机的电压保持在规定值上。

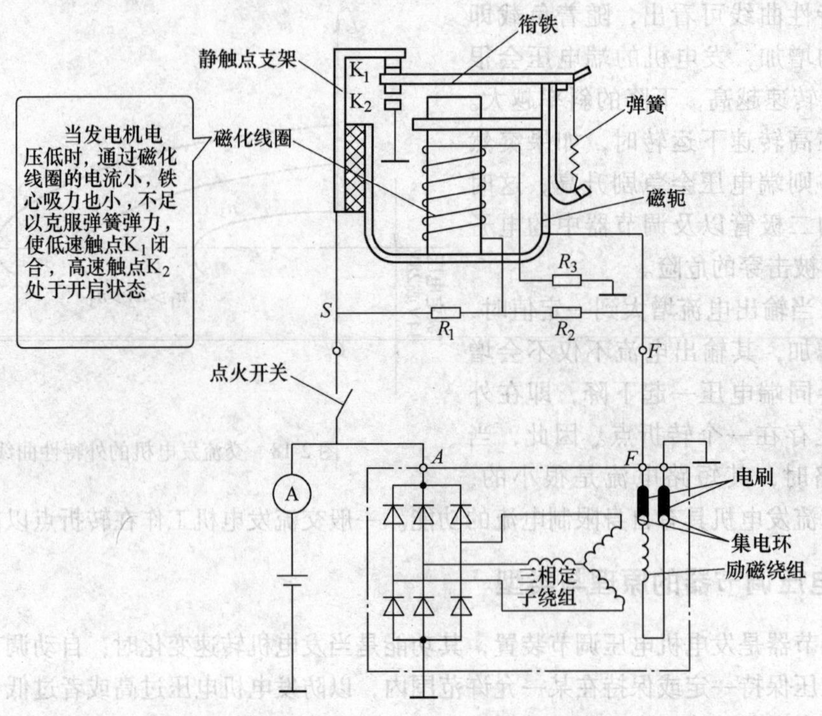

图 2-19 发电机电压低时

R_1—加速电阻 R_2—调速电阻 R_3—温度补偿电阻 K_1—低速触点 K_2—高速触点

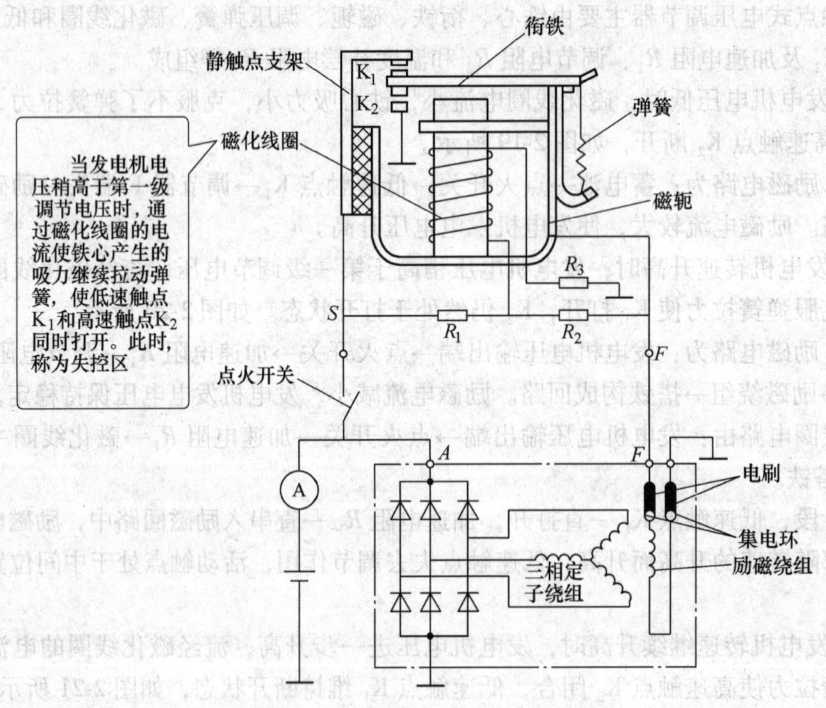

图 2-20 发电机电压稍高于第一级调节电压

R_1—加速电阻 R_2—调速电阻 R_3—温度补偿电阻 K_1—低速触点 K_2—高速触点

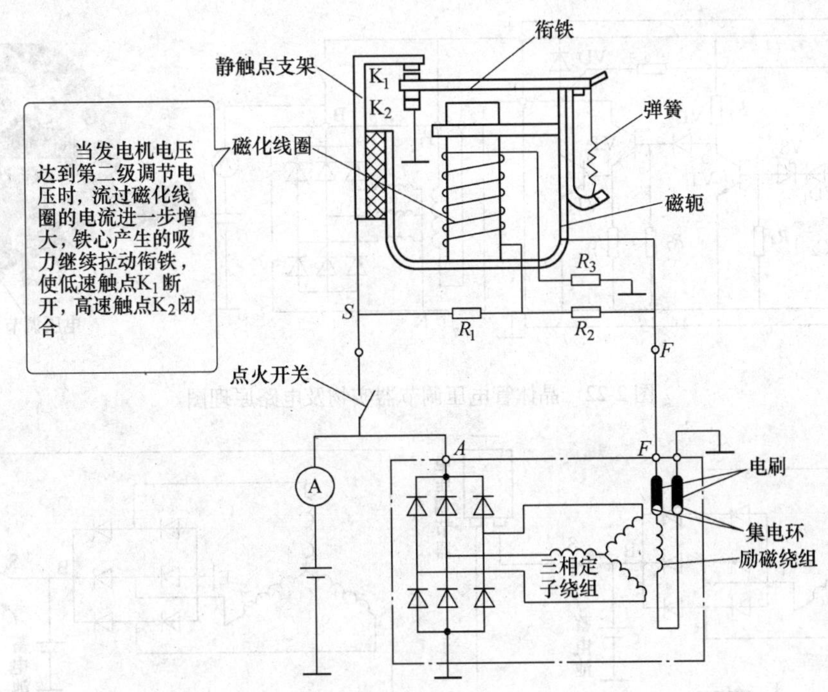

图 2-21　K_2 触点闭合时

R_1—加速电阻　R_2—调速电阻　R_3—温度补偿电阻　K_1—低速触点　K_2—高速触点

2. 晶体管电压调节器

晶体管电压调节器又称为电子式电压调节器。电子调节器是利用晶体管的特性，使励磁电路接通和断开来调节励磁绕组的平均电流，与传统触点式电压调节器相比，其优点见表 2-3。各种晶体管式电压调节器的工作原理基本相同，如图 2-22 所示。

表 2-3　晶体管电压调节器的优点

晶体管电压调节器	触点式电压调节器
晶体管的开关频率高	触点振动频率低，存在机械惯性和电磁惯性
不产生火花，电波干扰小	触点易产生火花，对无线电干扰大
调节精度高，还具有重量轻、体积小、寿命长、可靠性高等优点，现广泛使用	电压调节精度低，可靠性差，寿命短，现已被淘汰

晶体管电压调节器按其所匹配的交流发电机搭铁类型不同分为内搭铁型调节器和外搭铁型调节器两种。适用于内搭铁型交流发电机的调节器称为内搭铁型调节器，如图 2-23a 所示，适用于外搭铁型交流发电机的调节器称为外搭铁型调节器，如图 2-23b 所示。

从图 2-23 调节器的连接方式看，晶体管调节器共有三个接线柱，“+(B)”、“F”和“−(E)”，在接线时不能接错。图 2-23a 所示为励磁线圈内搭铁式，调节器装在点火开关和发电机之间。图 2-23b 所示为励磁线圈外搭铁式，调节器装在励磁线圈与搭铁之间。

注意：这两种形式不能互换，否则会造成发电机电压失调或不发电。

下面以图 2-24 所示外搭铁型晶体管电压调节器为例，介绍晶体管调节器的工作原理。

该调节器基本电路是由三只电阻 R_1、R_2、R_3，两只晶体管 VT_1、VT_2，一只稳压二极管

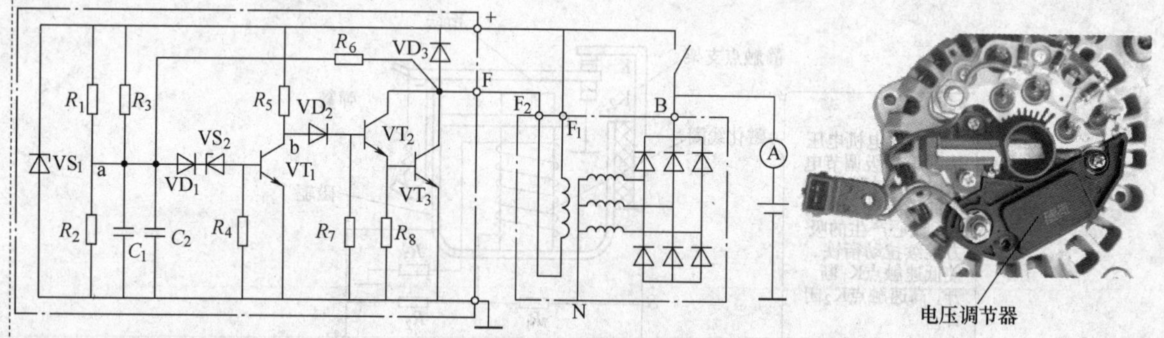

图 2-22　晶体管电压调节器实物及电路原理图

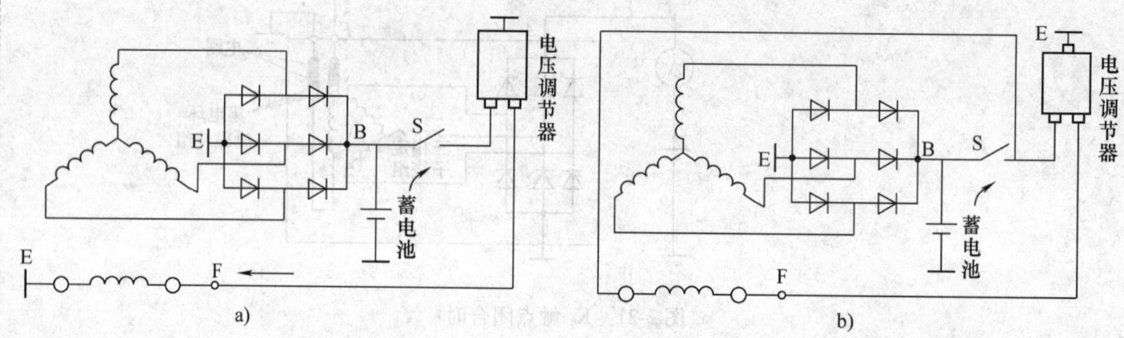

图 2-23　电压调节器的搭铁形式

a）内搭铁型　b）外搭铁型

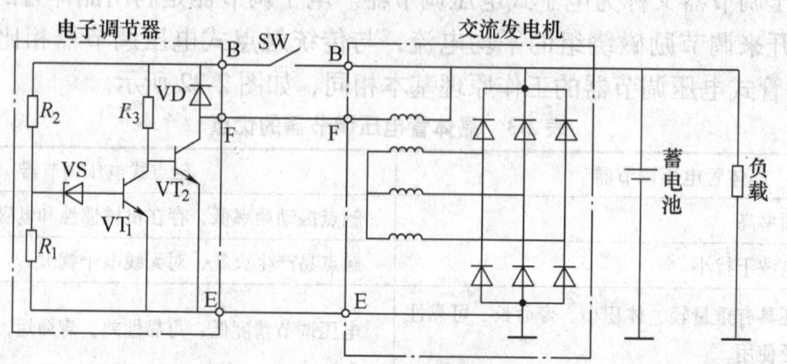

图 2-24　外搭铁型晶体管电压调节器工作原理

VS 和一只二极管 VD 组成。

当发电机未转动时，接通点火开关 SW，蓄电池加在 R_1 两端的电压小于稳压管 VS 的反向击穿电压，VS 处于截止状态，VT_1 基极无电流也处于截止状态，VT_2 导通，励磁电路接通，发电机进行他励。励磁电流通路为：蓄电池“+”→励磁绕组→发电机“F”→调节器“F”→ VT_2→搭铁，产生励磁电流。当发电机的端电压高于蓄电池电动势时，发电机自动由他励转为自励发电。

随着发电机转速提高，发电机输出电压升高。当发电机的输出电压高于规定值时，R_1 两端的电压大于稳压管 VS 的反向击穿电压，VT_1 导通，VT_2 基极对地短路，VT_2 截止，切断励

磁电路，发电机端电压下降。当降至低于规定值时，VS 转为截止状态，VT_1 也截止，VT_2 重新导通，励磁电路再次接通，发电机的端电压又逐渐上升。如此反复，使发电机的电压保持在规定值上。

任务三　发电机的拆装与检修

一、发电机的拆装操作规程

1. 实操目标

掌握发电机的拆装方法。

2. 仪器与工具准备

1）普通交流发电机一台。

2）台虎钳、顶拔器各 1 ~ 2 个。

3）十字旋具、一字旋具、呆扳手、梅花扳手、油盆、毛刷、清洗剂、润滑脂、抹布按分组情况配置。

3. 操作规程及技术要求

1）发电机的结构回顾，如图 2-25 所示为国产 JFZ132 型交流发电机的结构组成。

2）外部清洗。用蘸有少许清洗剂的抹布将发电机表面擦拭干净。

注意： 抹布不能有液体浸出，汽油清洗剂不能接触绝缘件。

3）发电机的分解步骤：

注意： 不同型号的发电机分解步骤有所不同，以下分解步骤仅作参考。

① 用旋具拆下电刷及电刷架（外装式）紧固螺钉，取下电刷架总成，如图 2-26 所示。

② 在前后端盖上做记号，用套筒或 T 字杆旋具拆下连接前后端盖的紧固螺栓，如图 2-27 所示，将其分解为与转子结合的前端盖和与定子连接的后端盖两大部分。

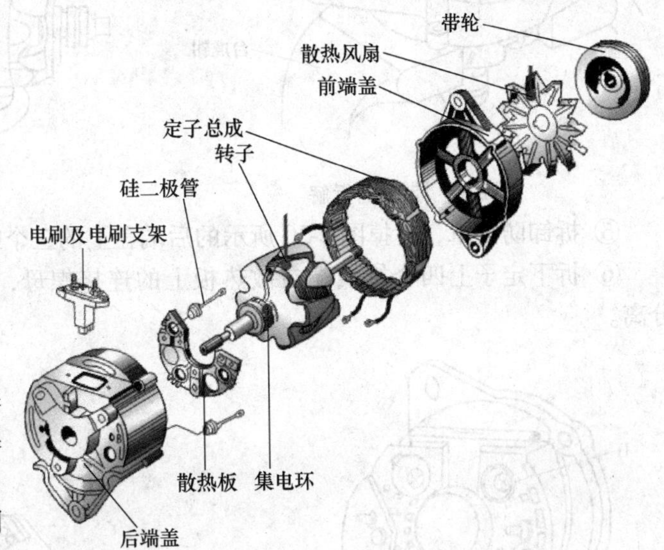

图 2-25　国产 JFZ132 型交流发电机的结构组成

注意： 不能单独将后端盖分离下来，否则会扯断定子绕组与整流器的连接线。

③ 将转子夹紧在台虎钳上，拆下带轮紧固螺母，如图 2-28 所示，再依次取下带轮、风扇、半圆键、定位套。

④ 将前端盖与转子分离，若该部件装配过紧，可用顶拔器拉开，如图 2-29 所示，或用木锤轻敲，使之分离。

注意： 铝合金端盖容易变形，因此拆卸时应均匀用力。

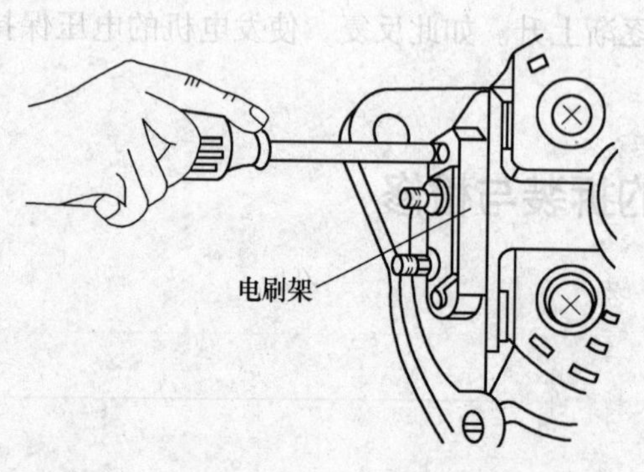

图 2-26　电刷架的拆解

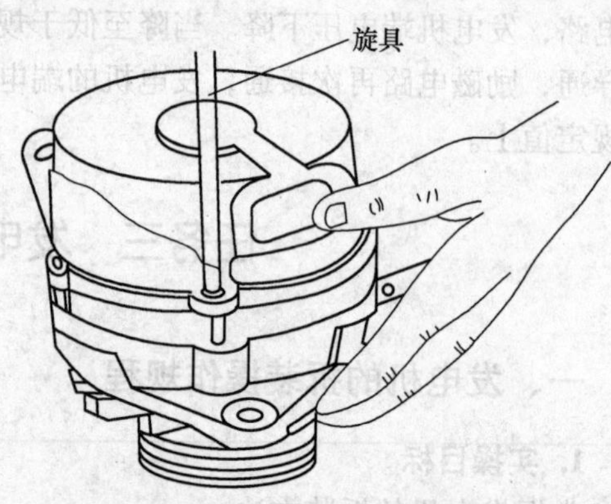

图 2-27　前、后端盖的拆解

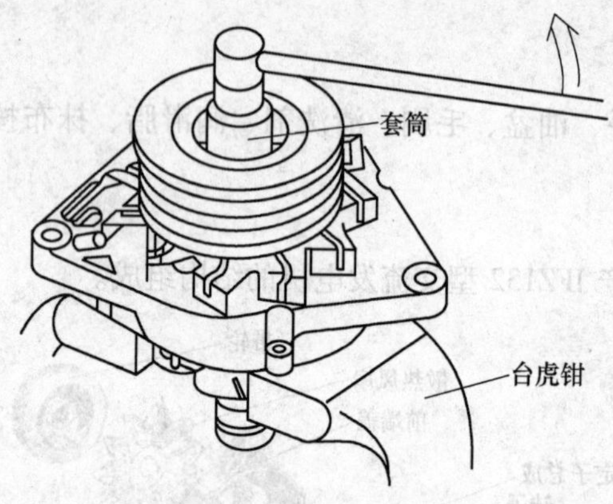

图 2-28　带轮的拆解

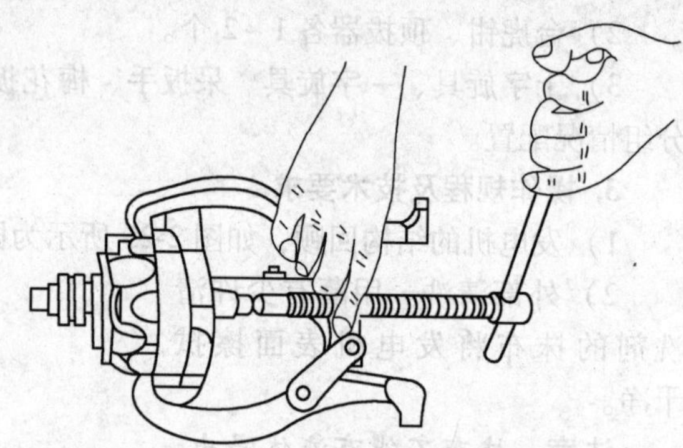

图 2-29　前端盖的拆解

⑤ 拆卸防护罩，拆掉图 2-30 所示的后端盖上的三个螺钉，即可取下防护罩。

⑥ 拆下定子上四个接线端在散热板上的连接螺母，如图 2-31 所示，使定子与后端盖分离。

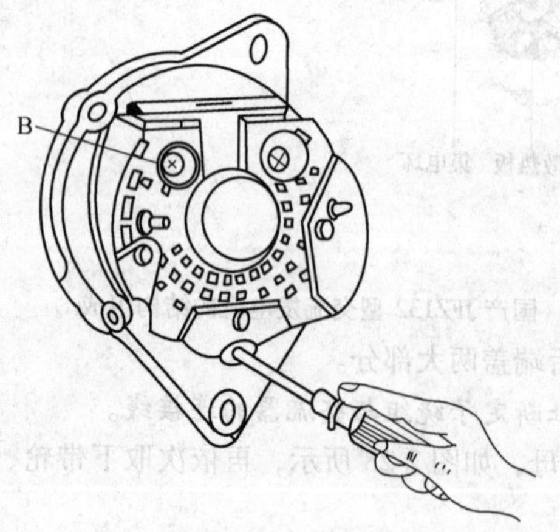

图 2-30　后端盖的拆解

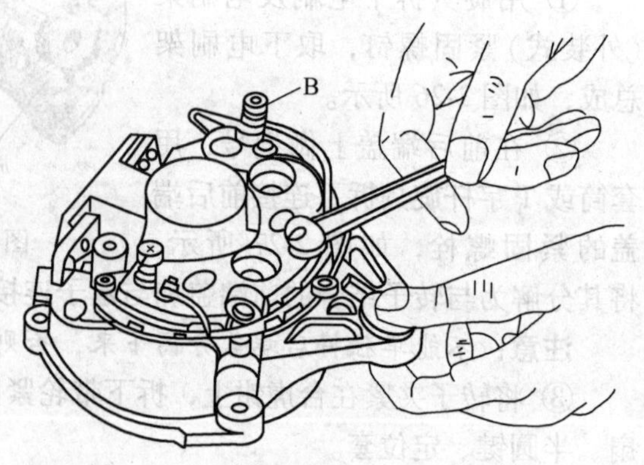

图 2-31　定子线圈与整流板的拆解

⑦ 拆下后端盖上紧固整流器总成的螺钉，取下整流器总成，如图 2-32 所示。

提示：*若经检验所有二极管均良好，该步骤可不进行。*

4）发电机装配的注意事项：

① 各零部件应保持清洁。

② 配合部位涂些机油润滑。

③ 各部位所配装的垫片（包括调整垫、绝缘垫等）应按要求装回，不能遗漏。

④ 对于整体式、电刷架内置的发电机，将转子轴装入后轴承时，应注意将电刷压入孔中，以免折断。

⑤ 装配后应检查各转动部位是否能灵活转动。

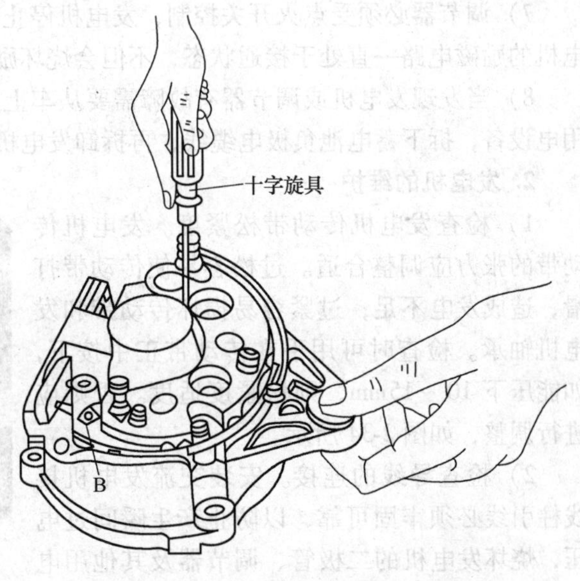

图 2-32　整流器的拆解

二、发电机的使用与检修

1. 发电机使用的注意事项

交流发电机的结构简单，维护方便，若正确使用，不仅故障少而且寿命长。若使用不当，则会产生故障或很快损坏。因此在使用和维护中应注意以下几点：

1）蓄电池的极性必须是负极搭铁，不能接反。否则，会烧坏发电机或调节器的电子元件。

2）发电机与蓄电池之间的连接要牢靠，如突然断开，会产生过电压损坏发电机或调节器的电子元件。

3）发电机运转时，不能用试火的方法检查发电机是否发电，否则会烧坏硅整流二极管。

4）一旦发现交流发电机或调节器有故障，应立即检修，及时排除故障，否则会引起更大故障或蓄电池亏电，致使汽车不能正常行驶；如图 2-33 所示。

图 2-33　哎！发电机不发电了，只好打手电筒照亮

5）为交流发电机配用调节器时，交流发电机的电压等级必须与调节器电压等级相同，交流发电机的搭铁类型必须与调节器搭铁类型相同，调节器的功率不得小于发电机的功率，否则系统不能正常工作。

6）线路连接必须正确，目前各种车型调节器的安装位置及接线方式各不相同，故接线时要特别注意。

7）调节器必须受点火开关控制，发电机停止转动时，应将点火开关断开，否则会使发电机的励磁电路一直处于接通状态，不但会烧坏励磁线圈，而且会引起蓄电池亏电。

8）当发现发电机或调节器有故障需要从车上拆下来检修时，首先关断点火开关及一切用电设备，拆下蓄电池负极电缆线，再拆卸发电机上的导线接头。

2. 发电机的维护

1）检查发电机传动带松紧度。发电机传动带的张力应调整合适。过松容易使传动带打滑，造成发电不足；过紧容易损坏传动带和发电机轴承。检查时可用手在传动带正中按下，如能压下 10 ~ 15mm，则松紧度适度。否则应进行调整，如图 2-34 所示。

图 2-34　检查调整发电机传动带松紧度

2）检查导线的连接。安装交流发电机接线柱引线必须牢固可靠，以防止产生瞬间过电压，烧坏发电机的二极管、调节器及其他用电设备。如图 2-35 所示为 FT126 型调节器电路连接情况检查示意图。

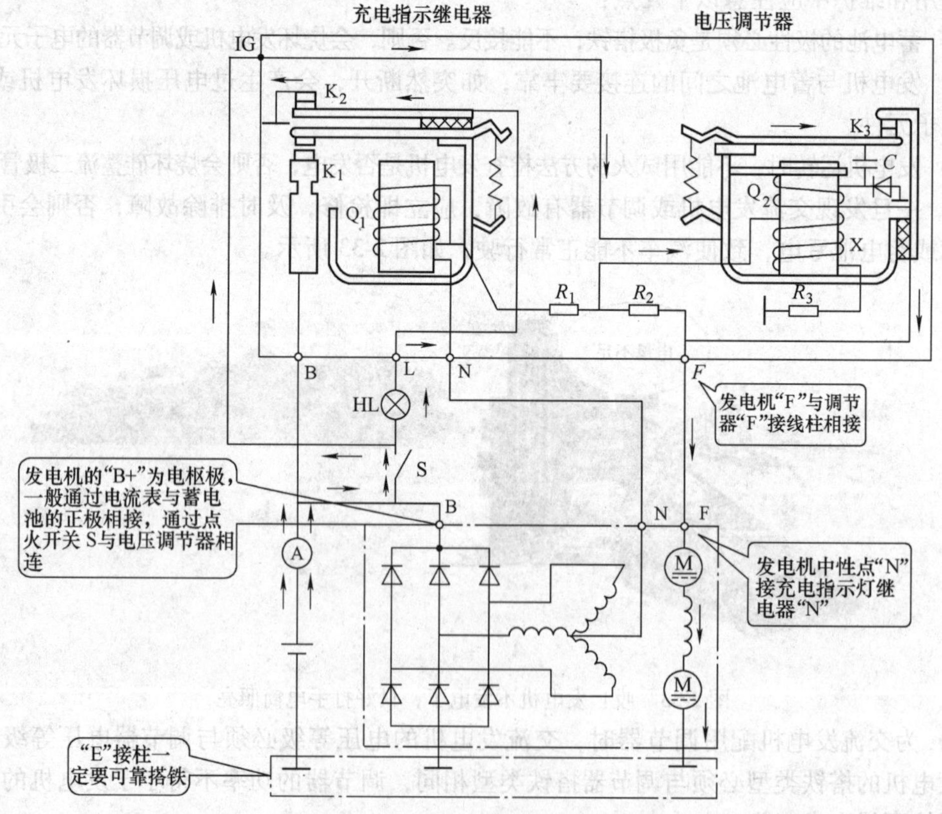

图 2-35　FT126 型调节器电路连接检查

3）检查运转时有无噪声。

4）检查发电机是否正常发电：

① 利用充电指示灯检查。当打开点火开关不起动发动机时查看仪表充电指示灯是否点亮，如图 2-36 所示。如不亮应检查相应电路或充电指示灯熔丝是否熔断，指示灯灯泡是否损坏。如有，应更换。然后起动发动机，当发动机正常运转时充电指示灯应熄灭，否则应检查发电机。

图 2-36　利用充电指示灯检查发电机是否发电

②利用一字旋具检查。如图 2-37 所示，在发动机运转状态下用一字旋具体检查发电机转子轴有无磁性，如有说明发电机励磁电路良好。如没有应检查发电机励磁电路有无输入电压，如无输入电压则检查电压调节器及励磁绕组有无损坏，然后检查发电机输出电压（在发动机 2500r/min 时 12V 或 24V）。发电机输出电压应 > 12V、 < 14V（或 > 24V、< 28V）否则应检查硅整流器及定子绕组有无损坏。

发电机工作

发电机不工作

图 2-37　利用一字旋具检查发电机转子轴是否有磁性

5）检查蓄电池是否有过充电现象。

3. 发电机的检修

1）检查定子：

① 检查定子表面、导线表面、绝缘漆。如图 2-38 所示。

② 检测定子绕组是否断路。如图 2-39 所示，用万用表电阻挡检查绕组引线之间，应导通，否则说明定子绕组断路。

③ 检测定子绕组是否搭铁。如图 2-40 所示，用万用表电阻挡检查绕组引线和定子铁心之间，应不导通，否则说明定子绕组搭铁。

2）检查转子：

① 检查转子、轴承、集电环表面（图 2-41）。

图 2-38　定子检查

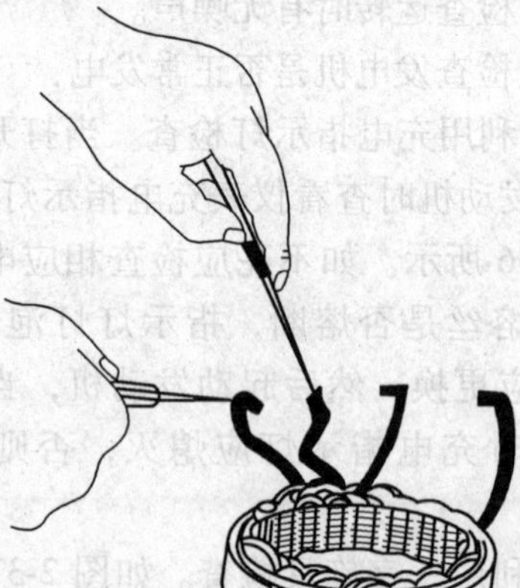

图 2-39　定子绕组断路的检查

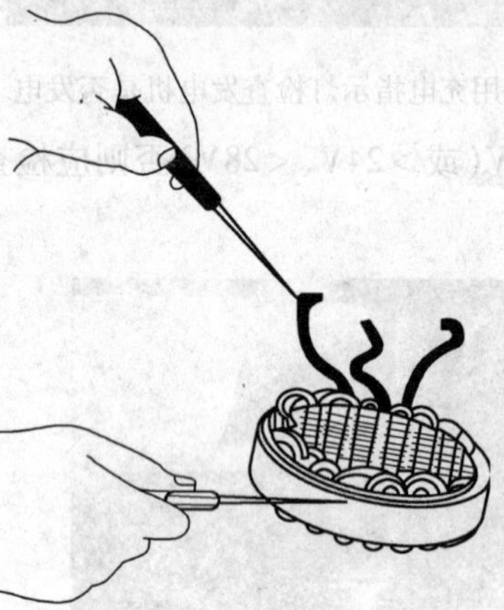

图 2-40　定子绕组搭铁的检查

图 2-41　检查转子、轴承、集电环表面

② 检查转子绕组是否搭铁。如图 2-42 所示，用万用表电阻挡检测各集电环与转子铁心之间的阻值，应该为无穷大。

③ 检查转子绕组是否断路及短路。如图 2-43 所示，用万用表电阻挡检测集电环之间的阻值，其阻值应为 3～4Ω。若阻值大于 3～4Ω，表明接触不良；若阻值小于 3Ω 时，说明有短路故障；若阻值为无穷大则为断路。

④ 检查转子轴是否弯曲。如图 2-44 所示，转子轴的径向圆跳动可用百分表检测，其径向圆跳动不得超过 0.01mm，否则应予以校正。

3）检查整流器：

① 检查正二极管。将万用表的负表笔接整流器输出端螺栓（B 点），正表笔依次接与定子绕组相接的各结合点（P1、P2、P3、P4），均应为导通；交换两表笔后再测，均应为无穷大，否则有正二极管损坏。如图 2-45 所示。

② 检查负二极管。将万用表正表笔接搭铁，负表笔依次与各结合点相接（P1、P2、P3、P4），均应为导通；交换两表笔后再测，均应为无穷大，否则有负二极管损坏，如图 2-46所示。

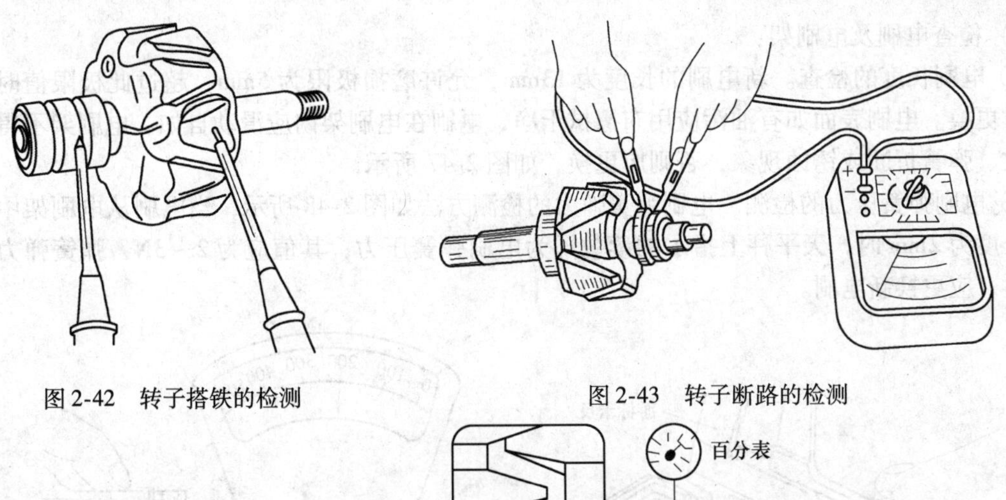

图 2-42　转子搭铁的检测　　　　图 2-43　转子断路的检测

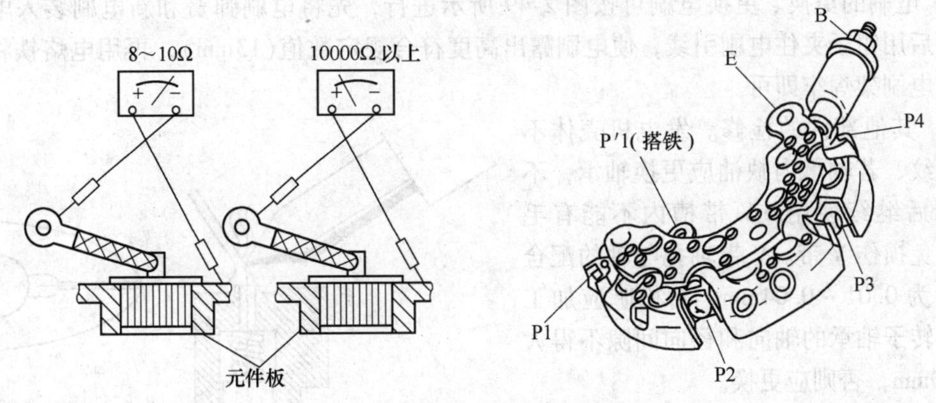

图 2-44　转子轴径向圆跳动的检测

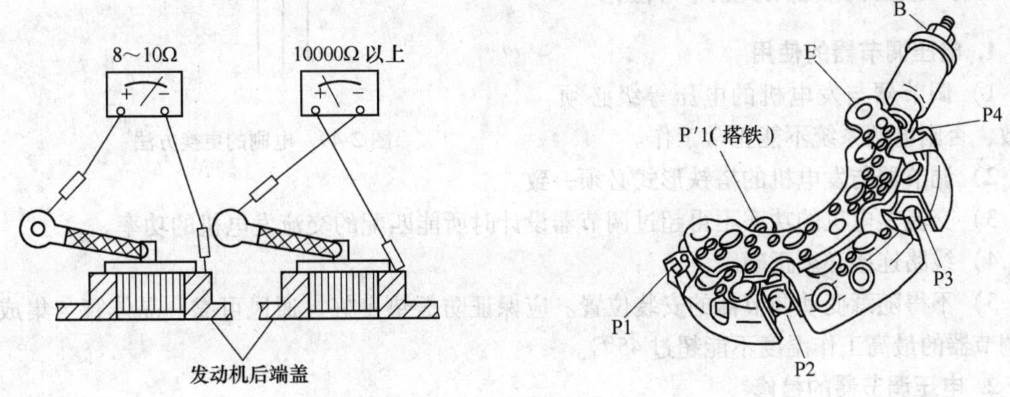

图 2-45　整流器正二极管的检测

图 2-46　整流器负二极管的检测

4）检查电刷及电刷架：

① 电刷长度的检查。新电刷的长度为13mm，允许磨损极限为5mm，超过此极限值时应及时更换。电刷表面如有油污应用布擦拭干净，电刷在电刷架内应滑动自如。电刷架不得有裂纹、弹簧折断或锈蚀现象，否则应更换，如图2-47所示。

② 电刷弹簧压力的检测。电刷弹簧弹力的检测方法如图2-48所示，当电刷从电刷架中露出长度为2mm时，天平秤上指示的读数即为电刷弹簧压力，其值应为2～3N，弹簧弹力过小时，应更换新电刷。

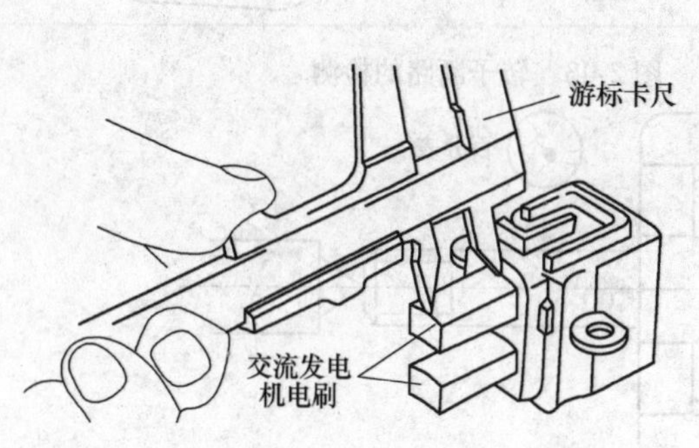

图2-47　检测电刷长度　　　图2-48　检测电刷弹簧弹力

③ 电刷的更换。更换电刷可按图2-49所示进行，先将电刷弹簧和新电刷装入电刷架内，然后用钳子夹住电刷引线，使电刷露出高度符合规定数值(13mm)，再用电烙铁将电刷引线与电刷架焊牢即可。

5）其他部件的检修。发电机壳体不得有裂纹，若轴承内缺油应更换轴承，不宜加油后继续使用。V带槽内不能有毛刺，以免损伤V带。V带轴孔与轴的配合过盈量为0.01～0.04mm，若松旷应加工修复。转子轴承的轴向和径向间隙不得大于0.20mm，否则应更换。

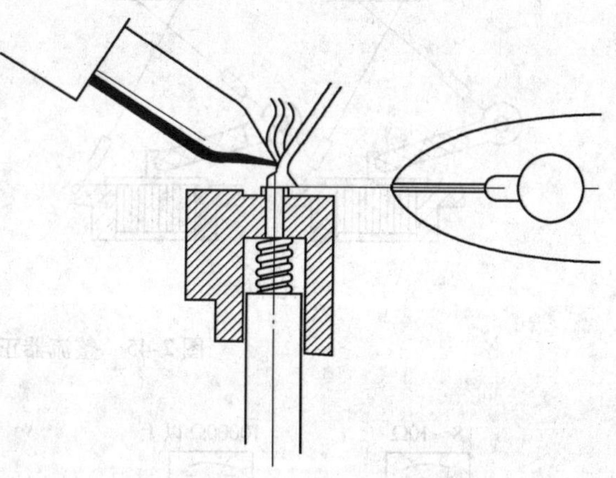

图2-49　电刷的更换方法

三、电压调节器的使用与检修

1. 电压调节器的使用

1）调节器与发电机的电压等级必须一致，否则电源系统不能正常工作。

2）调节器与发电机的搭铁形式必须一致。

3）交流发电机的功率不得超过调节器设计时所能匹配的交流发电机的功率。

4）线路连接必须正确。

5）不得随意变动调节器的安装位置。应保证防振垫良好、通风可靠。晶体管与集成电路调节器的最高工作温度不能超过45℃。

2. 电压调节器的检修

充电系统有了故障，经检查确定发电机工作正常，怀疑是电压调节器故障时，应将电压

调节器从车上拆下，对调节器的工作状态和管压降进行检测。

1）调节器的工作状态的检测。发电机电压调节器的好坏可用蓄电池或直流电源与直流试灯来检查。按图 2-50 所示，连接 12V 的蓄电池和直流试灯时，试灯应亮；接 16 ~ 18V 电压时，试灯应不亮。否则应更换调节器。

2）调节器管压降的检测。调节器管压降的检测电路如图 2-51 所示。接通开关 SW，调节可变电阻 R 使电流表(A)的读数为 4A 时，电压表的读数应不大于 1.5V。

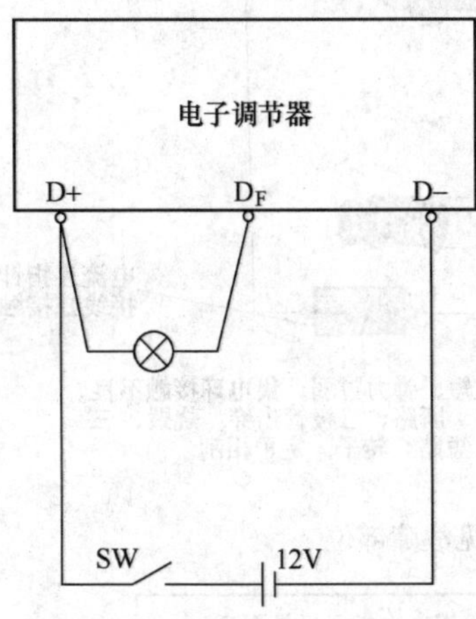

图 2-50　调节器工作状态的检查

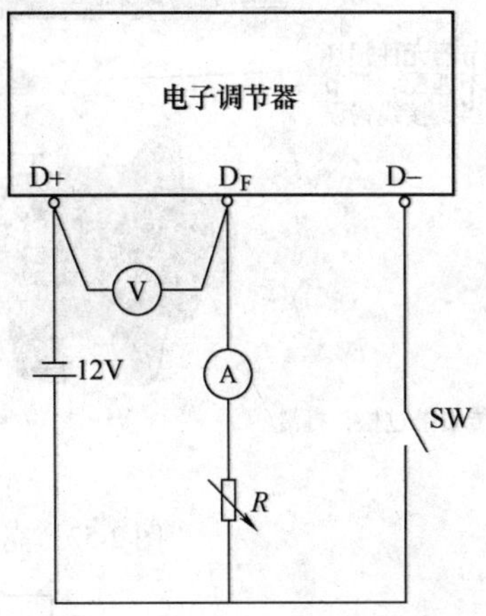

图 2-51　调节器管压降的检测

任务四　充电系常见故障诊断与排除

一、充电指示灯电路故障检测规程

汽车充电系统由蓄电池、发电机、电压调节器以及充电指示灯等按一定技术要求进行连接，并相互协调、互为补充工作而组成。其系统连接及故障部位，参见图 2-52。

汽车充电系统的常见故障主要有充电电流过大或过小或充电电流不稳，充电指示灯常亮或不亮等两大类故障。下面着重介绍充电指示灯常亮或不亮故障的检测规程。

充电指示灯故障主要有两种现象：

① 充电指示灯常亮；

② 充电指示灯不亮。

原因主要包括：

① 充电指示灯电路短路。

② 充电指示灯电路断路。

③ 熔丝熔断。

④ 发电机及电压调节器故障。具体的诊断步骤如图 2-53 所示。

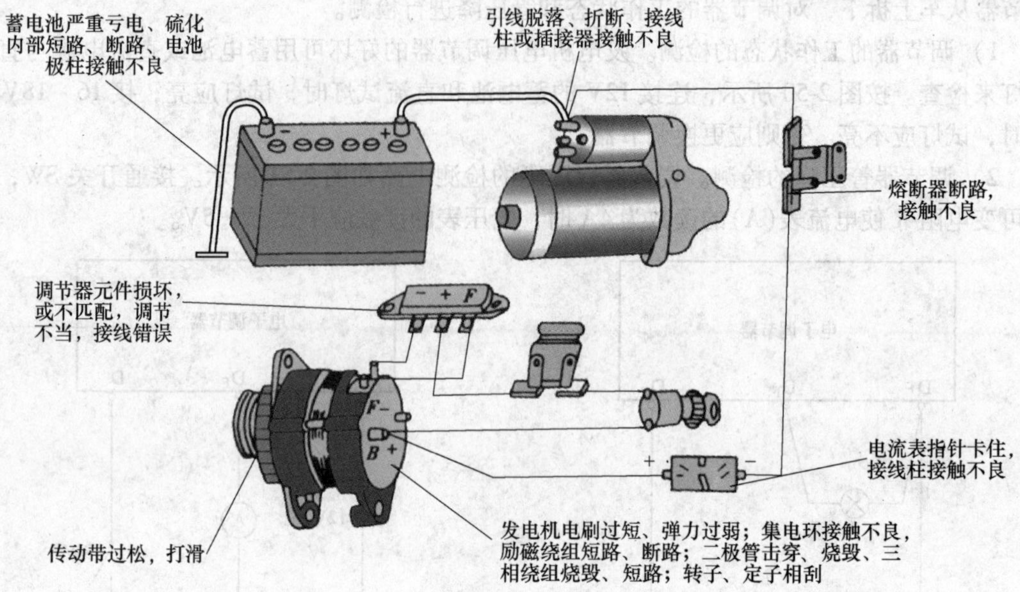

图 2-52　充电系统部件连接及常见故障部位

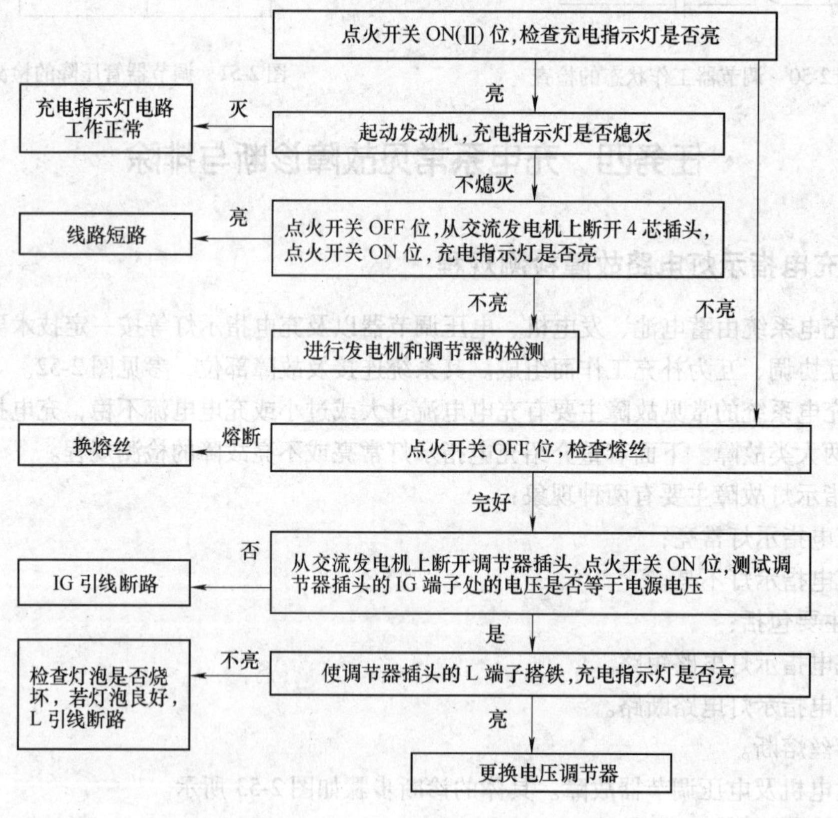

图 2-53　充电指示灯常亮或不亮故障诊断方法

知识链接

发电机常见故障就车检查方法：

1. 打开点火开关，用一铁制工具触碰发电机带轮，有电磁吸引力，说明调节器和发电机的励磁绕组是正常的，如果无电磁吸引力，说明调节器或励磁绕组以及电刷、接线有故障。

2. 关掉点火开关，将发电机励磁"F"接线拆下与发电机断开，将其悬空，然后打开点火开关，用拆下的导线触碰刚脱开的发电机端子接柱，如有噗噗的声响和蓝色的火花，说明励磁电路完好(注意自感电动势对电子元件的损坏)。

3. 将发电机"F"接线脱开，串联一只电流表(量程在10A以上)，用测量励磁电流随发动机转速变化关系判断。

1）转动发电机，如电流表指示为零即控制励磁电流的控制电路(电压调节器)断路。

2）若电流表在发动机低转速运转时指示较稳定，当转速超过800～1000r/min时，电流表的指示值随转速升高而增大，则为控制电路(电压调节口内部断路或短路)故障。只有在转速升高的情况下，电流表的读数逐渐减小才是正常的。

二、发电机不发电故障的典型案例分析

1. 故障现象

一辆东风EQ1090型汽车发电机在正常行驶时，突然出现不发电故障。

2. 检修过程

这辆车采用JF1321型发电机，发电机上的电枢接线柱通过电流表直接与蓄电池的正极连通。当发电机电压低于蓄电池电压时，由于发电机的整流二极管具有阻止反向电流通过的特性，使蓄电池正极与发电机电枢接线柱之间等同于断开，但与二极管负极则是连通的。因此，即使发电机不工作时，在电枢接线柱上短路试火也会有电火花出现。所以发动机运转时用这种方法试火不能判定发电机有无电流输出。

此外，发电机发电时，在电枢接线柱上短路试火所产生的电流可能将三相绕组和整流二

极管烧坏，而刮火电流的突然变化会使三相绕组感应出高压电，可能将二极管反向击穿。可用下列方法检查判断其发生的部位。

1）对励磁线路进行检查。接通点火开关，用旋具杆部靠近发电机的后端。若旋具杆有被磁力吸引的现象，说明发电机励磁线圈工作正常；若不受磁力吸引，则应卸掉发电机励磁接线柱“F”上的接头，在该接线柱上刮火。若无电火花，可能是点火开关至励磁线圈间出现断路。如点火开关不能通电，调节器低速触点因烧蚀不能闭合，励磁线圈断开，电刷或其连线接触不良等。再将励磁接线头拉到右前照灯后面的五接头接线板处，并与任意接线螺钉接触。若前照灯亮，说明发电机内部的励磁线圈或电刷、集电环断路。

2）对电枢线路进行检查。若发电机后端有正常的磁力，应检查充电线路是否畅通，断开点火开关，用钳子的两柄分别与发电机的电枢接线柱“A”及励磁接线柱“F”同时接触试火，若有电火花，说明充电线路畅通，故障在发电机处(可能是电枢线圈损坏,或硅整流二极管断路所致)，应拆检发电机。若属于调节器励磁F接线松动而引起，只需将该线连接牢固即可。

本项目小结

1. 汽车发电机由发动机驱动，在磁场的作用下将发动机的机械能转换成电能。它主要由转子、定子、电刷、整流器、前后端盖、风扇、带轮等组成。其中，转子是发电机的励磁部分；定子的作用是产生三相交流电；整流器的作用是将定子绕组产生的三相交流电转变为直流电；电刷的作用是将电流通过集电环引入励磁绕组。

2. 汽车发动机起动后，交流发电机三相定子绕组中产生交流电动势时，由整流器整变为直流电，向用电设备输出供电。

3. 汽车在起动和发电机转速较低时，发电机需要蓄电池供给发电机励磁绕组电流，使励磁绕组产生磁场来发电。随着转速的提高(一般在发动机达到怠速时)，当发电机的输出电压 U_B 大于蓄电池电压时(一般高出蓄电池电压1～2V)，发电机就可以把自身发出的电供给励磁绕组，采用自励方式发电。交流发电机励磁过程是先他励后自励。

4. 发电机电压调节器的作用是使发电机输出电压保持一定或保持在某一允许范围内，以防发电机电压过高或者过低，烧坏用电设备，使蓄电池过充电或者使蓄电池充电不足。

5. 清洁发电机时，抹布不能有液体浸出，汽油清洗剂不能接触绝缘件。拆卸下来的发电机零部件要轻拿轻放，不要折断导线或损坏部件，转子轴严防磕碰。

6. 对发电机进行检修时，主要检查转子和定子线圈是否断路、短路，整流器是否击穿，调节器是否工作正常。

练习与思考

一、填空

1. 整流器的作用是将________转化成________。

2. 电压调节器按搭铁形式不同分为________和________两种类型。

3. 充电指示灯故障主要有____________和____________两种现象。

二、判断

1. 发电机在磁场的作用下将发动机的机械能转换成电能。(　　)
2. 发电机的输出电压由电压调节器控制。(　　)
3. 从车上拆下发电机时，应首先断开蓄电池负极。(　　)
4. 如果充电指示灯常亮，说明充电系统有故障。(　　)

三、问答

1. 汽车发电机由哪几部分组成？
2. 简述发电机整流器如何将交流电转换成直流电。

项目三　起　动　系

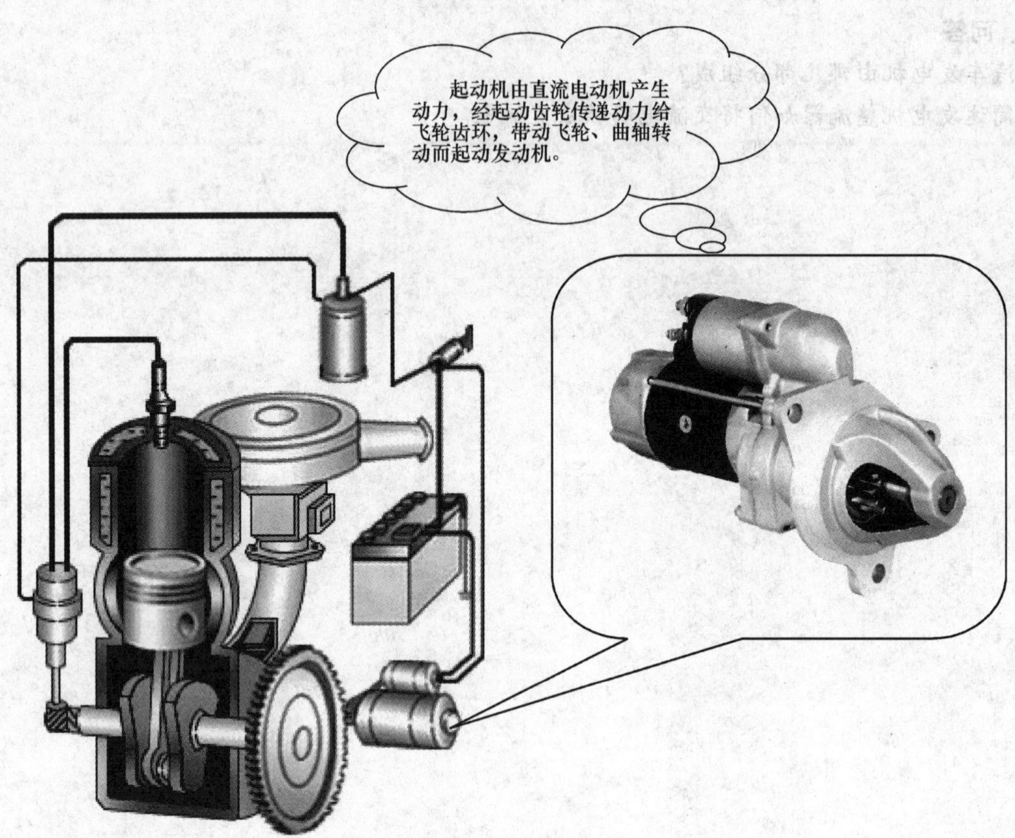

【学习目标】

◇ 认识起动系的基本组成
◇ 了解起动机的工作原理
◇ 学会起动机的拆装与检修
◇ 掌握起动系常见故障诊断与排除
◇ 会做起动系典型故障案例分析

任务一　起动系的基本组成

一、起动系的作用

发动机在以自身动力运转之前，必须借助外力旋转。要使发动机由静止状态过渡到工作

状态，必须用外力转动发动机的曲轴，使气缸内吸入可燃混合气(或空气)并燃烧膨胀，工作循环才能自动进行。曲轴在外力作用下由静止状态开始进入怠速运转状态的全过程，称为发动机的起动。

汽车发动机的起动方式主要有三种，如图 3-1 所示。常用的起动方式是用电动机作为机械动力的电磁操纵强制啮合式起动系统。当将电动机轴上的起动齿轮与发动机飞轮周缘的齿圈啮合时，动力就传递到飞轮和曲轴，使之旋转。电动机本身又用蓄电池作为能源。目前绝大多数汽车发动机都采用电动机起动。

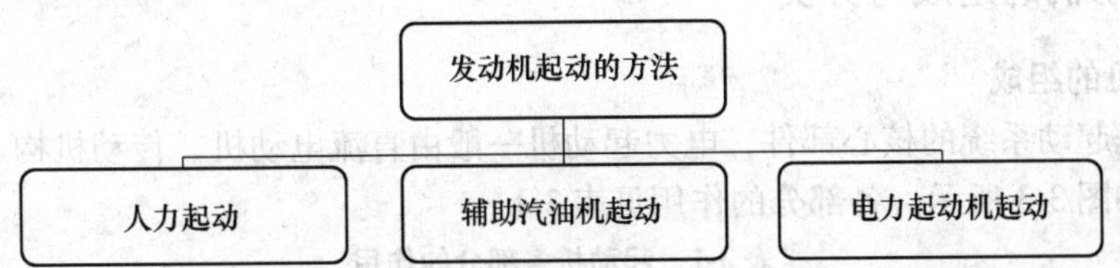

图 3-1　汽车发动机的起动方式

采用电动机起动的发动机，起动系统将储存在蓄电池内的电能转变成机械能。在这个过程中，起动机的功用是由直流电动机产生动力，经传动机构带动发动机曲轴转动，从而实现发动机的起动。

提示：手动变速器车辆起动系统出现故障时，可通过手摇、人推、车拖、溜坡等应急方法起动发动机。

二、起动系的组成

如图 3-2 所示，采用电动机起动发动机的起动系统一般由蓄电池、点火开关、起动继电器、起动机等组成。

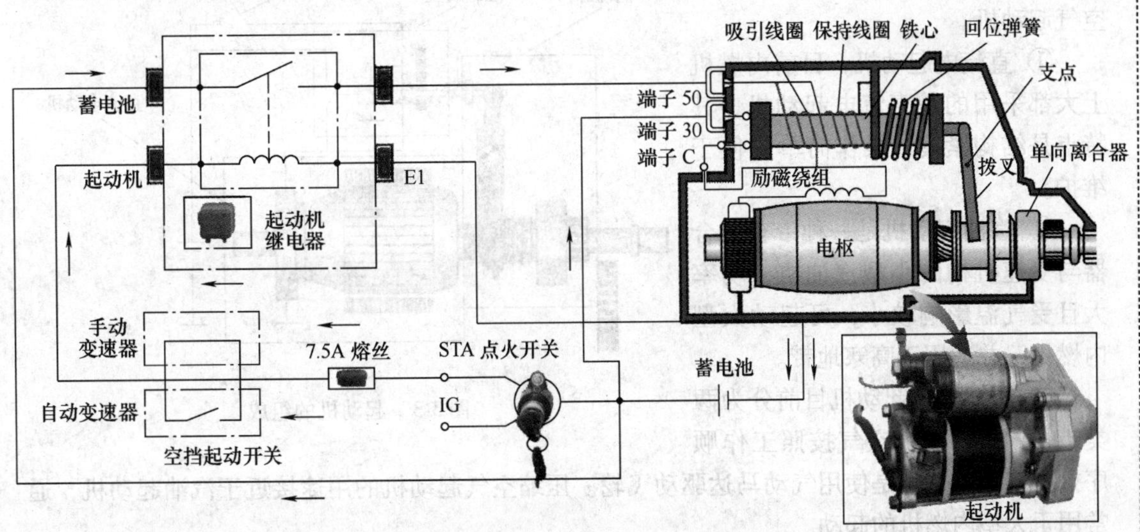

图 3-2　起动系的组成

1）起动机一般安装在汽车发动机飞轮壳前端的座孔上，将电能转换成机械能，给发动机提供起动转矩。

2）蓄电池在起动过程中给起动机提供电能。

3）起动继电器受点火开关的控制，控制起动机电磁线圈的通电状态。

4）点火开关通过起动机电磁线圈（或起动继电器）控制起动机的工作状态。

任务二　起动机的工作原理

一、起动机的组成与分类

1. 起动机的组成

起动机是起动系统的核心部件，电力起动机一般由直流电动机、传动机构、控制装置三部分构成，如图 3-3 所示。各部分的作用见表 3-1。

表 3-1　起动机各部分的作用

直流电动机	其作用是将蓄电池的电能转换成机械能，即产生电磁转矩
传动机构	其作用是在发动机起动时，使起动机的驱动齿轮与发动机飞轮齿圈啮合，将起动机的转矩传给发动机曲轴；而发动机起动后，使驱动齿轮自动打滑，与飞轮齿圈脱离，切断动力传递，以防止电动机被发动机带动，超速旋转而损坏
控制装置	控制装置即开关，其作用是控制驱动齿轮与飞轮齿圈的啮合与分离；及控制电动机电路的接通与切断

2. 起动机的分类

1）按工作原理不同可分为：直流电起动机、汽油起动机、压缩空气起动机。

① 直流电起动机，目前内燃机上大都采用的是直流电起动机，其特点是结构紧凑、操作简单且便于维护。

② 汽油起动机是一种带有离合器与变速机构的小型汽油机，功率大且受气温影响较小，可起动大型内燃机，并适用于高寒地带。

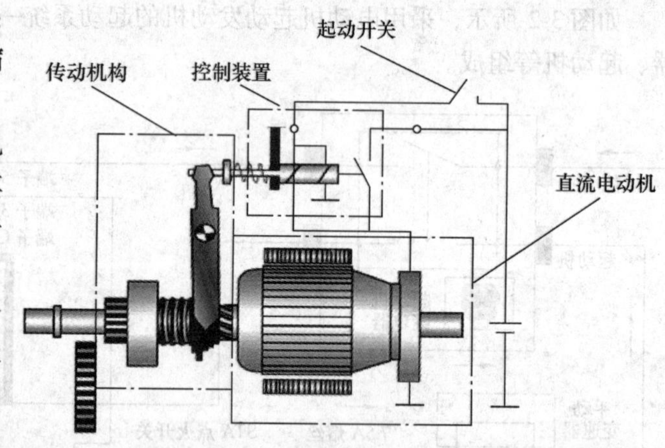

图 3-3　起动机的组成

③ 压缩空气起动机目前分为两类，一种是将压缩空气按照工作顺序打入气缸，一种是使用气动马达驱动飞轮。压缩空气起动机的用途接近于汽油起动机，通常用于大型内燃机的起动。

2）按控制方式不同可分为：机械控制式起动机、电磁控制式（电磁操纵式）起动机。

① 机械控制式起动机，由驾驶员靠手拉杠杆或脚踏联动机构直接控制起动机主电路开关的接通或切断，因操作不便，现在已很少使用。

② 电磁控制式(电磁操纵式)起动机，由驾驶员通过点火开关起动挡控制起动继电器，再由起动继电器控制起动机电磁开关的接通或切断，从而控制起动电路。

3）按电动机磁场产生的方式不同可分为：励磁式起动机和永磁式起动机(图3-4)。

4）按传动方式的不同可分为：惯性啮合式起动机、强制啮合式起动机、电磁啮合式起动机、齿轮移动式起动机。

① 惯性啮合式起动机的驱动齿轮靠轴旋转时的惯性力啮入和退出飞轮齿圈。这种起动机工作可靠性差，现在已很少使用。

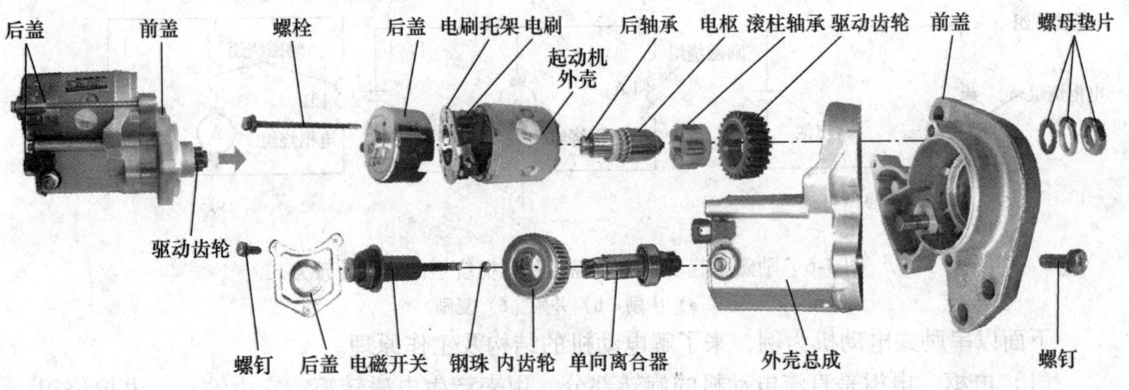

图3-4 永磁式起动机

② 强制啮合式起动机靠人力或电磁力借助拨叉拨动驱动齿轮啮入和退出飞轮齿圈。由于其工作可靠性高，现代汽车广泛使用。

③ 电磁啮合式起动机依靠电动机内辅助磁极电磁力的吸引，使电枢产生轴向移动，啮入和退出飞轮齿圈。

④ 齿轮移动式起动机。靠电磁开关推动啮合杆，使驱动齿轮啮入和退出飞轮齿圈。

二、直流电动机的结构与工作原理

1. 直流电动机的结构

直流电动机是起动机最主要的组成部件，它的工作原理和特性决定了起动机的工作原理和特性。直流电动机主要由转子(电枢)、定子(磁极)、电刷、换向器和端盖等部件构成，参见图3-5。

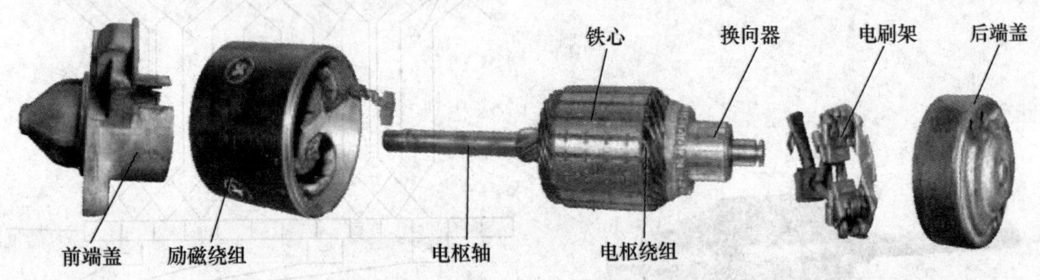

图3-5 直流电动机的结构

对于励磁式起动机，根据励磁绕组和电枢绕组连接方式不同又可分为串励、并励和复励式三种，如图3-6所示。

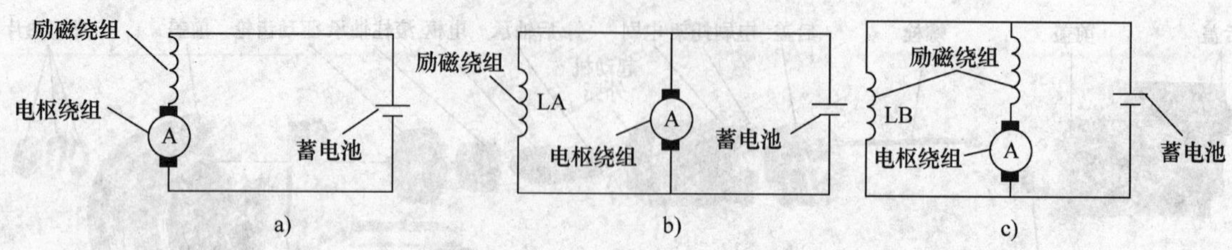

图 3-6　励磁式起动机励磁绕组和电枢绕组的三种连接方式

a）串励　b）并励　c）复励

下面以串励式电动机为例，来了解电动机的结构及工作原理。

（1）电枢　电枢是直流电动机的旋转部分，用来产生电磁转矩，它由铁心、电枢绕组、电枢轴及换向器等组成，如图 3-7 所示。为了获得足够的转矩，通过电枢绕组的电流一般可达到 200～600A。因此，电枢绕组采用较粗的矩形裸铜线绕制而成。

电枢铁心由多片厚度为 0.5mm 互相绝缘的硅钢片叠成，其外圆带槽，用来嵌放电枢绕组。

电枢绕组采用很粗的扁铜线用波绕法绕制而成，绕组一端线头接的换向器铜片与另一端线头接的换向器铜片相隔 90°或 180°（图 3-8）。当电枢绕组通电后，电枢总成便开始转动。采用此种绕法，当电枢转到某一位置时，因为某些绕组两端线头接到同极性电刷上，会造成一些绕组没有电流。由于波绕法的绕组电阻较低，所以常用。

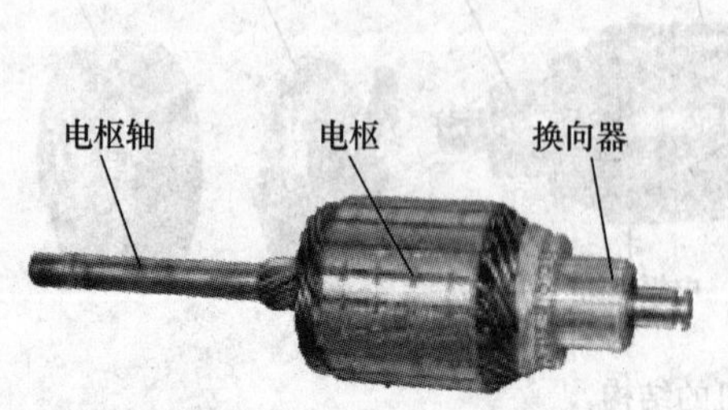

图 3-7　电枢的结构

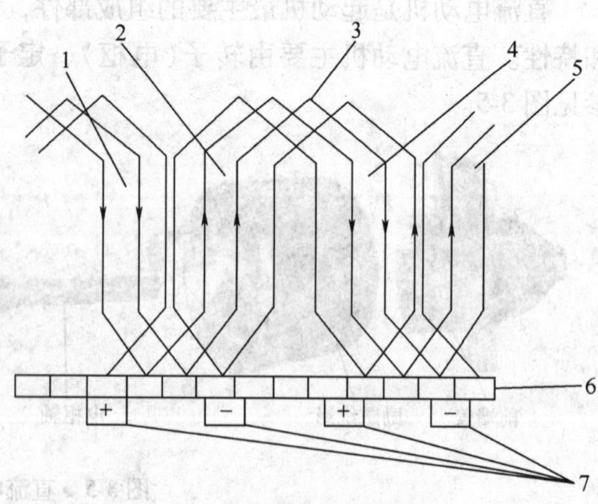

图 3-8　电枢绕组波绕法

1、4—N 极　2、5—S 极　3—绕组　6—换向器　7—电刷

换向器由较厚的铜片压装在电枢轴上，相邻铜片之间用云母片绝缘。由于云母的耐磨性较好，在换向铜片磨损后，云母就会凸起，影响电刷与换向器的接触，因此有些微型车使用的起动机换向片之间的云母按规定割低0.5~0.8mm，但功率较大的起动机云母不应割低。

（2）磁极　磁极是电动机的定子部分，由铁心和励磁绕组构成，其作用是在电动机中产生磁场，磁极铁心一般由厚度为1.0~1.5mm的低碳钢制成，并通过螺钉固定在电动机壳体上。磁极一般是4个，由4个励磁绕组形成两对磁极，并两两相对。4个磁极的励磁绕组有两种连接方式，4个励磁绕组相互串联，每两个励磁绕组串联后再并联，如图3-9所示。

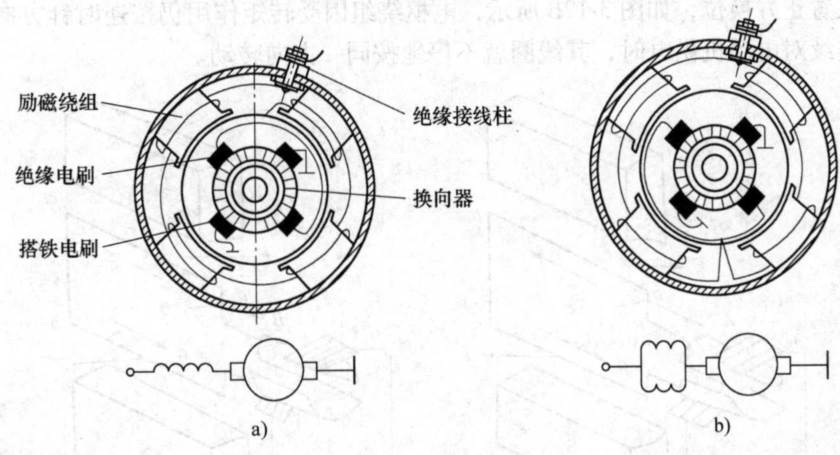

图3-9　定子总成

a）4个绕组相互串联　b）两串两并

（3）电刷架与电刷　电刷架一般为框式结构，其中正极电刷架与端盖绝缘固装，负极电刷架直接搭铁。电刷的作用是将电流引入电枢，使电枢产生连续转动。如图3-10所示，电刷一般用铜和石墨压制而成，呈棕红色，装在端盖上的电刷架中，借弹簧压力紧压在换向器上。有利于减小电阻及增加耐磨性。电刷的个数一般为4个，与主磁极的个数相同。其中与外壳直接相连构成电路搭铁的，称为搭铁电刷（即负极电刷），与励磁绕组和电枢绕组相连，与外壳绝缘，称为绝缘电刷（即正极电刷）。

2. 直流电动机的工作原理

（1）基本工作原理　起动机的工作原理可以通过其主要部件直流电动机的工作原理来说明，如图3-11所示。

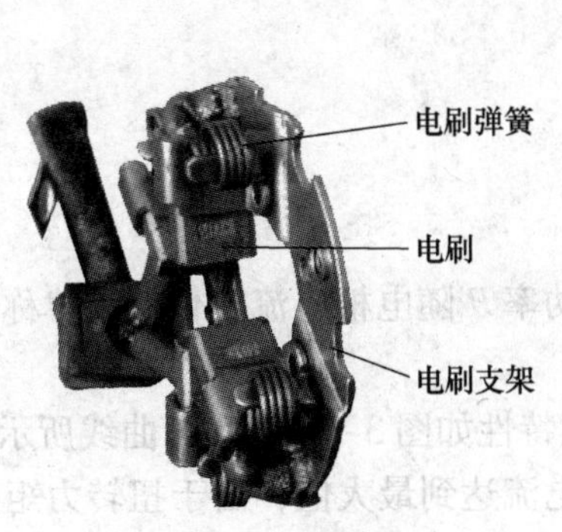

图3-10　电刷架与电刷

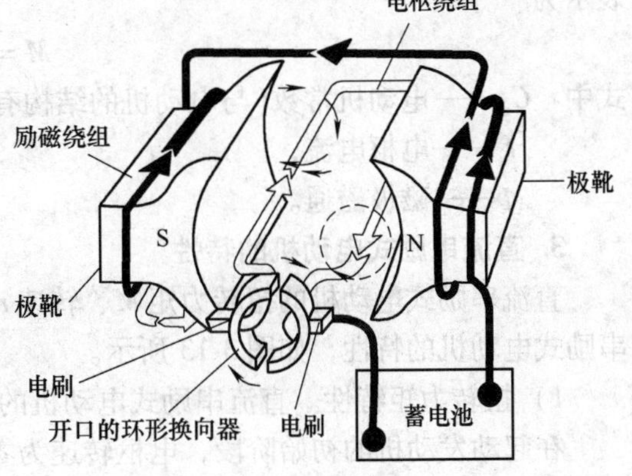

图3-11　直流电动机主要部件的布置及工作原理

直流电动机是将电能转变为机械能的设备，它是根据带电导体在磁场中受到电磁力作用的这一原理为基础而制成的，其工作原理如图 3-12 所示。

在磁场中放置一个线圈，线圈的两点分别与两片换向片连接，两只电刷分别与两片换向片接触，并与电源的正极或负极接通。

图 3-12a 中电流方向为：电源正极→正电刷→换向片→线圈 *abcd*→负电刷→电源负极。按照线圈中的电流方向，由左手定则可以确定线圈 *ab* 边受向左的作用力，*cd* 边受向右的作用力，整个电枢线圈受到逆时针方向的转矩作用而转动。当电枢转过半周后，换向片与正负电刷接触位置正好换位，如图 3-12b 所示，电枢绕组因受转矩作用仍按逆时针方向转动。这样在电源连续对电动机供电时，其线圈就不停地按同一方向转动。

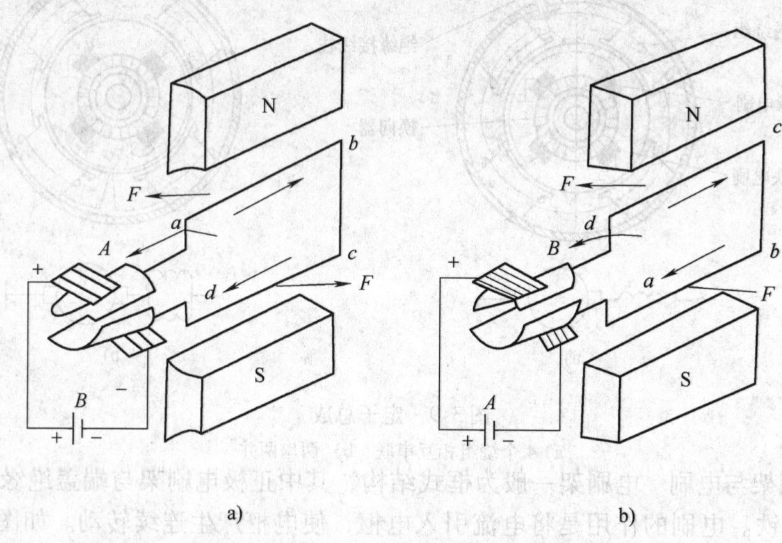

图 3-12 直流电动机工作原理图

a）电流方向 $a \to d$ b）电流方向相反 $d \to a$

由于一个线圈所产生的转矩太小，且转速不稳定，因此实际上，电动机的电枢上绕有很多线圈，换向片数也随线圈数的增多而相应增加。从而保证产生足够大的转矩和稳定的转速。

（2）直流电动机的转矩 直流电动机的转矩与电枢电流及磁极磁通的乘积成正比，可表示为

$$M = C_m I_s \Phi$$

式中 C_m——电动机常数（与电动机的结构有关）；

I_s——电枢电流；

Φ——磁极磁通。

3. 直流串励式电动机的特性

直流串励式电动机的扭转力矩 M、转速 n 和输出功率 P 随电枢电流变化的规律称为直流串励式电动机的特性，如图 3-13 所示。

1）扭转力矩特性。直流串励式电动机的扭转力矩特性如图 3-13 中的 M 曲线所示。

在起动发动机的初始阶段，电枢转速为零，电枢电流达到最大值，由于扭转力矩与电枢电流的平方成正比，所以扭转力矩也达到最大值。该最大值扭转力矩足以克服发动机的阻力

矩，使发动机起动。

2）转速特性。转速特性如图 3-13 中的 n 曲线所示。电枢电流较大时，由于扭转力矩与电枢电流的平方成正比，所以输出扭转力矩也较大，此时电动机转速随电流的增加而下降；电枢电流减小时，输出转矩也较小，电动机转速又随电流的减小而很快上升。

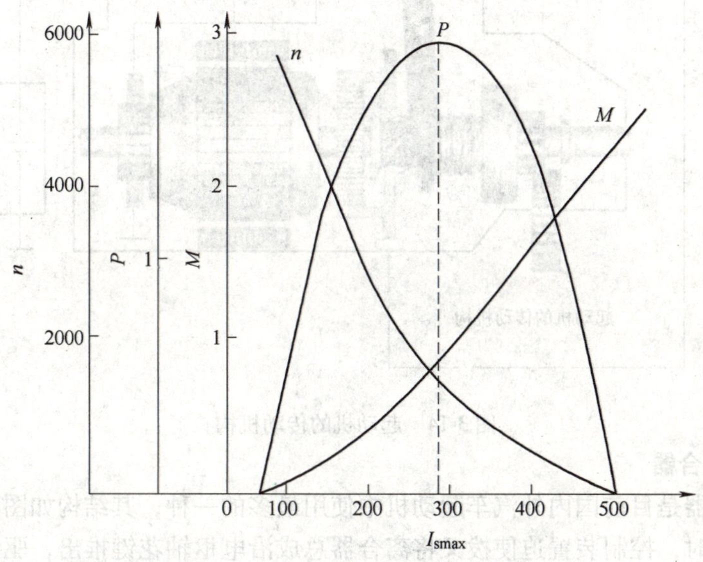

图 3-13　直流串励式电动机的特性曲线

3）功率特性。功率特性如图 3-13 中的 P 曲线所示。输出功率的最大值出现在电枢电流接近制动电流的一半时刻。电动机处于完全制动状态，转速和输出功率为零，力矩达到最大值。随着力矩和起动机转速的变化，处于空载状态时，电流最小，转速最大，输出功率也为零。

直流串励式电动机输出功率 P(单位 W)可由扭转力矩 M(单位 N · m)和转速 n(单位 r/min)表示为

$$P = \frac{Mn}{9550}$$

三、起动机的传动机构

起动机的传动机构是起动机的主要组成部分，主要由驱动齿轮、单向离合器、拨叉、啮合弹簧等组成，如图 3-14 所示。

起动时，使起动机的驱动齿轮与发动机飞轮齿圈啮合，将起动机的转矩传给发动机曲轴；而发动机起动后，使驱动齿轮自动打滑，与飞轮齿圈脱离，切断动力传递，以防止电动机被发动机带动，超速旋转而损坏。

单向离合器是传动机构的主要部件，其作用是单方向传递转矩，即起动发动机时将起动机的转矩传给发动机曲轴，而当发动机起动后，它又能自动打滑(起动超载时,也自动打滑，起保护作用)，不使飞轮齿环带动起动机电枢旋转，以免损坏起动机。

单向离合器有滚柱式、弹簧式、摩擦片式等不同型式。其中，摩擦片式的单向离合器多用于大功率起动机。

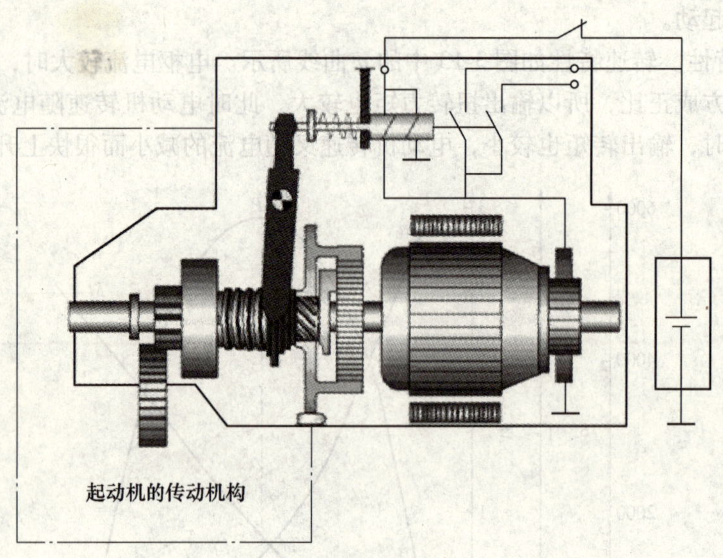

图 3-14　起动机的传动机构

1. 滚柱式离合器

滚柱式离合器是目前国内外汽车起动机中使用最多的一种，其结构如图 3-15 所示。

发动机起动时，控制装置迫使拨叉将离合器总成沿电枢轴花键推出，驱动齿轮与发动机飞轮齿圈啮合，同时起动机通电，转矩由电枢轴传递到离合器，在摩擦力的作用下离合弹簧扭缩，直径缩小，抱紧两个套筒外圆表面，使其成一刚体。滚柱弹簧压迫滚柱滚向楔形滚道的窄端。这样，驱动齿轮和离合器锁定在一起，起动机转矩传递到发动机飞轮齿圈而起动发动机。其工作原理如图 3-16 所示。

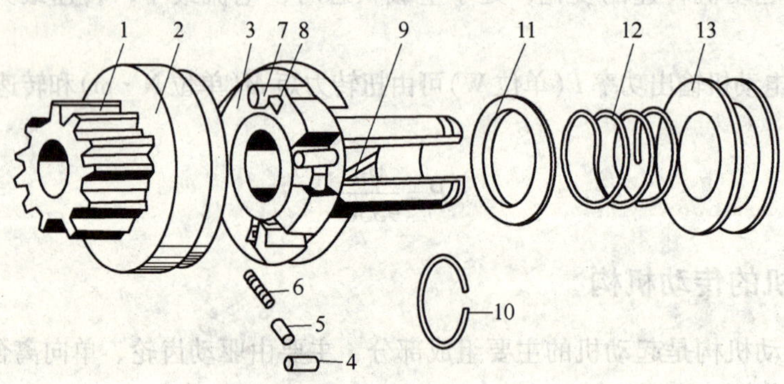

图 3-15　滚柱式离合器构造

1—起动齿轮　2—外座圈　3—十字头(内座圈)　4—滚柱　5—柱塞　6、12—弹簧　7—飞轮齿圈　8—楔形槽　9—内有螺旋槽的花健套筒　10—卡簧　11—挡圈　13—滑套(拔叉用)

当发动机起动并以自身动力运转时，发动机飞轮齿圈将会带动驱动齿轮以高于电枢轴的速度旋转，在摩擦力的作用下，滚柱滚向楔形滚道的宽端，从而释放驱动齿轮，使驱动齿轮无法带动电枢轴。这样转矩就不会从驱动齿轮传到电枢，从而防止了电枢超速飞散的危险。

2. 弹簧式离合器

弹簧式离合器的主动套筒套装在电枢轴的花键上，小齿轮套筒套装在电枢轴的光滑部

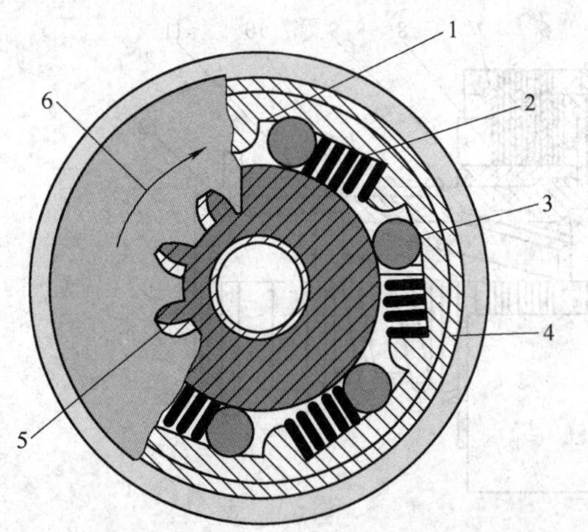

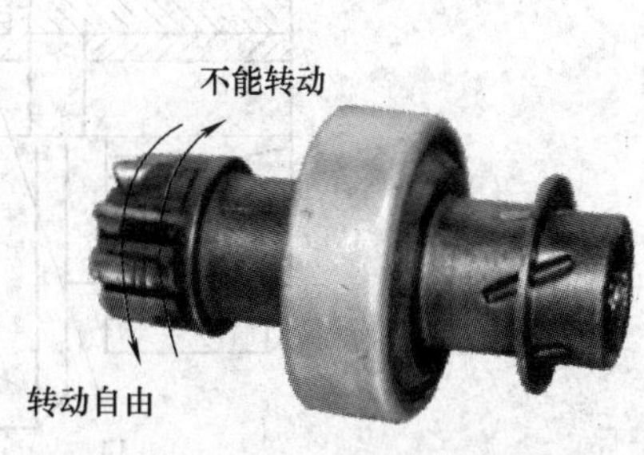

图 3-16 滚柱式离合器工作原理

1—逐渐收缩的豁口 2—滚柱弹簧 3—滚柱 4—离合器外环
5—驱动齿轮 6—电枢轴旋转方向

分，在小齿轮套筒与主动套筒外圆上装有驱动弹簧，如图 3-17 所示。弹簧式离合器具有结构简单、制造工艺简单、成本低等优点，但由于驱动弹簧所需圈数较多，使其轴向尺寸增大。

起动发动机时，传动叉拨动滑环，并压缩弹簧，推动离合器移向飞轮齿圈一端，使小齿轮啮入飞轮齿圈。电枢旋转时，带动主动套筒在摩擦力的作用下使驱动弹簧扭紧，将两个套筒抱死，起动机转矩便由此传给飞轮。发动机起动后，驱动小齿轮和飞轮齿圈的主从动关系改变，啮合器因驱动弹簧被放松而打滑，从而避免电枢轴超速运转的危险。

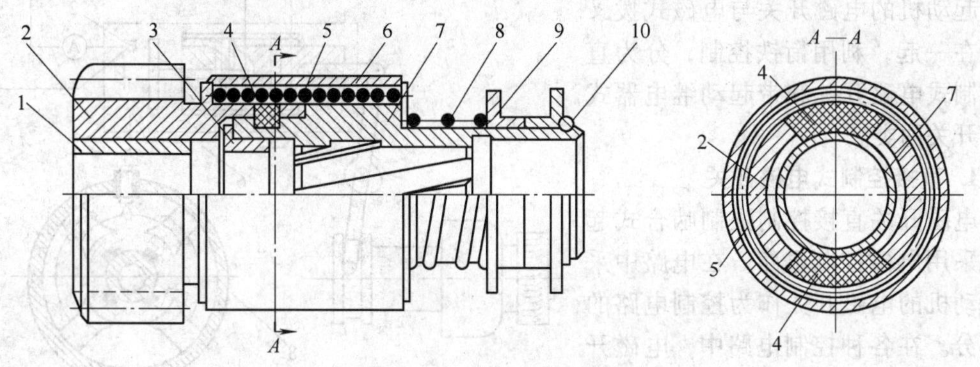

图 3-17 弹簧式离合器的结构

1—衬套 2—驱动齿轮 3—挡圈 4—月形圈 5—扭力弹簧 6—护套
7—传动套筒 8—缓冲弹簧 9—移动衬套 10—卡簧

3. 摩擦片式离合器

摩擦片式离合器多用于柴油发动机使用的功率较大的起动机上。该离合器的驱动齿轮和外接合鼓做成一个整体，其结构如图 3-18 所示。花键套筒 10 套在电枢轴的螺旋花键上，它的外表面有三条螺旋花键套着内接合鼓 9，内接合鼓上有四个轴上槽，用来插放主动摩擦片的内凸齿，被动摩擦片的外凸齿插在与驱动齿轮成一体的外接合鼓 1 的槽中。主、被动摩擦片 8、6 相间排列。离合器工作时，利用两者的摩擦力经凸齿传递转矩。

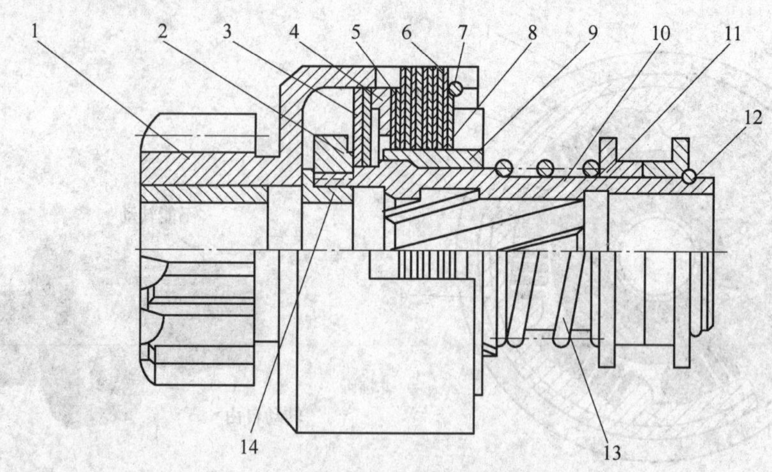

图 3-18　摩擦片式离合器

1—齿轮与外接合鼓　2—螺母　3—弹性圈　4—压环　5—调节垫圈　6—被动摩擦片　7、12—卡环　8—主动摩擦片　9—内接合鼓　10—花键套筒　11—移动衬套　13—缓冲弹簧　14—挡圈

发动机起动后内接合鼓开始瞬间是静止的，在惯性力作用下，内接合鼓由于花键套筒的旋转而左移，从而使主、被动摩擦片压紧而传力，电枢转矩最终传给驱动齿轮。发动机起动后，飞轮齿圈的转速高于驱动齿轮，于是内接合鼓又沿传动套筒的螺旋花键右移，使主、被动摩擦片出现间隙而打滑，避免了电枢超速飞散。摩擦片式离合器可以传递较大转矩，并能在超载时自动打滑，但由于摩擦片易磨损，需经常检查调整，其结构也较复杂。

四、起动机的控制装置

起动机的电磁开关与电磁式拨叉合装在一起，利用衔铁控制，分为直接控制式电磁开关和带起动继电器式电磁开关两类。

1. 直接控制式电磁开关

电磁开关直接控制强制啮合式起动机采用电磁控制电路。在电路中采用起动机的电磁开关作为控制电路的一部分。在各种控制电路中，电磁开关的作用和工作原理都是相同的，图 3-19 是其最基本的电磁控制电路。

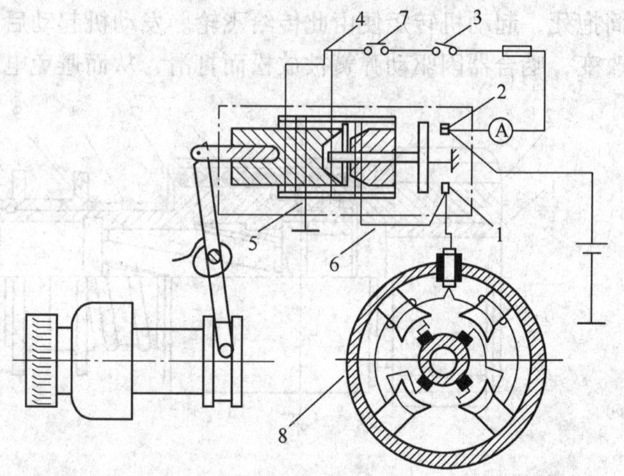

图 3-19　直接控制式电磁开关控制电路

1—“C”端子　2—“30”端子　3—点火开关　4—“50”端子　5—保持线圈　6—吸拉线圈　7—P/N 挡开关　8—直流电动机

2. 带起动继电器式电磁开关

带起动继电器式电磁开关控制电路如图 3-20 所示。

发动机起动时，将点火开关钥匙旋至起动挡位，起动继电器通电后，吸下可动臂使触点闭合，接通电磁开关线圈电路，起动机投入工作。发动机起动后，只需松开点火开关钥匙，点火开关自动转回到点火工作挡位，起动继电器线圈断电触点打开，电磁开关也随即断开，起动机停止工作。

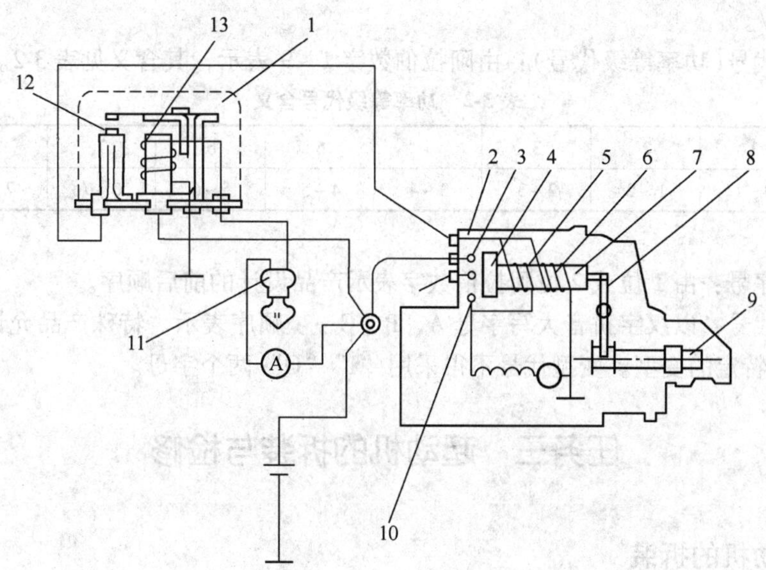

图 3-20 带起动继电器式电磁开关控制电路

1—起动继电器 2—起动机 3—起动机蓄电池接线柱 4—接触片 5—吸拉线圈 6—保持线圈 7—铁心 8—驱动杠杆 9—小齿轮 10—电动机接线柱 11——起动开关 12—起动继电器触点 13—起动继电器线圈

利用起动继电器控制电磁开关，能减少通过点火开关起动触点的电流，避免烧蚀触点，延长使用寿命。有些汽车上的起动继电器在改进控制电路以后，还能起到自动停止起动机工作及安全保护的作用。

五、起动机的型号

起动机的型号根据中华人民共和国行业标准 QC/T 73—1993《汽车电气设备产品型号编号》的规定，由以下五部分组成，如图 3-21 所示。

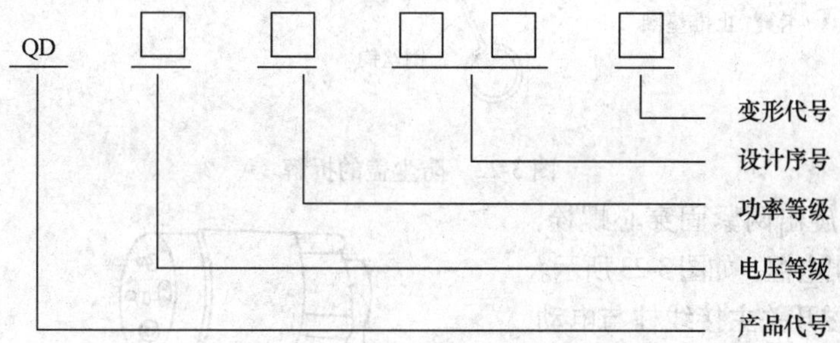

图 3-21 起动机的型号

1）产品代号：按产品的名称适当选择其中 2 ~ 3 个单字，并以该单字汉语拼音的第一个大写字母组成。产品代号用 2 个字母组成时，则按先后顺序排列；若产品代号需用 3 个字母组成时，则将表示产品特征的字母放在基本名称的字母之后。汽车起动机的产品代号有 QD、QDJ、QDY 三种，其中 QD 表示起动机，J 表示减速，Y 表示永磁。

2）分类代号(电压等级代号)：1 表示电压等级为 12V，2 表示电压等级为 24V，6 表示电压等级为6V。

3）分组代号(功率等级代号)：由阿拉伯数字1～9表示，其含义见表3-2。

表3-2 功率等级代号含义

代号	1	2	3	4	5	6	7	8	9
功率/kW	0～1	1～2	2～3	3～4	4～5	5～6	6～7	7～8	>8

4）设计序号：由1位或2位阿拉伯数字表示产品设计的前后顺序。

5）变型代号：以汉字拼音大写字母A、B、C……顺序表示。特殊产品允许以汉语拼音大写字母表示特定的变型。变型代号不得采用“I”“O”两个字母。

任务三 起动机的拆装与检修

一、起动机的拆装

1. 起动机的拆解与清洗操作规程及技术要求

1）首先将待修起动机外部的尘污、油污清除。

2）旋出防尘盖固定螺钉，取下防尘盖，用专用钢丝勾取出电刷。拆下电枢轴上止推垫圈处的卡簧，如图3-22所示。

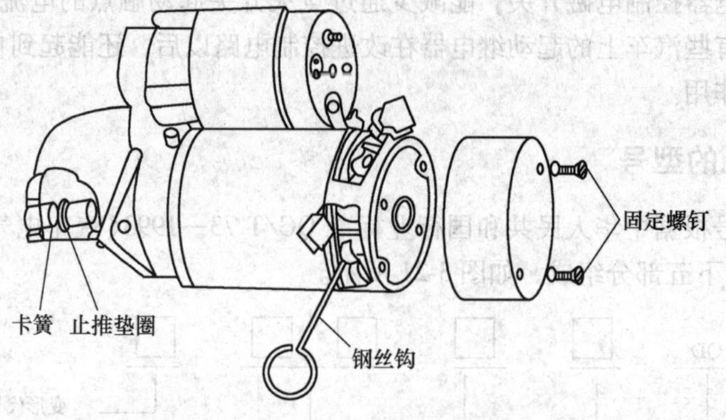

图3-22 防尘盖的拆解

3）用扳手旋出两紧固穿心螺栓，取下前端盖，抽出电枢，如图3-23所示。

4）拆下电磁开关主接线柱与电动机接线柱间的导电片，旋出后端盖上的电磁开关紧固螺钉，使电磁开关后端盖与中间壳体分离，如图3-24所示。

5）从后端盖上旋下中间支承板紧固螺钉，取下中间支承板，旋出拨叉轴销螺栓，抽出拨叉，取出离合器，如图3-25所示。

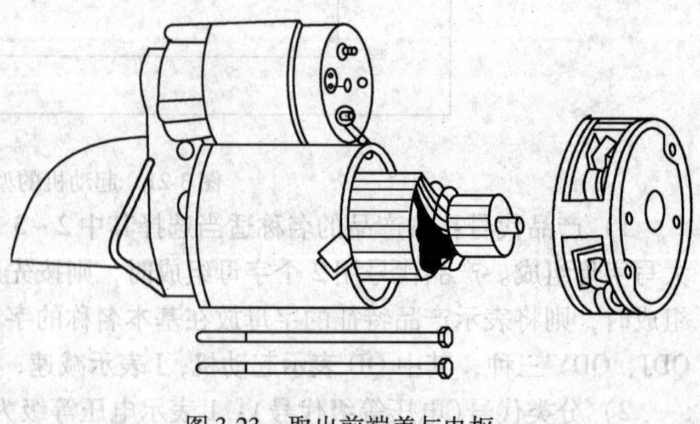

图3-23 取出前端盖与电枢

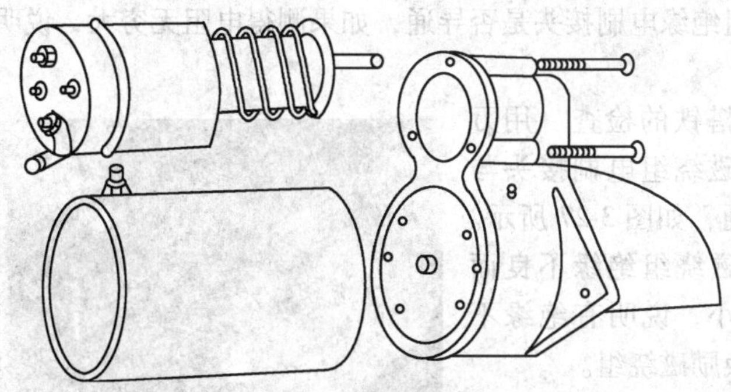

图 3-24 分离电磁开关与壳体

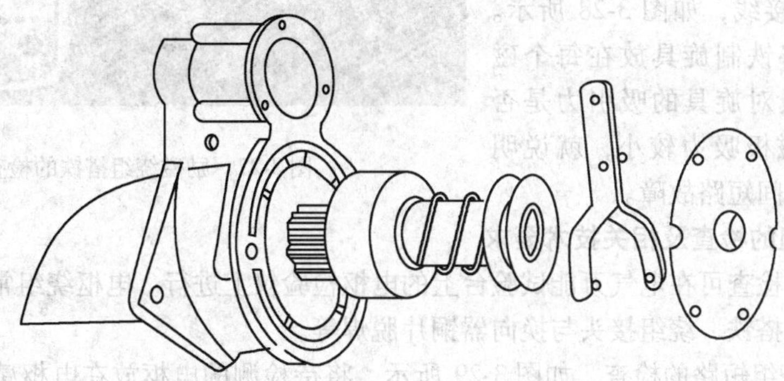

图 3-25 取出离合器

各总成是否需要进一步分解，应视具体情况而定。

6）对分解的零部件进行清洗。清洗时，对所有的绝缘部件，只能用干净布蘸少量汽油擦洗，其他机械部件均可放入煤油或柴油中刷洗干净并晾干。

2. 起动机的装配操作规程及技术要求

1）按解体的相反顺序进行安装，在将电枢轴装入电刷架时，应防止将电刷撞断，必要时使用专用工具进行安装。

2）装配完毕后，转子应转动灵活，无碰擦或卡滞现象。

3）用旋具沿轴向拨动驱动齿轮，应能伸出并能自动回位。

警示：电刷表面在装配时不能沾有油污。

二、起动机的检修

1. 励磁绕组的检查及相关技术要求

励磁绕组的常见故障有接头脱焊、绕组短路、断路或搭铁等。接头松脱故障，解体后可直接看到，绕组短路、断路和搭铁故障诊断可用万用表的欧姆挡测量。

(1) 励磁绕组断路的检查　首先通过外部检视，看其是否有烧焦或断路处，若外部检视未发现故障，可用万用表电阻挡检测。如图 3-26 所示，用两表笔分别接触起动机

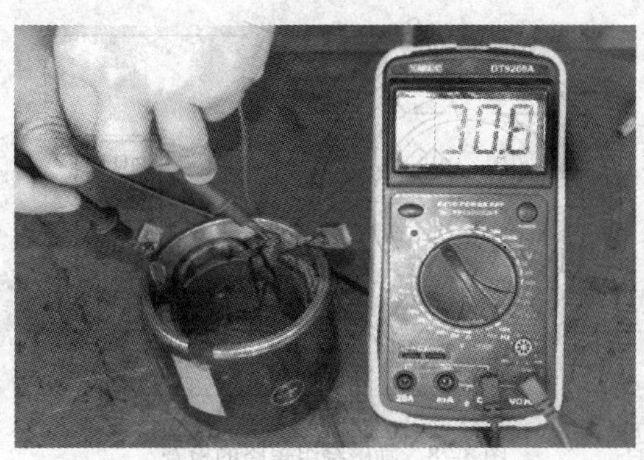

图 3-26 励磁绕组断路的检查

外壳引线与磁场绕组绝缘电刷接头是否导通，如果测得电阻无穷大，说明励磁绕组断路，应予以维修或更换。

（2）励磁绕组搭铁的检查　用万用表电阻挡检测励磁绕组电刷接头与起动机外壳是否导通，如图 3-27 所示。如果导通，说明励磁绕组绝缘不良而搭铁；如果阻值较小，说明有绝缘不良处，应检修或更换励磁绕组。

图 3-27　励磁绕组搭铁的检查

（3）励磁绕组短路的检查　可用 2V 直流电进行接线，如图 3-28 所示。电路接通后，将铁制旋具放在每个磁极上，检查磁极对旋具的吸引力是否相同。若某一磁极吸力较小，就说明该磁极绕组有匝间短路故障。

2. 电枢绕组的检查及相关技术要求

电枢绕组的检查可在电气万能试验台上的电枢检验仪上进行。电枢绕组常见的故障是匝间短路、断路或搭铁、绕组接头与换向器铜片脱焊等。

（1）电枢绕组短路的检查　如图 3-29 所示，将待检测的电枢放在电枢感应仪 1 上，接通开关 3，指示灯 2 亮，感应仪配备一钢片，将该钢片放置在电枢铁心线槽上，若电枢中有短路，则在电枢绕组中将产生感应电流，钢片在交变磁场的作用下，在槽上振动，由此可判断电枢绕组中的短路故障。不断慢慢转动电枢一周，将钢片依次逐个放置于各线槽上，对每一故障处作出标记。由于起动机电枢绕组采用波绕法，所以当钢片在四个铁心槽上振动时，说明相邻换向器铜片间短路；当钢片在所有槽上振动时，说明同一个槽中上、下两层导线短路。

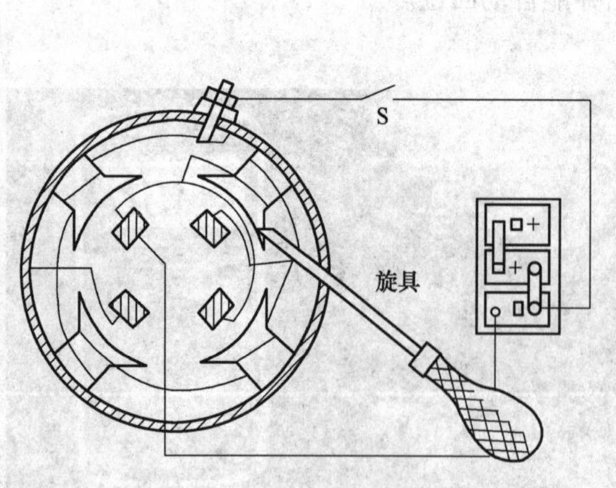

图 3-28　励磁绕组短路的检查

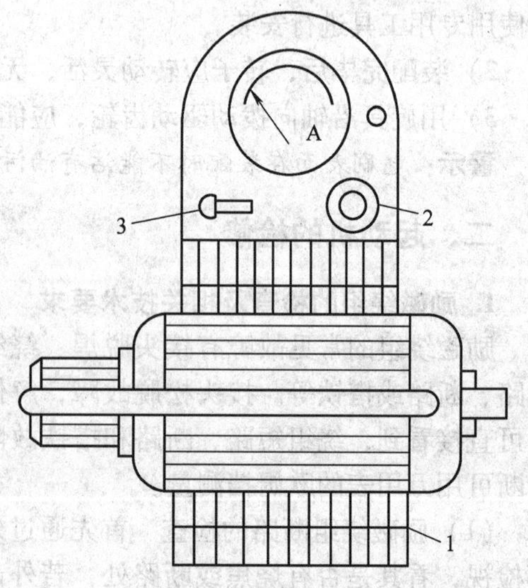

图 3-29　电枢绕组短路检验操作图

1—电枢感应仪　2—指示灯　3—开关

（2）电枢绕组搭铁的检查 如图3-30所示，用万用表电阻挡检查换向器钢片与电枢绕组铁心之间的导通性，即将万用表的一只表笔与电枢轴接触，另一只表笔与换向器铜片接触，应不导通。若导通，应更换电枢。

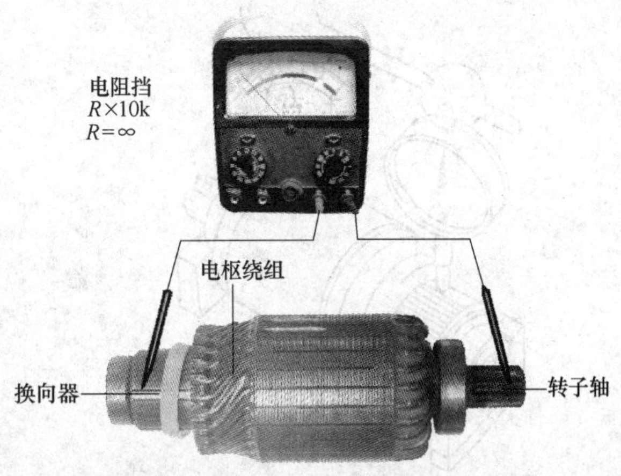

图3-30 电枢绕组搭铁的检查

（3）电枢绕组断路的检查 如图3-31所示，将待测电枢放在感应仪上，接通开关，指示灯亮，将感应仪所附两触针放在相邻两整流子片上，若电流表指针不动，移动触针至电流表指出某一电流数值，固定此触针位置，然后转动电枢，使其余两邻片也达到此位置，如电枢没有损坏，相邻两整流子片在电流表上的读数均应不变，若无读数，则绕组断路。

3. 电枢轴的检查

用百分表检查起动机电枢轴是否弯曲，如图3-32所示。若摆差超过0.1mm，应进行校正。电枢轴上的花键齿槽严重磨损或损坏，应进行修复或更换。

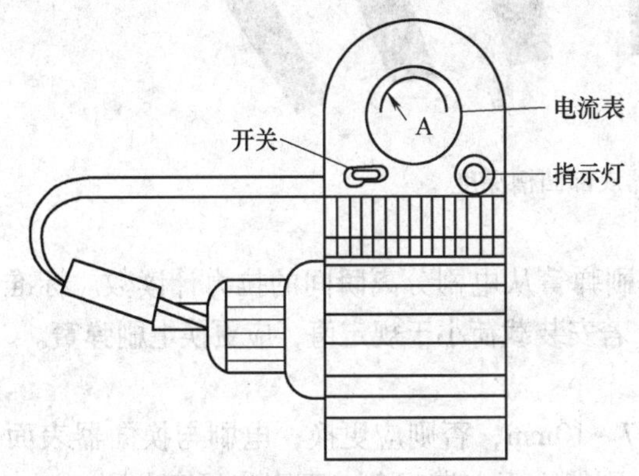

图3-31 电枢绕组断路检验操作图

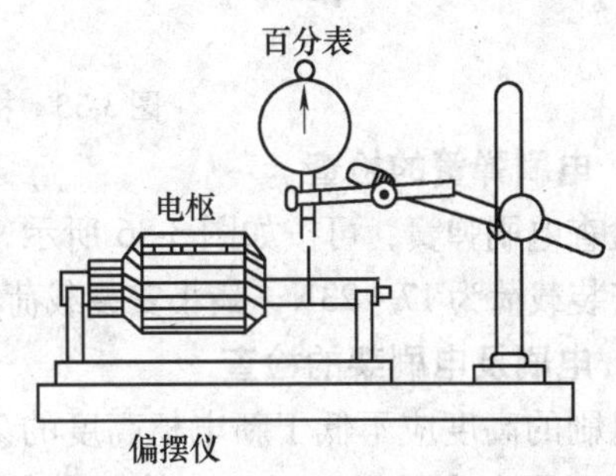

图3-32 电枢轴弯曲度的检查

4. 换向器的检查

检查换向器有无脏污和表面烧蚀，若出现此情况，用400号砂纸或在车床上修整。

检查换向器的径向圆跳动量，如图3-33所示。将换向器放在V形架上，用百分表测量圆周的径向圆跳动量，最大允许径向圆跳动量为0.05mm。若径向圆跳动量大于规定值，应在车床上校正。

用游标卡尺测量换向器的直径，如图3-34所示。其标准值为30.0mm，最小直径为29.0mm。若直径小于最小值，应更换电枢。

检查底部凹槽深度。应清洁无异物，边缘光滑。测量如图3-35所示。标准凹槽深度为0.6mm，最小凹槽深度为0.2mm。若凹槽深度小于最小值，用锯条修正。

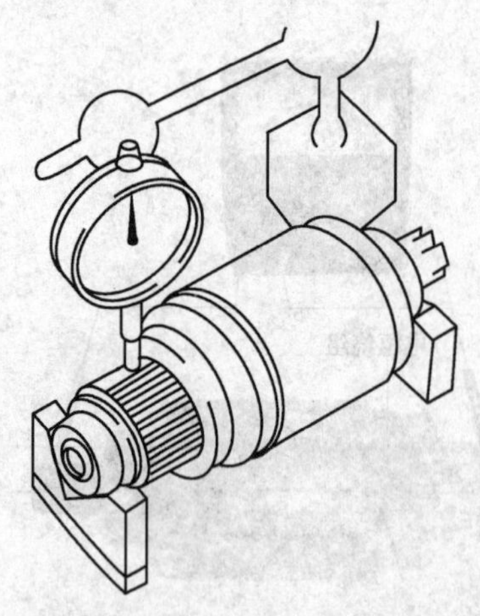
图 3-33　检查换向器的径向圆跳动量

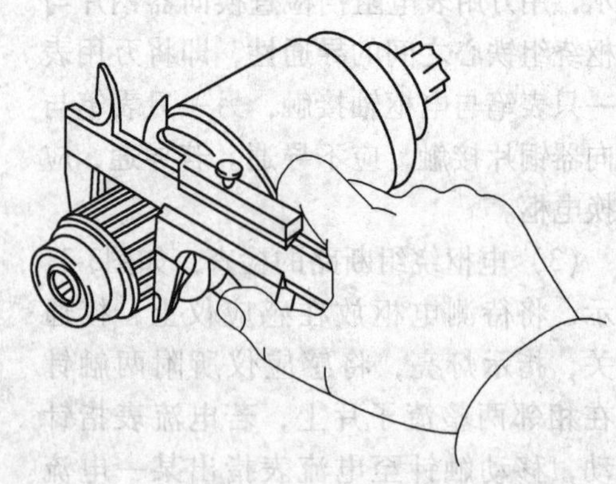
图 3-34　检查换向器直径

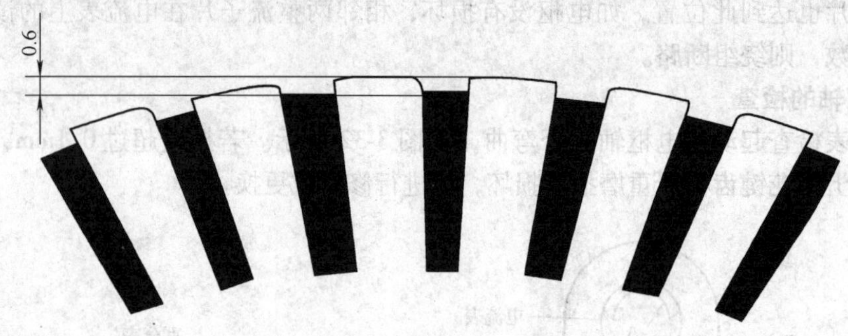

图 3-35　检查换向器底部凹槽深度

5. 电刷弹簧的检查

检查电刷弹簧，可按如图 3-36 所示，读取电刷弹簧从电刷分离瞬间的拉力计读数。标准弹簧安装载荷为 17～23N，最小安装载荷为 12N。若安装载荷小于规定值，应更换电刷弹簧。

6. 电刷及电刷架的检查

电刷的高度应不低于新电枢高度的 2/3，即 7～10mm，否则应更换；电刷与换向器表面的接触面积应达到 75% 以上，并且要求电刷在电刷架内无卡滞现象，否则应研磨电刷。

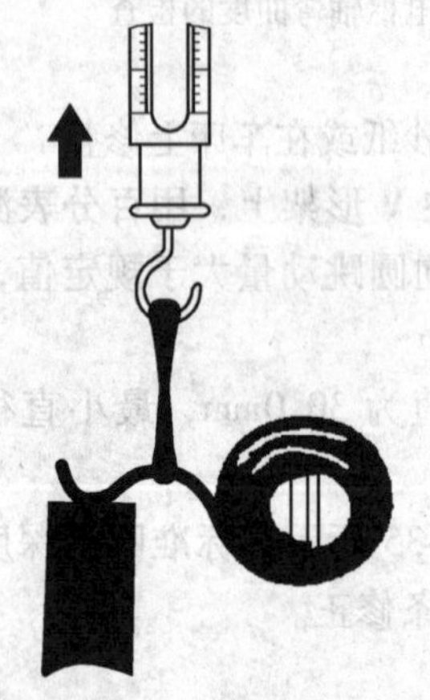
图 3-36　电刷弹簧的检查

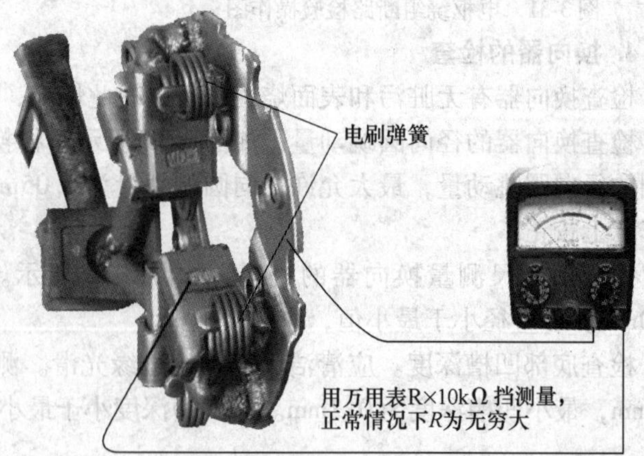

图 3-37　电刷及电刷架绝缘检查

电刷架的检查：用欧姆表检查电刷架正极（+）与负极（-）之间的导通性，应不导通，如图 3-37 所示。若导通，修理或更换电刷架。

7. 离合器和驱动齿轮的检查

检查离合器和驱动齿轮是否严重损伤或磨损。如有损坏，应进行更换。

检查起动机离合器是否打滑或卡滞，如图 3-38 所示。将离合器驱动齿轮夹在台虎钳上，在花键套筒中套入花键轴，将扳手接在花键轴上，测得力矩应大于规定值(24 ~ 26N · m)，否则说明离合器打滑。反向转动离合器应不卡滞，否则应修理或更换离合器总成。

8. 电磁开关的检查

检查电磁开关内部线圈断路、短路或搭铁故障，可用万用表测线圈电阻后与标准值比较进行判断。按照图 3-39 所示连接好线路，接通开关 K 后应能听到活动铁心动作的声音，同时试灯 L 应被点亮；开关 K 断开后，试灯 L 应立即熄灭。否则应更换电磁开关或更换起动机总成。

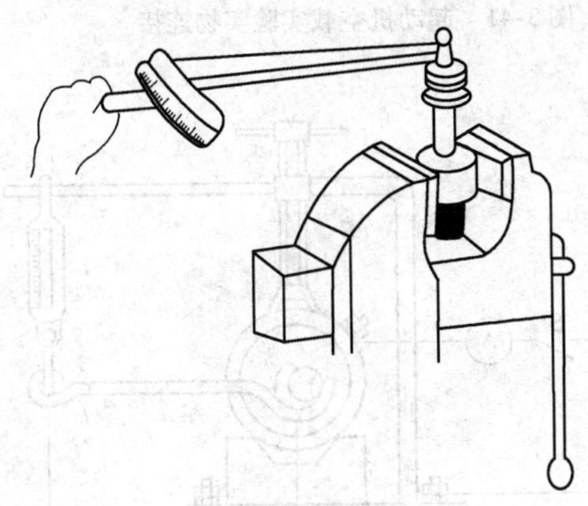

图 3-38　检查起动机离合器工作是否正常

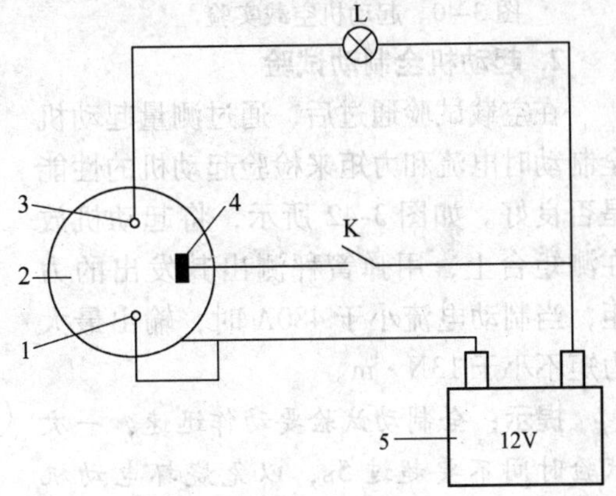

图 3-39　电磁开关的检查

1—磁场线圈接线柱　2—起动机开关　3—蓄电池接线柱　4—点火开关接线柱　5—蓄电池

三、起动机的性能实验

起动机性能的好坏，可通过空载实验和全制动实验来检验。

1. 起动机空载实验

修复后的起动机应对电磁开关和电动机进行性能试验。试验时，先将蓄电池充足电，每项试验应在 3 ~ 5s 内完成，以防线圈被烧坏。

如图 3-40 所示，将起动机夹紧。将起动机与蓄电池和电流表（量程为 0 ~ 100A 以上的直流电流表）连接，见图 3-41，蓄电池正极与电流表正极连接，电流表负极与起动机“30”端子连接，蓄电池的负极与起动机外壳连接。用带夹电缆将“30”端子与“50”端子连接起来，此时驱动齿轮应向外伸出，起动机应平稳运转。当蓄电池电压大于或等于 11. 5V 时，消耗电流应不超过 50A，用转速表测量电枢轴的转速应不低于 5000r/min。

提示： *每次空载试验不应超过 1min，以免起动机过热。*

如电流大于 50A 或转速低于 5000r/min，说明起动机装配过紧或电枢绕组和励磁绕组有短路或搭铁故障。如电流和转速都低于标准值，说明电动机电路接触不良，如电刷与换向器接触不良或电刷弹簧弹力不足等。

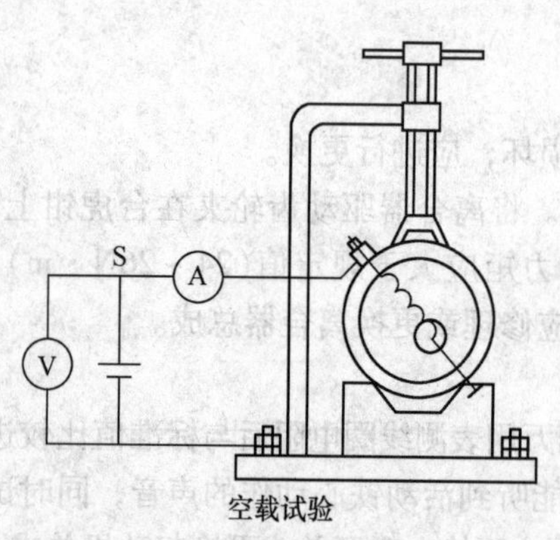

图 3-40　起动机空载实验

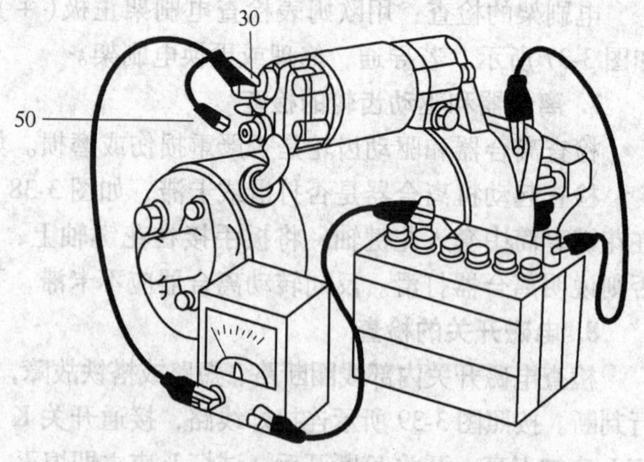

图 3-41　起动机空载实验实物连接

2. 起动机全制动试验

在空载试验通过后，通过测量起动机全制动时电流和力矩来检验起动机的性能是否良好。如图 3-42 所示，将起动机放在测矩台上，用弹簧秤测出其发出的力矩，当制动电流小于 480A 时，输出最大力矩不小于 13N · m。

提示：全制动试验要动作迅速，一次试验时间不要超过 5s，以免烧坏电动机及对蓄电池使用寿命造成不利影响。

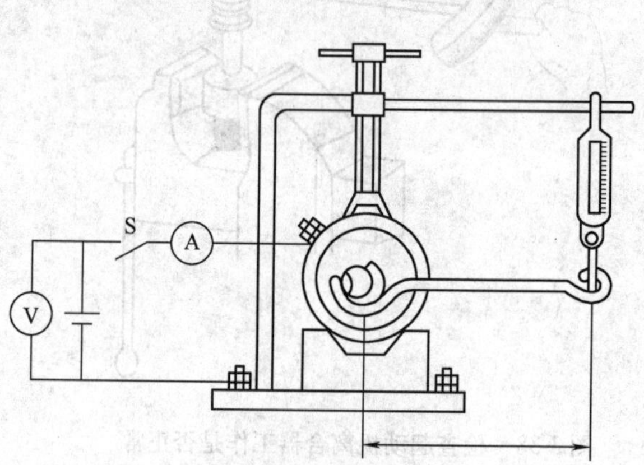

图 3-42　起动机的全制动试验

四、起动机的使用与维护

1. 起动机的正确使用

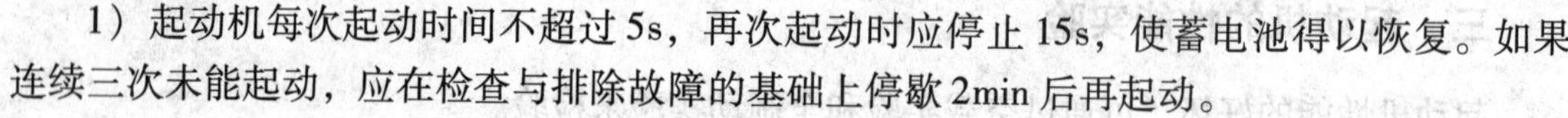

1）起动机每次起动时间不超过 5s，再次起动时应停止 15s，使蓄电池得以恢复。如果连续三次未能起动，应在检查与排除故障的基础上停歇 2min 后再起动。

2）在冬季或低温情况下起动时，应采取保温措施。

3）发动机起动后，应立即松开起动开关，切断起动机控制电路，使起动机停止工作。以避免不必要的空转，减少单向离合器的磨损。

2. 起动机的维护

1）起动机外部应经常保持清洁；应经常清除导线、接线柱的氧化物以及起动机外部灰尘和油污。

2）经常检查各连接导线松紧情况，特别是与蓄电流相连接的导线，都应保证连接牢固可靠。

3）汽车每行驶 3000km，应检查与清洁换向器，擦去换向器表面的碳粉脏污；汽车每行驶 5000 ~ 6000km 时，应检查测试电刷的磨损程度以及电刷弹簧的压力，均应在规定范围之内；每年对起动机进行一次解体性保养。

任务四 起动系常见故障诊断与排除

一、起动系常见故障

起动系常见的故障主要有起动机空转、起动机不工作、起动机运转无力、起动打齿和不能解除起动等。造成起动机不工作或起动机运转无力故障的原因有：蓄电池亏电、线路接触不良、起动机自身故障。

起动机空转故障的诊断方法如表 3-3 所示。

表 3-3 起动机空转故障的诊断与排除方法

现 象	原 因
起动机空转时，有轻微的摩擦声	① 起动机驱动齿轮不能与飞轮齿圈啮合而产生空转，即驱动齿轮还没有啮合到飞轮齿圈中，电磁开关就提前接通，说明主回路的接触盘行程过短，应进行起动机接通时刻的调整 ② 飞轮上的齿圈出现滑转
起动机空转时，有严重的碰擦齿圈的声音	飞轮齿圈或起动机驱动齿轮严重磨损，应拆下起动机进一步检查，更换起动机驱动齿轮或飞轮齿圈
起动机空转时，速度较快但无碰齿声	起动机单向离合器打滑，应更换单向离合器总成

二、常见故障的诊断与排除方法

由于连接导线、控制部分及起动机自身的故障等原因，起动机可能会出现起动机不转、起动机无力等故障，还有一些故障如起动机空转、齿轮撞击等，一般都是起动机自身原因造成的，与控制电路无关。下面介绍起动机不转、起动机无力故障的诊断与排除方法。

1. 起动机不转

以图 3-43 所示电路为例。带起动继电器的起动系，接线柱 3 为接蓄电池的主接线柱，(接火线 30)，14 为接起动继电器的接线柱(接火线 50)，15 为接点火线圈附加电阻的接线柱。

(1) 电路分析 当点火开关 11 转至起动挡时，起动系统工作电路为：蓄电池正极→电流表→点火开关 11→起动继电器 1 的线圈→搭铁→蓄电池负极。结果是起动继电器 1 的触点吸合，起动机 2 的吸拉、保持线圈由起动机接线柱 14 供电，产生吸力，使起动机小齿轮与飞轮齿圈啮合，同时将主电路触点接通：蓄电池正极→主接线柱 3→接触片→电动机接线柱 10→起动机电枢→搭铁→蓄电池负极，起动机工作。

(2) 故障诊断与分析

1) 故障现象：点火开关转至起动挡时，起动机不转动。

2) 故障原因：

① 供电系统故障：蓄电池储电荷量严重不足，亏电太多；起动机电缆线与蓄电池接线柱连接松动或接线柱氧化。

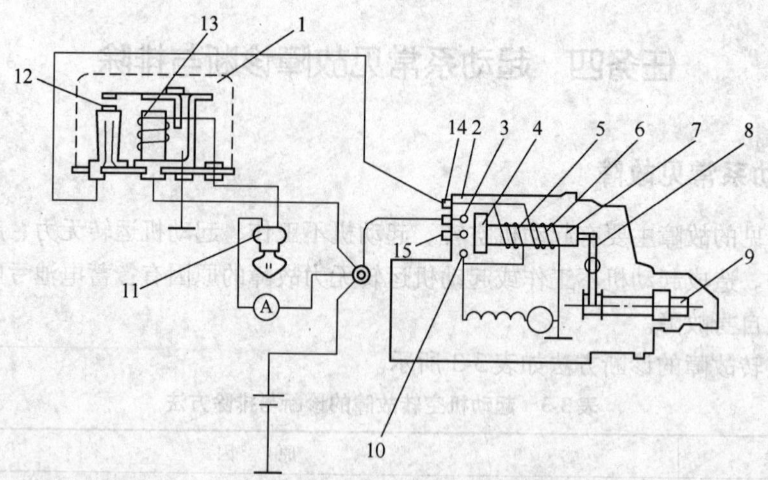

图 3-43　带起动继电器式电磁开关控制电路

1—起动继电器　2—起动机　3—起动机主接线柱　4—接触片　5—吸拉线圈　6—保持线圈　7—铁心　8—驱动杠杆　9—小齿轮　10—电动机接线柱　11—点火开关　12—起动继电器触点　13—起动继电器线圈　14—起动继电器接线柱　15—附加电阻接线柱

② 起动继电器故障：起动继电器线圈断路、短路或搭铁；起动继电器触点烧蚀、油污；铁心与触点臂间隙过大。

③ 起动机故障：起动机电磁开关吸拉线圈或保持线圈出现搭铁、断路或短路故障，电磁开关触点烧蚀，或因调整不当使接触盘与触点接触不良；励磁绕组或电枢绕组断路、短路或搭铁；电刷在电刷架内卡死、弹簧折断等；换向器油污、烧蚀、磨损产生沟槽。

④ 点火开关故障：起动挡失灵。

3）诊断方法：在未接通起动开关前，打开前照灯，观察灯光亮度。如果灯光暗淡，则可能是蓄电池亏电过多或连接线松脱所致。在蓄电池正常情况下，起动机不工作故障参照图 3-44 进行诊断。

2. 起动机无力

所谓起动无力，是指起动机能带动发动机转动，但转速太低，甚至停转，起动机的功率明显不足。

（1）冷车起动无力

1）故障原因：

① 蓄电池亏电或有故障。

② 蓄电池导线接触不良。

③ 起动机内部故障。

2）故障诊断与排除方法，见图 3-45 所示。

（2）热车起动无力　即发动机冷车时能正常起动，而热车状态起动无力。

1）故障原因：起动机老化，热车状态下电枢绕组或励磁绕组绝缘性能下降，有短路或搭铁现象。

2）故障诊断与排除方法：在发动机冷、热两种状态下反复进行试验，确属上述现象，应更换或检修电动机。

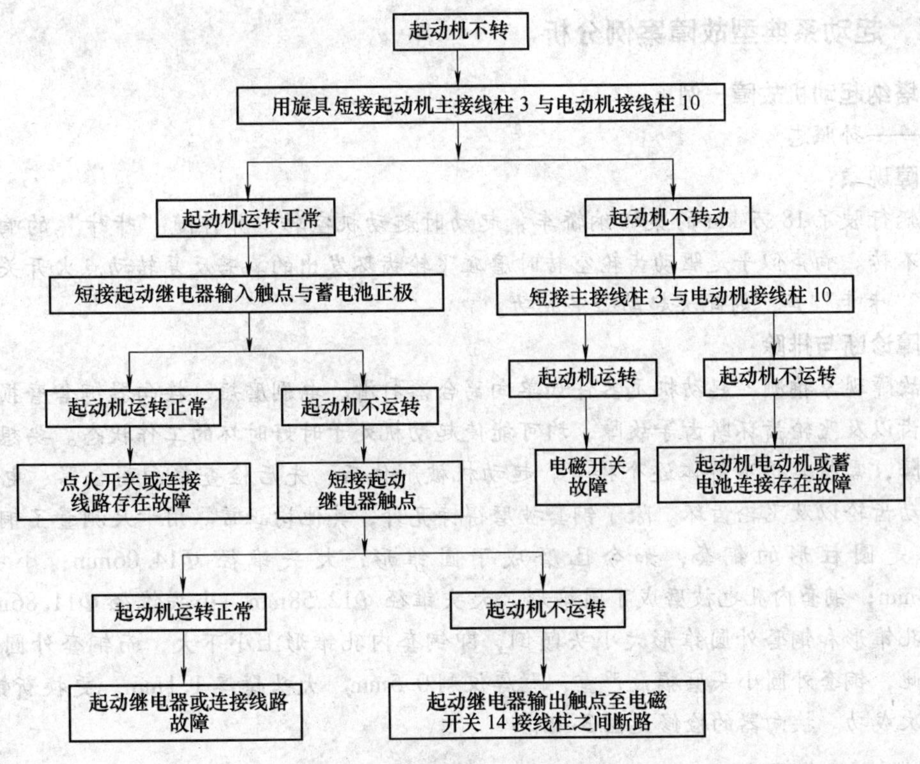

图 3-44 起动机不转故障诊断方法

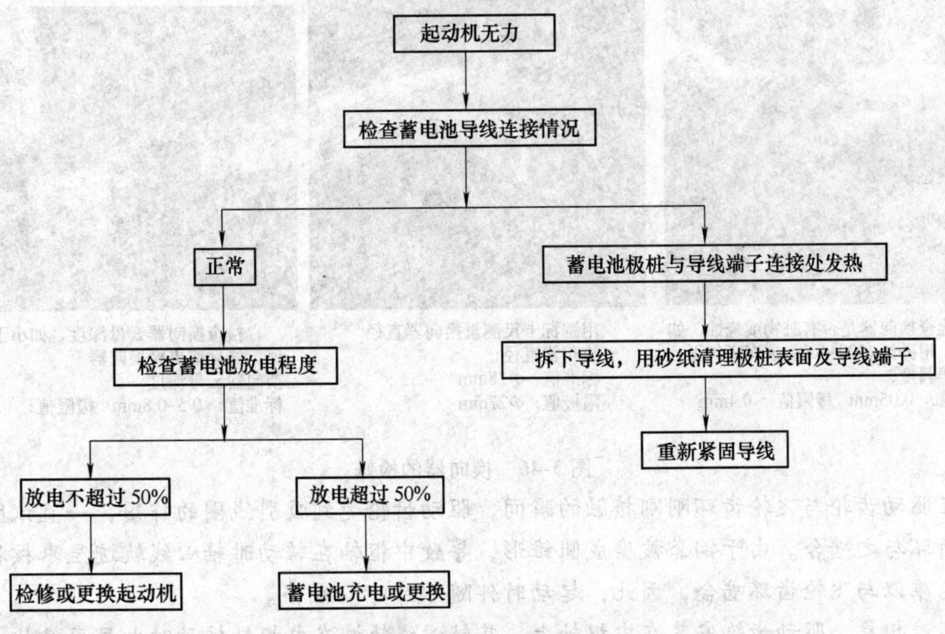

图 3-45 起动机无力的诊断与排除

三、起动系典型故障案例分析

桑塔纳起动机故障一例

文——孙照志

故障现象：

一辆行驶了18万km的桑塔纳轿车，起动时起动机空转，并伴随“咔咔”的响声，而发动机不转。响声似乎是驱动齿轮空转时磨碰飞轮齿环发出的。若反复转动点火开关，偶尔听不到“咔咔”声，则此次起动必定成功。

故障诊断与排除：

据故障现象推测，起动机元器件如单向离合器打滑、电刷磨短、换向器铜套磨损、驱动齿轮断齿以及飞轮齿环断齿等故障，均可能使起动机处于时好时坏的工作状态。要想查清起动机故障，需将其拆下解体逐个排查。起动机被解体后，先后检查单向离合器、电刷、铜套、驱动齿轮以及飞轮齿环。除了铜套被磨得铮亮外，其他均正常。用卡尺测量了铜套，发现原本是圆柱形的铜套，如今已磨成了圆锥形，大头锥径Φ14.06mm；小头锥径Φ13.58mm；铜套内孔也被磨成了圆锥形，大头锥径Φ12.58mm，小头锥径Φ11.86mm。但铜套内孔锥形和铜套外圆锥形大小头颠倒，即铜套内孔锥形上小下大，而铜套外圆上大下小。因此，铜套外圆小头磨损最严重，壁厚仅剩0.5mm，大头壁厚1.1mm。更换新铜套后，试车一次成功。换向器的检修见图3-46。

换向器烧蚀的处理方法

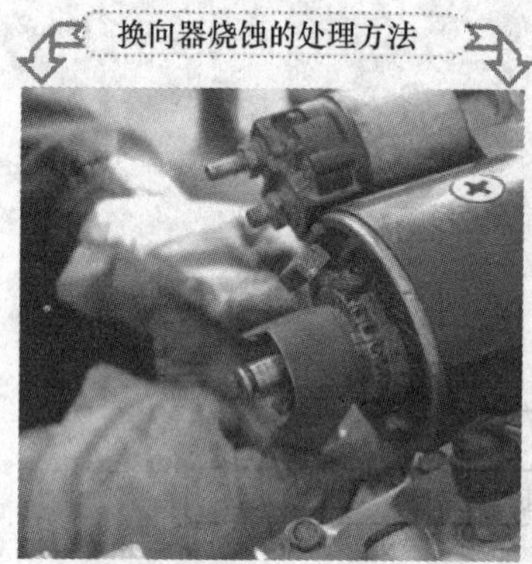

检查换向器是否有脏物或烧蚀，如必要，用砂纸(300~400#)或车床纠正
换向器圆度：
标准值：0.05mm 极限值：0.4mm

换向器直径检查

用游标卡尺测量换向器直径
换向器直径：
标准值：Φ28mm
限极值：Φ27mm

换向器云母深度检查

检查换向器云母深度，如小于极限值，修理或更换换向器
换向器云母深度：
标准值：0.5~0.8mm 极限值：0.2mm

图3-46 换向器的检修

在驱动齿轮与飞轮齿环刚刚接触的瞬间，驱动齿轮受到吸引线圈的作用，一直试图进入飞轮齿环与之啮合。由于铜套被磨成圆锥形，导致中枢轴在转动时轴心线轨迹呈枣核状，驱动齿轮难以与飞轮齿环啮合，因此，起动时伴随“咔咔”响声。

不难想象，驱动齿轮安装在中枢轴上，其轴心线轨迹在电枢轴转动时也呈枣核状。这必然导致飞轮齿环端面与驱动齿轮端面间不平行，两端面间有夹角。随着起动电流增大，中枢轴轴心线的枣核状轨迹变胖，此夹角也必然增大。

物极必反，据作用与反作用定理，驱动齿轮施加于飞轮齿环的力越大，其反作用力也越

大。这就意味着某一次起动，由于反作用力的存在，使驱动齿轮端面与飞轮齿环端面夹角消失，驱动齿轮趁机进入飞轮齿环与之啮合，从而起动成功。

专家点评——李东江

该案例中，故障现象比较明显，非常容易判定是由于起动机故障引起的。作者将起动机解体后进行了详细的测量，从而准确地确定故障部位是铜套磨损。作者对铜套磨损后引发车辆故障的分析也非常到位。

但是作者仅仅对铜套磨损后引发故障出现进行了仔细分析，这里我们不禁要问，铜套又为何会磨损成这个样子呢？什么原因导致铜套磨损应该是故障的根本所在。我们知道铜套磨损是个日积月累的过程，正常情况下，这种磨损是不太会出现文中描述的状态的，这种磨损状态的出现可能是由于起动机安装基础轻微变形，导致起动机的轴心和曲轴的轴心不平行，从而造成在每次发动机起动的过程中起动机受到径向作用力的作用，日积月累造成铜套被磨损成圆锥形。因此对于该故障的排除，虽然故障已经消失，但我认为在更换铜套后应该检查起动机的轴心和曲轴的轴心是否平行，从而消除故障隐患。如果检测结果显示起动机的轴心和曲轴的轴心是平行的，这种特殊的磨损形式多数是由于车主操作习惯不好导致的，应该提醒车主注意操作方法。

本项目小结

1. 发动机的起动系统(不带起动继电器)一般由蓄电池、点火开关、起动机等组成。点火开关通过起动机电磁线圈(或起动继电器)控制起动机的工作状态，使起动机将蓄电池的电能转换成机械能，给发动机提供起动转速。

2. 起动机是起动系统的核心部件，电力起动机一般由直流电动机、传动机构、控制装置三部分构成。直流电动机的作用是将蓄电池的电能转换成机械能，即产生电磁转矩；传动机构的作用是在发动机起动时，使起动机的驱动齿轮与发动机飞轮齿圈啮合，将起动机的转矩传给发动机曲轴；而发动机起动后，使驱动齿轮自动打滑，与飞轮齿圈脱离，切断动力传递，以防止电动机被发动机带动，超速旋转而损坏；控制装置(开关)的作用是控制驱动齿轮与飞轮齿圈的啮合与分离及控制电动机电路的接通与切断。

3. 直流电动机主要由电枢、磁极、电刷和端盖等部件构成，它是根据带电导体在磁场中受到电磁力作用的这一原理为基础而制成的。

4. 起动机的拆解与清洗。注意：电刷表面在装配时不能沾有油污。

5. 励磁绕组的检查，励磁绕组的常见故障有接头脱焊、绕组短路、断路或搭铁等。

6. 电枢绕组的检查可在电气万能试验台上的电枢检验仪上进行，电枢绕组常见的故障是匝间短路、断路或搭铁、绕组接头与换向器铜片脱焊等。

7. 通过空载实验和全制动实验可检验起动机性能的好坏，每项试验应在3~5s内完成，以防线圈被烧坏。

8. 起动系统常见故障主要有起动机不工作、起动机运转无力、起动机空转等。造成起动机不工作或起动机运转无力故障的原因有：蓄电池亏电、线路接触不良、起动机自身故障。

练习与思考

一、填空

1. 汽车电力起动机一般由_________、_________、_________三部分组成。

2. 采用电动机起动发动机的起动系统一般由_________、_________、_________等组成。

3. 励磁绕组的常见故障有接头脱焊、绕组_________、_________或_________等。

4. 起动机每次起动时间不超过_________s，再次起动时应停止_________s，使蓄电池得以恢复。

5. 起动系统常见故障主要有_________、_________、_________等。

二、判断

1. 目前汽车发动机常用的起动方式是用电动机作为机械动力。(　　)

2. 汽车起动机都由起动继电器控制。(　　)

3. 电刷表面在装配时不能沾有油污。(　　)

三、问答

1. 直流电动机一般由哪几部分组成？

2. 使用起动机时应注意哪些事项？

3. 如何诊断起动机不运转的故障？

项目四　点 火 系 统

点火系统的作用是将汽车电源供给的低压电转变为高压电，并按照发动机的做功顺序与点火时间的要求适时、准确地配送给各缸的火花塞，在其间隙处产生电火花、点燃气缸内的可燃混合气。

点火系统是汽油发动机特有的装置，其性能的好坏对发动机的工作有很大影响。为了保证发动机在各种工况和使用条件下都能可靠而准确地点火，点火系统应满足以下基本要求。

1)点火系统应能迅速及时地产生足以击穿火花塞电极间隙的高压电。汽车行驶时，发动机在满载低速时需要8～10kV的高压电，起动时需要19kV甚至更高电压，正常点火一般均在15kV以上。

2)电火花应具有足够的点火能量。为保证发动机能在较高经济性和污染物排放量较低的基础上正常工作，其可靠的点火能量应达到50～80mJ，起动时应产生大于100mJ的电火花能量。

3)点火时间应适应发动机的各种工况。发动机气缸的负荷、转速和燃油品质等都直接影响到气缸内混合气的燃烧速度。为使发动机在把热能转换成机械能过程中输出最大功率，点火系统必须在适应上述情况变化下实现最佳点火。

汽油发动机的点火系统可分为：
①传统点火系统。
②普通电子点火系统。
③微机控制点火系统。

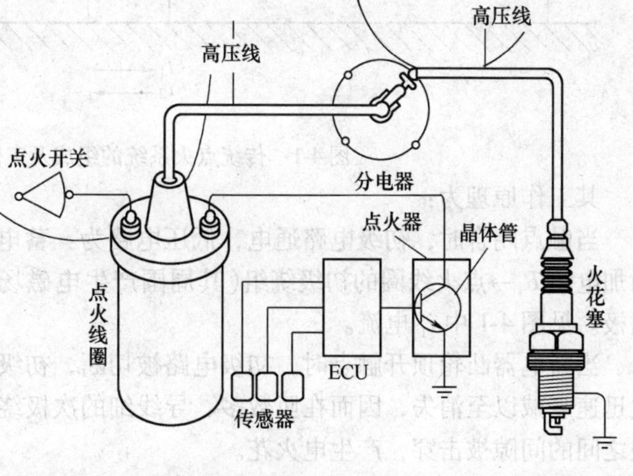

高压线
高压线
点火开关
分电器
点火器
晶体管
点火线圈
火花塞
ECU
传感器

【学习目标】

◇ 知道传统点火系统的组成及工作原理
◇ 了解电子点火系统
◇ 学会点火系统各部件拆装与检修

◇ 掌握点火系统常见故障诊断与排除

任务一　传统点火系统的组成及工作原理

一、传统点火系统的组成

传统点火系统主要由电源(蓄电池和发电机)、点火开关、分电器、点火线圈、附加电阻、高压导线和火花塞等元件组成。其中电源(蓄电池和发电机)标准电压多为12V，作用是供给点火系统所需的电能；点火开关用于控制点火系统的初级回路以及控制发动机起动、工作和熄火等工况；分电器的主要作用是按照发动机的点火顺序分配高压电，它包括断电器、配电器、电容器和点火提前机构等部分。图 4-1 所示为传统点火系统的组成及工作原理。

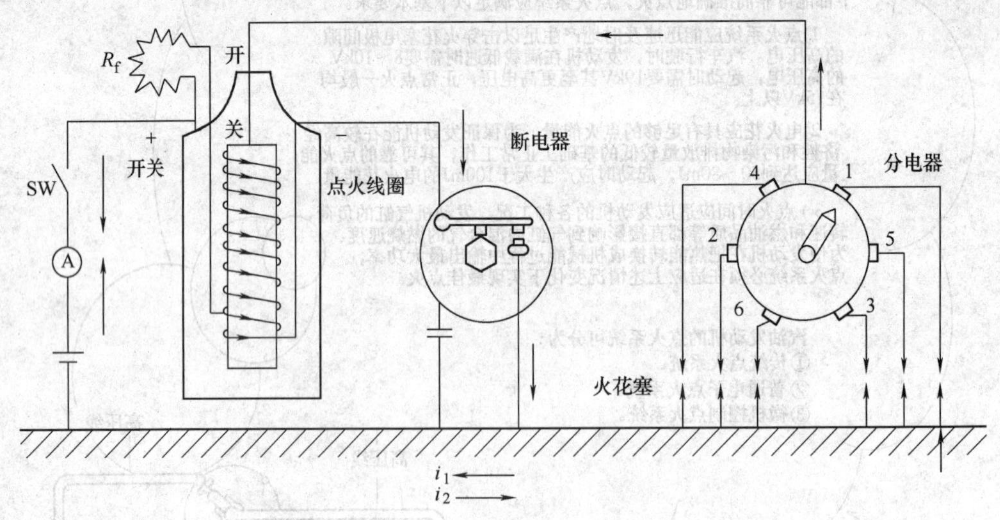

图 4-1　传统点火系统的组成及工作原理示意图

其工作原理为：

当触点闭合时，初级电路通电，低压电路为：蓄电池的正极→电流表→点火开关 SW→附加电阻 R_f→点火线圈的初级绕组(其周围产生电磁场)→断电器触点→搭铁流回蓄电池的负极。见图 4-1 中 i_1 电流。

当断电器凸轮顶开触点时，初级电路被切断，初级电路迅速下降到零，铁心中的磁通随之迅速衰减以至消失，因而在匝数多、导线细的次极绕组中感应出很高的电压，使火花塞两极之间的间隙被击穿，产生电火花。

在断电器触点断开瞬间，次极电路中分火头恰好与侧电极对准，从而把高压电引入到相应气缸火花塞电极间产生电火花而点燃可燃混合气。

此时，高压电路为：蓄电池的负极→火花塞侧电极→火花塞中央电极→高压分线→分火头→中心高压线→点火线圈次级绕组→点火线圈初级绕组→附加电阻 R_f→点火开关 SW→电流表→蓄电池的正极，参见图 4-1 中 i_2 电流。

1. 分电器主要部件的结构组成及工作原理

传统点火系分电器总成各组成部件的结构组成及安装位置如图 4-2 所示。

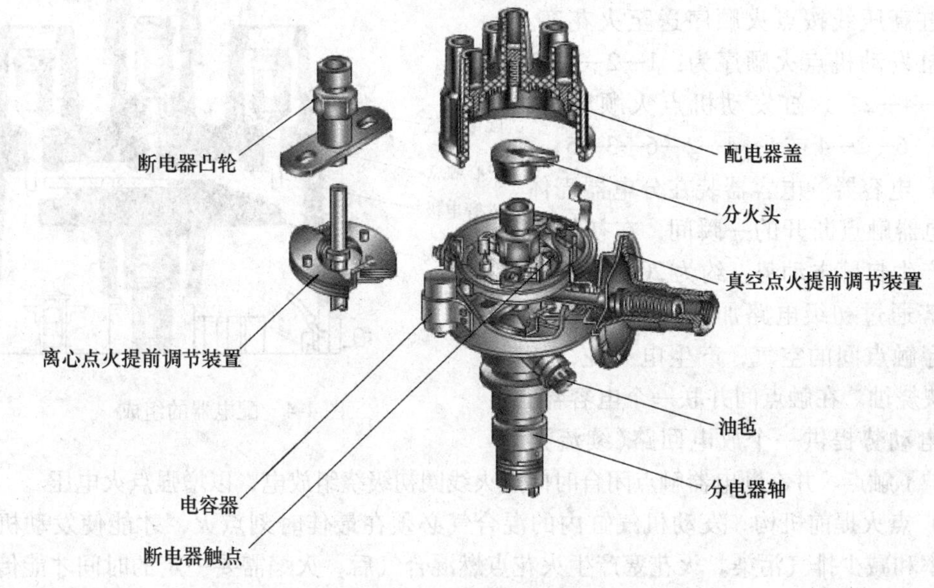

图 4-2 分电器的结构示意图

(1) 断电器 断电器由一对触点和凸轮组成(图 4-3)，其作用是周期性地接通(闭合角)和切断点火线圈初级(低压)回路电流。断电器触点由钨合金制成，固定触点经底板直接搭铁，活动触点固定在活动触点臂的一端，臂的另一端有孔，绝缘地套在销钉上，并经弹簧片、连线与绝缘接线柱相连。臂中部固定着胶木顶块，靠弹簧片压紧在凸轮上。

发动机旋转时，凸轮的凸角将活动触点顶开，切断初级电路，在次级产生高压，实现点火。凸轮的凸角数与气缸数相等，曲轴转两圈，各缸点火一次。

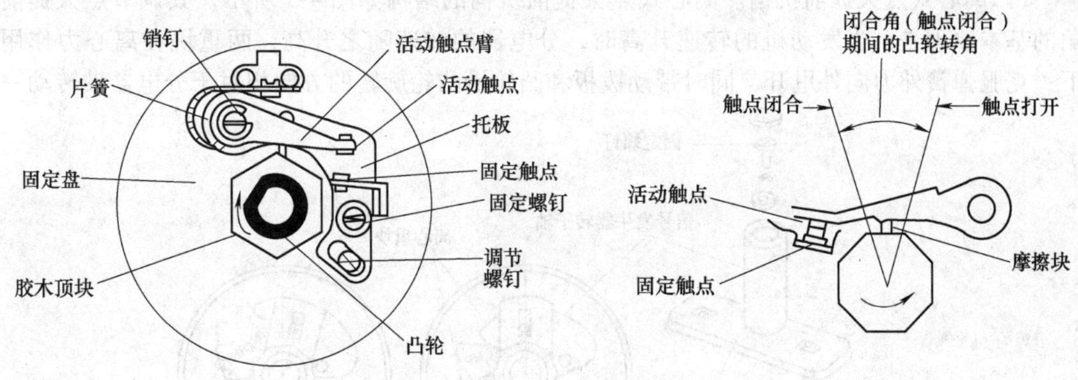

图 4-3 断电器的组成及原理(闭合角)

(2) 配电器 配电器安装在分电器上方，与凸轮轴同步旋转。它由胶木制的配电器盖、中心触点(炭精柱)、旁电极和分火头组成，如图 4-4 所示。其作用是按发动机点火顺序，将高压电分配到各缸火花塞上。分火头上有导电铜片，通过炭精柱与中心高压线连通。在旋转时将高压电按做功顺序依次分配给连接各高压分线的旁电极，实现点火。

分火头旋转时，导电片距离旁电极有 0.2 ~0.8mm 的间隙。当断电器触点打开时，分火头导电片正好对准某一旁电极，高压电自中央高压线、导电片跳至与之相对的旁电极，再经分缸高压线按点火顺序送至火花塞。一般四缸发动机点火顺序为：1—2—4—3或1—3—4—2；六缸发动机点火顺序为：1—5—3—6—2—4或1—4—2—6—3—5。

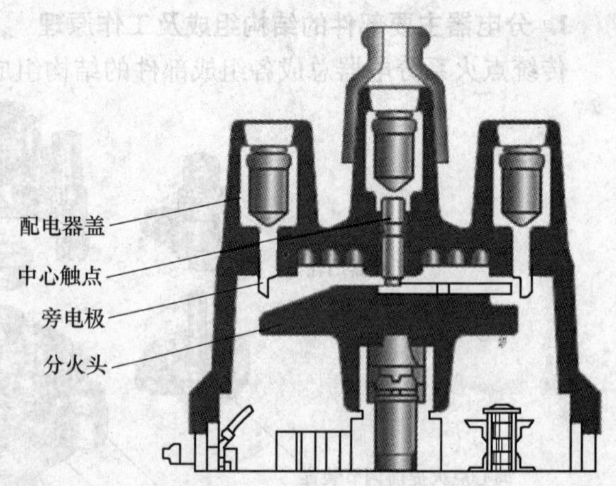

图4-4　配电器的组成

（3）电容器　电容器装在分电器壳体上，断电器触点断开的一瞬间，在初级绕组中会产生自感电动势，约为200～300V，该电动势通过初级电路加载到触点两端，足以击穿触点间的空气，产生电火花，使触点加快烧蚀。在触点间并联一个电容器，为自感电动势提供一个放电回路(续流)，从而保护了触点。并在断电器触点闭合时向点火线圈初级绕组放电，以增强点火电压。

（4）点火提前机构　发动机气缸内的混合气必须在最佳时刻点火，才能使发动机输出最大功率和减少排气污染。火花塞产生火花点燃混合气后，火焰需要一定的时间才能传播至整个燃烧室，即从开始点火到混合气燃烧到产生最大压力，有一定的时间延迟。当活塞未到达压缩行程上止点以前的某一时刻点火，待混合气燃烧产生最大爆发力时，正好全力推动活塞下行做功，这个有利的提前点火时刻称为最佳点火。

我们把活塞到达上止点以前点火的提前量用点火提前角来表示。所谓点火提前角是指从火花塞点火开始到活塞运行至压缩上止点时曲轴所转过的角度。点火提前角由发动机的性能所决定，又受发动机的转速、负荷和燃油品质影响。为了保证发动机在任何工况下都能实现最佳点火，分电器中设置了点火提前机构。

1）离心式点火提前机构。离心式点火提前机构的结构如图4-5所示，其调节点火提前角的基本原理是：当发动机的转速升高时，分电器的转速随之升高，两重块在离心力作用下，克服弹簧外力向外甩开，同时带动拨板和凸轮沿凸轮旋转的方向相对于分电器轴转动一

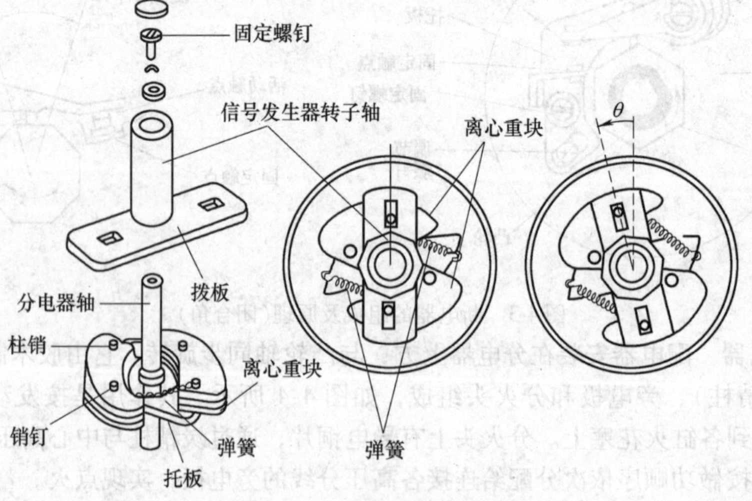

图4-5　离心式点火提前机构

个角度，点火提前角增大。转速越高，离心块离心力越大，点火提前角越大。当发动机的转速下降时，弹簧将重块拉回，凸轮逆旋转方向回转，点火提前角减小。

说明：为了使点火提前角的变化基本适应发动机的要求，离心调节器中的两个弹簧的弹力是不同的。低速时，只有弹力小的弹簧起作用，提前角的增加幅度较大；高速时，两个弹簧共同起作用，提前角增加的幅度较小。当转速达到一定值时，点火提前角不再增加。

2）真空式点火提前机构。真空式点火提前机构的结构及其调节点火提前角的基本原理如图 4-6 所示。

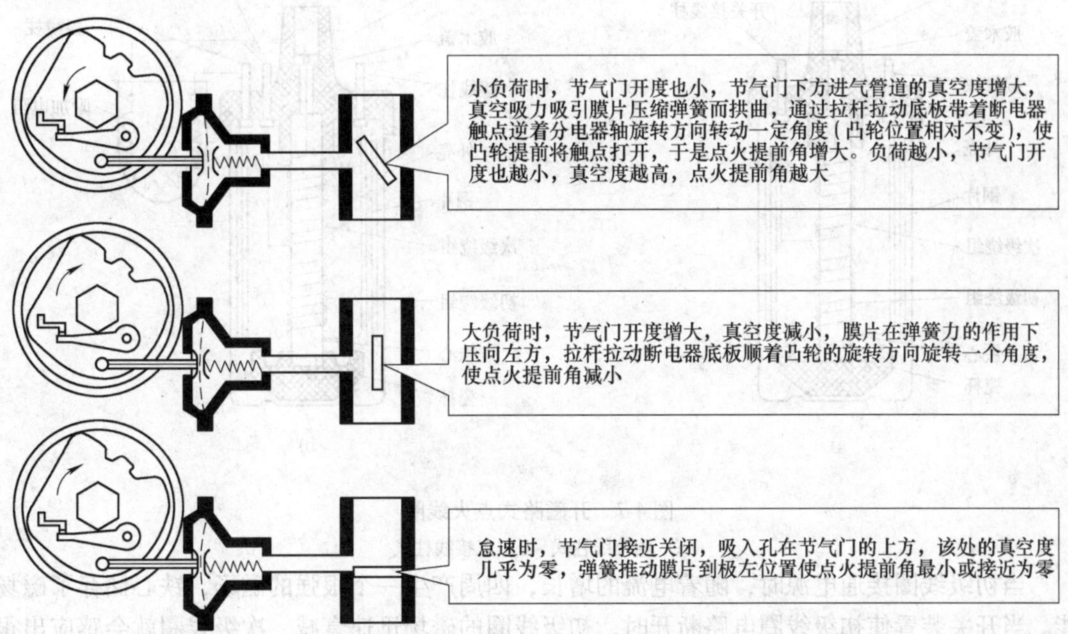

图 4-6 真空点火提前机构

趣味链接
龟兔赛跑—点火提前版

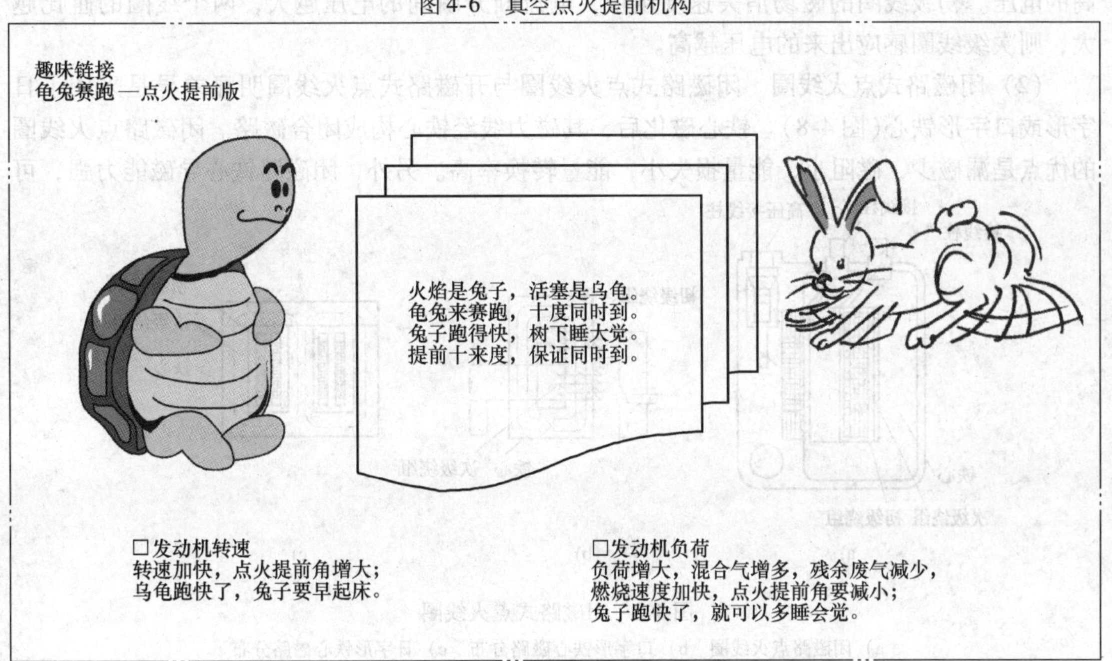

□发动机转速
转速加快，点火提前角增大；
乌龟跑快了，兔子要早起床。

□发动机负荷
负荷增大，混合气增多，残余废气减少，
燃烧速度加快，点火提前角要减小；
兔子跑快了，就可以多睡会觉。

2. 点火线圈

点火线圈按其磁路的结构不同，可分为开磁路式和闭磁路式两种。

(1) 开磁路式点火线圈　开磁路式点火线圈的结构如图 4-7 所示，由初级绕组、次级绕组、铁心、高低压接线柱、附加电阻等组成。两个绕组都绕在同一个铁心上，次级绕组的匝数大于初级绕组的匝数。其中央突出部分为高压插孔，其余的接线柱为低压接线柱。根据低压接线柱的数目不同，点火线圈分为：两接线柱式(图 4-7a)和三接线柱式(图 4-7b)。

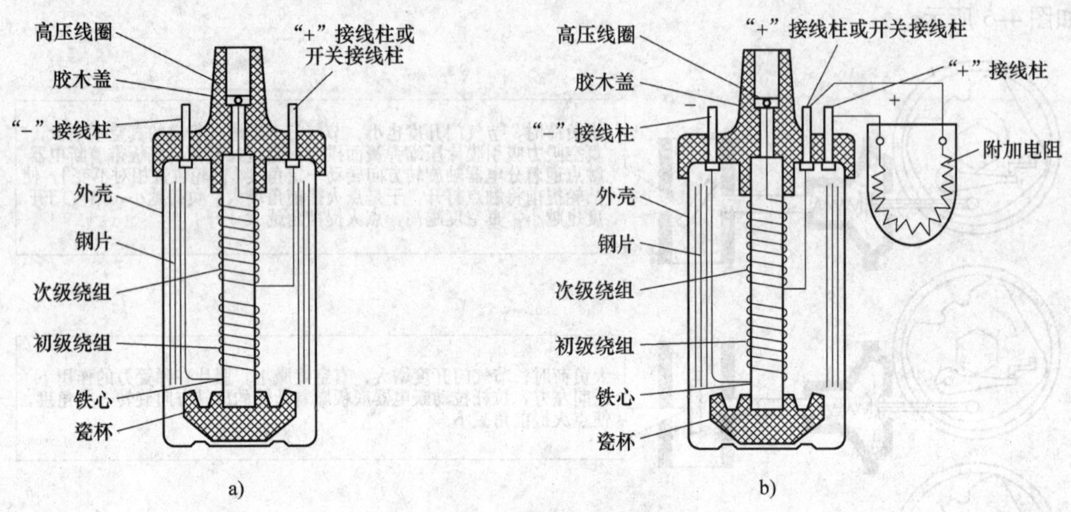

图 4-7　开磁路式点火线圈

a) 两接线柱式　b) 三接线柱式

当初级线圈接通电源时，随着电流的增长，四周产生一个很强的磁场，铁心储存了磁场能。当开关装置使初级线圈电路断开时，初级线圈的磁场迅速衰减，次级线圈就会感应出很高的电压。初级线圈的磁场消失速度越快，电流断开瞬间的电压越大，两个线圈的匝比越大，则次级线圈感应出来的电压越高。

(2) 闭磁路式点火线圈　闭磁路式点火线圈与开磁路式点火线圈明显差异是采用了日字形或口字形铁心(图 4-8)。铁心磁化后，其磁力线经铁心构成闭合磁路。闭磁路点火线圈的优点是漏磁少，磁阻小，能量损失小，能量转换率高。另外，闭磁路铁心导磁能力强，可

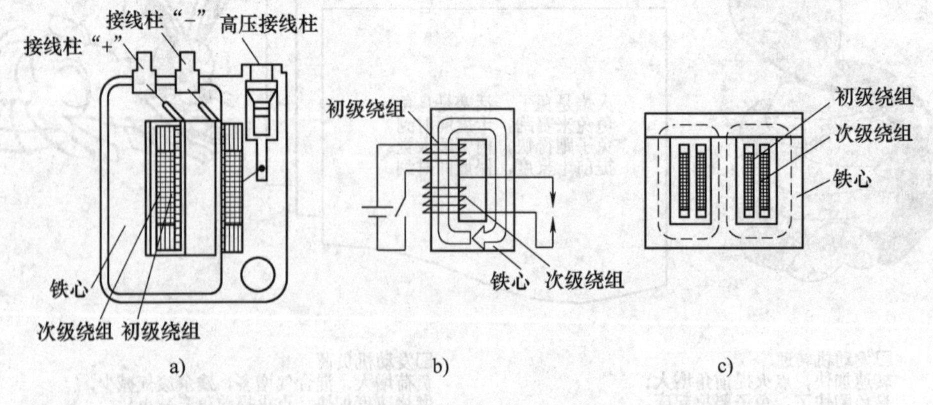

图 4-8　闭磁路式点火线圈

a) 闭磁路点火线圈　b) 口字形铁心磁路分布　c) 日字形铁心磁路分布

以减少线圈匝数，使点火线圈小型化。

3. 附加电阻

附加电阻由低碳钢丝、镍铬丝或纯镍丝制成，其阻值是随电阻自身温度的升高而增加，随着自身温度的降低而减小。

发动机转速低时，触点闭合时间长→初级电流增加→流过附加电阻的电流增加→附加电阻的温度升高→阻值加大→初级电流下降，限制了初级电流的增加，使点火线圈不至于过热而烧坏。

当发动机转速升高→闭合时间下降→初级电流下降→电阻阻值减少→使初级电流下降较少，避免了高速时发生断火现象。

注意：某些车型(如东风 EQ1091)在起动时，由于蓄电池电压下降较多，为了增加初级电流，附加电阻被起动电路(起动机上的短路开关直接接图 4-7b 所示中的"+"接线柱)短路，防止初级电流下降太多，保证了可靠点火。相关电路图参见图 4-9 所示。

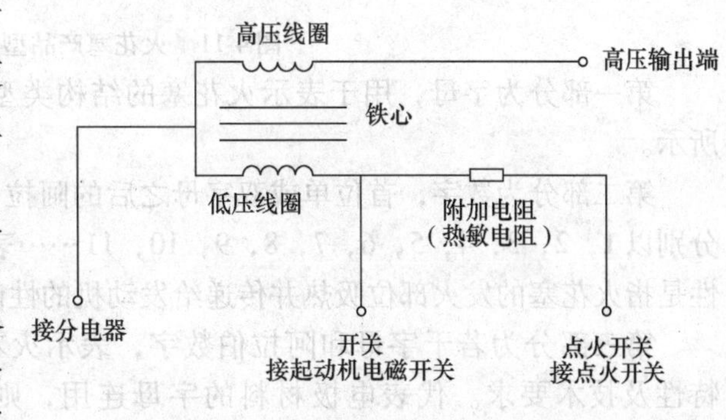

图 4-9 附加电阻被短路接线图

4. 火花塞

火花塞的结构如图 4-10 所示，主要由接线螺母、瓷绝缘体、中心电极、侧电极和壳体等部分组成。绝缘体内的上部装有导电金属杆，通过接线螺母与高压线进行连接，下部装有中心电极，壳体下部一般制成螺纹状，以保证火花塞能与气缸盖螺纹配合，同时用密封垫圈密封，以保证气缸的密封性。

发动机工作时，利用点火线圈次级绕组产生的高压电，击穿火花塞两极间隙获得电火花，从而点燃发动机内的可燃混合气。火花塞的工作环境极为恶劣，要受到高温、高压以及燃烧后所产生废气的强烈腐蚀。因此要求火花塞必须具有足够的机械强度、良好的耐热性能和良好的绝缘性能，并且其材料还必须耐腐蚀。

火花塞的类型很多，按照材料可分为普通火花塞、铱金火花塞和白金火花塞。按照电极分类可以分为单级火花塞和多级火花塞。

根据汽车行业标准 QC/T 30—2005《火花塞产品型号编制方法》的规定，火花塞型号由三部分组成，如图 4-11 所示。

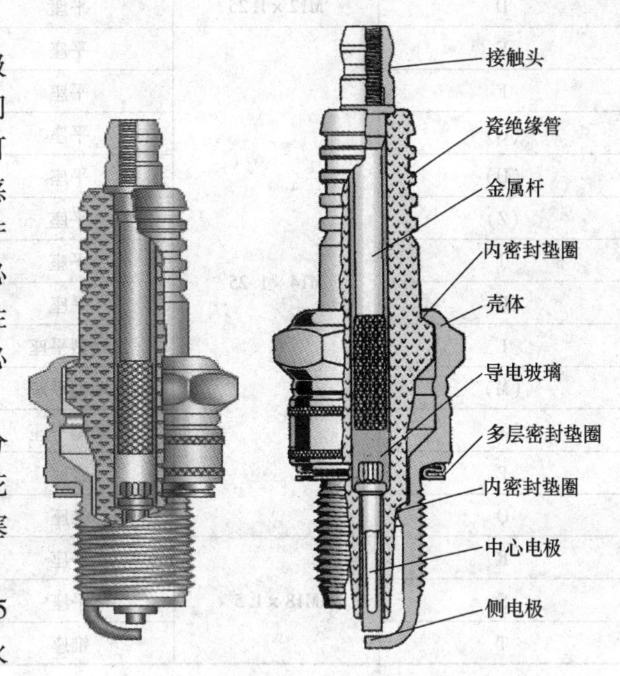

图 4-10 火花塞的左右剖视图及结构组成

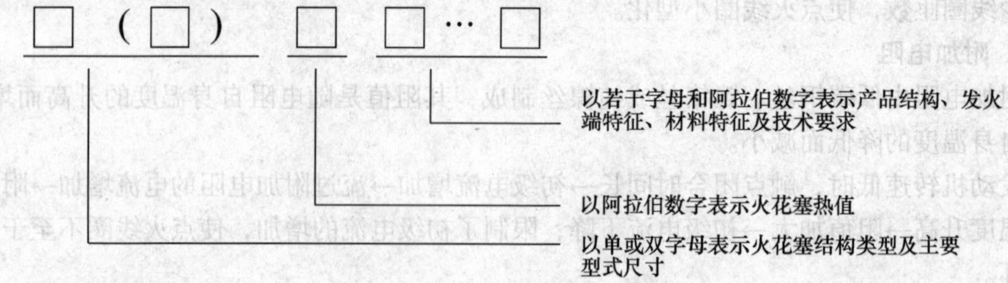

图 4-11　火花塞产品型号编制方法

第一部分为字母，用于表示火花塞的结构类型及主要形式尺寸。其字母含义如表 4-1 所示。

第二部分为数字，首位单或双字母之后的阿拉伯数字表示火花塞热值，由热型至冷型，分别以 1，2，3，4，5，6，7，8，9，10，11……表示。表 4-2 为火花塞热特性参数。热特性是指火花塞的发火部位吸热并传递给发动机的性能。与火花塞绝缘体裙部长度密切相关。

第三部分为若干字母和阿拉伯数字，表示火花塞派生产品结构、发火端特性、材料特性及技术要求。代表电极材料的字母连用，则前表示中心电极，后表示侧电极。对用户有特殊要求的产品允许在末位加小写字母或小写字母和阿拉伯数字连用的下标作为标记。

表 4-1　火花塞型号及规格参数　（单位：mm）

代表字母	螺纹规范	安装座型式	螺纹旋合长度	壳体六角对边
A	M10 × 1	平座	12.7	16
C	M12 × 1.25	平座	12.7	17.5
D	M12 × 1.25	平座	19	17.8
E	M14 × 1.25	平座	12.7	20.8
F		平座	19	20.8
（G）		平座	9.5	20.8
（H）		平座	11	20.8
（Z）		平座	11	19
J		平座	12.7	16
K		平座	19	16
L		矮型平座	9.5	19
（M）		矮型平座	11	19
N		矮型平座	7.8	19
P		锥座	11.2	16
Q		锥座	17.5	16
R	M18 × 1.5	平座	12	20.8
S		平座	19	（22）
T		锥座	10.9	20.8

表 4-2 火花塞热特性参数

裙部长度/mm	15.5	13.5	11.5	9.5	7.5	5.5	3.5
热值	3	4	5	6	7	8	9
热特性	热	←→					冷

重要知识链接——火花塞裙部

◇ 自净温度：不形成积炭的温度，称为火花塞的自净温度。自净温度一般在 500～600℃以上，若低于此温度，落在绝缘体裙部的油粒便不能立即燃烧掉，形成积炭而引起漏电。同时自净温度应小于 800～900℃，温度若太高，则混合气与炽热的绝缘体接触时，可能在火花塞产生火花之前就自行着火(这个温度又称之为炽热点火温度)，从而引起发动机早燃，发生进气系统回火等现象。

◇ 热值：火花塞裙部所能吸收的热量称为热值。

◇ 热特性与火花塞裙部长度的关系：

火花塞的热特性主要决定于绝缘体裙部的长度，绝缘体裙部长的火花塞，其受热面积大，传热距离长，散热困难，裙部温度高，称为“热型”火花塞；反之，裙部短的火花塞，吸热面积小，传热距离短，散热容易，裙部温度低，称为“冷型”火花塞；介于两者之间的火花塞称之为中型火花塞。

注意：由表 4-2 可知，热值最小(小于 3)的火花塞称之为热型火花塞；热值最大(大于 9)的火花塞称之为冷型火花塞；热值在 4～8 之间的火花塞称之为中型火花塞。

热型火花塞用于低压缩比、低转速、小功率的发动机中；冷型火花塞用于高压缩比、高转速、大功率的发动机中。中型火花塞适用范围广，可用于无特殊要求的大部分汽油机。火花塞的分类如图 4-12 所示。

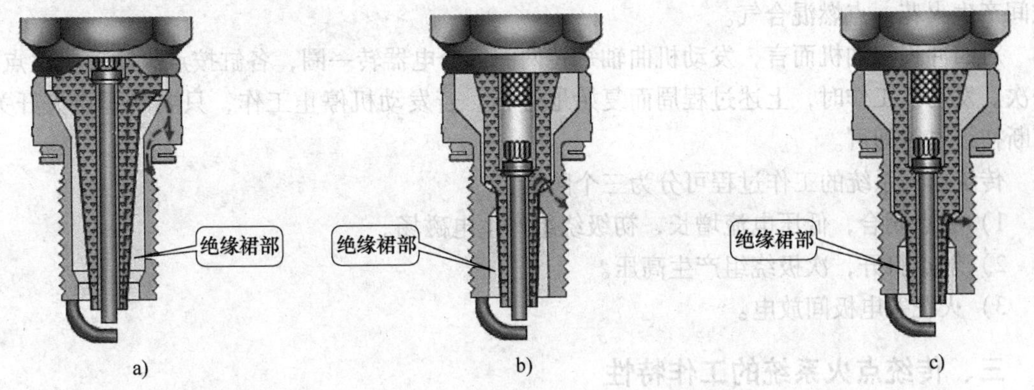

图 4-12 按火花塞热值进行分类

a) 热型火花塞 b) 中型火花塞 c) 冷型火花塞

二、传统点火系统的工作原理

在传统点火系统中，蓄电池或发电机供给 12V 低电压，经点火线圈和断电器转变为高电压，再由配电器经各缸高压分线分送到各缸火花塞，使其电极间产生电火花，点燃可燃混合气。传统点火系统的工作原理如图 4-13 所示。

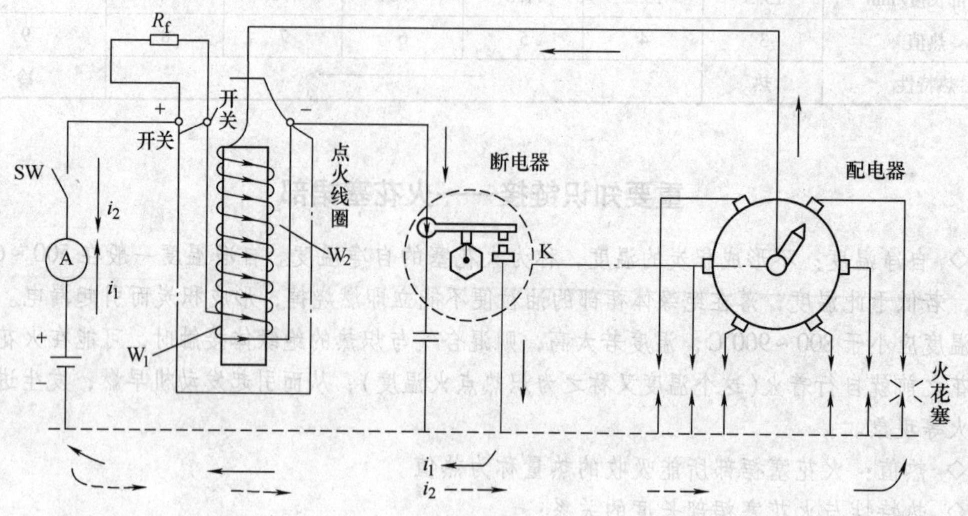

图 4-13　传统点火系统的工作原理

发动机工作时，断电器轴连同凸轮一起在发动机凸轮轴的驱动下旋转。断电器凸轮转动时，断电器触点交替地闭合和打开。当触点闭合时，点火线圈的初级绕组 W_1 有电流流过，在点火线圈中产生磁场，点火线圈储存能量，低压电流的回路为：蓄电池“+”→电流表→点火开关→点火线圈“+”开关接线柱→附加电阻→点火线圈开关接线柱→初级绕组 W_1→点火线圈“-”接线柱→断电器触点→搭铁→蓄电池负极。

当触点打开时，低压回路被切断，电流消失，磁场随之迅速衰减，在初级绕组中感应出 200～300V 的自感电动势。由于次级绕组匝数较多，所以在次极绕组内就感应出 15000～30000V 的高压电动势，配电器按点火顺序将高压电依次送到各缸火花塞，在火花塞电极间隙间产生火花，点燃混合气。

对四冲程汽油机而言，发动机曲轴每转两圈，分电器转一圈，各缸按点火顺序依次点火一次。发动机工作时，上述过程周而复始地进行。若发动机停止工作，只要断开点火开关，切断初级电路即可。

传统点火系统的工作过程可分为三个阶段：

1）触点闭合，低压电流增长，初级绕组产生电磁场。

2）触点打开，次极绕组产生高压。

3）火花塞电极间放电。

三、传统点火系统的工作特性

1. 发动机转速的影响

次级电压随转速升高而降低的现象，是发动机高速时容易断火的原因。如果在图 4-14 中作一条相当于发动机最不利情况下所需击穿电压的水平虚线，则水平虚线与特性曲线的交点即为发动机的极限转速，超过此转速将不能保证可靠点火，即发生所谓“高速断火现象”。

2. 发动机气缸数的影响

次级电压的最大值随发动机气缸数的增加而降低。这是因为凸轮的凸角数与气缸数相同，发动机的气缸数越多，凸轮每转一周触点闭合与打开的次数就越多，于是，触点闭合时间缩短，次级电压最大值 U_{2max} 下降。

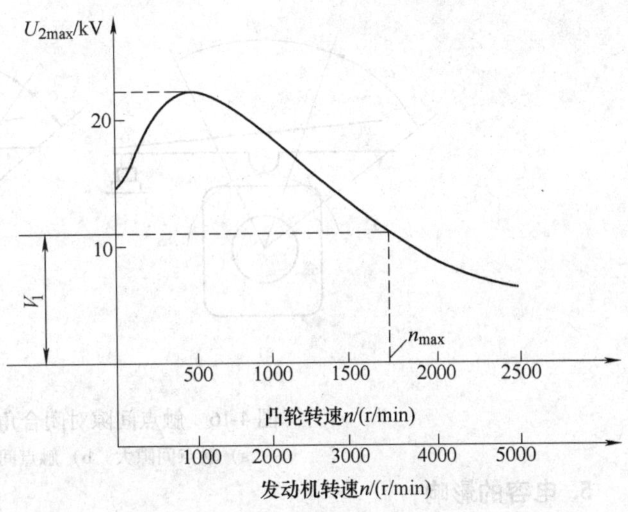

图 4-14 传统点火系统的工作特性

3. 火花塞积炭的影响

如图 4-15a 所示，当积炭存在于火花塞绝缘体上时，相当于在火花塞电极之间并联了一个电阻 R_j，使次级电路闭合，于是在次级电压还未上升到火花塞击穿电压时，就通过积炭产生漏电，使次级电压下降，造成点火困难。

当火花塞由于积炭严重而不能跳火时，可用“吊火”的方法临时补救。即拔出高压线使它与火花塞间保留 3 ~4mm 的附加间隙，如图 4-15b 所示，使次级电压上升过程中不发生泄漏，当次级电压上升到一定值后，将火花塞间隙与附加间隙同时击穿，则火花塞便能正常跳火，但这种方法只能应急，不能长期使用，否则会使点火线圈负担过重而损坏。

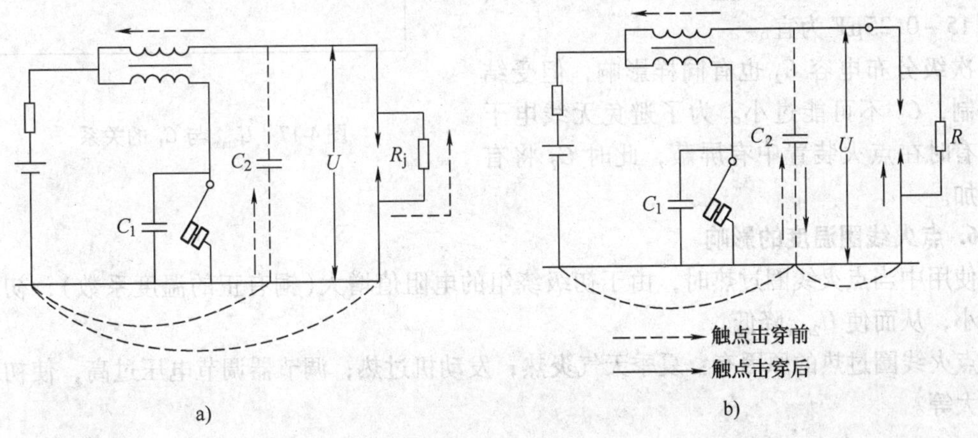

图 4-15 火花塞积炭对次级电压的影响
a）积炭的影响 b）吊火

4. 断电器触点间隙的影响

在使用中断电器触点间隙大小是否合适，将直接影响 U_{2max} 值，如图 4-16 所示。

断电器触点间隙一般在 0. 35 ~0. 45mm 之间，当触点间隙大时，触点闭合角 β 变小，如图 4-16a 所示，使 I_1 减小，U_{2max} 下降。触点间隙小时，触点闭合角 β 增大，如图 4-16b 所示，I_1 增大，故 U_{2max} 可以提高。但是如果间隙太小，会使触点分开时火花加强（相当于断电不良）使磁场变化缓慢，反而会降低次级电压。因此，触点间隙应按制造厂规定进行调整。

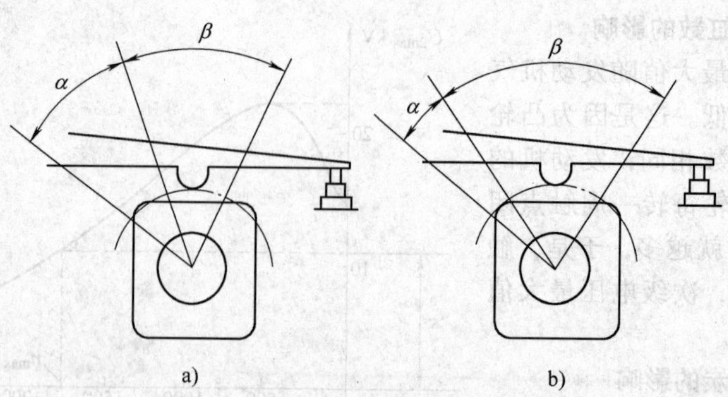

图 4-16　触点间隙对闭合角的影响
a）触点间隙大　b）触点间隙小

5. 电容的影响

U_{2max} 随 C_1、C_2 的减小而增高，但实际上当 C_1 过小时，U_{2max} 反而要降低，如图 4-17 所示。

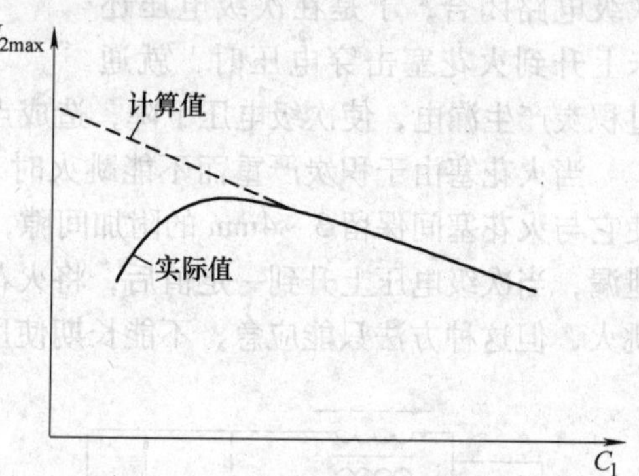

图 4-17　U_{2max} 与 C_1 的关系

当 C_1 过小时，起不到灭弧作用，触点分开时将产生较强的火花，消耗一部分初级线圈中的磁场能量，从而降低了 U_{2max}。火花严重时，i_1 下降速率减慢，U_{2max} 也要下降。一般 C_1 取 0.15 ~ 0.25μF 为宜。

次级分布电容 C_2 也有同样影响，但受结构限制，C_2 不可能过小。为了避免无线电干扰，有时在点火装置中有屏蔽，此时 C_2 将有所增加。

6. 点火线圈温度的影响

使用中当点火线圈过热时，由于初级绕组的电阻值增大（铜有正的温度系数），初级电流减小，从而使 U_{2max} 降低。

点火线圈过热的原因有：夏季天气炎热；发动机过热；调节器调节电压过高，使初级电流增大等。

任务二　电子点火系统

传统点火系统是利用断电器触点来接通和切断点火线圈低压电流，使点火线圈产生高压电，因此不可避免存在以下缺点。

1. 触点容易烧蚀

断电器触点打开时，触点间存在火花，容易使触点氧化、烧蚀，造成点火不可靠。

2. 火花能量受限制

由于低压电流受触点允许电流强度的限制，因此，提高火花能量受到了限制。

3. 高速易断火

发动机高速时，由于触点闭合时间缩短和触点臂被甩开，触点不能正常开、闭，造成发动机高速断火。

4. 对火花塞积炭敏感

传统点火系次级电压上升较缓慢，故对火花塞的积炭很敏感。火花塞稍有积炭，电极间就产生次级漏电回路，电压会显著下降。积炭严重时，火花塞电极间不能形成火花。

5. 对无线电干扰大

传统点火系工作时，断电器触点间、火花塞间隙间、分火头与旁电极间均会产生高频电磁波，对周围无线电产生干扰。

为克服传统点火系的缺点，近年来汽车上广泛使用电子点火系统，最终将完全取代传统点火系统。

电子点火系统按控制方式不同可分为普通电子点火系（有分电器无触点）和微机控制电子点火系（分为有分电器无触点式和无分电器无触点式两种）。

普通电子点火系按有无触点分为有触点式和无触点式两种。其中有触点式又称为半导体辅助点火系统，目前该系统已被淘汰；无触点式按信号发生器的触发方式的不同，又分为有分电器无触点电磁感应式电子点火系统、有分电器无触点电容储能式电子点火系统、有分电器无触点霍尔效应式电子点火系统、有分电器无触点光电效应式电子点火系统、有分电器无触点磁敏电阻式电子点火系统五种类型。如图 4-18、图 4-19、图 4-20 所示为部分类型无触点电子点火系的电路原理图。

提示：下面将着重介绍无触点式电子点火系统信号发生器的结构原理。

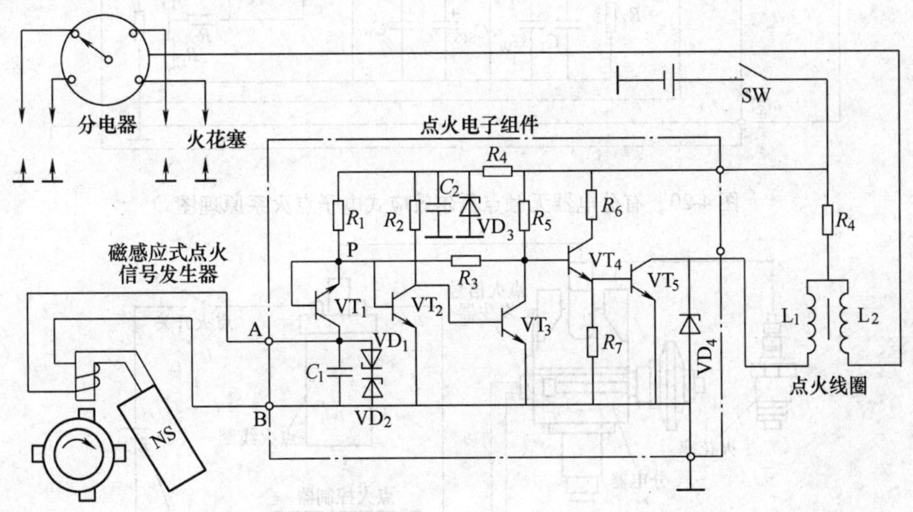

图 4-18　有分电器无触点电磁感应式电子点火系原理图

一、普通电子点火系统

普通电子点火系统的结构如图 4-21 所示，主要由蓄电池、点火开关、点火线圈、点火信号发生器、点火控制器、无触点式分电器、火花塞等组成。它与传统点火系的主要区别是采用了无触点式分电器和点火控制器（点火模块）。

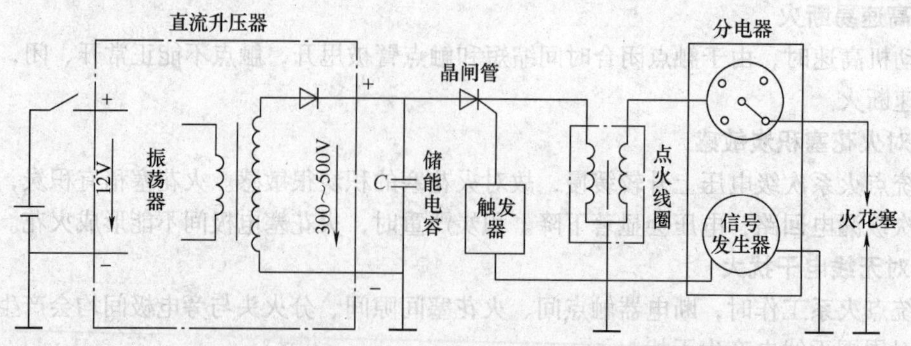

图 4-19　有分电器无触点电容储能式电子点火系原理图

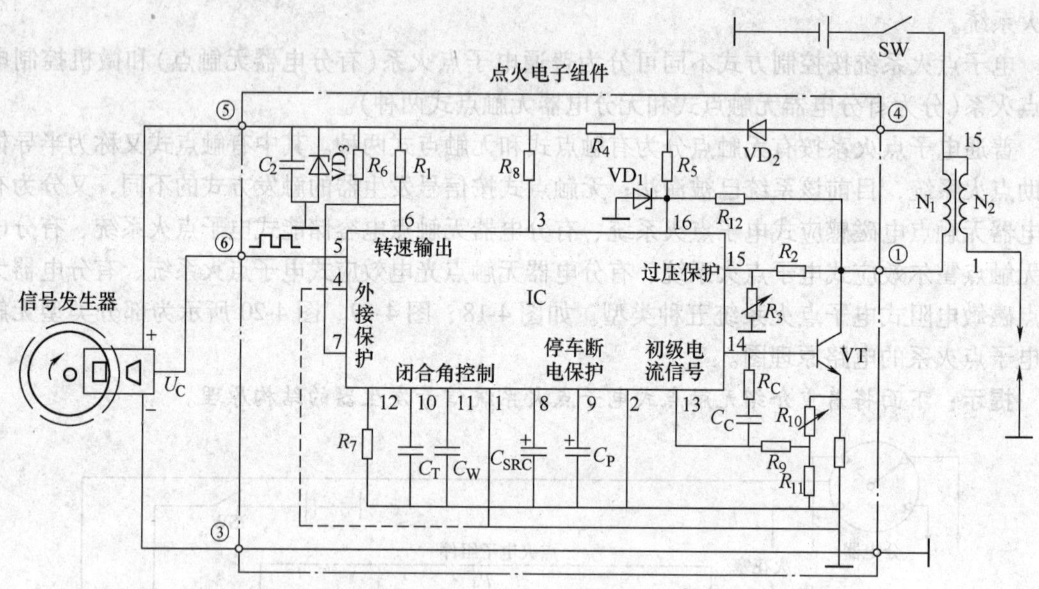

图 4-20　有分电器无触点霍尔效应式电子点火系原理图

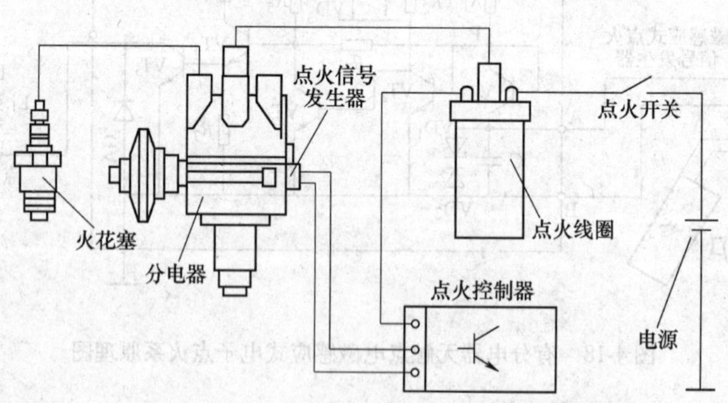

图 4-21　普通电子点火系统

1. 无触点式分电器

普通电子点火系的无触点分电器主要由信号发生器、配电器、离心提前机构和真空提前机构等组成。

在普通电子点火系统中，磁感应式无触点电子点火系由于结构简单，性能稳定、可靠，已普遍使用。霍尔效应式无触点电子点火系性能优于磁感应式，在大众公司的车上应用较多，其他形式的无触点电子点火系则应用较少。

（1）磁感应式信号发生器　如图4-22所示，磁感应式信号发生器主要由信号转子、信号线圈、永久磁铁三部分组成。信号转子安装在转子轴上，其上有与发动机等缸数的齿数。信号线圈和永久磁铁铆接在分电器壳内的底板上，底板受真空点火提前机构拉杆的控制。

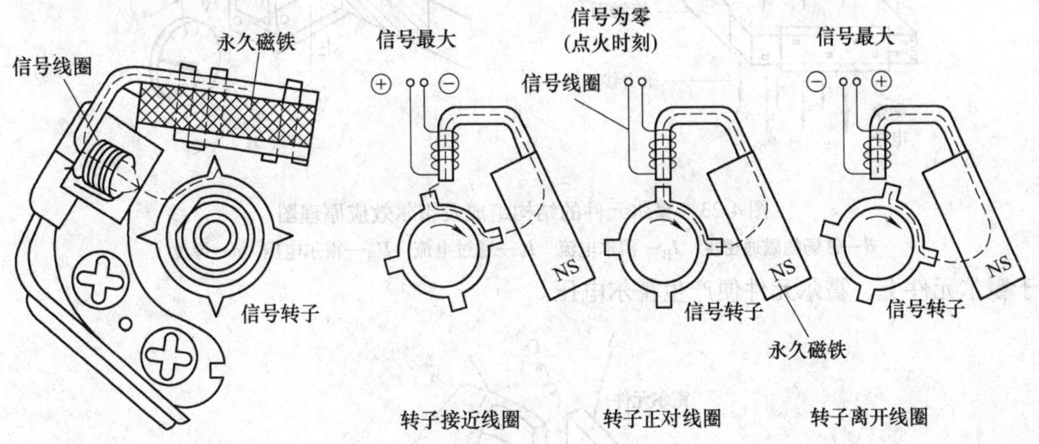

图4-22　磁感应式信号发生器

当信号转子的两个凸齿中央正对铁心的中心线时，磁路中凸齿与铁心间的空气隙最长，通过线圈的磁通量最小，磁通的变化率为零。

当信号转子的凸齿逐渐接近铁心时(即转子接近线圈)，凸齿与铁心间的气隙越来越小，线圈的磁通量不断增大，当凸齿的齿角与铁心边线相对时，磁通的变化率最大。

随着转子的旋转，凸齿逐渐对正铁心，此时磁通的变化率在下降。当凸齿的中心与铁心正对时(即转子正对线圈)，空气隙最小，通过线圈的磁通量最大，但磁通的变化率为零，感应电动势为零。

当凸齿离开铁心时(即转子离开线圈)，气隙在逐渐增大，磁通的变化率开始减小，感应电动势的方向发生改变，大小也随着凸齿的位置发生变化。

整个工作过程如图4-22所示，使穿过感应线圈的磁通量发生变化，从而产生感应电动势。

（2）霍尔效应式信号发生器　霍尔效应式信号发生器的原理如图4-23所示，当电流I_V通过放在磁场中的霍尔元件，并且电流方向与磁场方向垂直时，在垂直于电流与磁通的霍尔元件的横向侧面上，产生一个与电流和磁感应强度成正比的霍尔电压U_H。

霍尔发生器的结构及工作原理如图4-24所示。触发转子装在转子轴上，转子上有与气缸数相等的缺口与叶片。触发转子随转子轴一同转动时，叶片便在霍尔触发器与永久磁铁间的空气间隙中转动。

发动机运转时，触发转子随分电器轴转动。当转子叶片进入永久磁铁与霍尔元件之间的空气间隙时，磁场被叶片屏蔽，而不能作用到霍尔元件上，霍尔元件几乎不产生霍尔电压。当转子的缺口进入永久磁铁与霍尔元件之间的空气间隙时，永久磁铁的磁通便通过导磁板作

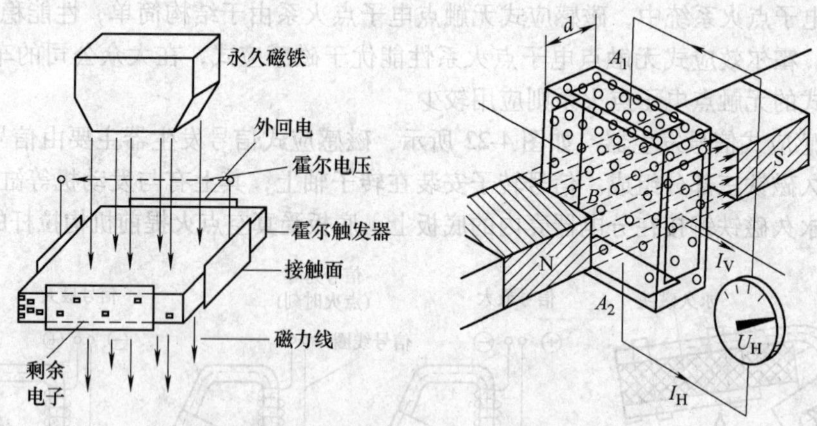

图 4-23　霍尔元件的结构组成及霍尔效应原理图

B—磁场的磁通密度　I_H—霍尔电流　I_V—通过电流　U_H—霍尔电压　d—厚度

用于霍尔元件上，霍尔元件便产生霍尔电压。

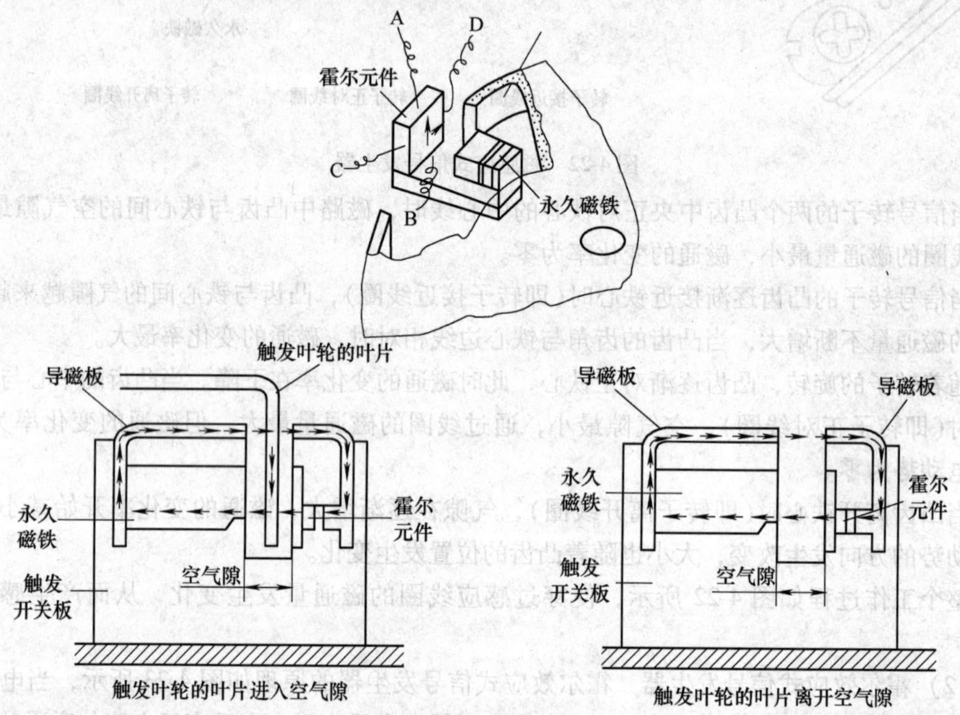

图 4-24　霍尔发生器的结构组成及工作原理

2. 无触点式电子点火系统的工作原理

图 4-25 所示为电磁感应式电子点火系统工作原理图。当接通点火开关，起动发动机后，发动机凸轮轴带动信号发生器转子转动，信号发生器转子极爪与永久磁铁间气隙有规律的不断变化，使穿过感应线圈的磁通量发生变化，在线圈内产生交变信号。当线圈信号上升时，P 点电位升高，VT 导通，点火线圈通过初级电流；当线圈信号下降到某负值时，P 点电位下降，VT 截止，切断初级电流，使点火线圈次级产生高压电。

二、微机控制电子点火系统

带分电器的普通无触点式电子点火系统与传统点火系进行比较，虽然在提高次级电压和点火能量，延长配电器电极触点使用寿命等方面都有了较大改进。但是在使用过程中仍然存在如下缺点：

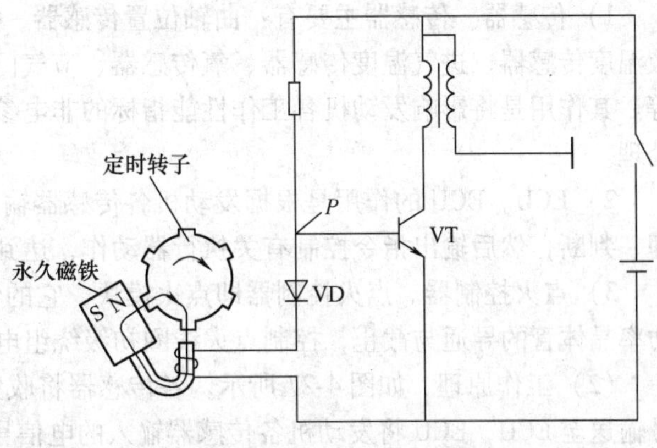

图 4-25 电子点火系统工作原理图

1）对点火时间的调节与传统点火系一样，仍靠离心式和真空式两套机械点火提前调节装置来完成。

2）由于机械的滞后、磨损（如带动信号轮旋转的分电器轴会逐渐磨损）及装置本身的局限性等许多因素的影响，机械式提前调节装置还不能保证发动机点火时刻总等于最佳值，不是偏早就是偏迟。

3）由于除了保留分电器中的点火提前装置外还保留了配电部分（即分火头、中央电极和侧电极），所以不仅有能量的损失，而且在分配高压电时仍然产生电火花而烧蚀触点，并产生电磁干扰波，影响无线电等装置的正常使用。

微机控制的电子点火系统主要为有分电器式和无分电器式两种结构类型。

1. 微机控制有分电器式电子点火系统

（1）组成　微机控制有分电器式电子点火系统主要由传感器、ECU、点火控制器（点火模块）、点火线圈、火花塞和分电器（只保留了配电部分）等组成，如图 4-26 所示。

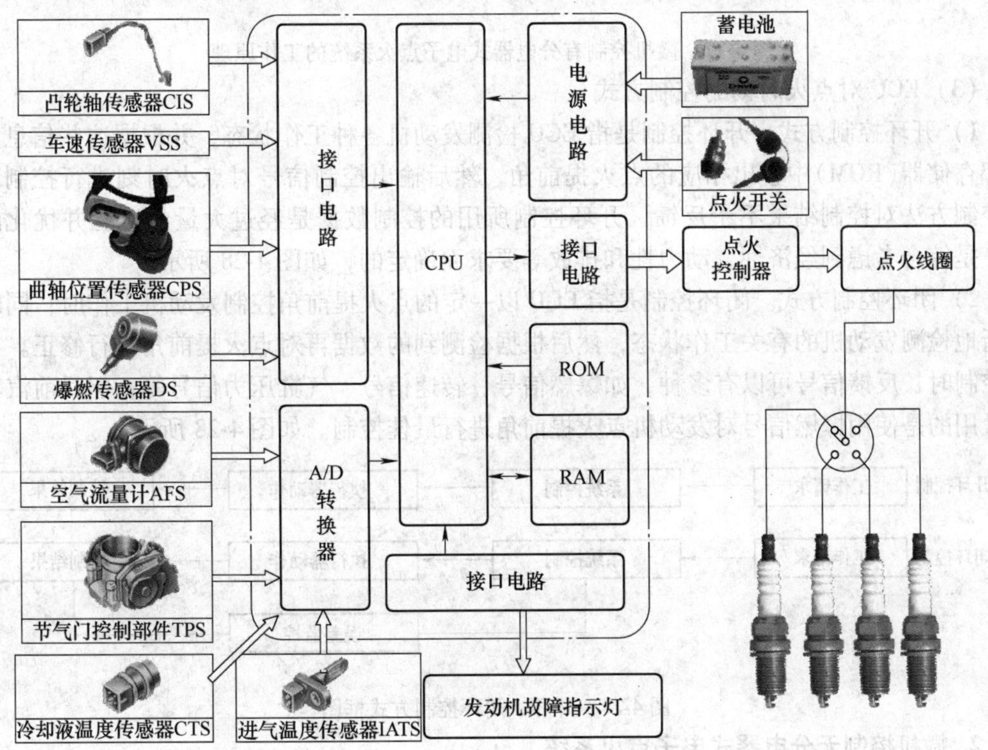

图 4-26 微机控制有分电器式电子点火系统的基本组成

1）传感器。传感器主要有：曲轴位置传感器、空气流量计（或进气压力传感器）、冷却液温度传感器、进气温度传感器、氧传感器、节气门位置传感器、车速传感器、爆燃传感器等。其作用是将影响发动机各工作性能指标的非电参数转化成电参数，然后输送至微机进行处理。

2）ECU。ECU的作用是根据发动机各传感器输入的信息及内存的数据，进行运算、处理、判断，然后输出指令控制有关执行器动作，达到快速、准确控制发动机工作的目的。

3）点火控制器。点火控制器即点火模块，它的作用是根据ECU的指令，通过内部的大功率晶体管的导通与截止，控制点火线圈初级绕组电流的通断，完成点火工作。

（2）工作原理　如图4-27所示，各传感器将收集到的发动机工作性能参数转化为电信号输送至ECU，ECU将发动机各传感器输入的电信号与ECU中内存的数据进行比较、运算、处理、判断，然后输出点火信号指令控制点火控制器，点火控制器通过内部的大功率晶体管的导通与截止，控制点火线圈初级绕组电流的通断，完成点火工作。

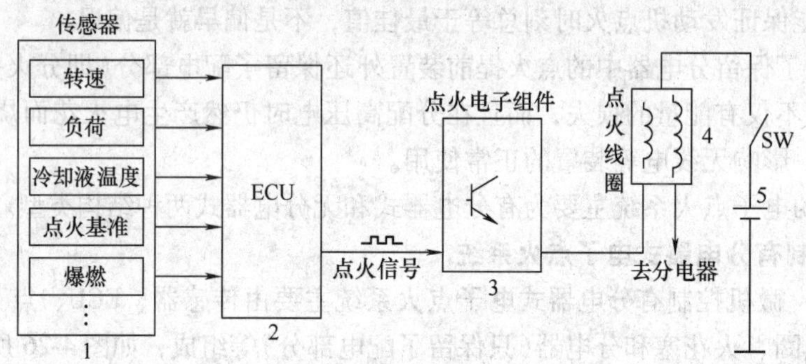

图4-27　微机控制有分电器式电子点火系统的工作原理

（3）ECU对点火时刻的控制方式

1）开环控制方式。开环控制是指ECU检测发动机各种工作状态，并根据这些信息，从内部存储器（ROM）中查出相应的点火提前角，然后输出控制信号对点火时刻进行控制。这种控制方法对控制结果不予反馈。开环控制所用的控制数据是经过大量的试验并优化的结果，是综合考虑到经济性、动力性和排放等要求而确定的，如图4-28所示。

2）闭环控制方式。闭环控制是指ECU以一定的点火提前角控制发动机工作时，同时还不断地检测发动机的有关工作状态，然后根据检测到的数据再对点火提前角进行修正。在闭环控制时，反馈信号可以有多种，如爆燃信号、转速信号、气缸压力信号等，但目前汽车上最常用的是使用爆燃信号对发动机点火提前角进行最佳控制。如图4-28所示。

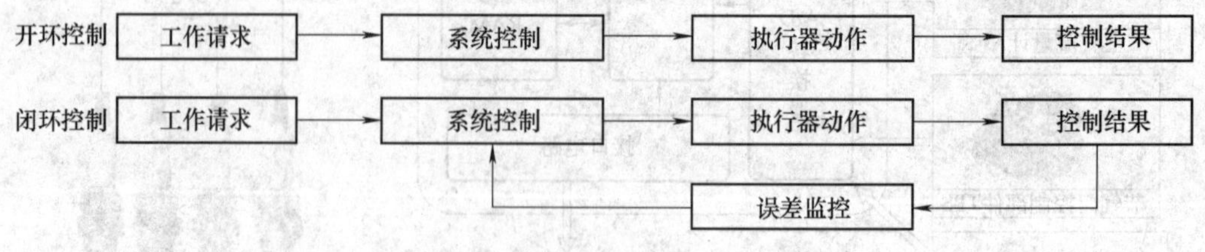

图4-28　开环、闭环控制方式框图

2. 微机控制无分电器式电子点火系统

采用微机控制的有分电器式电子点火系统由于取消了普通电子点火系统中的离心式和真空式两套机械点火提前调节装置，所以使发动机实际点火提前角接近理想最佳点火提前角。在各种运转条件下，点火提前角可获得复杂而精准的控制。但由于仍然保留了分电器中的配电部分，因此在使用过程中仍存在如下缺点：

1）带动分火头旋转的分电器轴会逐渐磨损，使分火头与分电器盖上的侧电极之间的间隙会逐渐发生变化且变化不均匀，从而影响各缸高压电的分配质量。

2）由于配电部分中的分火头、中央电极和侧电极之间必须留有一定的间隙，所以不仅有能量的损失，而且在分配高压电时仍然产生电火花而烧蚀触点，并产生电磁干扰波，影响无线电等装置的正常使用。

而采用微机控制的无分电器点火系统以后，可从根本上解决上述各类型点火系统所存在的种种缺陷。

1）点火提前角由微机控制，发动机各工况点的点火提前角都可按照各工况点对动力性、经济性和排放性能的特殊要求，单独地进行调整，而不影响其他工况点的提前角。

2）无分电器点火系统取消了分电器，消除了由于分电器制造、安装、传动系统磨损等原因造成的点火时刻的误差，提高了点火提前角的控制精度。

3）因电火花不需跳过分火头与侧电极之间的间隙，这样在相同初级存储能量的情况下，点火的火花能量可以提高14%左右，并可有效地降低电磁波辐射干扰。

4）无分电器点火系统可以精确地控制闭合角，使点火系统的能耗减至最小。

5）免维护，使用中不需调整初始点火提前角。

6）无分电器点火系统增加爆燃传感器，可对点火提前角进行闭环控制，使发动机工作在微爆燃状态，这时发动机的循环效率最高，发动机的动力性、经济性得到进一步改善。

微机控制无分电器式电子点火系统分两种，一种是每两缸共用一个点火线圈，两缸同时点火(也称分组点火)；另一种是每缸一个点火线圈，各缸独立点火(也称直接点火)。

双缸同时点火是指一只点火线圈同时为两个气缸点火。这种方式要求一只点火线圈同时为两个火花塞点火，同时点火的两个气缸工作相位相差360°曲轴转角，这样当一缸接近压缩行程上止点时，另一缸必然接近排气行程上止点，若此时点火，两个气缸的火花塞将同时跳火。如图4-29所示。

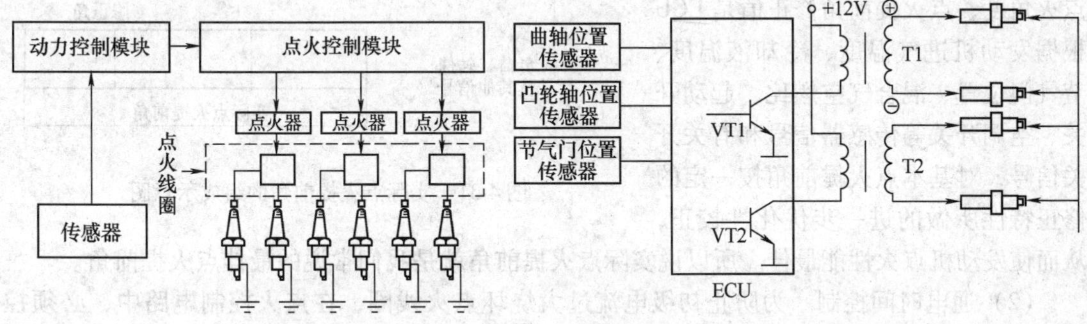

图4-29 两缸同时点火系统的结构布置及电路原理示意图

提示：对直列气缸而言，一般六缸汽油机的1、6缸共用一个点火线圈，2、5缸共用一个点火线圈，3、4缸共用一个点火线圈。一般四缸汽油机的1、4缸共用一个点火线圈，2、

3 缸共用一个点火线圈。

独立点火是指一个火花塞配一只点火线圈，将点火线圈及功率晶体管作为一体直接安装在火花塞顶上，这样不仅取消了分电器，而且也不用高压线。因此，彻底消除了分电器和高压线所带来的缺陷，点火性能最好，但结构和点火控制系统复杂，如图 4-30 所示。

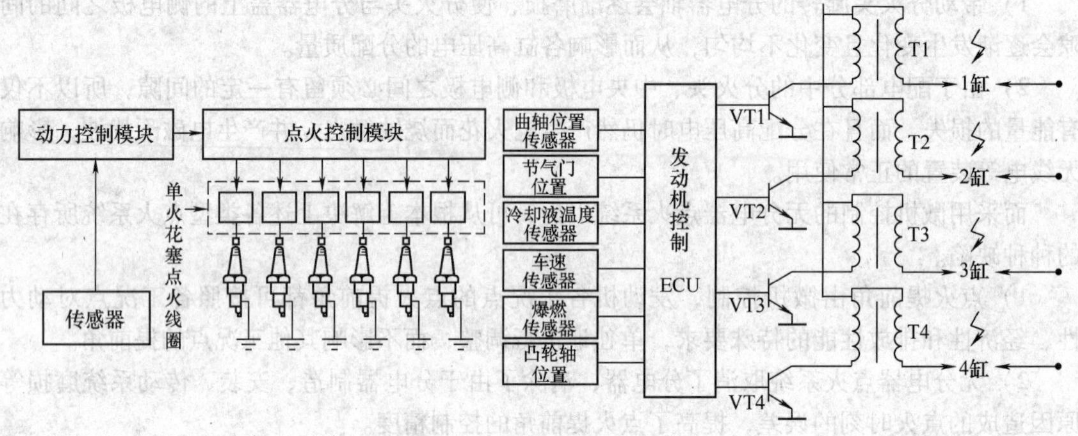

图 4-30 各缸独立点火系统的结构布置及电路原理示意图

3. 微机控制电子点火系统的其他控制内容

微机控制电子点火系统除了主要控制各缸点火以外，还需进行点火提前角的控制，通电时间的控制以及爆燃控制。从而达到最佳点火的目的，以满足汽油机对动力性、经济性及环保性的要求。

(1) 点火提前角的控制　实际的点火提前角即为：实际点火提前角 = 初始点火提前角 + 基本点火提前角 + 修正点火提前角，如图 4-31 所示。

其中，初始点火提前角就是发动机在制造时所确定的点火正时初始角；基本点火提前角为只按照发动机转速和负荷两个最基本参数所确定的点火角度；点火提前角修正值是 ECU 根据发动机进气温度、冷却液温度、节气门位置、混合气空燃比、起动开关、空调开关等传感器信号和有关开关信号，对基本点火提前角按一定的修正特性所做的进一步优化性校正，从而使发动机点火性能最佳。所以说实际点火提前角就是我们常说的最佳点火提前角。

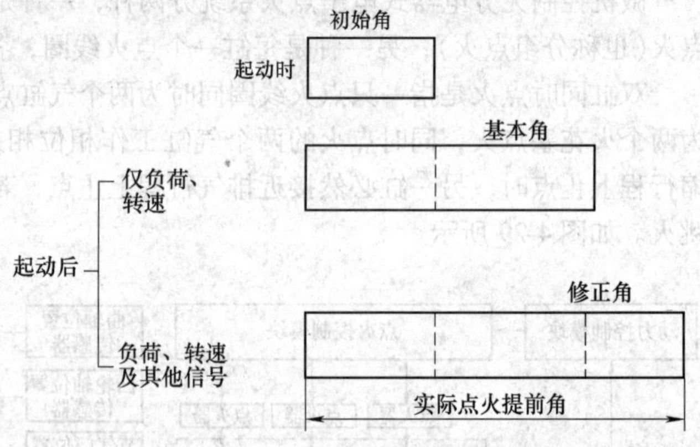

图 4-31 实际点火提前角的组成示意图

(2) 通电时间控制　为防止初级电流过大烧坏点火线圈，在点火控制电路中，必须控制一个最佳通电时间，保证在任何转速下初级电流都能达到规定值 7A。这样既能改善点火性能，又能防止初级电流过大而烧坏点火线圈。其控制原理如图 4-32 所示。

(3) 爆燃控制　有爆燃时，则逐渐减小点火提前角(推迟点火)，直到爆燃消失为止。无爆燃时，则逐渐增大点火提前角(提前点火)，当再次出现爆燃时，ECU 又开始逐渐减小

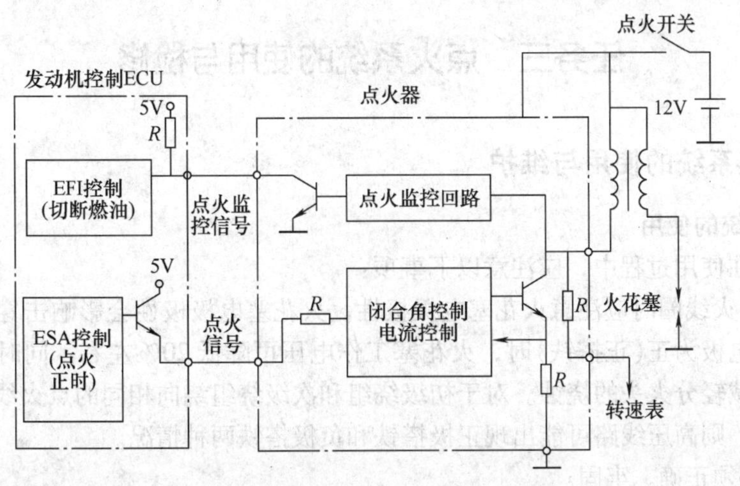

图 4-32 通电时间控制原理示意图

点火提前角。爆燃控制过程就是对点火提前角进行反复调整的过程，如图 4-33 所示。

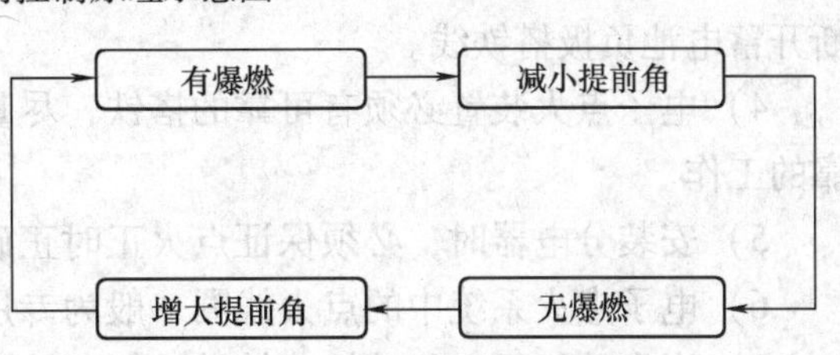

图 4-33 爆燃控制过程示意图

提示：爆燃控制最主要的传感器是爆燃传感器，它用于检测发动机是否发生爆燃，一般每台发动机安装一到两只。

爆燃传感器安装位置：3 缸发动机安装在第 2 缸缸体中间；4 缸发动机安装在 2、3 缸缸体之间。工作原理：爆燃传感器如图 4-34 所示，是一种振动加速度传感器，装在发动机气缸体上。

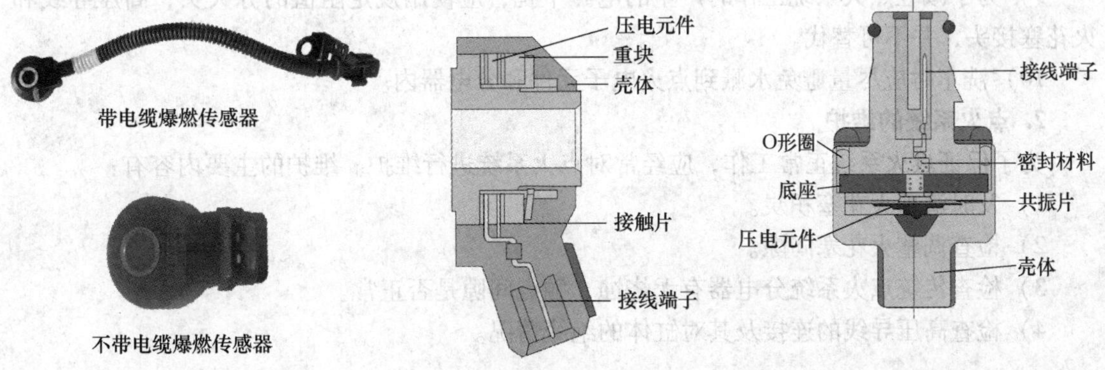

图 4-34 爆燃传感器实物及结构组成示意图

发动机工作期间(多在低速大负荷工况时)如发生爆燃，且爆燃强度达到一定值时，电子控制单元便能接收到提前信号，并根据爆燃强度的大小给点火电子组件发出推迟点火的信号，直到爆燃消失。爆燃消失后，电子控制单元便将点火提前角逐渐移至最佳点火角，或以一定角度使点火提前，直到再次发生爆燃时为止。

任务三　点火系统的使用与检修

一、点火系统的使用与维护

1. 点火系统的使用

点火系统在使用过程中，应注意以下事项：

1）连接点火线圈时应注意火花塞电极极性。火花塞电极极性会影响击穿电压，当中心电极为负，侧电极为正(正搭铁)时，火花塞工作电压可降低20%左右，同时可延长火花塞的使用寿命，减轻分火头的烧蚀。对于初级绕组和次级绕组绕向相同的点火线圈，低压接线柱连线不同时，则高压线路可能出现正极搭铁和负极搭铁两种情况。

2）接线必须正确、牢固。

3）如需拆、接电子点火系统连接导线或安装和拆卸检测仪器时，应先断开点火开关或断开蓄电池负极搭铁线。

4）电子点火装置必须有可靠的搭铁，尽量减小搭铁处的接触电阻，以确保电路稳定可靠的工作。

5）安装分电器时，必须保证点火正时正确。

6）电子点火系统中的点火线圈一般为专用高能点火线圈，不能用普通点火线圈代替。

7）当发动机要以起动转速转动，但不让发动机运转时，应把带分电器点火系统中的中央高压线从分电器上拔下，并将其搭铁。

8）发电机运转时，不能拆下蓄电池连接线，也不能用刮火的方法检查发电机的发电情况，以免产生瞬时过电压损坏点火系统的电子元件。

9）为了减轻点火系统工作时产生的电磁干扰，应使用规定阻值的分火头、高压导线和火花塞接头，并不可替代。

10）洗车时应尽量避免水溅到点火电子元件和分电器内。

2. 点火系统的维护

为了保证点火系统正常工作，应经常对点火系统进行维护。维护的主要内容有：

1）及时清理火花塞积炭。

2）检查调整火花塞间隙。

3）检查传统点火系统分电器有无烧蚀，触点间隙是否正常。

4）检查高压导线的连接及其对缸体的绝缘情况。

二、点火系统的检修规程及技术要求

1. 传统点火系统的检测

（1）初级绕组电阻值的检查　初级绕组的短路、断路、搭铁和过热都会引起点火系统不能正常工作。初级绕组电阻用万用表 R×1Ω 挡测量，如图4-35所示。

若万用表指示电阻无穷大，则说明初级绕组断路；若电阻小于标准值，则说明匝间有短路；若电阻为1.2～1.7Ω为正常。

（2）次级绕组电阻值的检查　用万用表 R×1kΩ 挡测量，若万用表指示阻值无穷大，

则说明次级绕组断路；若阻值小于标准值，则说明匝间有短路；其正常值为 8 ~ 16kΩ（有触点式点火线圈）或 2.4 ~ 3.5 kΩ（无触点式点火线圈），如图 4-36 所示。

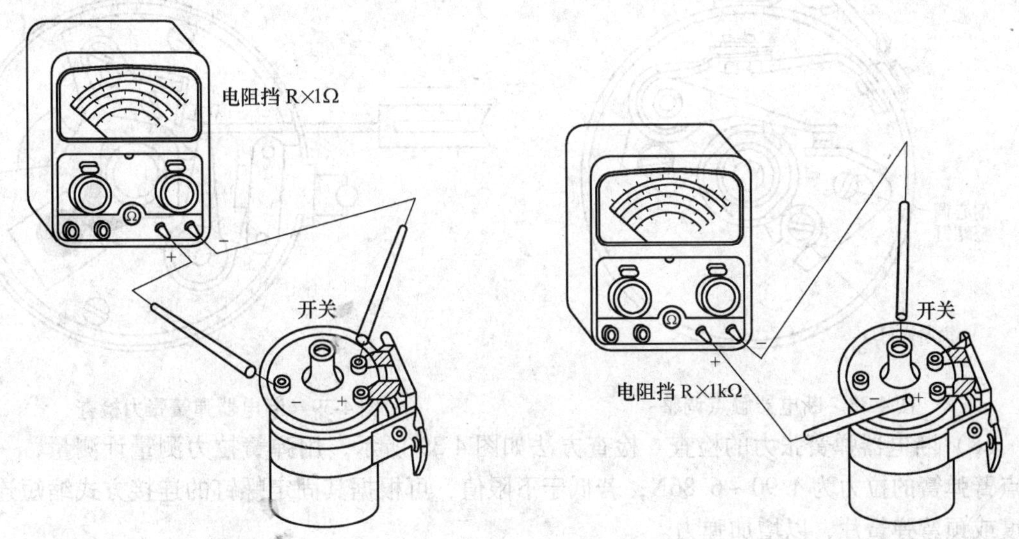

图 4-35　初级绕组的测量　　　　图 4-36　次级绕组的测量

（3）点火线圈绝缘电阻的检查　用万用表 R × 20MΩ 挡测量，点火线圈任一端与外壳间的电阻均应为无穷大，否则存在漏电故障，应更换。

（4）附加电阻阻值的检查　用万用表 R × 1Ω 挡测得初级绕组附加电阻阻值应为 1.2 ~ 1.8Ω。

（5）断电器触点外观的检查　断电器触点表面的正常接触面应为白色，且表面平整、光洁、接触面积不小于 80%，如触点烧蚀，则接触表面有密集的微孔且呈暗灰色，此时可用白金砂条或双面砂纸在两触点之间进行修磨，以消除蚀坑。

（6）断电器触点间隙的检查　断电器触点间隙一般为 0.35 ~ 0.45mm，检查方法如图 4-37所示。

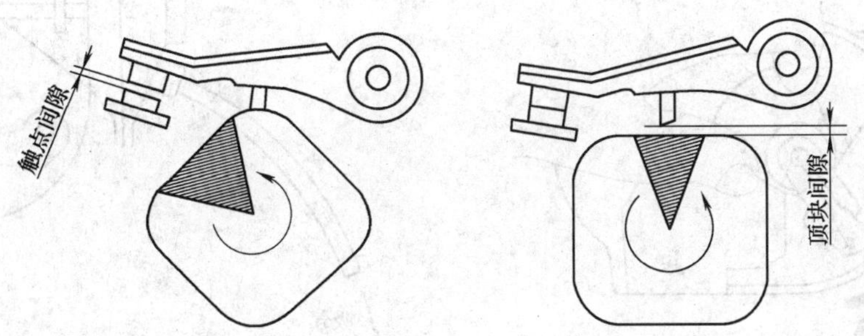

图 4-37　断电器触点间隙的检查

（7）断电器触点间隙的调整　断电器触点间隙的调整一般有两种方法。

1）旋松静触点支架的锁紧螺钉，转动偏心调整螺钉，检查触点间隙，使之符合要求，然后把紧固螺钉锁紧。

2）旋松静触点支架的锁紧螺钉，用螺钉旋具拨动静触点支架，改变触点间隙直至符合要求。触点调整好后，应将分电器转一圈，检查各缸触点间隙的均匀性，调整部位如图 4-38 所示。

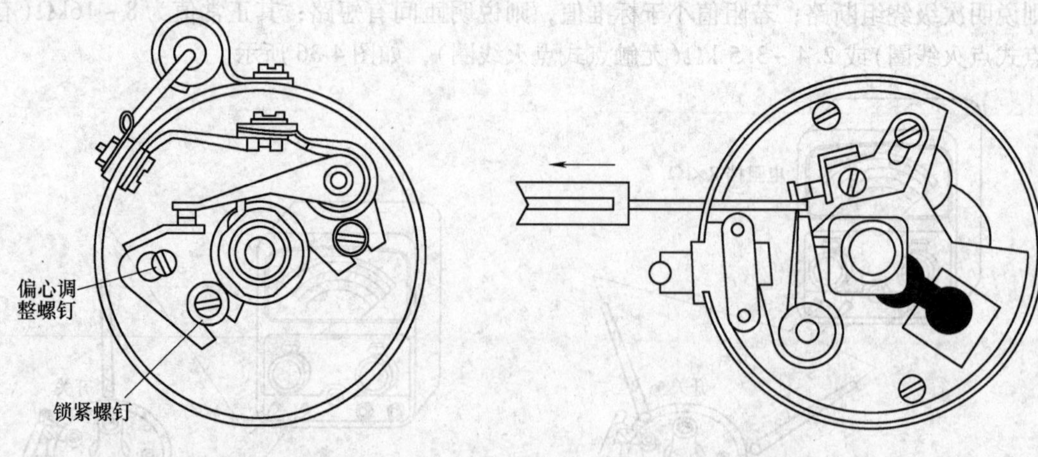

图 4-38　断电器触点调整　　　　图 4-39　断电器弹簧张力检查

（8）断电器弹簧张力的检查　检查方法如图 4-39 所示，用弹簧拉力测量计测量，一般触点臂弹簧的拉力为 4.90 ~ 6.86N，若低于下限值，可根据其固定螺钉的连接方式缩短连接长度或预弯弹簧片，以增加弹力。

（9）离心点火提前机构的检查　如图 4-40 所示，用手抓住分火头与分电器轴，沿凸轮的旋转方向转动分火头。若松手后分火头能迅速回转，说明离心点火提前机构的弹簧张力及机构的装配情况良好；若松手后分火头不能回转，则两根弹簧脱落或折断。

（10）真空点火提前机构的检查　检查方法如图 4-41 所示。当用口由管口吸气时，真空点火提前机构的拉杆或断电器活动底板能转动，不吸气时拉杆或底板能迅速返回，说明真空点火提前机构能正常工作。若吸气时，无真空感觉，且拉杆或活动底板不动，说明膜片可能破裂或壳体漏气。

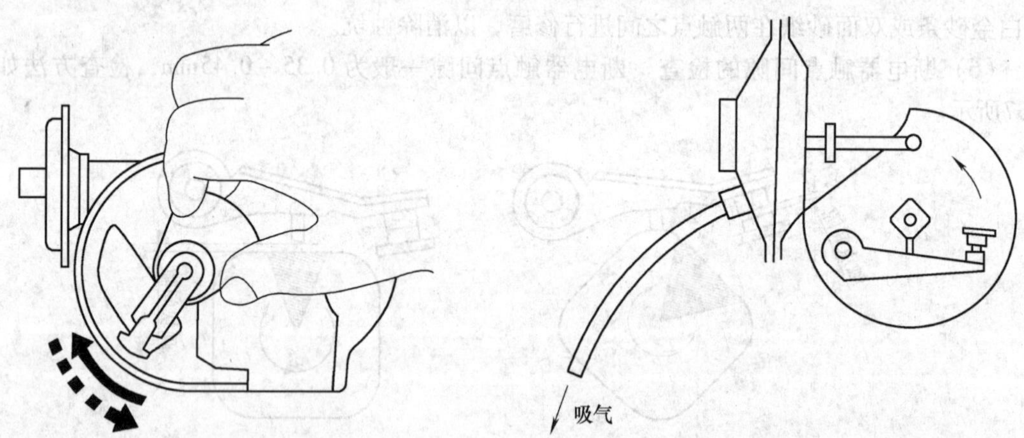

图 4-40　离心点火提前机构的检查　　　　图 4-41　真空点火提前机构的检查

（11）火花塞的检查与调整　火花塞的外部检查，正常的火花塞磁心表面洁净，呈白色或淡棕色，或磁心上只有微薄的一层褐色粉末状积炭，电极完整无缺损。

火花塞间隙的检查与调整，火花塞电极间隙应使用火花塞电极间隙规进行，如图 4-42 所示。一般电极间隙为 0.8 ~ 0.9mm，如间隙不符合标准，可用专用扳手扳动侧电极进行调整。

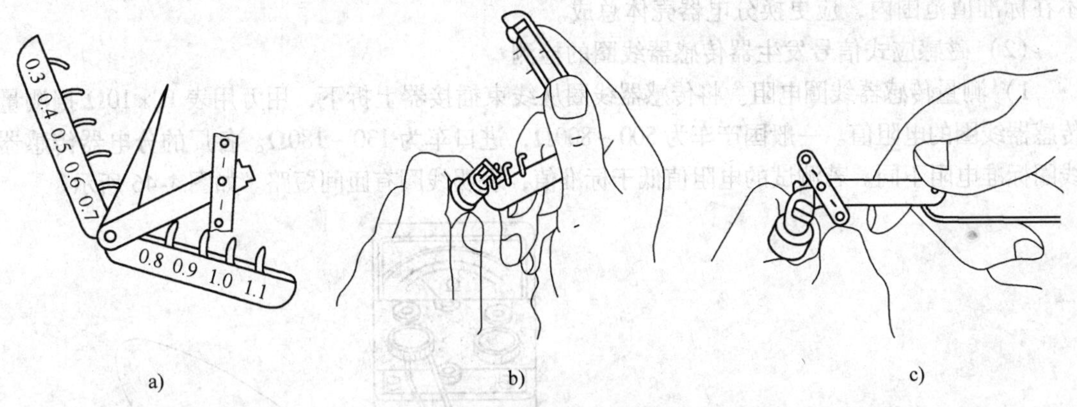

图 4-42 火花塞的检查

a）电极间隙规 b）电极间隙测量方法 c）电极间隙调整

（12）高压线整体电阻的测量 点火线圈至分电器的中心高压线的电阻值应为 0 ~ 2.8Ω，测量方法如图 4-43 所示。

分电器到火花塞之间的高压分线电阻值应为 0.6 ~ 7.4kΩ，测量方法如图 4-44 所示。新型电控点火系统高压线的电阻在几千欧到几十千欧甚至数百千欧。

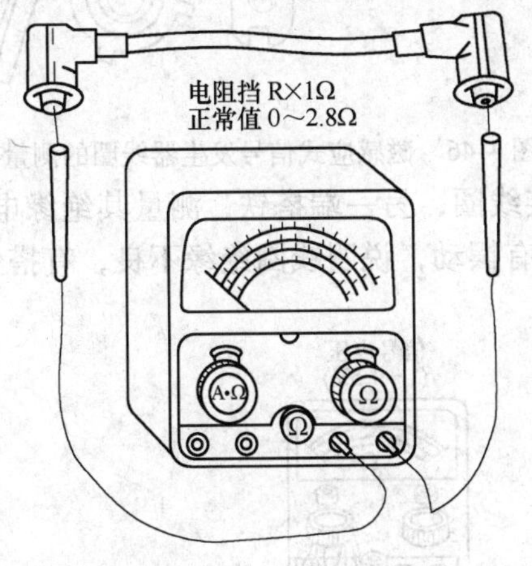

图 4-43 主高压线的测量

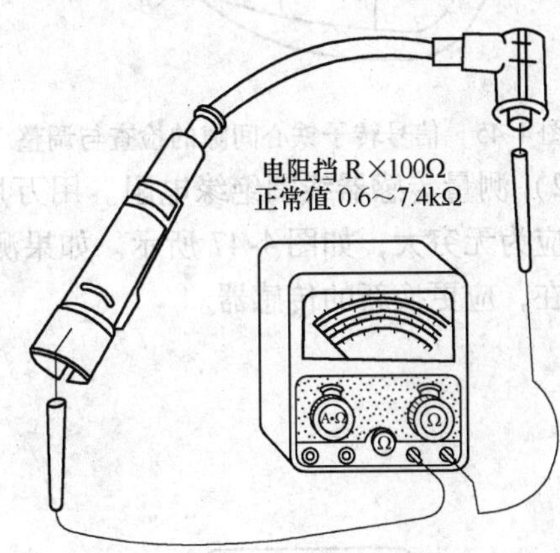

图 4-44 分高压线的测量

2. 电子点火系统的检测

电子点火系统的检测主要对信号发生器进行检查与调整，下面以磁感应式信号发生器为例进行检测。

（1）磁感应式信号发生器间隙的检查

1）拆下蓄电池负极导线。

2）拆下分电器盖。

3）用非磁性黄铜测隙片测量信号转子与传感器线圈凸起部分之间的间隙。且信号转子凸齿与传感器铁心对齐时，间隙一般为 0.2 ~ 0.4mm，如图 4-45 所示。

4）如间隙不正常，松开铁心总成的两个固定螺钉 *A* 和 *B*，并以 *A* 为支点，稍微移动螺钉 *B*，加以调整，直至所规定的标准值为止。如图 4-45 所示。

5）拧紧固定螺钉并重新检验间隙。有些不能调整间隙的分电器，如果测得的空气间隙不在标准值范围内，应更换分电器壳体总成。

（2）磁感应式信号发生器传感器线圈的检测

1）测量传感器线圈电阻。将传感器线圈从线束插接器上拆下，用万用表 R×10Ω 挡测量传感器线圈的电阻值。一般国产车为 500~800Ω，进口车为 130~180Ω。各厂的分电器传感器线圈标准电阻不同。若测试的电阻值低于标准值，表明线圈有匝间短路。如图 4-46 所示。

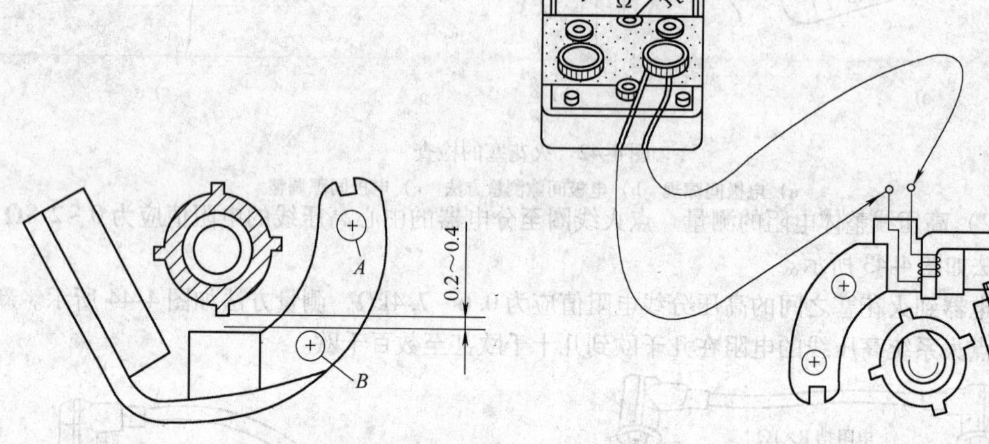

图 4-45　信号转子铁心间隙的检查与调整　　图 4-46　磁感应式信号发生器线圈的测量

2）测量传感器线圈绝缘电阻。用万用表一端接线圈，另一端搭铁，测量其绝缘电阻，其值应为无穷大，如图 4-47 所示。如果测试时指针有摆动，说明线圈绝缘不良，有搭铁故障存在，应更换新的传感器。

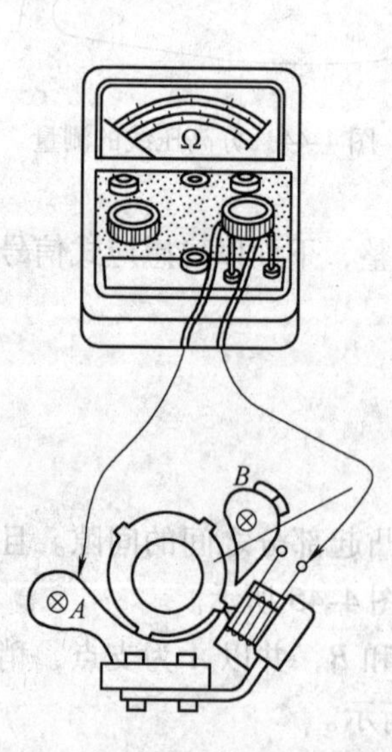

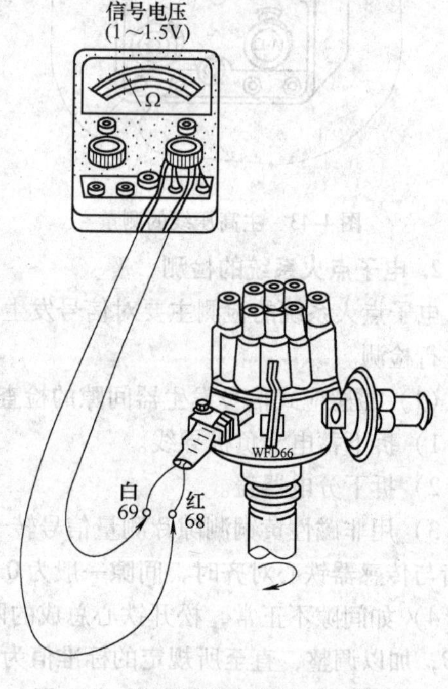

图 4-47　传感器线圈绝缘电阻的测量　　图 4-48　传感器线圈信号电压的测量

3）测量传感器信号电压。用万用表0～10V交流电压挡，使两表笔分别接在分电器感应线圈两接线柱上，用手快速转动分电器轴，观察信号电压值是否为1～1.5V，如图4-48所示。若万用表读数过低，甚至无读数指示，说明信号发生器有故障，应检查或更换。

任务四　点火系统常见故障的诊断与排除

一、点火系统常见故障的示波器诊断

汽车运行期间发动机不能起动或起动后运转不匀或中途熄火等，大多是由于点火系统和燃油系统故障所致。一般来说，若发动机在运转中突然熄火并不能起动，原因多为点火系统故障；发动机运转过程中逐渐熄火的多为燃油系统故障。

点火系统的故障，常用的诊断方法有人工经验诊断法和用高压示波仪诊断法。现代汽车采用了大量的电子控制系统，以往常规的检测方式已无法适应现代汽车的要求，特别是在直接点火系统的检查中，常规的断缸测试已经无法精确判断系统是否正常，而示波器由于其具有实时性、不间断性、直观性，越来越得到广泛的应用。

在进行测试时，先按图4-49所示将示波器的信号线和电源线接好，打开示波器电源，调整示波器上的上下、左右旋钮，使屏幕上的光点位于屏幕的中央。然后起动发动机，使发动机的转速保持在500r/min，调整各旋钮，使各气缸直列波形显示在坐标刻度内。

1. 波形分析

（1）单缸波形分析　单缸点火次级波形测试主要用来分析单缸的点火闭合角（点火线圈充电时间），点火线圈和次级高压电路的性能（从燃烧线或点火击穿电压）；检查单缸混合气空燃比是否正常（从燃烧线）；查出造成气缸断火的原因（如污浊或破裂的火花塞）。单缸点火次级波形可以观察每个气缸持续燃烧时间的变化以及电压和闭合角，如图4-50所示。

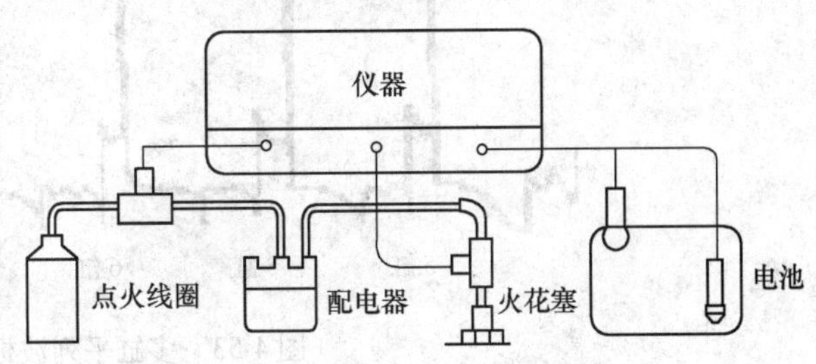

图4-49　示波器与点火系的电路连接

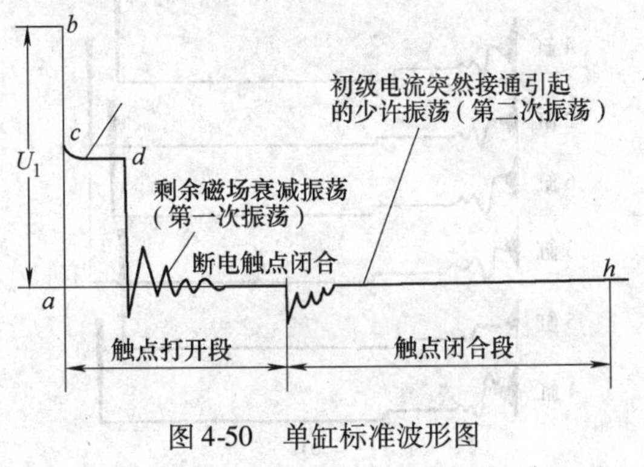

图4-50　单缸标准波形图

a—断电器触点打开，次级电压急剧上升

ab—击穿电压　*bc*—电容放电　*cd*—电感放电，称火花线

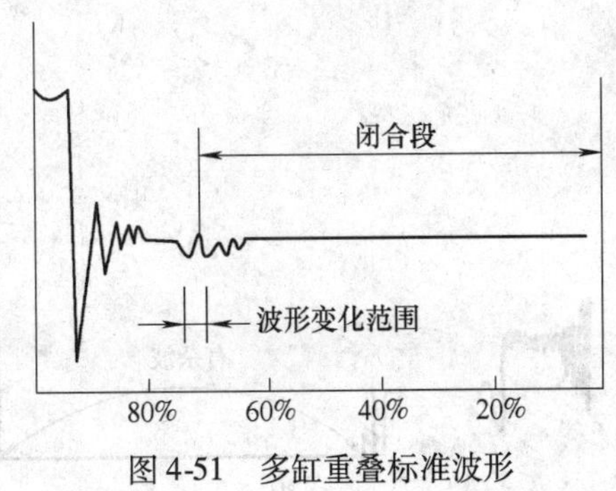

图4-51　多缸重叠标准波形

（2）多缸重叠波形　多缸重叠波形是将各单缸波形之首对齐并重叠在一起的排列方式。6缸发动机的标准次级重叠波形如图4-51所示。多缸重叠波形是各缸点火波形的叠加，因而可评价各缸工作的一致性。各缸工作一致的重叠波就像一个单缸波形，只要其中任一缸工作不佳，其波形就会偏离重叠波，通过逐个单缸断火可立即找出这一工作不佳的气缸。

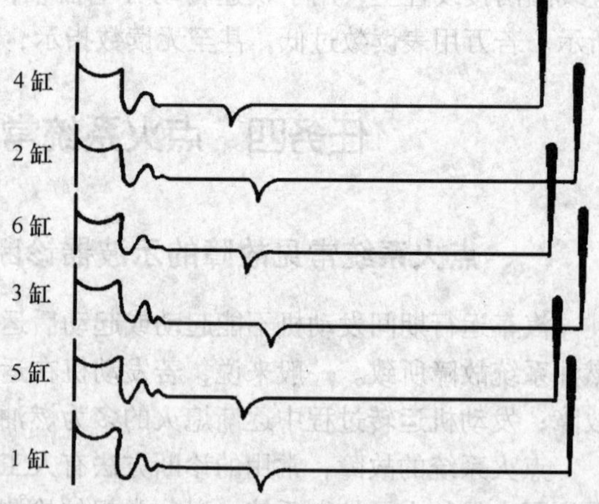

图4-52　多缸并列波标准波形

（3）多缸平列波形和多缸并列波形　为比较各缸点火情况，可将各缸点火波形平列和并列在显示屏上。通过对比各缸的工作状态，可以找出故障缸的位置。

多缸并列波，即在屏幕上从下到上按点火次序将所有各缸点火波形首尾对齐并分别放置的一种排列方式。6缸发动机的标准次级并列波形如图4-52所示。

多缸平列波，即在屏幕上从右至左按点火次序将所有各缸点火波形首尾相连的一种排列方式。6缸发动机1-4-2-6-3-5点火次序的标准次级平列波形，如图4-53所示。

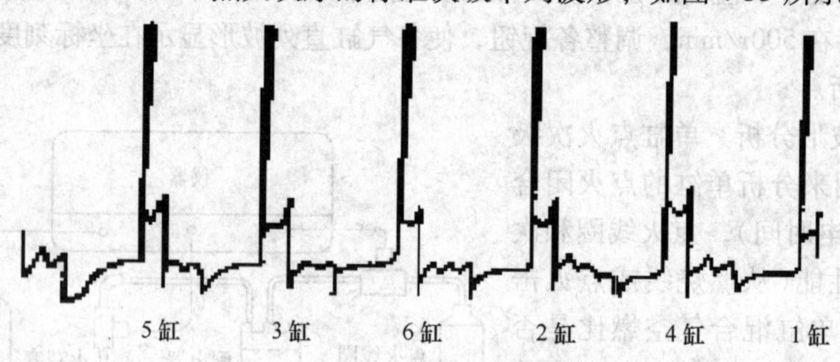

图4-53　多缸平列波标准波形

2. 故障判断

如图4-54a所示，触点闭合段有杂波，故障原因：可能是火花塞间隙过大；可能是火花

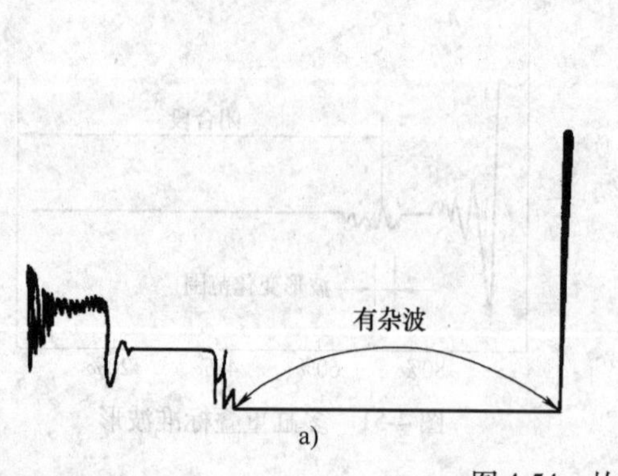

a)

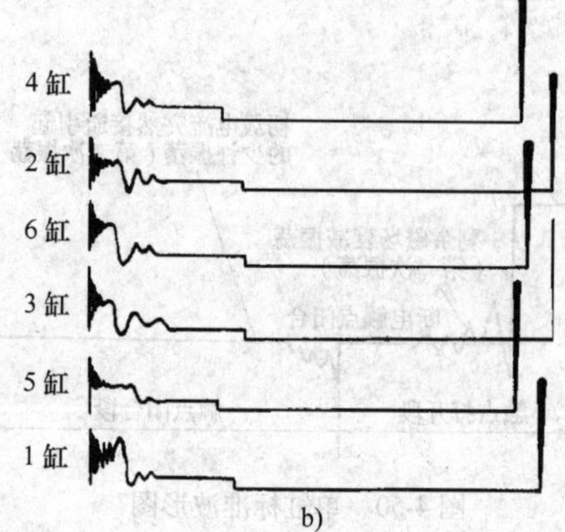

b)

图4-54　故障波形分析
a）闭合段杂波　b）振荡波异常

塞导线断路。如图 4-54b 所示，5 缸一次振荡波异常，故障原因：5 缸火花塞“淹死”。

二、点火系统常见故障的分析及排除方法

点火系统常见的故障有：发动机不能起动或突然熄火；发动机运转不平稳；发动机功率下降，油耗增加、加速性能变坏；起动时发动机运行，起动后熄火等。其故障发生的部位、原因及排除方法见表 4-3。如图 4-55 所示为微机控制电子点火系统常规诊断流程。

表 4-3 汽车点火系统常见故障分析及排除

常见故障	故障分析				排除方法
	故障部位			故障原因	
发动机不能起动	初级线路		线路	从点火开关至分电器间电路有断路或接触不良处	紧固接点，必要时更换导线
			电流表或点火开关	电流表或点火开关损坏，使初级电路断路	更换电流表或点火开关
			点火线圈	初级电路断路或附加电阻损坏	更换点火线圈附加电阻
		传统点火系统	断电器	断电器触点氧化	清洁或更换触点
				固定触点搭铁不良	修复或重新固定
				接线柱或活动触点搭铁	
			电容器	电容器损坏	更换
	初级线路	电子点火系统	传感器	传感器线圈短路、断路或搭铁	修理或更换
				转子凸齿与铁心间隙不当	调整
			点火控制器	控制器损坏，使初级电路断路或短路	更换
	次级线路		分电器盖或分火头	有裂纹或漏电	更换
			高压导线	损坏	更换
			火花塞	积炭严重或绝缘损坏	更换
			分电器	分电器安装角度不正确	调整
			配线	火花塞的高压配线错乱	
发动机运转不平稳	点火正时			点火正时调整不当	进行点火正时调整
				点火提前调节机构故障	修理或更换分电器
				分电器轴松旷，凸轮磨损不均匀	更换
	高压导线			损坏或脱落	更换或调整
	火花塞			个别缸火花塞绝缘损坏或积炭严重而漏电	更换
发动机功率下降，油耗增加，加速性能变坏	点火正时			点火正时调整不当，点火提前角过大或过小	调整点火正时
				点火提前调节机构失效	修理或更换
	继电器			触点间隙过大	调整
起动时发动机运行，起动后熄火	附加电阻			点火线圈附加电阻或附加电阻线损坏	更换

三、微机控制电子点火系统的故障诊断流程

1. 微机控制电子点火系统常见故障的常规诊断

微机控制电子点火系统由传感器、点火控制器(或 ECU)和执行器三大部分组成。其结构较复杂、隐蔽，难以发现，因此发生故障时，切不可盲目寻找，急于求成，以免扩大故障范围。一般应按如图 4-55 所示流程仔细查找，逐一排除。

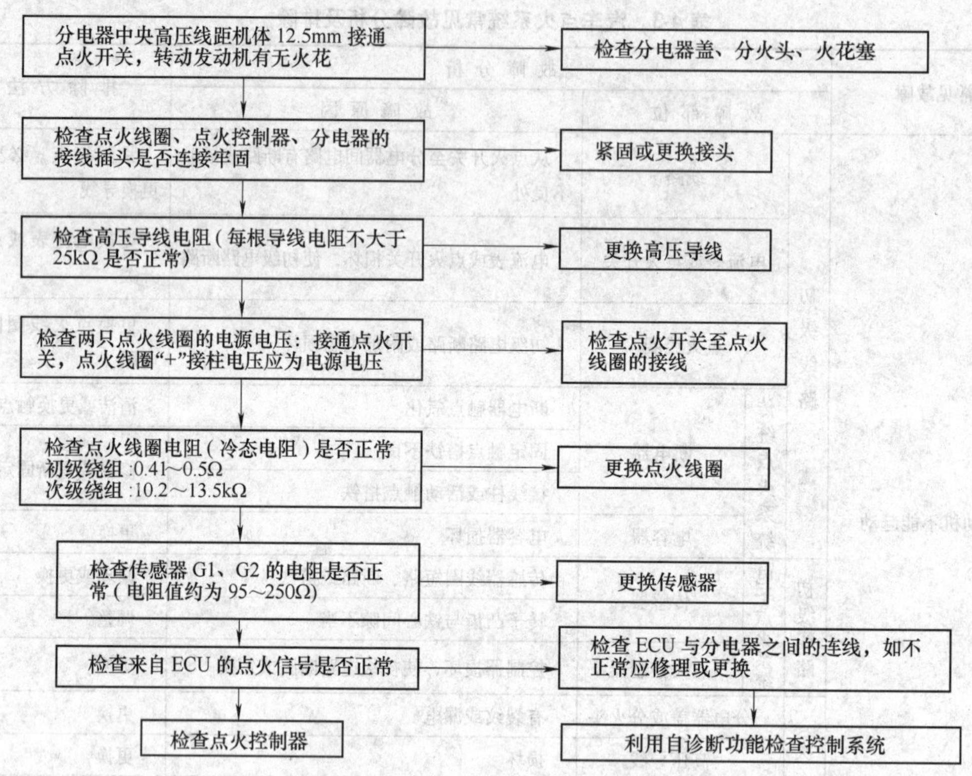

图 4-55　微机控制电子点火系统常见故障的常规诊断流程

2. 微机控制电子点火系统常见故障的自诊断

微机控制电子点火系统除了利用常规诊断方法进行排除故障外，还可利用自身所配备的自诊断系统进行故障诊断。

利用自诊断系统进行故障诊断的步骤如下：

1）接通点火开关，起动发动机，使发动机预热到冷却液温度达到 50℃以上，发动机转速达到 3000r/min 以上，增压值达到 0. 1MPa 以上。

2）用手将节气门全负荷开关接通约 3s。

3）当转速表指示 7000r/min 时，开始调出故障码(故障灯处于接通状态)。

4）按诊断结果排除故障，经路试证明故障全部排除后，关断点火开关清除故障码，自诊断结束。

图 4-56 所示为利用自诊断系统进行故障诊断的流程。

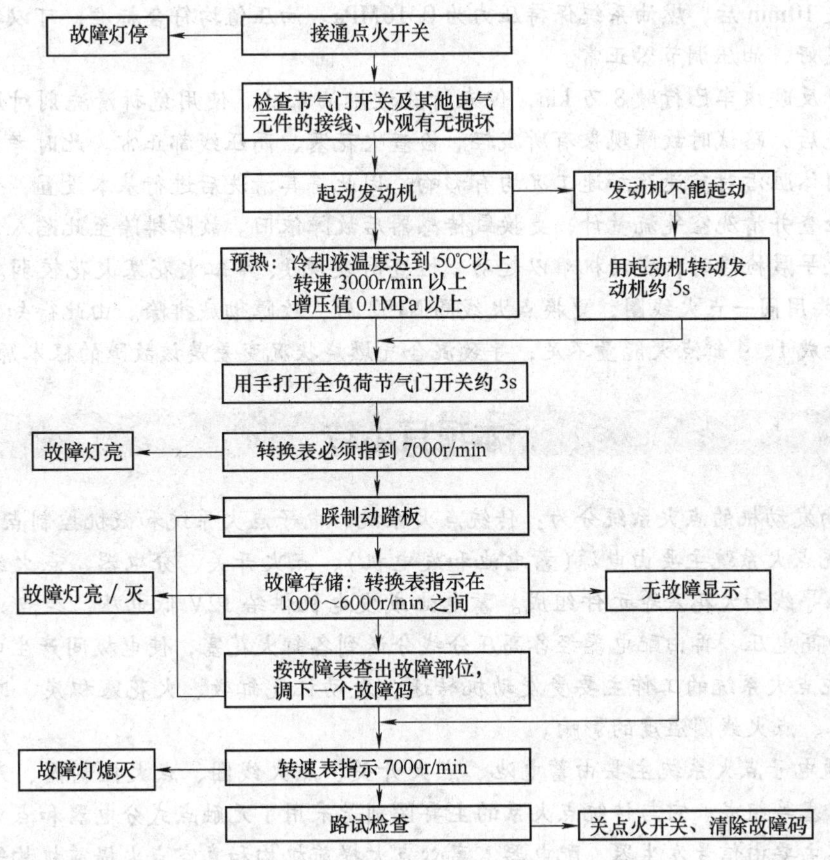

图 4-56　微机控制电子点火系统常见故障的常规诊断流程

四、点火系统典型故障案例分析

案例　桑塔纳时代超人轿车点火模块发生故障

故障现象：

一辆桑塔纳时代超人轿车，行驶里程 8 万 km，冷车不易起动，起动后怠速运转不稳，热车后加速时有闯车现象，车速超过 120km/h 后提速困难。

故障检修：

经过仔细询问客户后试车，果然热车加速时有闯车现象。客户反映该车不久前刚进行过正常保养，更换过火花塞。维修人员首先进行电脑检测，拆下位于变速杆下部的防尘罩，将解码器连接到诊断插座上。打开点火开关至 ON 位置，读取发动机电控系统故障存储，显示故障码如下：

00561-015 为混合气自适应值超过调节界限下限。

00561-012 混合气自适应值超过调节界限上限。

将上述故障码清除后，退出故障诊断。

起动发动机，保持怠速运转状态。进入 007 显示组，观察氧传感器 G39 反馈信号电压，该信号电压在 0.1～1.0V 之间波动，但变化频率很慢。将油压表接入进油管路进行油压测试，怠速状态油压表显示为 0.25MPa。加油时油压表指针在 0.28～0.30MPa 之间摆动。关闭点火开关10min后，燃油系统保持压力为0.16MPa。油压值均符合标准，可以判定燃油泵工作性能良好，油压调节器正常。

据客户反映该车已行驶8万km，但未清洗过燃油系统。使用免拆清洗剂对燃油系统进行彻底清洗后，路试时故障现象有所减轻。检查火花塞、高压线都正常。此时考虑大众系列轿车节气门体脏污对怠速及加速工况均有影响，因此将其清洗后进行基本设置，但仍不见成效。接着检查并清洗空气流量计，更换氧传感器后故障依旧。故障排除至此陷入僵局。

第二天早晨检修时，发动机难以起动。检查时发现1、4缸火花塞火花较弱。考虑到此车1、4缸共用同一点火线圈，更换点火线圈N152后，故障彻底排除。由此得知，点火模块工作不良造成1、4缸点火能量不足，导致混合气燃烧状况变差是该故障的根本原因。

本项目小结

1. 汽油发动机的点火系统分为：传统点火系统、电子点火系统和微机控制点火系统。

2. 传统点火系统主要由电源(蓄电池和发电机)、点火开关、分电器、点火线圈、附加电阻、高压导线和火花塞等元件组成。蓄电池或发电机供给12V低电压，经点火线圈和断电器转变为高电压，再由配电器经各高压分线分送到各缸火花塞，使电极间产生电火花。

3. 传统点火系统的工作主要受发动机转速、发动机气缸数、火花塞积炭、断电器触点间隙、电容、点火线圈温度的影响。

4. 普通电子点火系统主要由蓄电池、点火开关、点火线圈、点火控制器、无触点式分电器、火花塞等组成。它与传统点火系的主要区别是采用了无触点式分电器和点火模块。无触点分电器主要由信号发生器、配电器、离心点火提前机构和真空点火提前机构等组成。

5. 计算机控制点火系统主要由传感器、ECU、点火模块、点火线圈和火花塞等组成，在各种运转条件下，点火提前角可获得复杂而精准的控制，使发动机实际点火提前角接近理想最佳点火提前角。

6. 点火系统的使用与检修。

7. 点火系统的常见故障为发动机不能起动或突然熄火，发动机工作不正常。

练习与思考

一、填空

1. 电子点火系统按控制方式不同可分为________和________。

2. 普通电子点火系与传统点火系的主要区别是采用了________和________。

3. 一般来说，若发动机在运转中突然熄火并不能起动，原因多为____________故障。

二、判断

1. 发电机运转时，不可拆下蓄电池连接线。(　)

2. 不论是哪种结构类型的点火系统都必须配备点火线圈，而且最终控制目的都是一样的，那就是控制点火线圈初级电流的通断。只是控制方式不同而已，有些是用断电器触点控制，有些是用点火模块控制，有些是用微机控制。(　)

三、问答

1. 计算机控制点火系统的控制方式有哪些？
2. 对点火系统进行维护的主要内容有哪些？
3. 进行波形分析时，若触点闭合段有杂波可能是什么故障？

项目五　照明与信号系统

照明系统的作用是确保车辆内外一定范围内合适的亮度；信号系统的作用是告示行人车辆引起注意，指示行驶趋向，指示操作件状态。

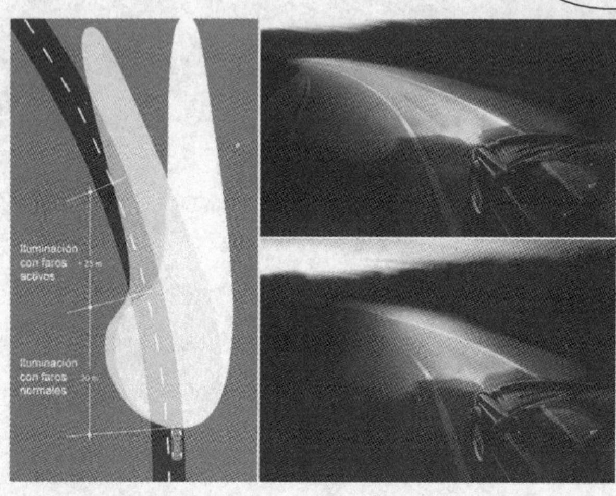

【学习目标】

◇ 了解照明与信号系统的组成

◇ 知道前照灯和转向信号灯的构造及控制电路

◇ 掌握照明信号系统的常见故障与排除

任务一　照明与信号系统的组成

一、照明系统的组成

为了保证汽车在无光或微光条件下安全行驶，汽车上都设置有照明系统。汽车照明系统主要由照明设备、电源、线路、控制开关组成，其主要照明设备按安装位置可分为外部照明设备和内部照明设备两类。

1. 外部照明

常见的汽车外部照明设备有以下几种，如图 5-1 所示。

(1) 前照灯　前照灯(俗称前大灯)装在车前两侧，用于照明车前道路。有两灯制和四

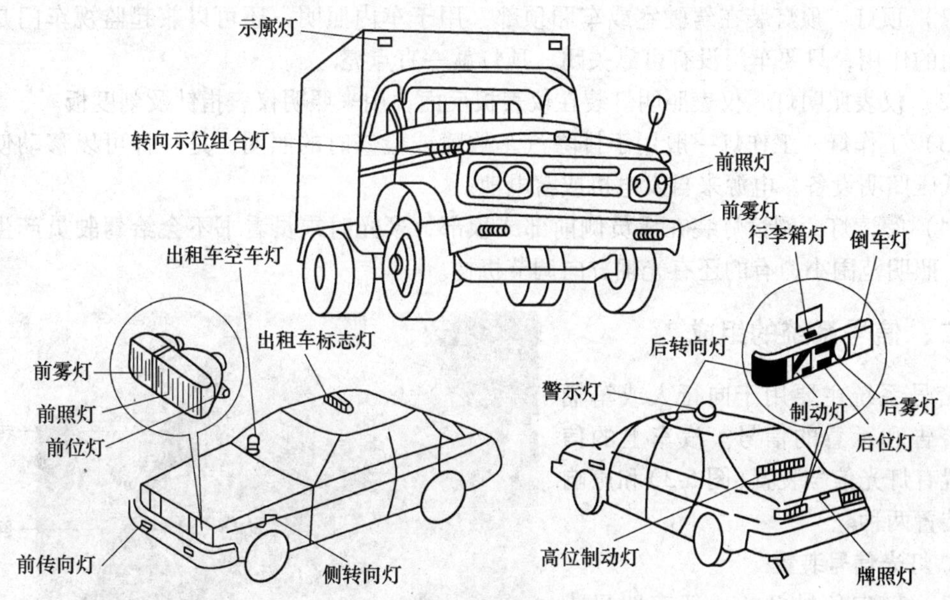

图 5-1　汽车外部灯光的安装位置

灯制之分，一般两灯制的两个前照灯为具有远光和近光的双光束灯，四灯制前照灯装在外侧的一对为远光单光束灯。前照灯功率一般为 40～60W。

（2）雾灯　雾灯有前雾灯和后雾灯之分。前雾灯装在汽车前部比前照灯稍低的位置，光色为波长较长、透雾性较好的橙黄色，用于在雨雾天气行车时照明道路；后雾灯装在汽车尾部，光色为红色，用于向后方车辆或行人提供本车位置信息。

（3）牌照灯　牌照灯装在汽车尾部牌照的上方或两侧，用来照明后牌照，确保行人距车尾 20m 处能看清牌照上的文字及数字。

（4）倒车灯　装在汽车尾部，当汽车挂入倒挡时自动发亮照明车后侧，同时警告后方行人及车辆注意安全。

（5）制动灯　安装在汽车尾部，灯罩显示面积较后位灯大，在踩下制动踏板时发出红光。有的轿车后窗内还加装高位制动灯。

2. 内部照明

常见的汽车内部照明设备主要有以下几种，如图 5-2 所示。

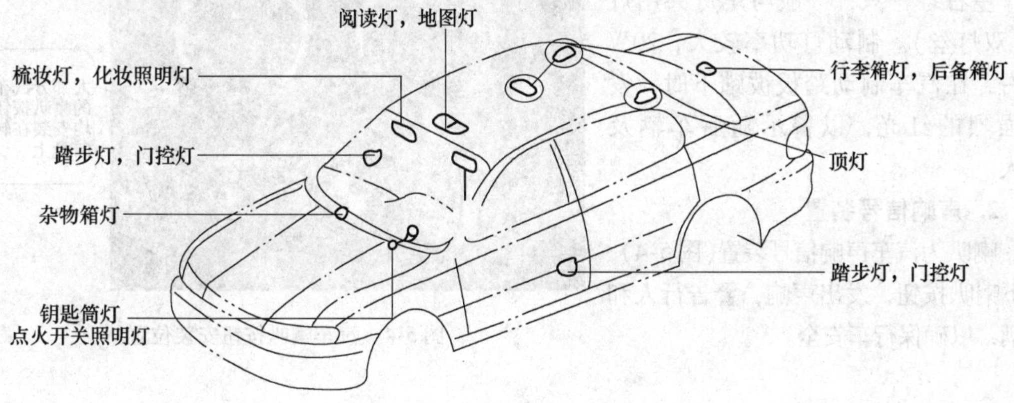

图 5-2　汽车内部灯光的安装位置

（1）顶灯　顶灯装在驾驶室或车厢顶部，用于车内照明，还可以兼起监视车门是否可靠关闭的作用，只要车门没有可靠关闭，顶灯就一直点亮。

（2）仪表照明灯　仪表照明灯装在仪表板反面，用来照明仪表指针及刻度板。

（3）工作灯　工作灯一般用于排除汽车故障或检修时的照明，是一种可以移动使用的随车低压照明设备，电源来自发电机或蓄电池。

（4）阅读灯　阅读灯装在成员侧前部或顶部，聚光时乘员看书不会给驾驶员产生眩目现象，照明范围小，有的还有光轴方向调节机构。

二、信号系统的组成

信号系统主要用于向行人或车辆发出警告和示意的信号。汽车上的信号装置有灯光信号装置（图 5-3）和声响信号装置两种。

图 5-3　部分汽车信号灯的安装位置

1. 灯光信号装置

（1）转向信号灯　一般有四只或六只，装在汽车前后或侧面翼子板上，黄色，主转向灯功率一般为 21W，侧转向灯一般为 5W。当汽车转向时，驾驶员通过转向开关点亮左侧或右侧的转向灯，向外界提供转向信号。

（2）危险报警灯　危险报警灯与转向信号灯共用。当车辆出现故障停放在路面时，按下危险报警灯开关，全部转向灯同时闪亮，提醒后方车辆避让。

（3）位灯　位灯安装在汽车前面、后面或侧面。前位灯（小灯、示宽灯）光色为白色或黄色，后位灯（尾灯）为红色，侧位灯光色为琥珀色。接通前照灯时，位灯与仪表照明灯、牌照灯同时点亮，用于标志车辆的位置。

（4）示廓灯　示廓灯主要用于空载车高 3m 以上的客车和厢式货车，前后各两只，前面为白色，后面为红色，装在尽可能高的靠边缘的部位。

（5）制动灯　制动灯装在汽车后部，左右各一只，一般与尾灯共用灯泡（双灯丝）。制动灯功率较大，20W 左右，在汽车制动踏板被踏下时，发出强烈的红光，以警示随后车辆及行人。

2. 声响信号装置

喇叭为汽车声响信号装置（图 5-4），按下喇叭按钮，发出声响，警告行人和车辆，以确保行车安全。

图 5-4　汽车喇叭按钮安装位置

知识链接——汽车照明的历史变迁

很久以前，汽车是没有车灯的。据说，第一个汽车前照灯是家用手提灯。在伸手不见五指的深夜里，一个农民用手提灯把迷路的驾驶员引回家。

1898 年，波士顿举办美国首届汽车展览会，美国哥伦比亚号汽车将电灯作为前灯和尾灯，车灯从此诞生。1916 年，美国一个名叫 C·H·托马斯的人为了让对方驾驶员在晚上能看到他打的手势，把一个带电池的灯泡装在手套上，由此转向信号灯幽默登场。

1938 年，美国别克汽车装上了转向闪光灯，当时只作为选用附件安装在汽车尾部。直到 1940 年以后才在汽车前部也装上转向灯。

思路从遥远的时代回到现在，汽车车灯随着汽车技术的发展，像修炼多年的水晶魔石愈加晶莹美妙。早期的汽车前照灯用的是钨丝白炽灯，昏黄的灯光只能供给速度较慢的汽车。长期以来，在国内市场上，白炽灯一直是各种车灯的主力光源。由于白炽灯质量不稳定，国内每年都因此发生许多车祸，白炽真空灯逐步被淘汰。

近 20 年来，汽车照明设备中卤素灯(Halogen)得到普及。卤素灯的每支灯光由两组灯丝组成。一组是主光束灯丝，发出的灯光经灯罩反射镜反射后径直向前射去，这种光线就是我们所说的“远光”。另一种是偏光束灯丝，发出的光给遮光板挡到灯罩反射镜子的上半部分，其反射出去的光线都是朝下漫射向地面，不会给对面来车的驾驶者造成眩晕，这种光源就是我们所说的“近光”。

卤素灯的缺点在于使用一段时间后，其发光能力会渐渐退化。所以很多驾车者采用更换特殊规格的灯泡的方式来提升发光强度，以满足夜间行车的需求。这种灯泡的弊端是耗电量太大，灯泡散发的热量也大，使得车灯外罩玻璃破裂，或者灯壳内的反射镀膜因受热膨胀而剥落，甚至破裂变形。

现代汽车强调安全与舒适，汽车防滑制动系统和安全气囊几乎已经应用在所有的轿车中，但仍旧有很多事故在恶劣的视觉条件下发生，比如夜间和坏天气。并且随着驾驶员的平均年龄的上升，年老的人在驾车时需要比年轻人多 6 倍的照度，这些都对照明设备提出更高要求。

进入 21 世纪后，汽车照明也进入了全新时代。飞利浦公司用 5 年时间研制成功了氙气灯，英文简称 HID(High Intensity Discharge Lamp)，并率先在欧洲高级轿车配装。氙气灯的照明系统由 3 个匹配部件组成。一个微型气体放电灯作为光源，一个电子装置控制启动和燃点，以及精细匹配的前照灯具。氙气灯与卤素灯的主要区别在于，前者通过气体电离发光，后者通过加热钨丝发光。

氙气灯可靠性较高，不会受到车上电压波动的影响，提高了夜间行车的安全性。由于不用灯丝，没有了传统灯丝易脆断的问题，使用寿命比普通卤素灯长很多。另外，更小的前照灯体积给予汽车外观造型设计更大的创意空间，汽车生产商也因为能够使用耐高温标准低的塑料和减少能耗而得益。因此，氙气灯逐步成为现代汽车车灯的主流趋势。

任务二　前照灯和转向信号灯的构造及控制电路

一、前照灯

前照灯俗称大灯或头灯，主要用于夜间行车时道路照明，灯光为白色。由于前照灯的照明效果直接影响夜间行车驾驶的操作和交通安全。因此，各国交通管理部门多以法律的形式规定了其照明标准。

1. 前照灯使用要求

1）前照灯应保证夜间车前有明亮而均匀的照明，使驾驶员能辨明车前150m以内道路上物体。

2）前照灯应具有防眩目装置，以免夜间两车交会时造成对方驾驶员眩目而发生交通事故。

2. 前照灯的结构

汽车前照灯光学系统一般由光源(灯泡)、反光镜、配光镜(散光镜)三部分组成(图5-5)。

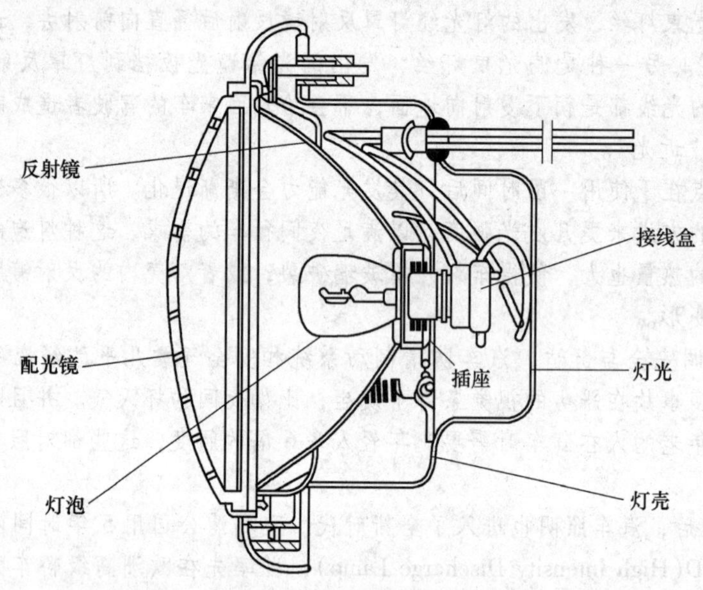

图5-5　前照灯的结构组成

(1) 灯泡　目前汽车前照灯所用的灯泡主要有充气灯泡(白炽灯泡)和卤钨灯泡两种(图5-6)。

1）充气灯泡。充气灯泡将玻璃罩中的空气抽出，再充入86%(体积分数)的氩气和14%的氮气的混合惰性气体，惰性气体在受热时会产生较大的压力，可以减少钨丝受热蒸发，以延长灯泡的使用寿命。但灯泡在长期使用后仍然会发黑，因此并不能阻止钨丝的蒸发。

带螺旋灯丝的充气白炽灯泡1913年问世，由灯丝和玻璃罩组成，如图5-6所示。使用钨作为灯丝，并制成紧密的螺旋状，以缩小灯丝的尺寸，有利于光束的聚合。

2）卤钨灯泡。为了更有效地防止钨的蒸发，在冲入灯泡的惰性气体中加入了一定量的卤族元素（如氟、溴、碘），该种灯泡称为卤钨灯泡，如图 5-6 所示。

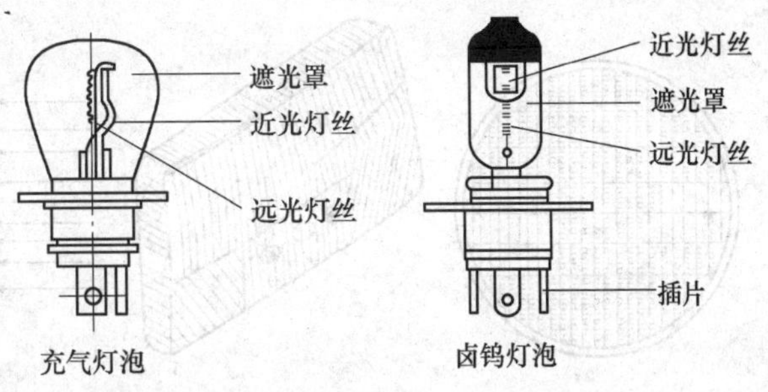

图 5-6　前照灯的灯泡构造

在相同功率下，卤钨灯泡的亮度为白炽灯的 1.5 倍，寿命长 2 ~ 3 倍。原因是从灯丝上蒸发出来的气态钨与卤族元素反应生成了一种挥发性的卤化钨，在扩散到灯丝附近的高温区域后又受热分解，使钨重新回到灯丝上，这种卤钨再生循环反应有效地防止了钨的蒸发和灯泡黑化的现象。由于卤钨灯泡体积小、耐高温、发光强度高、使用寿命长，故而目前得到广泛的应用。

（2）反射镜　如图 5-7 所示，图 5-7a 为反射镜的形状，图 5-7b 为光线反射示意图。

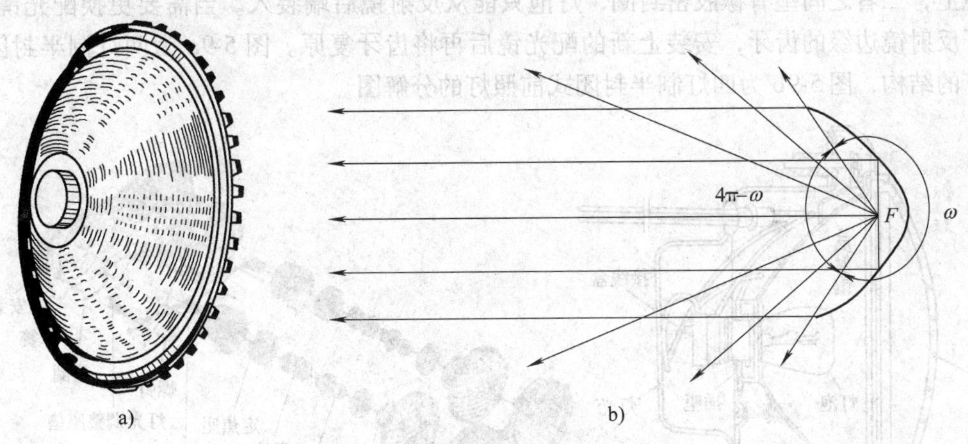

图 5-7　反射镜结构及原理示意图
a）反射镜形状　b）光线反射示意图

反射镜的作用是将灯泡的散射（直射）光反射成平行光束，使光度大大增强，增强几百倍乃至上千倍，以保证汽车前方足够的照明。未使用反射镜的灯泡，只能照亮前方 6m 左右，使用反射镜后可照亮前方 150m 以上，甚至 400m 左右。

反射镜的表面形状呈旋转抛物面，如图 5-7 所示，其一般由 0.6 ~ 0.8mm 的薄钢板冲压而成或由玻璃、塑料制成。其内表面镀银、铝或镀铬，然后抛光处理。由于镀铝的机械强度大，反射系数高，目前反射镜内面采用真空镀铝的较多。

（3）配光镜　配光镜又称散光玻璃，由透光玻璃压制而成，是多块特殊棱镜和透镜的组合，外形一般为圆形和矩形，如图 5-8a 所示。配光镜的作用是将反射镜反射出的平行光束进行折射，使车前的路面有良好而均匀的照明，如图 5-8b 所示。

3. 前照灯的分类

按前照灯光学组件的结构不同，可将其分为：可拆式、半封闭式和封闭式前照灯三种。

（1）可拆式前照灯　由于可拆式前照灯是由反射镜和配光镜的安装而成的组件，因此气密性差，反射镜易受湿气和尘埃污染而降低反射能力，严重降低照明效果，目前已很少采用。

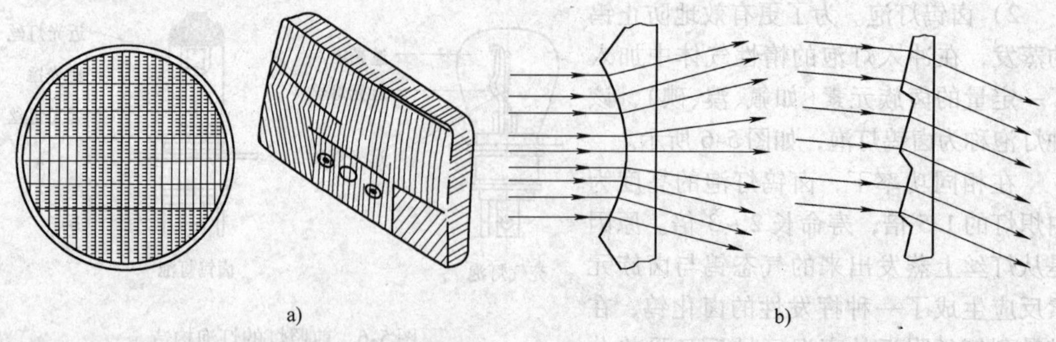

a)　　　b)

图 5-8　配光镜结构及工作原理示意图

a）配光镜结构　b）工作原理

（2）半封闭式前照灯　半封闭式前照灯的配光镜靠卷曲反射镜边缘上的齿牙而紧固在反射镜上，二者之间垫有橡胶密封圈，灯泡只能从反射镜后端装入。当需要更换配光镜时，应撬开反射镜边缘的齿牙，安装上新的配光镜后再将齿牙复原。图 5-9a 为两灯制半封闭式前照灯的结构，图 5-9b 为四灯制半封闭式前照灯的分解图。

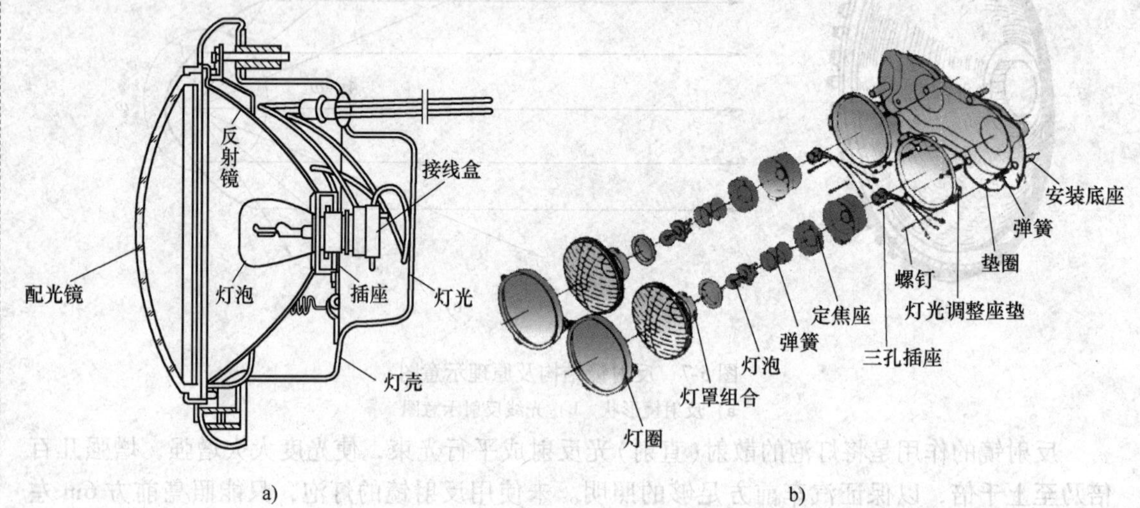

a)　　　b)

图 5-9　半封闭式前照灯结构组成

a）两灯制　b）四灯制

（3）封闭式前照灯（真空灯）　封闭式前照灯的反射镜和配光镜玻璃制成一体，形成灯泡，里面充以惰性气体。灯丝焊在反射镜底座上。其结构如图 5-10 所示。

提示：封闭式前照灯完全避免了反射镜污染以及遭到大气的影响，因此反射效率高，照明效果好，使用寿命长，但当灯丝烧断后，需要更换整个总成，成本高。

（4）新型前照灯

1）投射式前照灯。投射式前照灯装用很厚的无刻纹的凸形散光镜，由于反射镜是近似椭圆形的，所以外径很小，其结构如图 5-11 所示。

投射式前照灯采用卤素灯泡，它的反射镜有两个焦点。在第一个焦点处放置灯泡，第二个焦点在灯光中形成。凸形散光镜的焦点和第二个焦点是一致的。来自灯泡的光利用反射镜聚成第二焦点，再通过散光镜将聚集的光投射到前方。

在第二焦点附近设有遮光板，可遮挡向上的光线，形成明暗分明的配光。

提示：采用投射式前照灯，可利用的光束增多，若将反射镜做成扁长断面，很多光束便可横向扩散，不仅结构紧凑，而且经济实用。

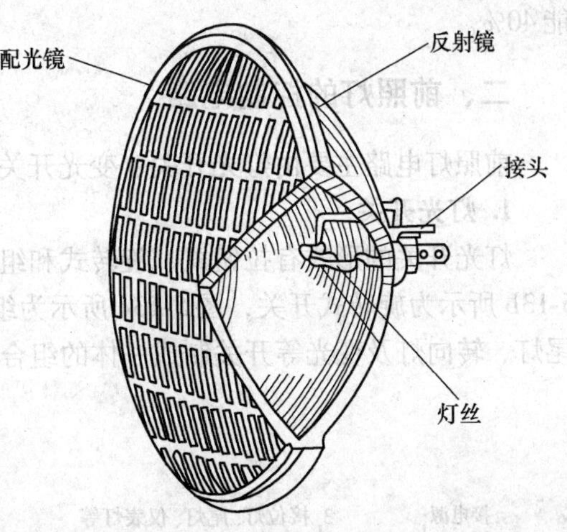

图 5-10 封闭式前照灯结构组成

2）高亮度弧光灯。高亮度弧光灯的灯泡里没有灯丝，如图 5-12 所示，结构由弧光灯组件、电子控制器和升压器三大部分组成。在石英管内装有两个电极，管内充有氙气及微量金属（或金属卤化物）。在电极上加上 5000～12000V 电压后，气体开始电离而导电。由气体原子激发到电极间少量水银蒸汽弧光放电，最后转入卤化物弧光灯工作，采用多种气体是为了加快起动。弧光式前照灯，其灯泡的光色和日光灯相似，亮度是目前卤钨灯泡的 2.5 倍，寿命是卤钨灯泡的 5 倍，灯泡的功率为 35W，可节

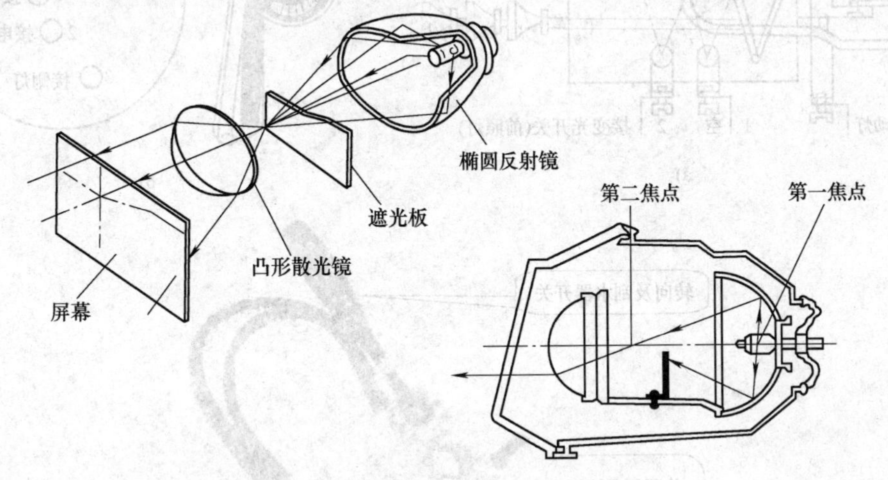

图 5-11 投射式前照灯的结构组成

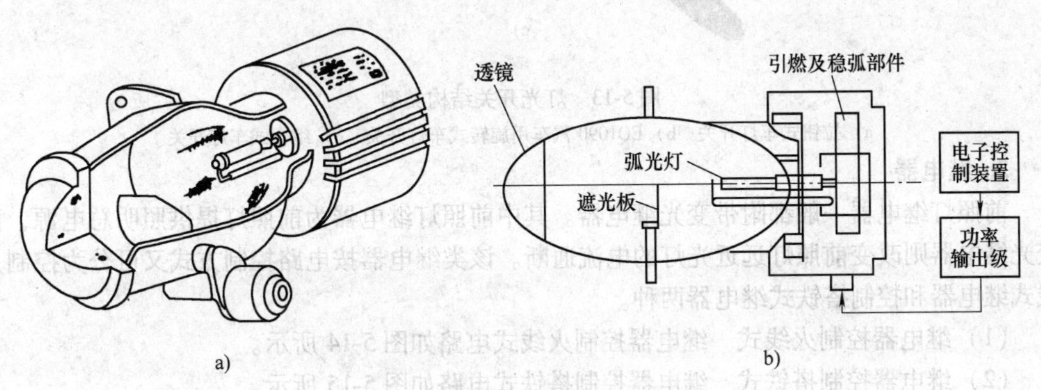

图 5-12 高亮度弧光灯结构原理

a）外形 b）原理示意图

能40%。

二、前照灯的控制电路

前照灯电路主要由灯光开关、变光开关、前照灯继电器及前照灯组成。

1. 灯光开关

灯光开关的形式有拉钮式、旋转式和组合式等多种，如图5-13a所示为拉钮式开关，图5-13b所示为旋转式开关，图5-13c所示为组合式开关。现代轿车上大多采用的是将前照灯、尾灯、转向灯及变光等开关制成一体的组合式开关，而且大部分安装在转向柱上。

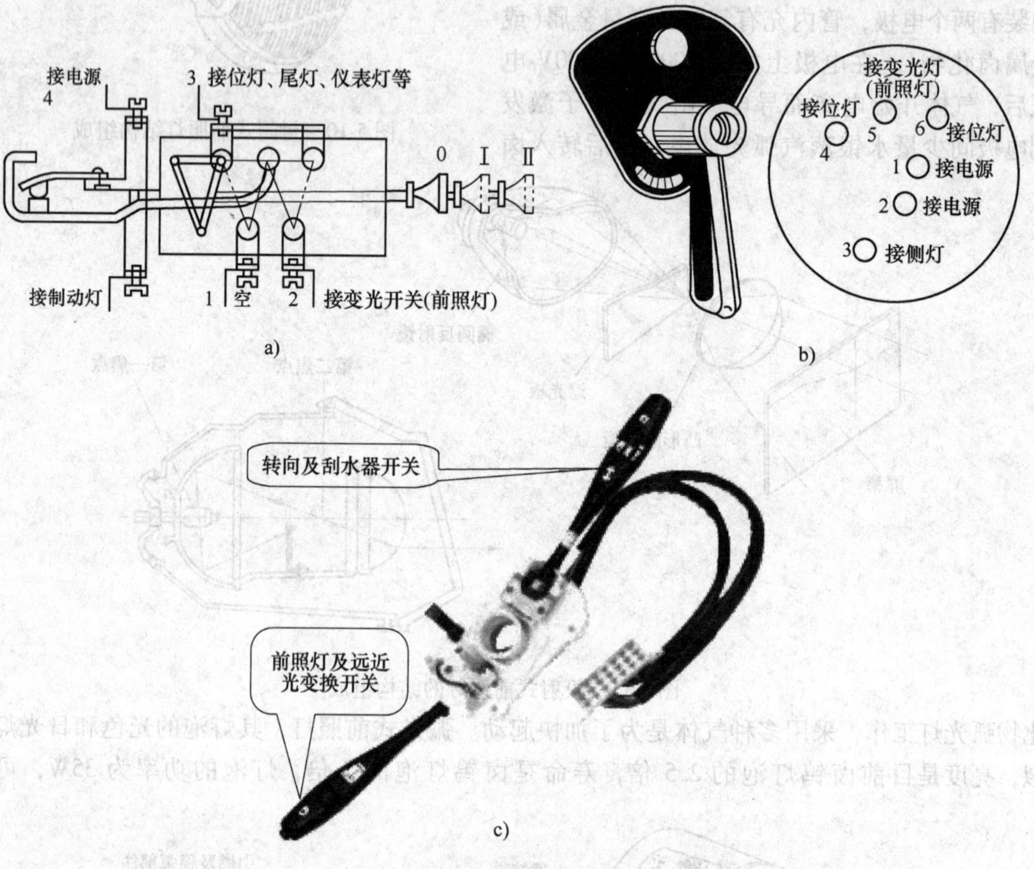

图5-13　灯光开关结构类型

a）拉钮式车灯开关　b）EQ1090汽车用旋转式车灯开关　c）组合式车灯开关

2. 继电器

前照灯继电器一般都附带变光继电器。其中前照灯继电器为前照灯提供照明总电源，而变光继电器则改变前照灯远近光灯的电流通断。该类继电器按电路控制方式又可分为控制火线式继电器和控制搭铁式继电器两种。

（1）继电器控制火线式　继电器控制火线式电路如图5-14所示。

（2）继电器控制搭铁式　继电器控制搭铁式电路如图5-15所示。

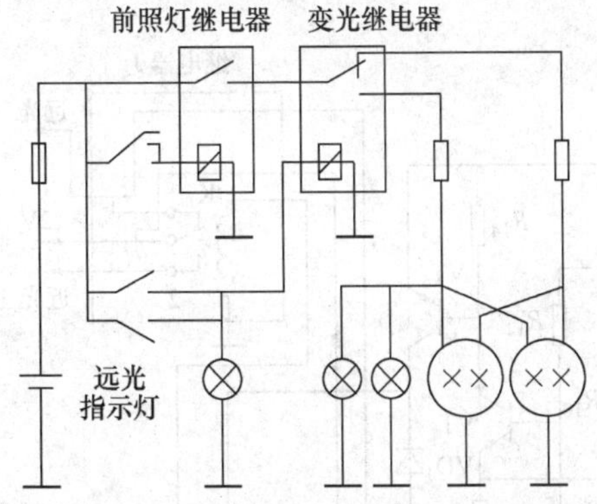

图 5-14 继电器控制火线式前照灯电路图

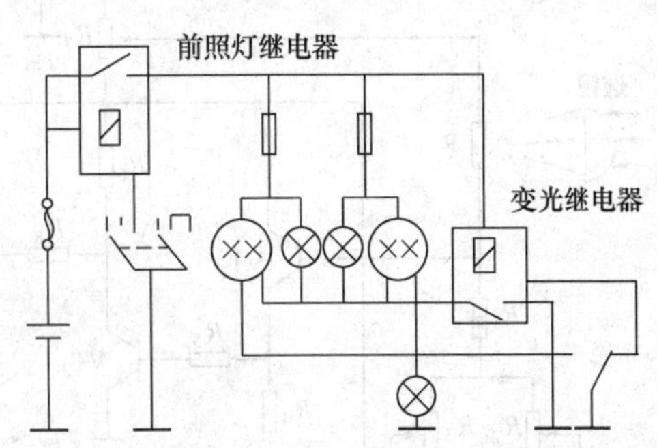

图 5-15 继电器控制搭铁式前照灯电路

3. 超车灯电路控制原理

现代汽车为了在超车时防止同向行驶车辆突然占道或对向行驶车辆越线行驶，并为警告路口车辆及行人注意观察直行车辆，一般均设置超车灯(即闪灯，利用手柄快速变换远近光)。其电路控制原理以桑塔纳轿车为例，如图 5-16 所示。超车灯受前照灯总开关和位于转向盘左边的转向组合开关(E_1)操纵的变光开关(E_4)控制。当灯光开关处于 2、3 位，向上拨动组合开关手柄接通变光开关 b，A 路电源经过熔丝 S_9、S_{10} 接通前照灯远光灯灯丝(K_1 同时点亮)。但当松开组合开关手柄时，变光开关 b 在弹簧作用下立即自动切断远光灯电源，自动回到近光灯照明状态。

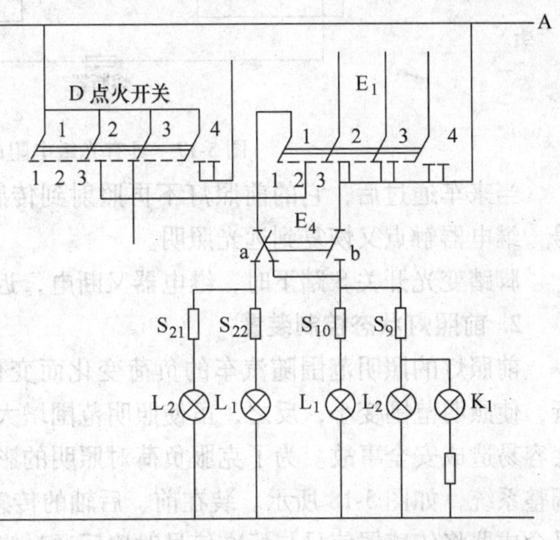

图 5-16 桑塔纳轿车超车灯电路控制原理

E_1—超车灯控制开关 E_4—变光开关 K_1—远光指示灯

三、新型前照灯控制系统

为了保证行车照明的安全与方便，减轻驾驶员的劳动强度。近年来，出现了多种新型的灯光控制系统，常见的有：前照灯自动变光器、前照灯状态控制装置、前照灯关闭自动延时器等。

1. 前照灯自动变光器

汽车前照灯自动变光器是一种根据对方车辆灯光的亮度自动变远光为近光或变近光为远光的自动控制装置。它的优点是实现了自动控制，不需要驾驶员操纵，其次是它的体积小，性能稳定可靠，且灵敏度高。

如图 5-17 所示为具有光敏电阻的自动变光器的电路图。传感器 R 采用光敏电阻，其电阻值反比于光的强度。在黑暗中光敏电阻具有高阻值，一旦被照明，其电阻值便迅速下降。

在夜间两车相对行驶，当对方的灯光照射到自动变光器传感器 R 上时，通过放大器输出信号触发继电器 J，将远光自动切换到近光。如果迎面来车的远光也切换到近光，传感器接收的光通量减少，但系统设计成光通量减少时，仍然能使前照灯保持近光照明。

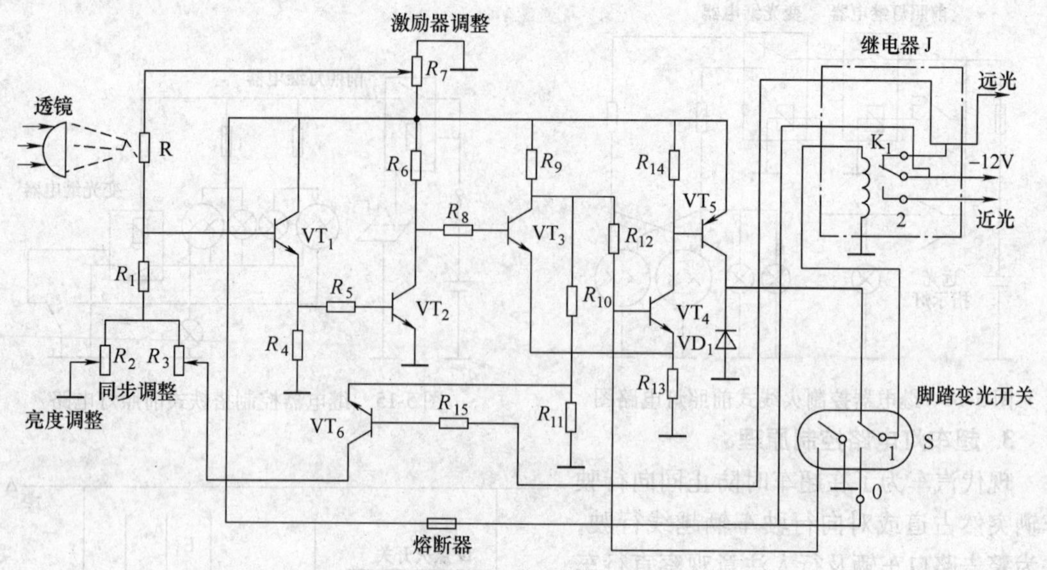

图 5-17 具有光敏电阻的自动变光器的电路

当来车通过后，它的前照灯不再照射到传感器上，于是放大器不再向继电器 J 输送信号，继电器触点又恢复到远光照明。

脚踏变光开关 S 踏下时，继电器又断电，近光转变为远光。

2. 前照灯状态控制装置

前照灯的照明范围随汽车的负荷变化而变化，当汽车的负荷较大时，前照灯距地面变近，使照明范围变小，反之，虽使照明范围增大，但会造成对面来车驾驶员的眩目，这样都会容易造成安全事故。为了克服负荷对照明的影响，有些先进的车上装设有前照灯状态自动调整系统，如图 5-18 所示。装在前、后轴的传感器 1 将车身高度信号传给信号合成器 2，信号合成器将传感器信号与标准信号对比后通过步进电动机控制前照灯的倾斜角度，以适应载荷或加速、制动引起的前照灯照程变化，使照明范围保持不变。

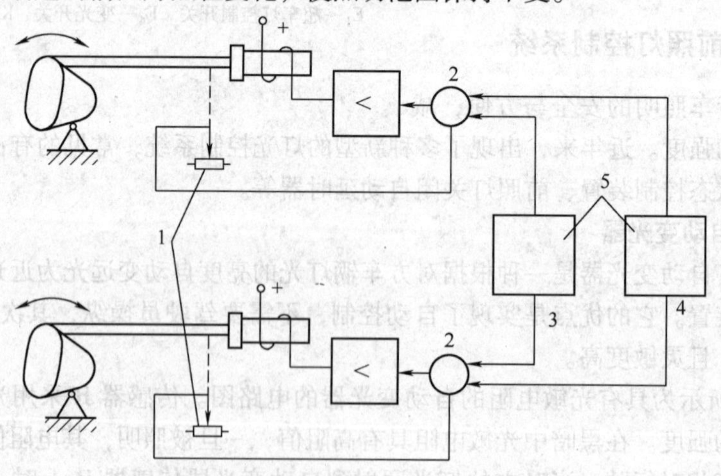

图 5-18 前照灯状态控制装置

1—电感传感器 2—信号合成器 3—前桥 4—后桥 5—标准信号发生器

3. 前照灯关闭自动延时器

前照灯关闭自动延时控制装置的主要功能是：当汽车夜间停入车库后，前照灯在电路被切断时，仍继续点亮一段时间，为驾驶员下车离开车库提供一段时间的照明，以免驾驶员摸黑走出车库时造成事故。

图 5-19 为集成电路 ICCSG5551 和继电器 J 组成的前照灯关闭延时装置电路，其延时关闭时间为 50s。

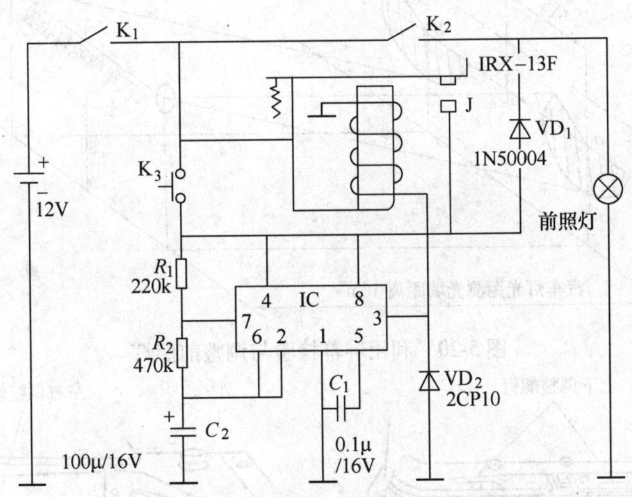

图 5-19　前照灯关闭自动延时控制器电路

K_1—电源开关　K_2—车灯开关　K_3—延时按钮

知识链接——轿车前照灯的发展

轿车前照灯有两种功能，一种是照明，一种是装饰。在将来，相信它的主要功能仍将是照明。在今后几年内，前照灯的内在结构将发生一次重大的技术革命，灯具将会装上“脑袋”变成“聪明”的灯，智能化灯光系统将会陆续面市。智能化灯光系统能使汽车前照灯随行驶状况的变化而实时变化，将会出现具有 10 ~ 15 种不同光束的前照灯，相对行驶速度和路面而“随机应变”。例如当转向盘转向时，会有传感器立即探明车辆要转弯，电脑接到信息后立即发指令指挥前照灯内的活动组灯，随转向盘的角度变化来更改灯光的投射角度等。

四、前照灯的检验与调整

前照灯的检验与调整是汽车安全检验项目之一。

前照灯的调整是为了使前照灯在规定的距离内将道路照得明亮而均匀，且不使对面来车的驾驶员眩目，以保证行车安全。

目前，前照灯光束调整标准各国略有不同，因此，调整时应参照该车使用说明书和技术手册进行。前照灯的检验可以采用屏幕检验法或仪器检验法，前者操作不便，精确度低，汽车检测站多采用仪器检验法。

现以东风 EQ1090 型汽车装用的 ND170—I11 型前照灯为例讲解。如图 5-20 所示，用屏幕检验法调整前照灯的方法如下：将汽车停在平坦路面上，按规定充足轮胎气压，并擦净前透镜。在离前照灯 10m 处挂一幕布(或利用白色墙壁)，在屏幕上画上两条水平线 *A*、*B*，*A* 与地面的距离为1086mm，B与地面的距离为(1086－262)mm。再画一条汽车的垂直中心线，在它两侧距中心线515mm处再画两条垂直线，与距离地面A处的线相交点即为前照灯中心点，与B相交点即为光点中心。调整时，先遮住右侧的前照灯，调整左侧前照灯，使其射出的光束中心对准屏幕上前照灯光点中心，然后用同样的方法调整右侧前照灯。前照灯的调整部位如图5-21所示。

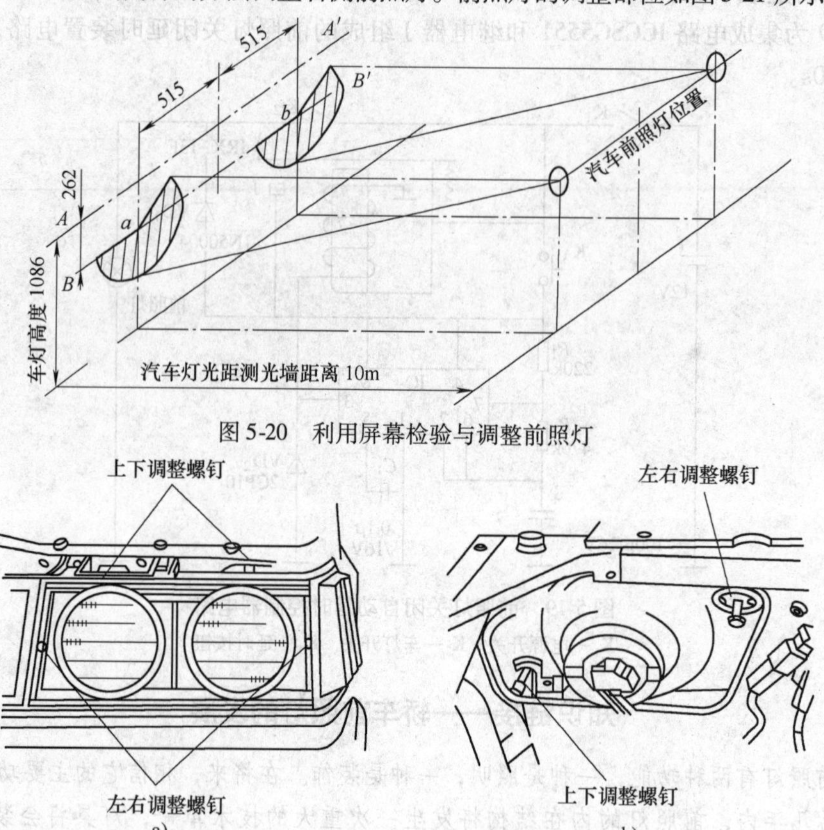

图5-20　利用屏幕检验与调整前照灯

图5-21　前照灯的调整部位

a）外侧调整式　b）内侧调整式

五、部分车型照明系统电路

1. 照明系统电路传统表示方法

一般照明系统电路的组成及传统表示方法如图5-22所示。其特点可归纳如下：

1）照明灯由车灯开关4控制，车灯开关在0挡断开，1挡小灯亮(包括示宽灯、尾灯、仪表灯、牌照灯)，2挡为前照灯和小灯同时亮。

2）超车灯信号常用远光灯亮灭来表示，发出此信号时不通过灯光开关，属于短时接通式。

3）前顶灯位于车内前部顶棚上，其功能是给驾驶员提供照明条件，此外，它还能受各车门开关控制，为驾驶员提供各个车门的开闭状态信号。

4）在有些车辆中，为了保证发动机顺利起动，当点火开关打至起动挡时，前照灯及空调系统等耗电量较大的用电设备将被断电。

5）由于前照灯远光功率较大，为了减少照明开关的烧蚀，有些车辆用灯光继电器来控制，车灯开关的2挡用于控制继电器线圈。

2. 部分汽车照明电路

（1）捷达轿车前照灯工作电路　捷达轿车前照灯工作电路的组成及表示方法（传统）如图 5-23 所示。

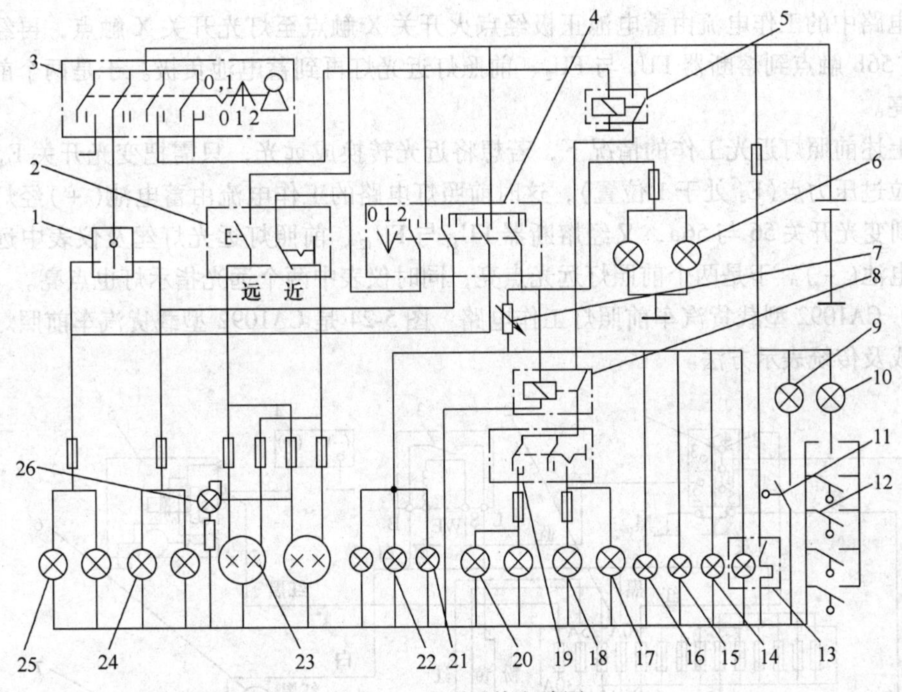

图 5-22　照明系统电路图

1—停车灯开关　2—变光和超车灯开关　3—点火开关　4—车灯开关　5—中间继电器　6—牌照灯　7—仪表灯调节电阻　8—雾灯继电器　9—行李箱灯　10—前顶灯　11—行李箱灯开关　12—前顶门控灯开关　13—点烟器照明灯　14—雾灯开关照明灯　15—后风窗除霜器开关照明灯　16—空调开关照明灯　17—雾灯指示灯　18—后雾灯　19—前后雾灯开关　20—前雾灯　21—仪表灯　22—时钟照明灯　23—前照灯　24—右前后示廓灯　25—左前后示廓灯　26—远光指示灯

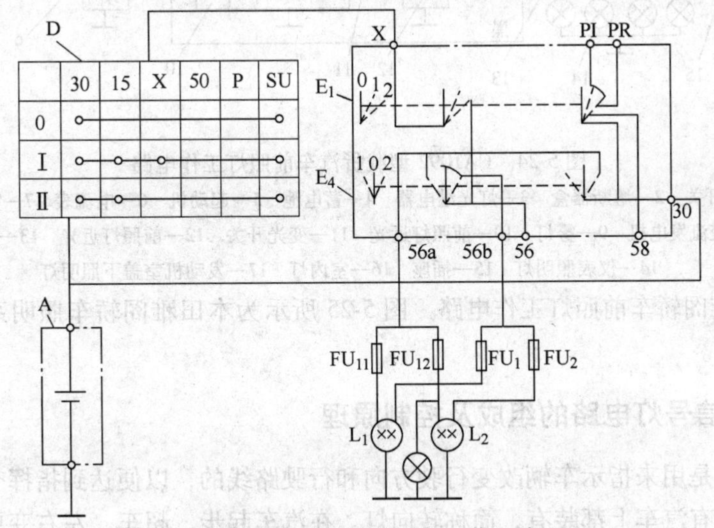

图 5-23　捷达轿车前照灯工作电路

A—蓄电池　D—点火开关　E_1—灯光开关　E_4—变光/超车开关

FU_1、FU_2、FU_{11}、FU_{12}—熔断器　L_1—左前照灯　L_2—右前照灯

捷达轿车前照灯的工作电路主要由蓄电池电路、熔断器电路、灯光开关及变光/超车灯开关电路组成。

点火开关处在点火挡时，车灯开光 E_1 处于 2 挡位置，变光开关 E_4 处于 0 挡位置。这时前照灯电路中的工作电流由蓄电池正极经点火开关 X 触点至灯光开关 X 触点，再经变光开关 56 与 56b 触点到熔断器 FU_1 与 FU_2、前照灯近光灯再到蓄电池负极。于是两个前照灯近光灯点亮。

在上述前照灯近光工作的情况下，若想将近光转换成远光，只需把变光开关 E_4 朝转向盘方向拉过压力点（E_4 处于 1 位置），这时前照灯电路的工作电流由蓄电池（+）经灯光开关 X 触点到变光开关 56 与 56a，又经熔断器 FU_{11} 与 FU_{12}、前照灯远光灯丝及仪表中远光指示灯到蓄电池（-）。于是两个前照灯远光点亮，同时仪表中两个远光指示灯也点亮。

（2）CA1092 型载货汽车前照灯工作电路　图 5-24 是 CA1092 型载货汽车前照灯工作电路的组成及传统表示方法。

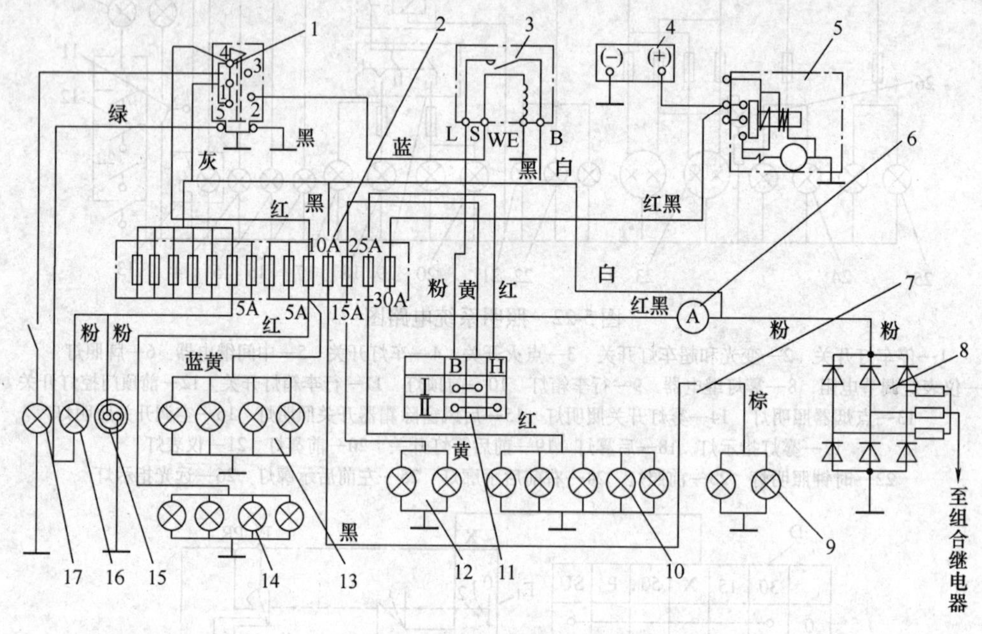

图 5-24　CA1092 型载货汽车前照灯工作电路

1—车灯开关　2—熔断器盒　3—灯光继电器　4—蓄电池　5—起动机　6—电流表　7—雾灯开关　8—交流发电机　9—雾灯　10—前照灯远光　11—变光开关　12—前照灯近光　13—示宽灯　14—仪表照明灯　15—插座　16—室内灯　17—发动机室盖下照明灯

（3）本田雅阁轿车前照灯工作电路　图 5-25 所示为本田雅阁轿车照明系统电路的组成及新型表示方法。

六、转向信号灯电路的组成及控制原理

转向信号灯是用来指示车辆改变行驶方向和行驶路线的，以便达到指挥交通，确保行车安全的目的，所有汽车上都装有，简称转向灯。在汽车起步、超车、左右变更车道、调头和停车时，左侧或右侧的转向信号灯会发出明暗交替的闪光信号，以示汽车改变行驶方向或行驶路线。

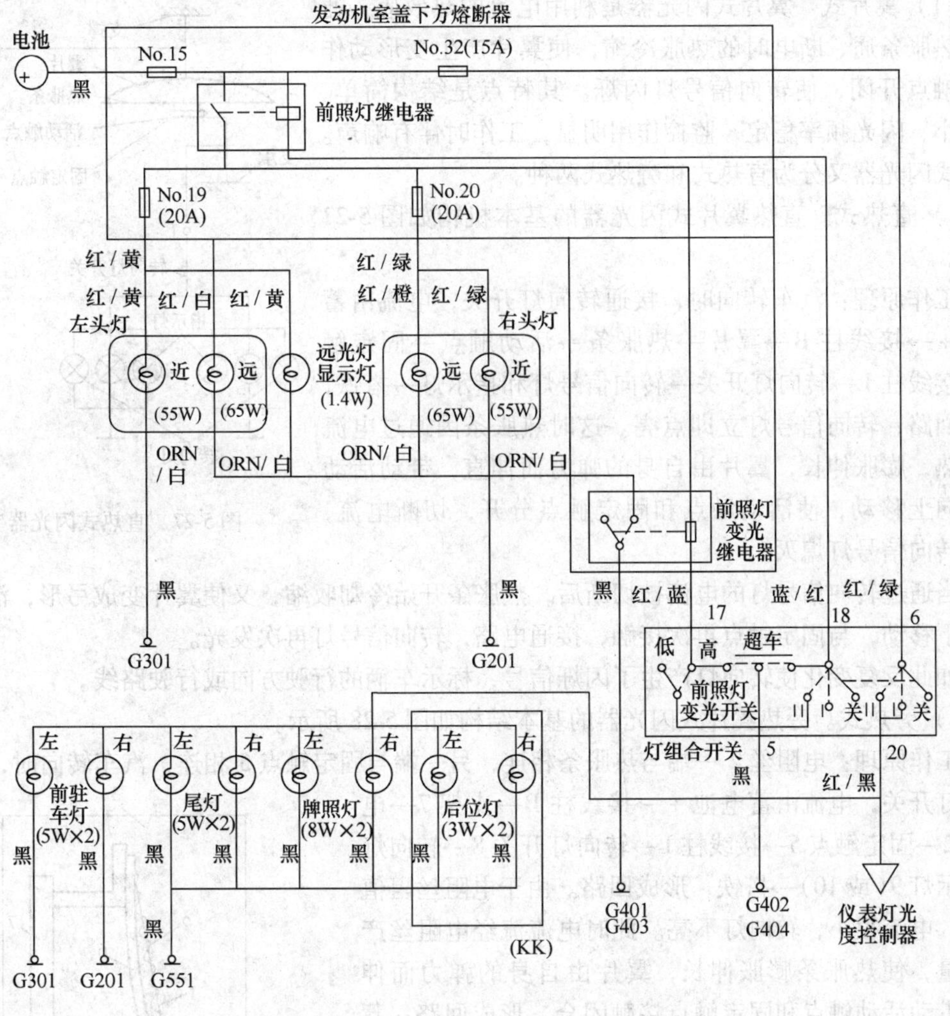

发动机室盖下方熔断器
电池
No.15
No.32(15A)
黑
前照灯继电器
No.19 (20A)
No.20 (20A)
红/黄
红/绿
红/黄　红/白　红/黄
红/橙　红/绿
左头灯
右头灯
近　远
远光灯显示灯 (1.4W)
远　近
(55W)　(65W)
(65W)　(55W)
ORN/白　ORN/白　ORN/白　ORN/白
前照灯变光继电器
黑　黑　黑　红/蓝　蓝/红　红/绿
17　18　6
G301　G201
低　高　超车
前照灯变光开关
关　关
灯组合开关　5　20
黑　红/黑
左　右　左　右　左　右　左　右
前驻车灯 (5W×2)
尾灯 (5W×2)
牌照灯 (8W×2)
后位灯 (3W×2)
黑　黑　黑　黑　黑　黑　黑　黑
黑
G401 G403
G402 G404
仪表灯光度控制器
(KK)
G301　G201　G551

图 5-25　本田雅阁轿车前照灯工作电路

汽车的转向信号灯大都采用橙色，转向信号灯的闪光频率规定为 60 ~ 120 次/min 范围内，一般为 70 ~ 95 次/min。转向信号灯每侧至少设置两个：前、后转向信号灯，有的还有侧转向信号灯。转向信号灯由转向开关控制。

转向信号灯电路主要由转向信号灯、闪光器、转向灯开关等组成。转向信号灯的闪烁是由闪光器控制的。许多汽车转向信号灯和示廓灯装在一起，采用双灯丝结构。

提示：功率高的是转向信号灯，以保证在示廓灯亮时，转向信号灯的闪烁仍然可以明显分辨。

闪光器

常见闪光器有三种结构类型：即翼片式、电容式和晶体管式，如图 5-26 所示。

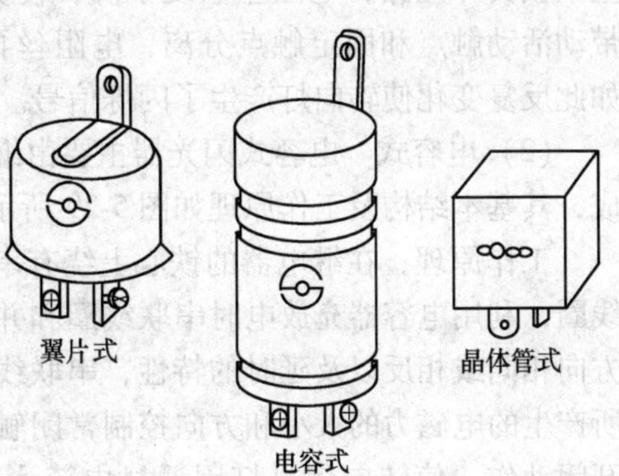

图 5-26　常见闪光器的外型

（1）翼片式　翼片式闪光器是利用电流的热效应，通过其热胀条通、断电时的热胀冷缩，使翼片产生变形动作控制触点开闭，使转向信号灯闪烁。其特点是结构简单、体积小，闪光频率稳定，监控作用明显，工作时伴有响声。翼片式闪光器又分为直热式和旁热式两种。

1）直热式。直热翼片式闪光器的基本机构如图 5-27 所示。

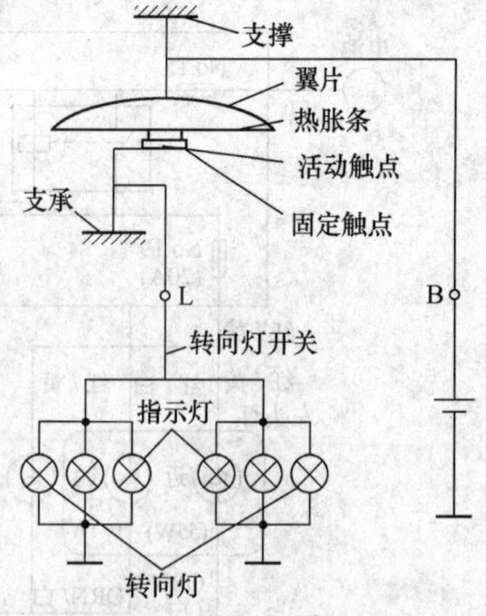

图 5-27　直热式闪光器

工作原理：汽车转向时，接通转向灯开关，电流由蓄电池＋→接线柱 B→翼片→热胀条→活动触点→固定触点→接线柱 L→转向灯开关→转向信号灯和指示灯→搭铁，形成回路，转向信号灯立即点亮。这时热胀条因通过电流而发热，膨胀伸长，翼片由自身的弹力而伸直，带动活动触点向上移动，使活动触点和固定触点分开，切断电流，于是转向信号灯熄灭。

当通过转向信号灯的电流被切断后，热胀条开始冷却收缩，又使翼片变成弓形，活动触点向下移动，与固定触点再次接触，接通电路，转向信号灯再次发光。

如此反复变化使转向灯产生了闪烁信号，标示车辆的行驶方向或行驶路线。

2）旁热式。旁热翼片式闪光器的基本结构如图 5-28 所示。

工作原理：电阻丝 2 一端与热胀条相连，另一端与固定触点 5 相连，汽车转向时，接通转向灯开关，电流由蓄电池＋→接线柱 B→支架 7→电阻丝 2→固定触点 5→接线柱 L→转向灯开关 8→转向灯和指示灯 9(或 10)→搭铁，形成回路。由于电阻丝阻值较大，电流很小，转向灯不亮。此时电流流经电阻丝产生热量，使热胀条膨胀伸长，翼片由自身的弹力而伸直，带动活动触点和固定触点接触闭合，形成回路：蓄电池＋→接线柱 B→支架 7→翼片 6→活动触点 4→固定触点 5→接线柱 L→转向灯开关 8→转向灯和指示灯 9(或 10)→搭铁，回路电流增大，转向灯亮。同时电阻丝 2 被翼片短路，电阻丝温度下降，使翼片变成弓形，带动活动触点和固定触点分离，电阻丝再次串入电路，如此反复变化使转向灯产生了闪烁信号。

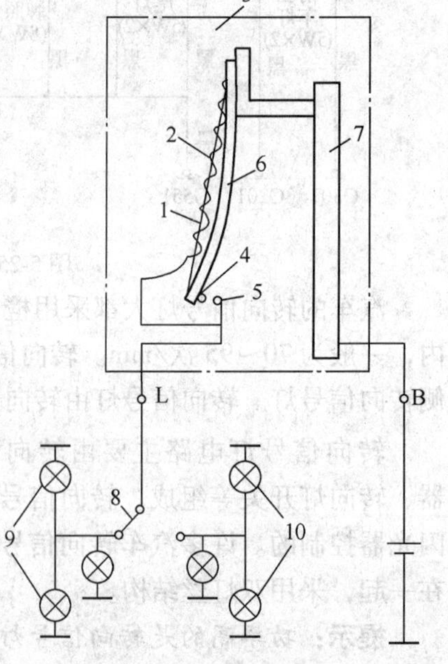

图 5-28　旁热式闪光器

1—热胀条　2—电阻丝　3—闪光器　4—活动触点　5—固定触点　6—翼片　7—支架　8—转向灯开关　9—左转向灯及指示灯　10—右转向灯及指示灯

（2）电容式　电容式闪光器主要由继电器和电容组成，其基本结构及工作原理如图 5-29 所示。

工作原理：在继电器的铁心上绕有串联线圈和并联线圈，利用电容器充放电时串联线圈和并联线圈中电流方向相同或相反以及延时的特性，串联线圈和并联线圈所产生的电磁力的大小和方向控制常闭触点进行周期的开闭动作，使转向信号灯因通过电流大小交替变化而闪烁。

当接通转向灯开关后，电流经：①蓄电池+→点火开关→熔丝→串联线圈→触点→转向灯开关→转向灯(左或右)→搭铁，形成回路，同时并联线圈、电容C及电阻R被触点短路。串联线圈中的电流产生的电磁力将克服触点的弹簧力，使触点断开，此时转向灯还未来得及亮。触点断开后，蓄电池对电容器充电，其充电回路为：②蓄电池+→点火开关→熔丝→串联线圈→并联线圈→电容器C→转向灯开关→转向灯(左或右)→搭铁。该充电回路中电流很小，且电阻R阻值很大，所以此时转向灯仍然不亮。随着电容器C的逐渐充满电，②号回路的充电电流逐渐减小，串联线圈和并联线圈中的电流产生的电磁力不足以克服弹簧的弹力，触点闭合，①号回路接通，转向灯亮，同时电容器C通过并联线圈和电阻R构成放电回路，由于电容器C的放电电流在并联线圈中的电流方向和串联线圈中的电流方向相反，此时电磁力合力不足以将活动触点吸下，触点保持闭合，转向灯继续亮着，随着电容器的放电电流逐渐减小，并联线圈中的电磁力也逐渐减小，电磁力合力逐渐增大，最终克服弹簧弹力，将触点断开，转向灯熄灭。如此进行周期反复，转向灯便出现闪烁现象。

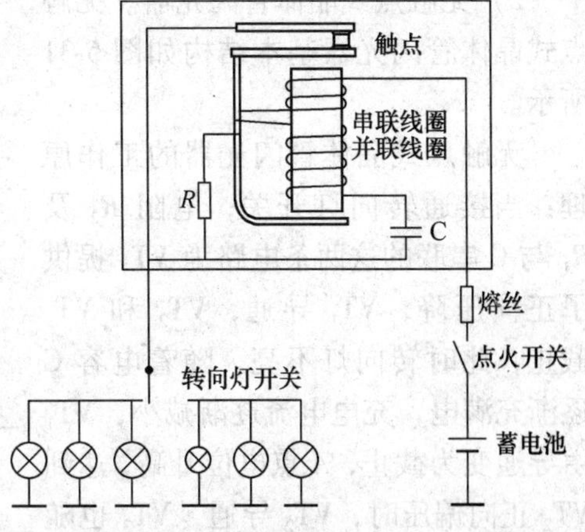

图5-29　电容式闪光继电器结构原理

(3) 晶体管式　晶体管式闪光器具有性能稳定、可靠等优点。该类型闪光器又分为有触点式和无触点式两种。

1) 有触点式晶体管闪光器(带继电器)。带继电器晶体管闪光器基本结构如图5-30所示。它由一个晶体管开关电路和一个继电器组成。

工作原理：图中K为常闭触点，当磁化线圈[K]通电后，常闭触点K受电磁力作用断开，当接通转向灯开关，电流由蓄电池+→R_0→常闭触点K→转向灯开关S→左转向灯(或右转向灯)→搭铁，形成回路。转向灯亮，此时电流流经R_0电阻时产生的压降，为晶体管VT提供了导通电压，VT导通，集电极电流I_C流经[K]磁化线圈，使常闭触点K断开，转向灯灭。I_C流经[K]磁化线圈的同时，基极电流I_B为电容器C提供充电电流：电流由蓄电池+→晶体管集电极e→晶体管基极b→电容器C→转向灯开关S→左转向灯(或右转向灯)→搭铁。随着电容器逐渐充满电，充电电流I_B逐渐减小，I_C也逐渐减小，最终[K]磁化线圈中的电流产生的电磁力不足以吸下触点，常闭触点K闭合，转向灯再次点亮。同时R_1、R_2、C、K构成电容器的放电回路。随着放电电流的逐渐减小，VT再次导通，继电器控制常闭触点K不断的打开闭合，转向灯不停地闪烁。

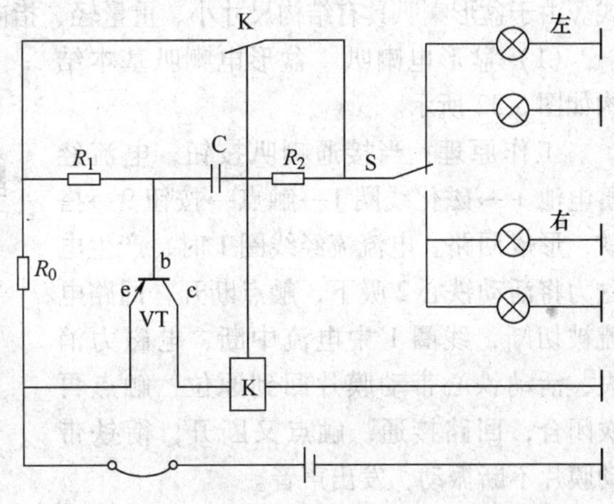

图5-30　带继电器的晶体管闪光器

2）无触点式晶体管闪光器。无触点式晶体管闪光器基本结构如图5-31所示。

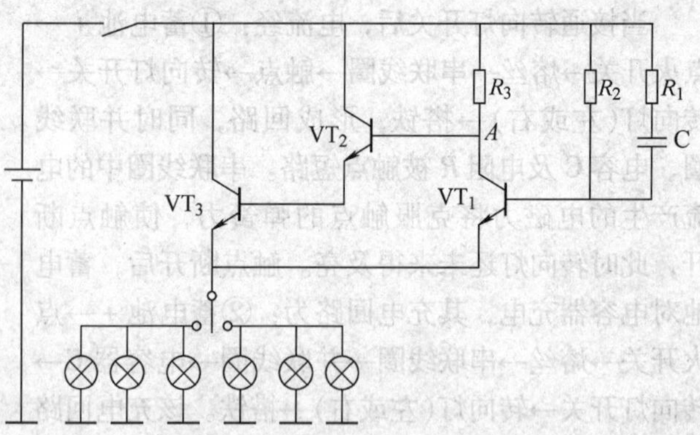

图5-31　无触点式晶体管闪光器

无触点式晶体管闪光器的工作原理：当接通转向灯开关，电阻 R_2 及 R_1 与C串联的这两条电路为 VT_1 提供了正向压降，VT_1 导通，VT_2 和 VT_3 截止，此时转向灯不亮。随着电容C逐渐充满电，充电电流逐渐减小，VT_1 由导通变为截止，A 点电位升高，达到 VT_2 正向偏压时，VT_2 导通，VT_3 也随之导通，转向灯亮。同时，电容器经 R_2 和 R_1 构成的回路放电，之后电容器再次充电，VT_1 再次导通，如此循环往复，转向灯达到闪烁的效果。

七、其他信号装置

1. 电喇叭

喇叭的作用是警告行人和其他车辆引起注意，以保证行车安全。喇叭按发音动力有气喇叭和电喇叭之分，气喇叭是利用气流使金属膜片振动产生音响，外形一般为筒形，多用在具有空气制动装置的重型载货汽车上。电喇叭是利用电磁力使金属膜片振动产生音响，其声音悦耳，广泛使用于各种类型的汽车上。根据电喇叭的结构不同可以分为筒形、螺旋形和盆形等结构形式。由于盆形喇叭具有结构尺寸小、重量轻、指向性好等特点，目前汽车普遍采用。

（1）盆形电喇叭　盆形电喇叭基本结构如图5-32所示。

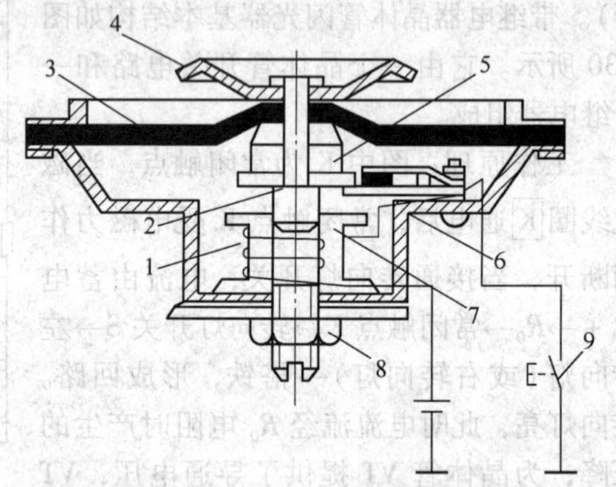

图5-32　盆形电喇叭

1—磁化线圈　2—活动铁心　3—膜片　4—共鸣板　5—振动片　6—外壳　7—铁心　8—调整螺母　9—按钮

工作原理：当接通喇叭按钮，电流经蓄电池+→磁化线圈1→触点→按钮9→搭铁，形成回路。电流流经线圈1时，产生电磁力将活动铁心2吸下，触点断开，回路电流被切断，线圈1中电流中断，电磁力消失，活动铁心带动膜片回到原位，触点再次闭合，回路接通，触点又断开，衔铁带动膜片不断振动，发出声音。

提示： 盆形电喇叭使用灭弧电容保护触点。

（2）喇叭继电器　为了得到更加悦耳的声音，在汽车上常装有两个不同音调（高、低音）的喇叭。其中高音喇叭膜片厚，扬声筒短，低音喇叭则相反。有时甚至用三个（高、中、低）不同音调的喇叭。

装用单只喇叭时，喇叭电流是直接由按钮控制的，按钮大多装在转向盘的中心。

当汽车装用双喇叭时，因为消耗电流较大（15～20A），用按钮直接控制时，按钮容易烧

坏。为了避免这个缺点，采用喇叭继电器，其构造和接线方法如图 5-33 所示。

(3) 喇叭音调的调整　电喇叭音调的高低与铁心间隙有关，减小衔铁与铁心间的间隙，膜片的振动频率高，音调高；反之增大间隙，则音调降低。调整时铁心要平整，铁心与衔铁四周的间隙要均匀，否则会产生杂音。

盆形电喇叭铁心间隙的调整如图 5-34 所示，调整时应先松开锁紧螺母，然后旋转音量调整螺栓(铁心)进行调整。

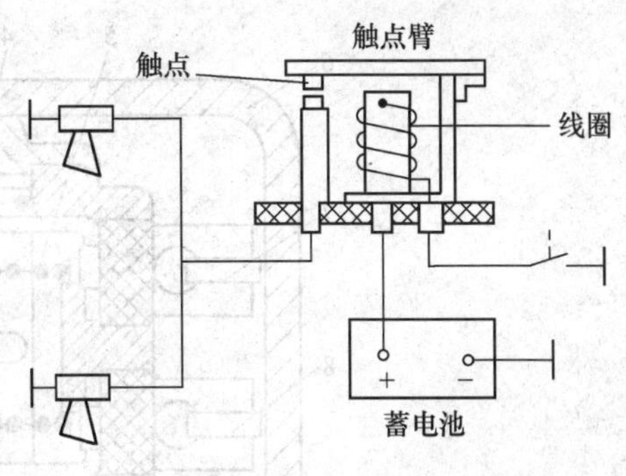

图 5-33　喇叭继电器

(4) 喇叭音量的调整　电喇叭音量的大小与通过喇叭线圈中的电流大小有关。需增大音量时，使触点的压力增大，由于触点的接触电阻减小，触点闭合的时间增长，通过线圈的电流增大，所以音量也相应增大；反之喇叭音量就减小。

图 5-35 所示为盆形喇叭音量的调节方法，可旋转音量调节螺钉(逆时针转动时，音量增大)进行调整。调整时不可过急，每次只需对调节螺钉转动 1/10 圈。

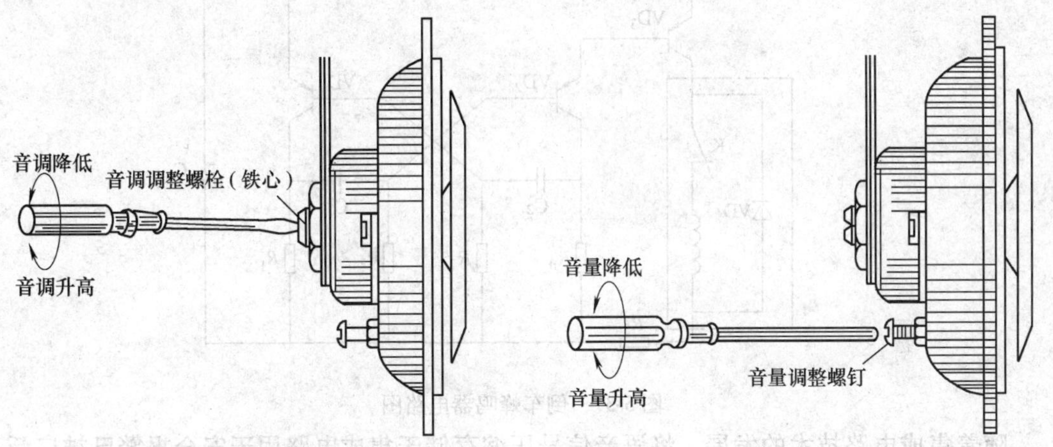

图 5-34　盆形喇叭音调的调整　　图 5-35　盆形喇叭音量的调整

提示：喇叭的固定方法对其发音影响极大。为了使喇叭的声音正常，喇叭不能作刚性的装接，而应固定在缓冲支架上，即在喇叭与固定支架之间装有片状弹簧或橡皮垫。此外喇叭触点应保持清洁。

2. 倒车信号装置

汽车倒车时，为了警告车后的行人及其他车辆驾驶员，在汽车的后部通常装有倒车灯、倒车蜂鸣器或语音倒车报警装置，他们都由装在变速器盖上的倒车开关自动控制。

倒车开关的结构如图 5-36 所示，当把变速杆拨到倒挡时，由于倒车开关中的钢球 1 被松开，在弹簧 5 的作用下，触点 4 闭合，于是倒车灯、倒车蜂鸣器或语音倒车报警器便与电源接通，使倒车灯发出闪烁信号，蜂鸣器发出断续鸣叫声，语音倒车报警器发出“倒车，请注意”的提示音。

倒车蜂鸣器是一种间歇发声的音响装置，其发声部分装用的是一只功率较小的电喇叭，控制电路是一个由无稳态电路和反相器组成的开关电路。如图 5-37 所示为一种倒车蜂鸣器电路。

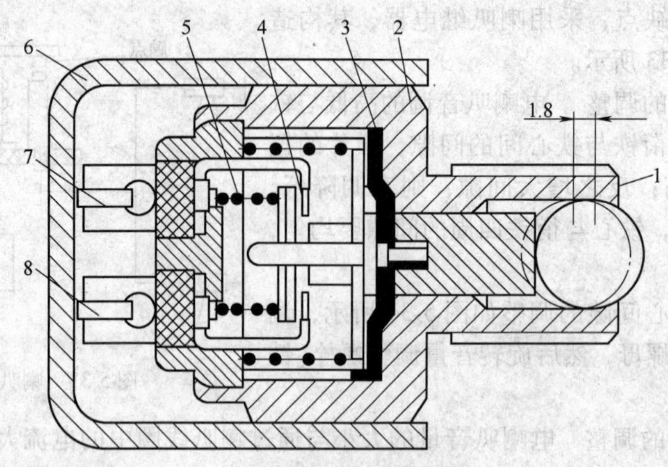

图 5-36 倒车开关

1—钢球 2—壳体 3—膜片 4—触点 5—弹簧 6—保护罩 7、8—导线

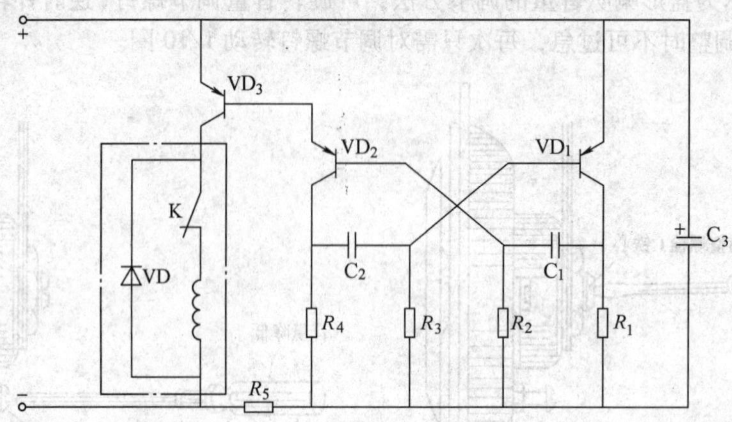

图 5-37 倒车蜂鸣器电路图

随着集成电路技术的发展，将语音信号压缩存储于集成电路用于安全报警已被广泛采用，语音倒车报警器即是其中之一，如图 5-38 所示。当汽车倒车时，倒车报警器便发出

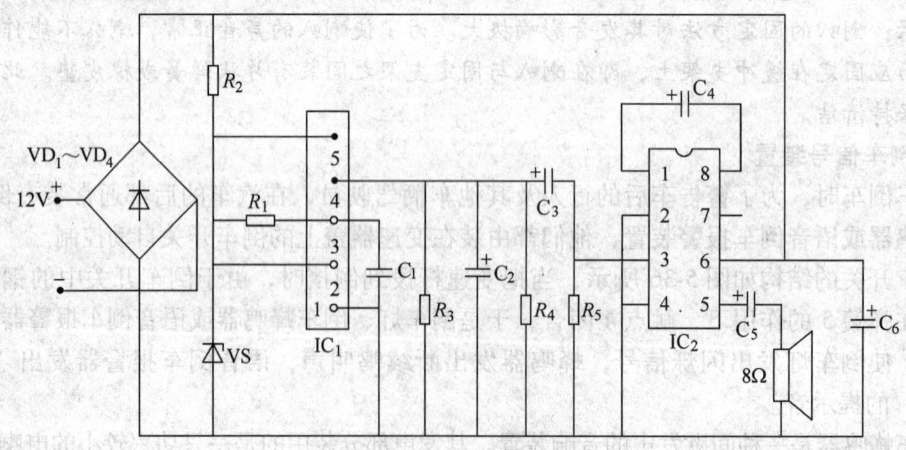

图 5-38 语音倒车报警器电路图

“倒车，请注意!”的提示音，以提醒行人或其他车辆的驾驶员注意避让，从而确保车辆安全倒车。

提示：IC_1 是储存有语音信号的集成电路，集成块 IC_2 是功率放大集成电路，稳压管 VD 用于稳定语音集成块 IC_1 的工作电压。为防止电源电压接反，在电源的输入端使用了四个二极管组成的桥式整流电路，这样无论它怎样接入 12V 电源，均可保证电路正常工作。

任务三　照明信号系统常见故障诊断与排除

一、照明系统常见故障的诊断与排除

照明电路故障多由熔断器和灯泡损坏引起。当熔断器烧断时，应更换新的标准熔断器，若换上的新的熔断器又立即烧断，应准确找出并排除搭铁点后，再换上新熔断器。查看灯丝有无烧断。若灯的亮度不够，可检查电路压降判明故障原因及位置。

1. 前照灯远近光不全

1）故障现象：车灯开关处于 2 挡位置，用变光开关变换远近光，只有远光或只有近光灯亮。

2）故障原因：

① 变光开关损坏。

② 远近光中的一条导线断路。

③ 双灯丝灯泡中某灯丝烧断。

3）故障诊断与排除：这种故障一般出在变光开关→熔断器→灯丝的线路中。可先检查熔断器是否熔断。如熔断，更换新熔断器，如灯仍不亮，可直接在变光开关上连接电源接线柱与不亮的远光或近光接线柱实验。如灯亮，则是变光开关损坏，更换变光开关；如不亮，则说明故障在变光开关以后的线路中。可用电源短接法，直接在灯插头上给远近光灯供电，如灯亮，表明导线断路或插头接触不良；如灯仍不亮，则说明灯泡已损坏，更换前照灯泡。

2. 左右前照灯的亮度不同

1）故障现象：前照灯开关接通后，不论是远光还是近光，有一侧灯较暗。

2）故障原因：

① 灯光暗淡一侧的双灯丝灯泡搭铁不良所致。

② 灯光暗淡的一侧灯泡插头松动或锈蚀使接触电阻增大。

③ 灯光暗淡的一侧灯泡反射镜积有灰尘或氧化。

④ 左右两侧灯泡的功率不同。

3）故障诊断与排除：首先检查左右两侧灯泡的功率是否相同，可采用互换左右灯泡的方法进行判断。在灯泡功率相同的情况下，用一根导线，一端接车身，另一端与灯光暗淡的灯泡搭铁接线柱相连，如恢复正常，即表明该灯搭铁不良。若灯泡灯丝发光微弱，常为连接该灯泡灯丝的插头松动或锈蚀使接触电阻过大所致。可用电源短接法迅速判明故障部位。灯泡搭铁不良时，灯光暗淡的灯泡两根灯丝在不论接通远光还是近光时，都同时发出微弱灯光。若发现灯泡亮度正常，就不是灯泡搭铁不良故障，一般是前照灯反射镜有灰尘或氧化，可通过清除灰尘或更换反射镜来排除故障。

3. 灯光系统的典型故障诊断与排除

上海桑塔纳2000灯光系统的故障诊断与排除方法如表5-1所示。

表5-1　上海桑塔纳2000前照灯的故障诊断与排除

<table>
<tr><th>序号</th><th>故 障 现 象</th><th>故 障 原 因</th><th>排 除 方 法</th></tr>
<tr><td>1</td><td>接通车灯开关时，断路器立即跳开，或熔断器立即烧断</td><td>线路中有短路、搭铁处</td><td>找出搭铁处并加以绝缘</td></tr>
<tr><td>2</td><td>灯泡经常烧坏</td><td>调节器调节不当或失调使电压过高</td><td>重新调节</td></tr>
<tr><td rowspan="3">3</td><td rowspan="3">所有的灯均不亮</td><td>车灯开关前电源线路断路</td><td rowspan="3">自断路器起，逐步检查</td></tr>
<tr><td>断路器断开或熔断器烧断</td></tr>
<tr><td>车灯开关双金属片触点接触不良、不闭合或损坏</td></tr>
<tr><td rowspan="3">4</td><td rowspan="3">前照灯灯光暗淡</td><td>蓄电池电压过低</td><td>对蓄电池充电并检修发电机</td></tr>
<tr><td>配光镜或反射镜上积有灰尘</td><td>拆开前照灯进行清洁</td></tr>
<tr><td>接头松动或锈蚀使电阻增大</td><td>拧紧或清除锈蚀</td></tr>
<tr><td rowspan="3">5</td><td rowspan="3">变光时有一前照灯不亮</td><td>灯丝烧断</td><td>更换灯泡</td></tr>
<tr><td>接线柱到灯泡的导线断路</td><td>检查并接好</td></tr>
<tr><td>灯泡与灯座接触不良</td><td>清除污垢，使接触良好</td></tr>
<tr><td rowspan="4">6</td><td rowspan="4">接通前照灯远光或近光时，右前照灯亮而左前照灯明显发暗</td><td>左前照灯搭铁不良</td><td>使搭铁良好</td></tr>
<tr><td>左前照灯配光镜或反射镜上积有灰尘</td><td>拆开前照灯进行清洁</td></tr>
<tr><td>左前照灯灯泡玻璃表面发黑</td><td>更换灯泡</td></tr>
<tr><td>接头松动或锈蚀使电阻增大</td><td>拧紧或清除锈蚀</td></tr>
</table>

二、信号系统常见故障的诊断与排除

1. 转向灯的故障诊断与排除

转向灯电路常见故障有单边不亮、频率不当等

1）转向灯单边不亮。转向灯只是单边不亮，说明电源电路到转向灯开关均正常，故障出在转向灯支路上，应检查灯丝有无烧断，灯泡是否接触不良，插头是否接触不良。

2）转向灯频率不当。转向灯及危险报警闪光灯闪光频率应为(1.5 ± 0.5)Hz，起动时间不得大于1.5s。频率不当说明流经闪光器电流失常，一般由于主灯丝烧断、灯泡与灯座接触不良、灯泡功率过小、个别转向灯导线有断路，导致负载电阻增大，负载电流变小，使频率变快。

2. 制动灯常见故障诊断与排除

汽车制动灯受行车制动器控制，常见故障诊断方法如下：

1）全部制动灯不亮。可先检查制动灯熔丝，若正常，可短接制动灯开关。若灯亮，说明制动灯开关损坏，若仍不亮，应用试灯检查线路断路。

2）单边制动灯不亮。应检查制动灯灯丝是否烧断，灯座是否接触不良，该侧灯导线是否折断。

3）开小灯时，尾灯亮，但踩下制动踏板时，尾灯反而灭。该现象的原因是该尾灯双丝灯泡搭铁不良。

4）制动灯常亮。松开制动踏板，制动灯常亮。这种故障一般出在踏板控制式制动灯开关上。应检查踏板是否回位，开关中心顶柱是否磨损或开关内部是否短路。

3. 信号系统的典型故障诊断与排除

上海桑塔纳2000信号系统的故障诊断与排除方法如表5-2。

表5-2 上海桑塔纳2000信号灯的故障诊断与排除

1	两只前位灯泡均不亮	车灯开关到前位灯的导线断路	重新接好
		灯丝烧断	更换灯泡
2	一只前位灯泡不亮	前位灯接线柱到前位灯连接导线断路	重新接好
		灯丝烧断	更换灯泡
		搭铁不良	使搭铁良好
3	后尾灯不亮	后尾灯接线柱到后尾灯连接导线断路	重新接好
		灯丝烧断	更换灯泡
		搭铁不良	使搭铁良好
4	制动灯不亮	线路中有断路处	重新接好
		制动灯开关失灵	修理或更换
		灯丝烧断	更换灯泡
		搭铁不良	使搭铁良好
5	转向灯不闪烁	电源—闪光继电器—转向开关的电源中断路	重新接好
		闪光继电器损坏	修理或更换
		转向开关损坏	修理或更换
6	接通转向开关，闪光继电器立即烧坏	转向开关至某一转向灯之间的线路中有短路搭铁处	找出搭铁处，重新绝缘
7	左转向时闪光正常而右转向时闪光变快	右转向灯功率小	按规定安装或更换灯泡
		右转向灯有一只灯泡损坏或线路有接触不良处	使搭铁良好
8	右转向时，转向灯闪烁正常，但左转向时前面两位灯均微弱发光	左前位灯搭铁不良（采用双丝灯泡时）	使搭铁良好

本项目小结

1. 汽车照明系统主要由照明设备、电源、线路、控制开关组成，其主要照明设备包括：前照灯、雾灯、牌照灯、倒车灯、制动灯、顶灯、阅读灯、工作灯、仪表照明灯。

2. 信号系统主要用于向行人或车辆发出警告和示意的信号，汽车上的信号装置有：转向信号灯、危险报警灯、位灯、示廓灯、喇叭、制动灯。

3. 汽车前照灯光学系统一般由光源（灯泡）、反光镜、配光镜（散光镜）三部分组成，前照灯应保证夜间车前有明亮而均匀的照明，并具有防眩目功能。

4. 为了保证行车照明的安全与方便，减轻驾驶员的劳动强度，汽车上一般装有：前照灯自动变光器、前照灯状态控制装置、前照灯关闭自动延时器等灯光控制系统。

5. 转向信号灯电路主要由转向信号灯、闪光器、转向灯开关等组成，转向信号灯的闪烁是由闪光器控制的。常见的闪光器有：电容式、翼片式和晶体管式三种。

6. 电喇叭是利用电磁力使金属膜片振动产生音响，其声音悦耳，广泛使用于各种类型的汽车上，由于盆形喇叭具有结构尺寸小、重量轻、指向性好等特点，在汽车上普遍采用。

7. 电喇叭音调的高低与铁心间隙有关，减小衔铁与铁心间的间隙，膜片的振动频率高，音调高，反之增大间隙，则音调降低；电喇叭音量的大小与通过喇叭线圈中的电流大小有关，触点的压力增大时，由于触点的接触电阻减小，触点闭合的时间增长，通过线圈的电流增大，所以音量也相应增大，反之喇叭音量就减小。

练习与思考

一、填空

1. 汽车照明系统主要由________、________、________和________组成。
2. 汽车前照灯光学系统一般由________、________、________三部分组成。
3. 常见闪光器有三类：________、________和________三种。
4. 照明电路故障多由________和________损坏引起。
5. 转向灯及危险报警闪光灯闪光频率应为________Hz，起动时间不得大于________s。

二、判断

1. 转向信号灯光色一般为白色。（　）
2. 汽车前照灯反射镜的作用是将灯泡的散射光反射成平行光束，使光度增强。（　）

三、问答

1. 汽车照明设备主要有哪些？
2. 汽车信号装置主要有哪些？
3. 常见的前照灯控制系统有哪些？
4. 汽车转向灯的常见故障有哪些？如何进行诊断？

项目六　仪表与报警灯系统

汽车仪表大多集中安装在驾驶室转向盘前方的仪表板上，相当于汽车使用性能的监控器，也好比是汽车驾驶维修人员的眼睛。

驾驶维修人员可直观地通过仪表查看汽车各主要工作部位的运行参数、工作情况，可及时发现安全隐患，并借助仪表快速准确地排除故障。

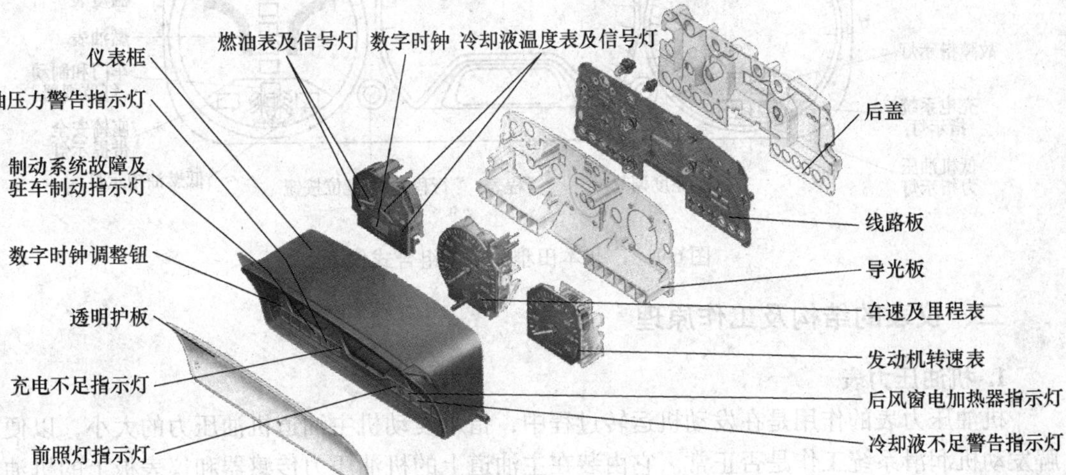

燃油表及信号灯　数字时钟　冷却液温度表及信号灯
仪表框
机油压力警告指示灯
制动系统故障及驻车制动指示灯
数字时钟调整钮
透明护板
充电不足指示灯
前照灯指示灯
后盖
线路板
导光板
车速及里程表
发动机转速表
后风窗电加热器指示灯
冷却液不足警告指示灯

【学习目标】

◇ 知道各种仪表及报警灯的构造
◇ 了解各种仪表及报警灯的工作原理
◇ 掌握仪表及报警灯系统的故障与排除

任务一　各种仪表的构造及工作原理

一、仪表的种类

为了解汽车主要部件的工作情况，及时发现和排除出现的故障，汽车上装有各种测量仪表。

仪表除应具有结构简单、工作可靠、耐振和抗冲击性好等优点外，仪表的指示数值必须准确，在电源电压波动时所引起的变化应尽可能小，且不随周围的温度变化而改变。

常见的仪表有电流表(电压表)、机油压力表、冷却液温度表、燃油表、车速里程表及转速表等。

现代汽车广泛使用组合式仪表。组合仪表将车速里程表、发动机转速表、燃油表、冷却液温度表、机油压力表等不同仪表的表芯、指示灯和报警灯安装在同一外壳内组合而成，具有结构紧凑、体积小、便于安装和组合接线等特点，容易实现仪表的多功能要求。图 6-1 所示为广州本田雅阁轿车的组合式仪表。

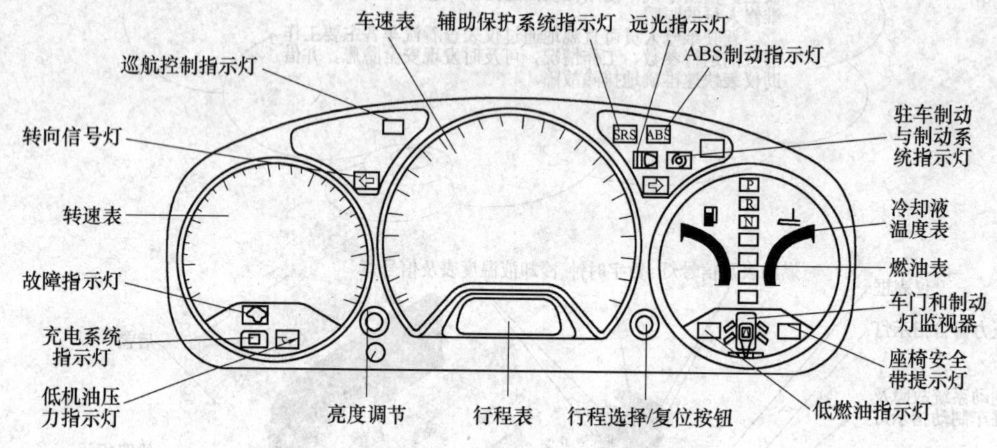

图 6-1　广州本田雅阁轿车组合式仪表

二、仪表的结构及工作原理

1. 机油压力表

机油压力表的作用是在发动机运转过程中，指示发动机主油道机油压力的大小，以便了解发动机润滑系统工作是否正常。它由装在主油道上的机油压力传感器和仪表板上的机油压力指示表(大多数汽车还配备机油压力报警灯)组成。

机油压力指示表可分为电热式、电磁式和弹簧式三种。机油压力传感器可分为双金属片式和可变电阻式两种。常用的是电热式机油压力指示表配双金属片式机油压力传感器和电磁式机油压力指示表配可变电阻式机油压力传感器。

(1) 电热式机油压力表与电热式机油压力传感器　电热式机油压力表也称双金属片式机油压力表，其与电热式传感器的基本结构如图 6-2 所示。

机油压力表传感器内部装有弹性膜片，膜片下的润滑油腔与发动机主油道连通，机油压力可直接作用在膜片上，膜片的上面顶着弓形弹簧片，弹簧片的一端与外壳固定搭铁，另一端的触点与双金属片的端部触点接触，双金属片上绕有电热线圈与校正电阻并联。

机油压力表内部装有特殊形状的双金属片，它的直臂末端固定在调整齿扇上，另一钩形悬臂端部与指针相连，其上也绕有电热线圈，线圈的两头构成指示表的两个接线柱。

当点火开关置于 ON 时，电流流过双金属片的加热线圈，双金属片受热变形，使触点分开；随后双金属片又冷却伸直，触点重又闭合。如此反复，电路中形成一脉冲电流。

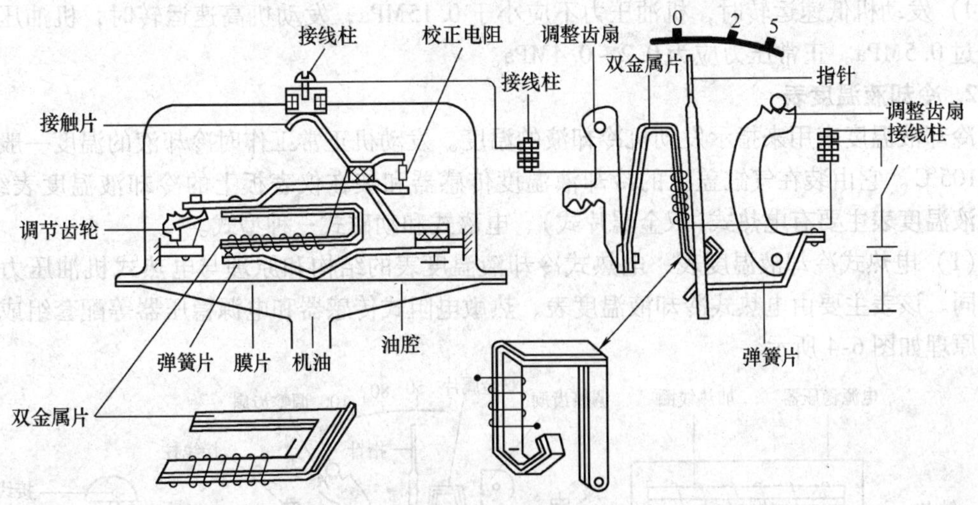

图 6-2　电热式机油压力表与电热式传感器

当油压降低时，传感器膜片变形小，触点压力小，闭合时间短，打开时间长，变化频率低，电路中平均电流小，双金属片弯曲变形小，指针偏摆角度小，指向低油压。反之，当油压升高时，指针偏摆角度大，指向高油压。

（2）电磁式机油压力表与可变电阻式机油压力传感器　电磁式机油压力表与可变电阻式机油压力传感器的基本结构如图 6-3 所示。

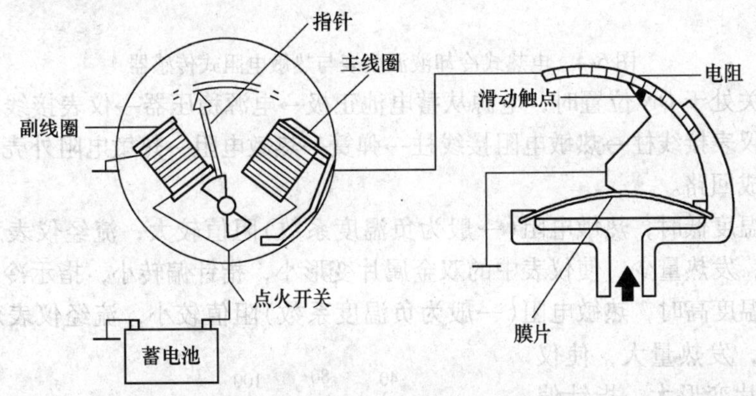

图 6-3　电磁式机油压力表与可变电阻式机油压力传感器

如图 6-3 所示，当油压降低时，膜片拱曲度减小，滑动触点右移，传感器(即可变电阻)的阻值增大，流经主线圈中的电流减小，副线圈中的电流增大，转子带动指针随合成磁场的方向逆时针转动，指向低油压。当油压升高时，传感器的电阻值减小，主线圈中的电流增大，副线圈中的电流减小，转子带动指针随合成磁场的方向顺时针转动，指向高油压。

（3）机油压力表的使用注意事项

1）机油压力表必须与机油压力传感器配套使用。

2）机油压力表安装时必须注意接线柱的绝缘应良好，拆卸时不要敲打或碰撞。

3）电热式机油压力传感器安装时，必须使传感器外壳上的箭头(安装记号)向上，不应偏出垂直位置 30°。

4）发动机低速运转时，机油压力不应小于0.15MPa，发动机高速运转时，机油压力不应超过0.5MPa。正常压力应为0.2～0.4MPa。

2. 冷却液温度表

冷却液温度表用来指示发动机冷却液的温度。发动机正常工作时冷却液的温度一般应为80～105℃。它由装在气缸盖上的冷却液温度传感器和装在仪表板上的冷却液温度表组成。冷却液温度表主要有电热式(双金属片式)、电磁式和动磁式三种型式。

(1) 电热式冷却液温度表　电热式冷却液温度表的结构和原理与电热式机油压力表基本相同。该表主要由电热式冷却液温度表、热敏电阻式传感器和电源稳压器等配套组成，其工作原理如图6-4所示。

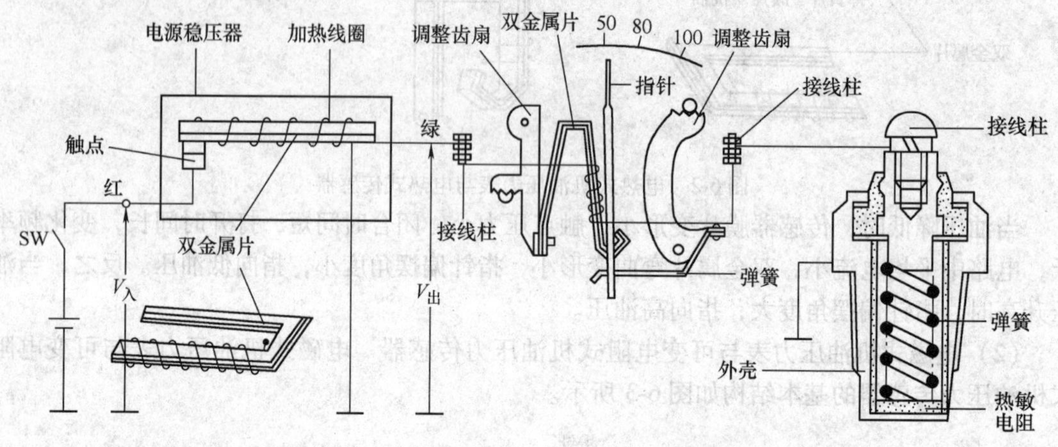

图6-4　电热式冷却液温度表与热敏电阻式传感器

当点火开关处于ON位置时，电源从蓄电池正极→电源稳压器→仪表接线柱→仪表双金属上的线圈→仪表接线柱→热敏电阻接线柱→弹簧→热敏电阻→热敏电阻外壳搭铁→回到蓄电池负极，构成回路。

当冷却液温度低时，热敏电阻(一般为负温度系数)阻值较大，流经仪表双金属片上线圈的电流较小，发热量少，使仪表中的双金属片变形小，指针偏转小，指示冷却液温度低。

当冷却液温度高时，热敏电阻(一般为负温度系数)阻值较小，流经仪表双金属片上线圈的电流较大，发热量大，使仪表中的双金属片变形大，指针偏转大，指示冷却液温度高。

(2) 电磁式冷却液温度表　电磁式冷却液温度表的结构和原理与电磁式机油压力表基本相同。该表主要由电磁式冷却液温度表和热敏电阻式传感器组成，其工作原理如图6-5所示。

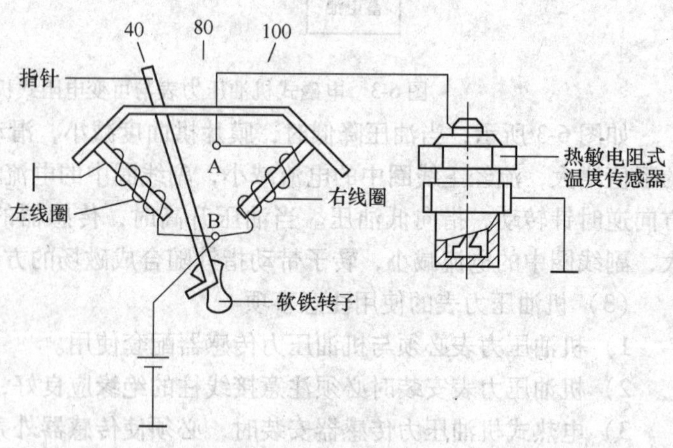

图6-5　电磁式冷却液温度表与热敏电阻式传感器

如图6-5所示，当点火开关(图中未画出)接通时，电流经蓄电池“+”→点火开关→B接柱

→左线圈→搭铁；另一路：电流经蓄电池“+”→点火开关→B接柱→右线圈→A接柱→热敏电阻式温度传感器→搭铁。

当冷却液温度较低时，传感器内热敏电阻(一般为负温度系数)的阻值较大，流经右线圈和左线圈的电流相差不多，但左线圈匝数多，产生的磁场强，使指针向左偏转，指示冷却液温度低。

当冷却液温度升高时，热敏电阻的阻值减小，右线圈中的电流明显增大，电磁力也增大，使指针向右偏转，指示冷却液温度高。

(3) 动磁式冷却液温度表　动磁式冷却液温度表主要由永久磁铁、指针永久磁铁、三个电磁线圈和安装在指针永久磁铁上的指针所组成。其工作原理如图6-6所示。

如图6-6所示，当点火开关接通时，电流经蓄电池“+”→电流表A→点火开关→熔丝→X形线圈(流过其中的三组线圈，图中指针右侧所示三个线圈)→电阻→搭铁。另一路：电流经蓄电池“+”→电流表A→点火开关→熔丝→X形线圈(流过其中的一组线圈，图中指针左侧所示一个线圈)→热敏电阻式液温传感器→搭铁。

图6-6　动磁式冷却液温度表与热敏电阻式传感器

当冷却液温度较低时，传感器内热敏电阻(一般为负温度系数)的阻值较大，流经指针左侧线圈的电流较小，所产生的磁力小于指针右侧三个线圈所产生的磁力，使指针向左偏转，指针指示冷却液温度低。

当冷却液温度较高时，传感器内热敏电阻(一般为负温度系数)的阻值变小，流经指针左侧线圈的电流变大，此时所产生的磁力大于指针右侧三个线圈所产生的磁力，使指针向右偏转，指针指示冷却液温度高。

3. 燃油表

燃油表用来指示油箱内储蓄油量的多少。它由装在仪表板上的燃油指示表和装在燃油箱内的传感器配合工作。燃油指示表主要有电磁式和电热式两种，目前汽车常用电热式燃油指示表和相配套的可变电阻式传感器指示油箱内储蓄油量的多少。

(1) 电热式燃油表　电热式(即双金属片式)燃油表的结构原理与前述电热式机油压力表和电热式冷却液温度表的结构原理基本相同。该表主要由电热式燃油指示表和与其相配套的可变电阻式传感器组成，其工作原理如图6-7所示。

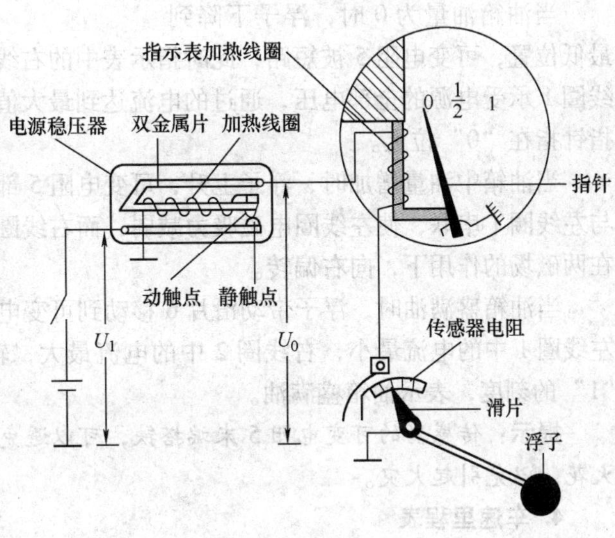

图6-7　电热式燃油表与可变电阻式传感器

当油箱中油量为0时，浮子下降到最低位置，滑片处于传感器电阻(可变电阻)的最右端，传感器的电阻全部串入电路中，此时电路中电流最小，指示表加热线圈发热量小，双金属片变形小，带动指针指在“0”位。

当油箱内油量增加时，浮子上升，滑片向左移动，串入电路中的电阻减小，电路中的电流增大。指示表加热线圈的发热量大，双金属片变形增大，带动指针向右偏转。

当油箱充满时，滑片移至最左端，将可变电阻短路，此时电路中电流最大，指针偏到最右边，指在“1”处。

提示： 由于电源电压变化时，会影响燃油表指示值，故该类型燃油表电路需串联一个稳压器。

(2) 电磁式燃油表　电磁式燃油表的结构原理与前述电磁式机油压力表和电磁式冷却液温度表的结构原理基本相同。该表主要由两个绕在铁心上的线圈1和线圈2、转子3，连在转子3上的指针4，可变电阻传感器5、滑片6和浮子7(浮子漂浮在油面上，随油面高低而改变位置)等组成。其工作原理如图6-8所示。

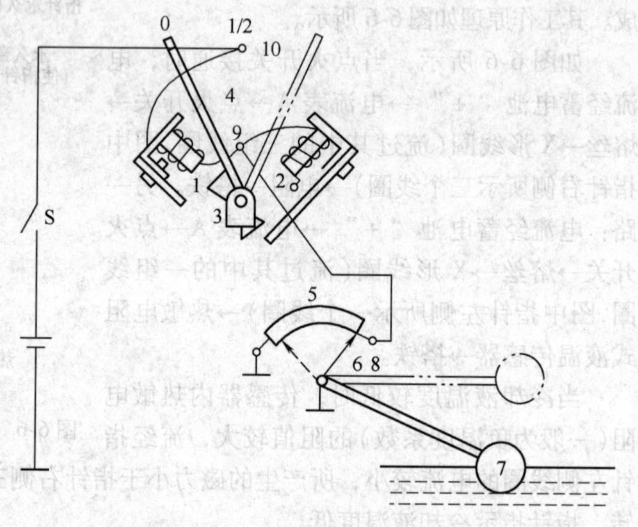

图6-8　电磁式燃油表

1—左线圈　2—右线圈　3—转子　4—指针

5—可变电阻式传感器　6—滑片　7—浮子

8—传感器接线柱　9、10—指示表接线柱

当点火开关接通后，电流经蓄电池“+”→点火开关S→接线柱10→左线圈1→接线柱9→右线圈2→搭铁。另一路：电流经蓄电池“+”→点火开关S→接线柱10→左线圈1→接线柱9→接线柱8→可变电阻式传感器5→搭铁。

当油箱油量为0时，浮子下降到最低位置，可变电阻5被短路，此时指示表中的右线圈2也随之被短路，无电流通过，而左线圈1承受电源的全部电压，通过的电流达到最大值，产生的电磁吸力最强，吸引转子，使指针指在“0”位上。

当油箱中油量增加时，浮子上升，可变电阻5部分被接入，并与右线圈2并联，同时又与左线圈1串联，使左线圈电磁吸力减弱，而右线圈2中有电流通过，产生磁场，使转子3在两磁场的作用下，向右偏转。

当油箱盛满油时，浮子带动滑片6移动到可变电阻5的最左端，使电阻全部接入。此时左线圈1中的电流最小，右线圈2中的电流最大，转子带着指针向右偏转角度最大，指在“1”的刻度，表示油箱盛满油。

提示： 传感器的可变电阻5末端搭铁，可以避免滑片6与电阻5之间因接触不良而产生火花，以免引起火灾。

4. 车速里程表

车速里程表是用来指示汽车行驶速度和累计行驶里程数的仪表，由里程表和车速表两部

分组成。按工作原理可分为有磁感应式和电子式两种。

(1) 磁感应式车速里程表 磁感应式车速里程表的结构如图6-9所示，由机械转鼓式里程表和磁感应式车速表两部分组成。它没有电路连接，由汽车的变速器或分动器软轴驱动仪表的主动轴。

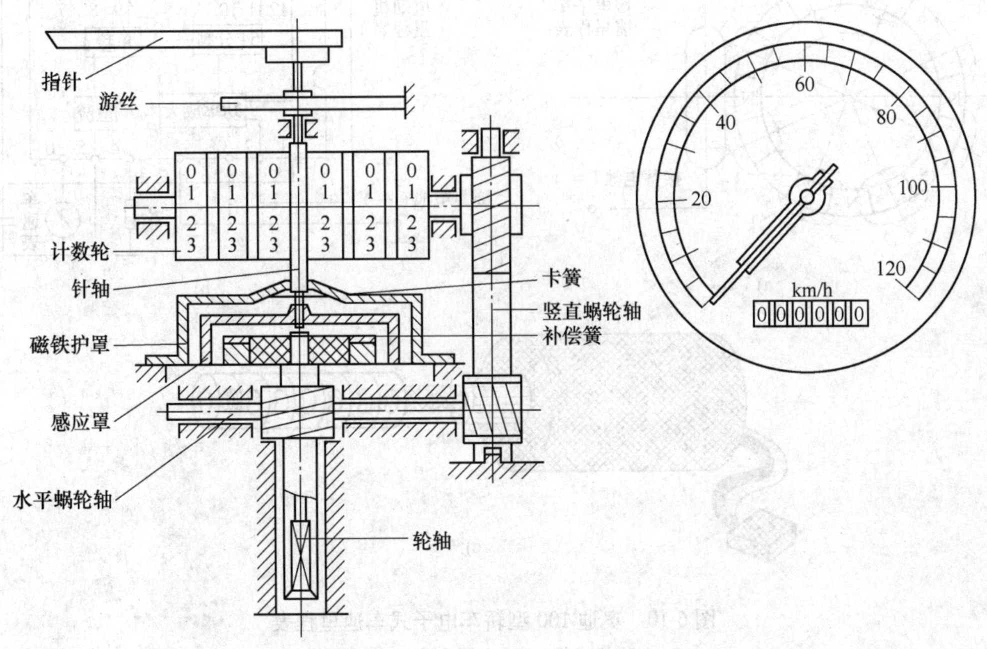

图6-9 机械驱动磁感应式车速里程表

车速表是由与主动轴紧固在一起的永久磁铁，带有轴及指针的感应罩(铝碗)，磁铁护罩(磁屏)和紧固在车速里程表外壳上的刻度盘等组成。里程表由蜗轮蜗杆机构和六位数字的十进位数字轮组成。

车速表不工作时，感应罩在卡簧(盘形弹簧)的作用下，使指针指在刻度盘的零位。汽车行驶时，主动轴带着永久磁铁旋转，永久磁铁的磁力线穿过感应罩，在感应罩上感应出涡流，感应罩在电磁转矩作用下克服卡簧的弹力，向永久磁铁转动的方向旋转，直至与卡簧弹力相平衡。由于涡流的强弱与车速成正比，指针转过角度与车速成正比，指针便在刻度盘上指示出相应的车速。

里程表在汽车行驶时，软轴带动主动轴，主动轴经三对蜗轮蜗杆(或一套蜗轮蜗杆和一套减速齿轮系)驱动里程表最右边的第一数字轮。第一数字轮上的数字为1/10km，每两个相邻的数字轮之间的传动比为1:10。即当第一数字轮转动一周，数字由9翻转到0时，便使相邻的左面第二数字轮转动1/10周，成十进位递增。这样汽车行驶时，就可累计出其行驶里程数，最大读数为99999.9km。

(2) 电子式车速里程表 电子式车速里程表主要由车速传感器、电子电路、车速表和里程表四部分组成。图6-10所示为奥迪100型轿车的电子式车速里程表。

车速传感器的作用是产生正比于车速的电信号，如图6-10a所示。它由一个舌簧开关和一个含有4对磁极的转子组成。变速器驱动转子旋转，转子每转一周，舌簧开关中的触点闭合、打开8次，产生8个脉冲信号，该脉冲信号频率与车速成正比。

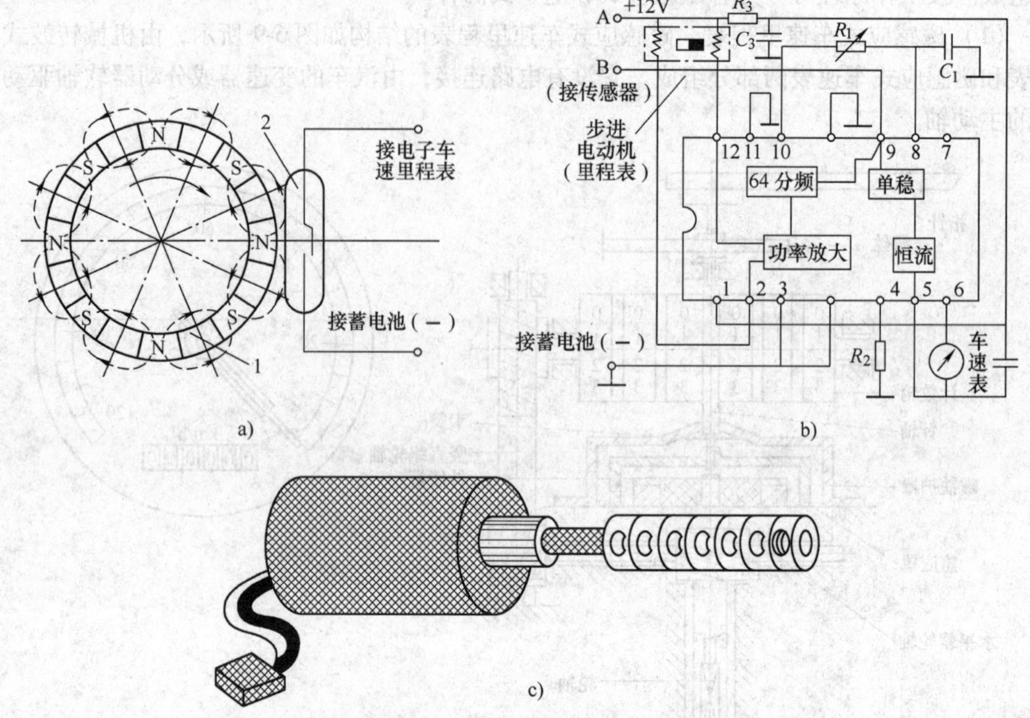

图 6-10　奥迪 100 型轿车电子式车速里程表

a）车速传感器　b）电子电路　c）里程表

1—塑料环　2—舌簧开关管

电子电路的作用是将车速传感器送来的电信号整形、触发，输出一个电流大小与车速成正比的电流信号，如图 6-10b 所示。它的基本组成主要包括稳压电路、单稳态触发电路、恒流源驱动电路、64 分频电路和功率放大电路。

车速表是一个电磁式电流表，当汽车以不同车速行驶时，从电子电路接线端输出的与车速成正比的电流信号便驱动车速表指针偏转，即可指示相应的车速。

里程表由一个步进电动机和六位数字的十进位数字轮组成，如图 6-10c 所示。车速传感器输出的信号，经 64 分频后，再经功率放大器放大到足够的功率，驱动步进电动机，带动数字轮转动，从而记录行驶的里程。

5. 发动机转速表

发动机转速表是用来指示发动机曲轴转速的。转速表按其结构不同分为机械式和电子式两种。其中应用较为广泛的是电子式转速表，而且电子式转速表一般从点火系、发动机的转速传感器和发电机获取转速信号，图 6-11 所示为常见的从点火系获取转速信号的电子式转速表接线原理图。图 6-12 所示为桑塔纳轿车取自点火系的转速表电路原理图。

当初级电路导通时，晶体管 VT 截止，电容 C_2 被充电，充电电流由蓄电池正极→点火开关→电阻 R_3→电容 C_2→二极管 VD_3→蓄电池负极。

当初级电路截止时，晶体管 VT 导通，电容器 C_2 放电，放电电流通过电容 C_2 阳极→晶体管 VT→电流表 M→二极管 VD_3→电容 C_2 阴极。

当发动机工作时，点火系初级电路不停导通与截止，电容 C_2 不停充放电。因为初级电

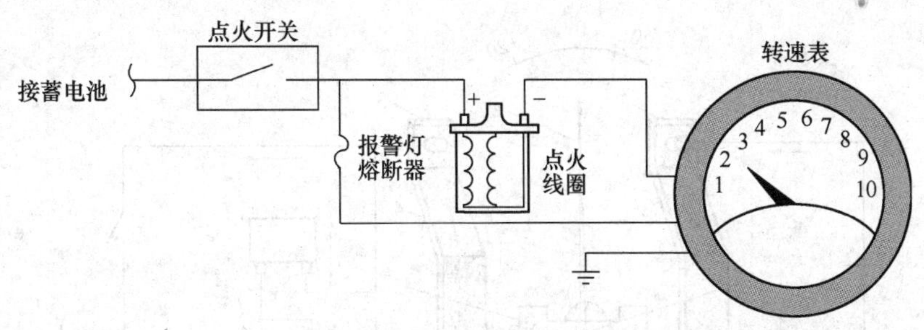

图 6-11　从点火系获取转速信号的电子式转速表接线原理图

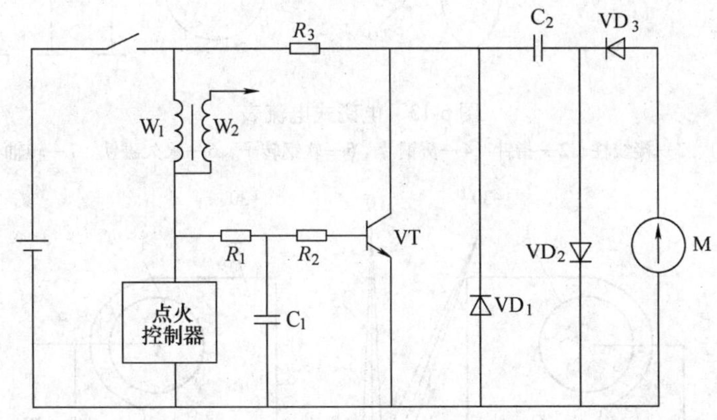

图 6-12　桑塔纳轿车电子式转速表电路原理图

路通断的次数与发动机转速成正比，所以电流表中电流平均值与发动机转速成正比，从而可用电流平均值标定发动机的转速。

6. 电流表

电流表用来指示蓄电池的充、放电电流值，以监视电源系统是否工作正常，帮助判断电路故障。电流表串联在蓄电池和发动机电路中，通常为双向工作方式，表盘中间的示值为“0”，表盘两侧分别标有“ + ”，“ – ”。当发电机向蓄电池充电时，示值为“ + ”，蓄电池向用电设备放电时示值为“ – ”。

汽车上使用的电流表按结构不同可分为电磁式和动磁式两种，其工作原理基本相似。

（1）电磁式电流表　电磁式电流表的结构原理如图 6-13 所示。条形永久磁铁 6 两端分别与黄铜片 4 固定连接，再用螺栓将黄铜片固定在绝缘地板上，两个螺栓即形成电流表的两个接线柱。永久磁铁内侧转轴上装有带指针 2 的软钢转子 5。当电流表中无电流通过时，软钢转子 5 在永久磁铁 6 的作用下被磁化，由于磁场方向相反，使指针 2 停在中间“0”刻度上。

当蓄电池放电时，放电电流通过黄铜片产生的环形磁场垂直于永久磁铁的磁场，形成逆时针偏转的合成磁场，系统软钢转子也逆时针偏转，使指针指向表盘的“ – ”刻度。放电电流越大，合成磁场越强，偏转角度越大，指针指示读数越大。

当发电机向蓄电池充电时，流过黄铜片的电流方向相反，磁场也相反，合成磁场顺时针偏转，指针指向“ + ”侧。

（2）动磁式电流表　动磁式电流表的结构如图 6-14 所示。导电板 2 固定在绝缘底板上，

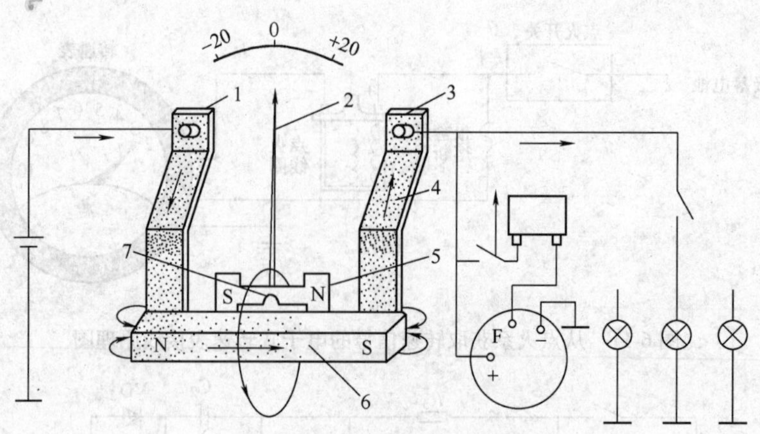

图 6-13　电磁式电流表

1、3—接线柱　2—指针　4—黄铜片　5—软钢转子　6—永久磁铁　7—转轴

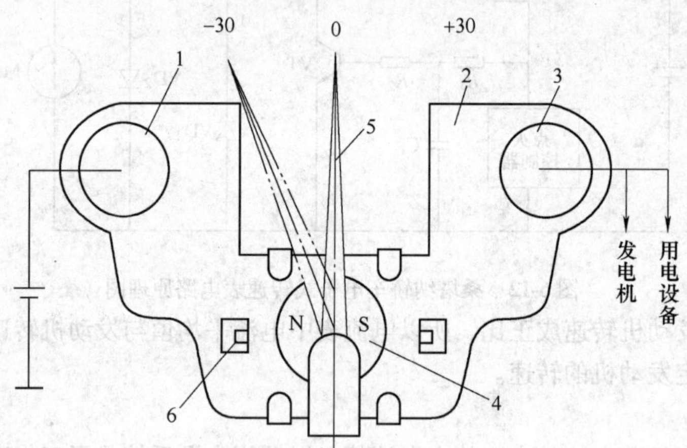

图 6-14　动磁式电流表

1、3—接线柱　2—导电板　4—永久磁铁转子　5—指针　6—磁轭

两端分别与接线柱 1、3 相连，中间夹有磁轭 6。转轴固装在导电板上，转轴上装有指针 5 和永久磁铁转子 4 组件。

当无电流通过电流表时，永久磁铁转子通过磁轭构成磁路，使指针保持在中间位置。当蓄电池向外供电时，放电电流通过导电板产生磁场，使永久磁铁转子带动指针向“ - ”侧偏转。放电电流越大，指针偏转角度越大，指示放电电流的读数也越大。当发电机向蓄电池充电时，指针则向“ + ”侧偏转，与蓄电池向外供电时方向相反。

（3）电流表的接线原则

1）电流表应与蓄电池串联，由于蓄电池的负极搭铁，故电流表的负极必须与蓄电池的正极相连接。

2）电流表只允许通过较小电流，一般对点火系统、仪表等长时间连续工作的小电流，可通过电流表，而对于短时间断续用电设备的大电流，如起动机、电喇叭等均不流经电流表。

7. 电压表

电压表主要用来指示发电机或蓄电池的端电压，它与电源及负荷并联连接，并且受到点

火开关的控制。电压表按结构不同可分为电磁式和电热式两种。

（1）电磁式电压表　电磁式电压表的结构如图 6-15a 所示，它由两十字叉布置的电磁线圈、永久磁铁、转子、指针及刻度盘等组成。

电路中两只线圈与稳压二极管 VS 及限流电阻 *R* 串联。稳压管的作用是在电源电压达到一定数值后，才将电压表电路接通。在电压表未接入电路或电源电压低于稳压管击穿电压时。永久磁铁将转子磁化，保持电压表指针在初始的位置。当电源电压达到稳压管击穿电压时，两个十字交叉线圈产生的磁场与永久磁铁产生的磁场相互作用，使转子带动指针偏向高电压方向。电源电压越高，磁场强度越强，指针偏转角度也越大，如图 6-15b 所示。

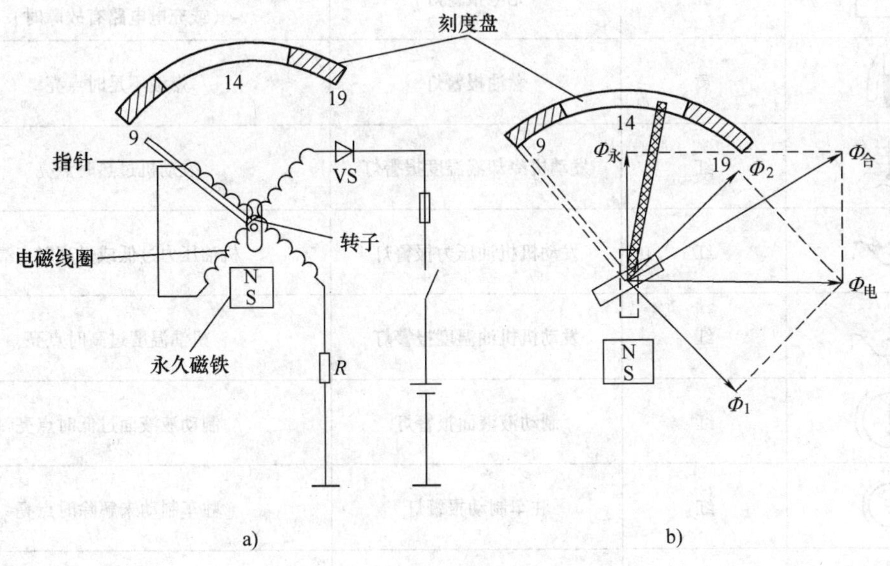

图 6-15　电磁式电压表

a）结构　b）工作原理

（2）电热式电压表　电热式电压表的结构简单，如图 6-16 所示。双金属片上的电热丝没有电流时，指针指向“0”刻度。当电热丝两端加载电压时，电流流经电热丝发热，使双金属片受热变形，带动指针偏转。电热丝两端的电压越高，指针指示的读数越大。

提示：电热式电压表在切断电源时，指针摆动较迟缓，接通后要待指针指示稳定后才可读数。

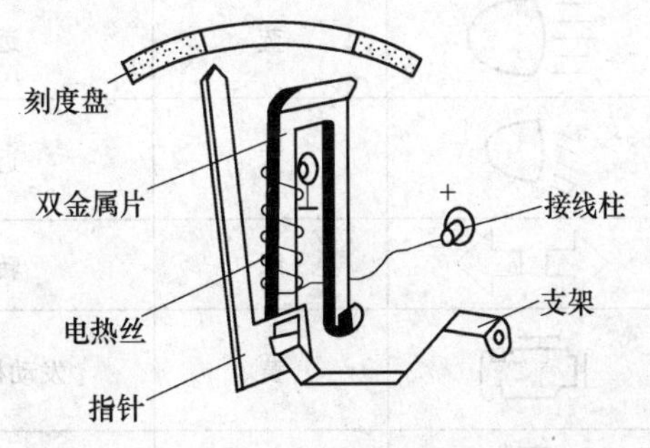

图 6-16　电热式电压表

任务二　各种报警灯的构造及工作原理

一、常见的报警指示灯

为了指示汽车某系统的工作状况，引起驾驶员的注意，保证行车安全，防止事故发生所设置的灯光或声音信号装置称为报警装置。报警装置通常由报警灯和报警开关组成，当被监测的系统或总成不正常时，开关自动接通而使指示灯发亮或发出声音提示，用以提醒驾驶员注意。如机油压力报警灯、冷却液温度报警灯 、制动液液面报警灯、燃油报警灯、发动机故障报警等。报警灯通常安装在驾驶室内仪表板上，功率为 1～4W。在灯泡前有滤光片，以使灯泡发黄或发红。滤光片上常刻有图形符号，以显示其功能，其含义如表 6-1 所示。

表 6-1 常见报警指示灯符号说明

符　号	颜　色	名　称	说　明
	红	充电报警灯	正常充电时熄灭，不充电时点亮（或充电电路有故障时）
	黄	燃油报警灯	燃油不足时点亮
	红	发动机冷却液温度报警灯	发动机过热时点亮
	红	发动机机油压力报警灯	机油压力过低或过高时点亮
	红	发动机机油温度报警灯	机油温度过高时点亮
	红	制动液液面报警灯	制动液液面过低时点亮
P	红	驻车制动报警灯	驻车制动未解除时点亮
	红	安全带报警灯	安全带未扣时点亮
	蓝	远光指示灯	使用前照灯远光时点亮
	蓝	近光指示灯	使用前照灯近光时点亮
	绿	转向指示灯	打开左或右转向灯时对应的指示灯点亮
	黄	发动机故障报警灯	汽车驾驶时，如果该指示灯变亮，则表明发动机电控系统出现了故障
	黄	发动机冷却液液量报警灯	发动机冷却液液量不足时点亮
ABS	黄	ABS 报警灯	ABS 电子控制系统有故障时点亮
	黄	阻风门报警灯	手拉式阻风门关闭时点亮
	黄	洗涤器液量报警灯	洗涤器液面过低时点亮

二、报警指示装置的结构及工作原理

一般报警灯和报警灯开关串联后接入电路，报警灯开关监视相应值，并按照设定条件动作，使得报警电路接通，报警灯点亮。其基本电路如图 6-17 所示。

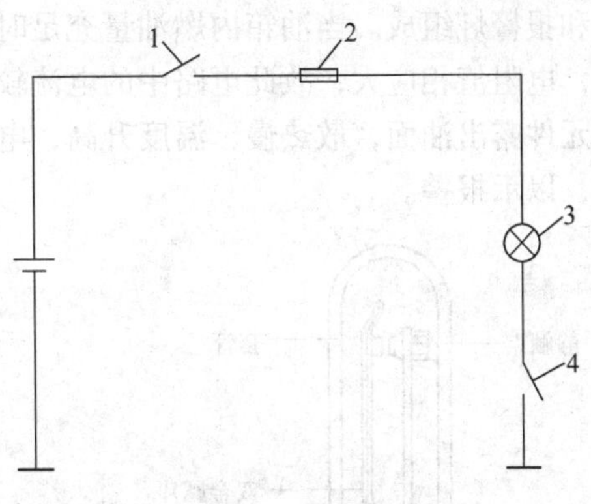

图 6-17 报警灯电路

1—电源开关 2—熔丝 3—报警灯 4—报警开关

1. 机油压力报警灯

机油压力的正常与否，直接影响汽车的使用性能与工作的可靠性，因此许多车辆设置了机油压力报警灯。图 6-18、图 6-19 所示为弹簧管式机油压力报警灯开关和膜片式机油压力报警灯开关。

打开点火开关，发动机尚未起动时，机油压力开关处于接通状态，报警灯点亮。发动机起动后，主油道压力升高，开关的触点断开，报警灯熄灭，表明润滑系统工作正常。如果运行过程中，油道出现堵塞、泄漏等情况，使得机油压力低于 30kPa 时，开关将接通，报警灯点亮，以提醒驾驶员立即停车修理。另外，有的车辆设有低压、高压两个压力值，当机油压力低于低压值或高于高压值时，低压常闭开关打开或高压常开开关接通，点亮报警灯。

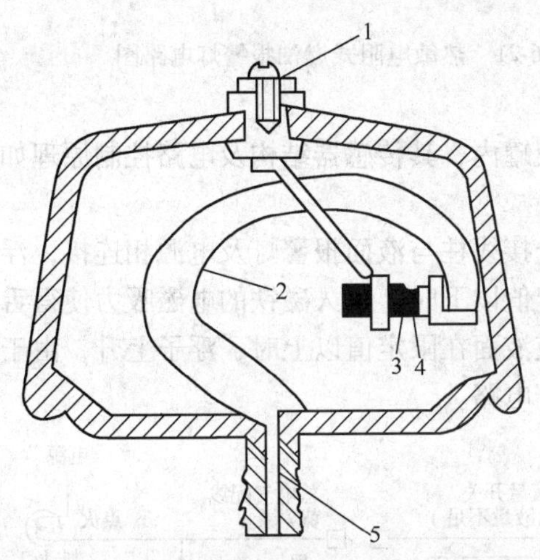

图 6-18 弹簧管式机油压力报警灯开关

1—接柱 2—管形弹簧 3—静触点 4—动触点 5—管接头

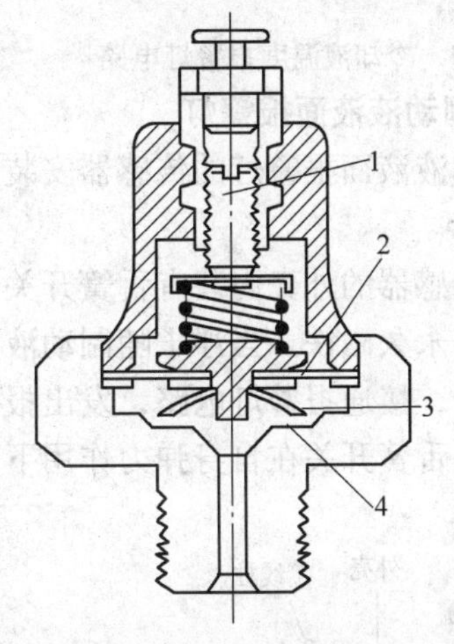

图 6-19 膜片式机油压力报警灯开关

1—调整螺钉 2—膜片 3—活动触点 4—搭铁点

2. 冷却液温度报警灯

冷却液温度报警灯的电路如图 6-20 所示，冷却液正常时，传感器因感温低，双金属片几乎不变形，触点分开，报警灯不亮。如果冷却液温度升高到 95℃以上时，双金属片则由于温度高而弯曲，使触点闭合，红色报警灯便通电发亮，以警告驾驶员采取适当降温措施。

3. 燃油报警灯

当燃油箱内的燃油减少到某一限定值时，为了告知驾驶员，引起注意，在许多车辆上都装有燃油报警灯，其工作原理如图 6-21 所示。它由负温度系数热敏电阻式燃油量报警传感器和报警灯组成。当油箱内燃油量充足时，热敏电阻元件浸没在燃油中散热较快，其温度较低，电阻值相应大，故此电路中的电流较小，报警灯处于熄灭状态；当燃油不足时，热敏电阻元件露出油面，散热慢，温度升高，电阻值相应减小，电路中的电流增大，报警灯因此点亮，以示报警。

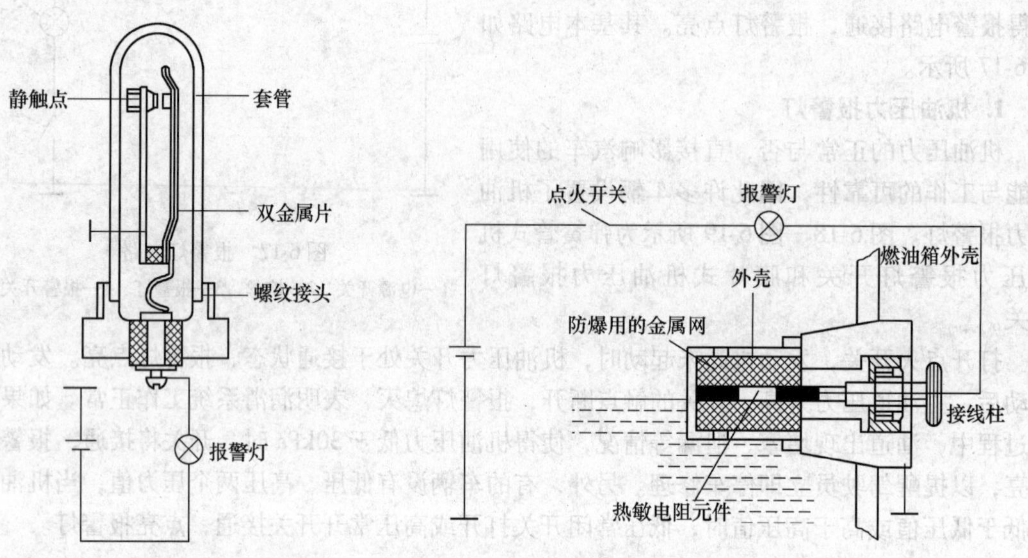

图 6-20　冷却液温度报警灯电路　　　　图 6-21　热敏电阻式燃油报警灯电路图

4. 制动液液面报警灯

制动液液面报警灯的传感器安装于制动液储液罐内，其传感器结构及电路控制原理如图 6-22 所示。

在传感器的外壳内装有舌簧开关，开关的两个接线柱与液面报警灯及电源相连接，浮子上固装有永久磁铁。当浮子随制动液面下降至规定值以下时，永久磁铁的电磁吸力使得舌簧开关闭合，接通报警灯电路，发出报警；当制动液液面在限定值以上时，浮子上升，由于吸力减弱，舌簧开关在自身弹力作用下，断开报警灯电路。

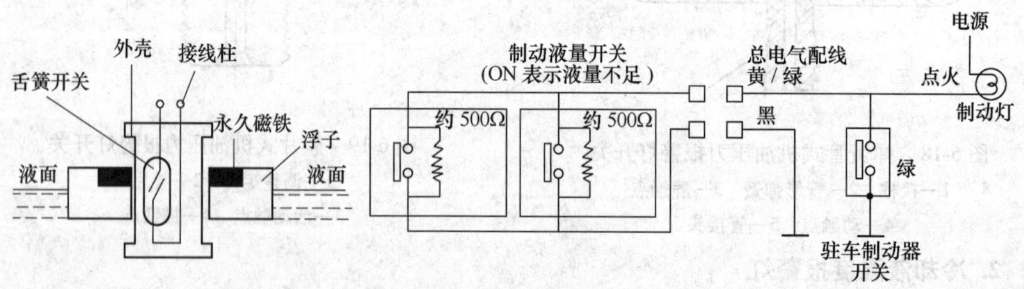

图 6-22　制动液液面传感器及制动器报警接线图

5. 充电报警灯

一般充电报警灯点亮时，说明充电系统可能出现故障，应及时检查电气线路，查明并排除故障。如果在发动机运行时突然闪亮，应立即停车并关闭发动机，检查发电机的传动带是否松脱或断裂。如果传动带已有破损就要小心驾驶，并立即开到修理厂更换传动带。图 6-23

所示为汽车充电系统报警控制电路。

提示：若行车中发现充电报警灯点亮时，切不可惊慌，应按交通规则要求选择合适地点停车，并打开危险报警灯(最好在车后规定距离内树立警示牌)。然后支起发动机盖，在发动机运转时用一字旋具的平面靠近发电机带轮前端面，若旋具被吸向发电机，则说明发电机正常发电，而只是充电报警灯电路有故障，此时可继续行驶。但到达目的地后，应尽快排除故障。

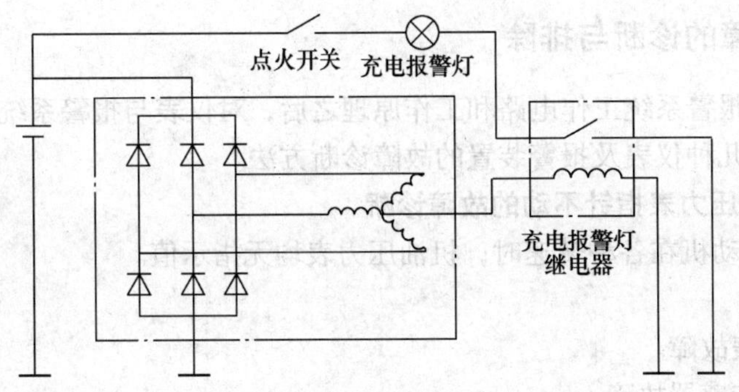

图 6-23 充电报警灯控制电路图

任务三 仪表及报警灯系统的故障诊断与排除

一、仪表与报警系统电路

仪表与报警系统的一般电路如图 6-24 所示，其特点可归纳如下：

1）所有的电气仪表都受点火开关控制，在点火开关的工作挡(ON 挡)和起动挡(Start)与电源接通，在附件专用挡(Acc 挡)与电源断开。

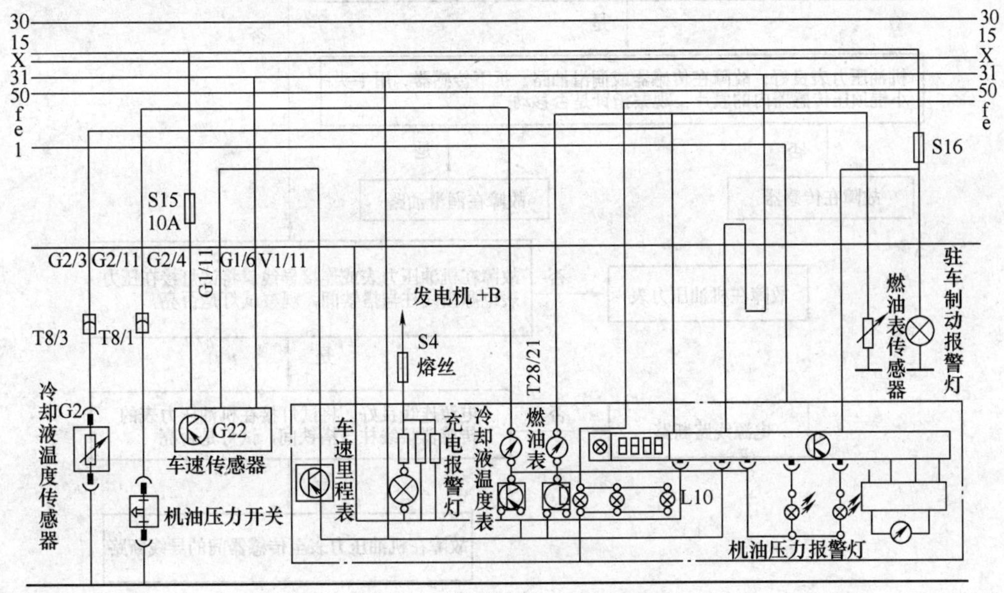

图 6-24 仪表与报警系统电路图

2）汽车仪表常用双金属片电热式结构，表头一般只有两条线。也有双线圈十字交叉，中间有个磁性指针的，多为三条线引出，其中一条线接点火开关15号线，另一条线搭铁，还有一条线接传感器。

3）各仪表的表头与传感器串联，燃油表、冷却液温度表一般还串有电源稳压器。

4）指示灯、报警灯常与仪表装配在一个总成内或布置在附近，它们和仪表一起受点火开关控制。

二、常见故障的诊断与排除

在掌握仪表与报警系统工作电路和工作原理之后，对仪表与报警系统进行故障诊断就比较容易。下面介绍几种仪表及报警装置的故障诊断方法。

1. 电热式机油压力表指针不动的故障诊断

（1）现象　发动机在各种转速时，机油压力表均无指示值。

（2）原因

1）机油压力表故障。

2）机油压力传感器故障。

3）连接导线断路。

4）发动机润滑系有故障。

（3）诊断方法　电热式机油压力表指针不动的故障诊断可按图6-25所示的步骤进行检查。

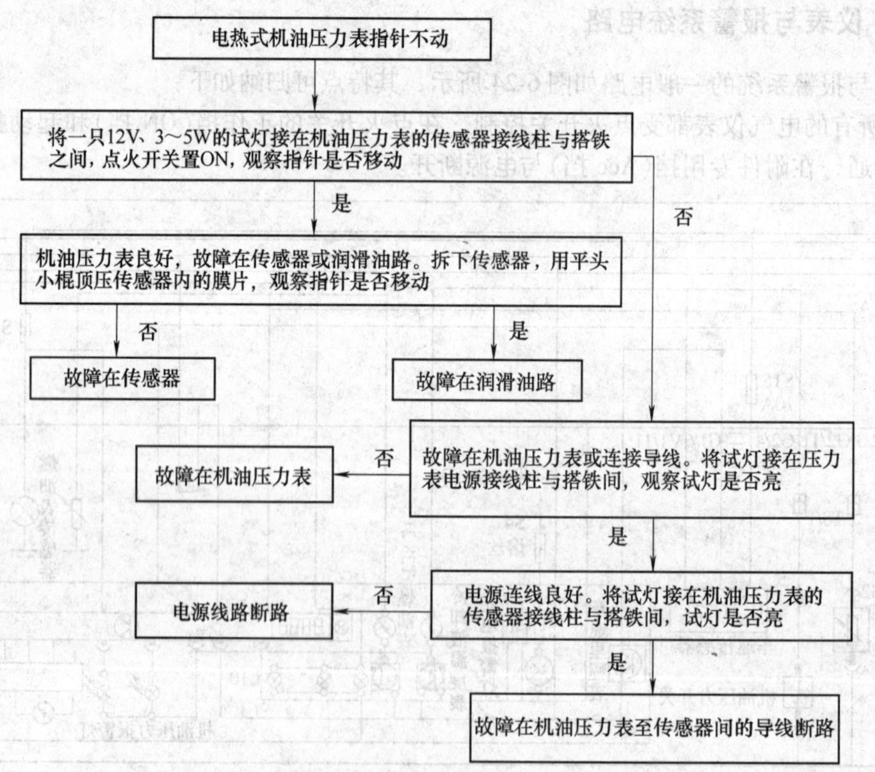

图6-25　电热式机油压力表指针不动的故障诊断

2. 电磁式冷却液温度表指针不动的故障诊断

（1）现象　点火开关置 ON，指针不动。

（2）原因

1）冷却液温度表电源线断路。

2）冷却液温度表故障。

3）传感器故障。

4）温度表至传感器的导线断路。

（3）诊断方法　电磁式冷却液温度表指针不动的故障诊断可参照图 6-26 进行。

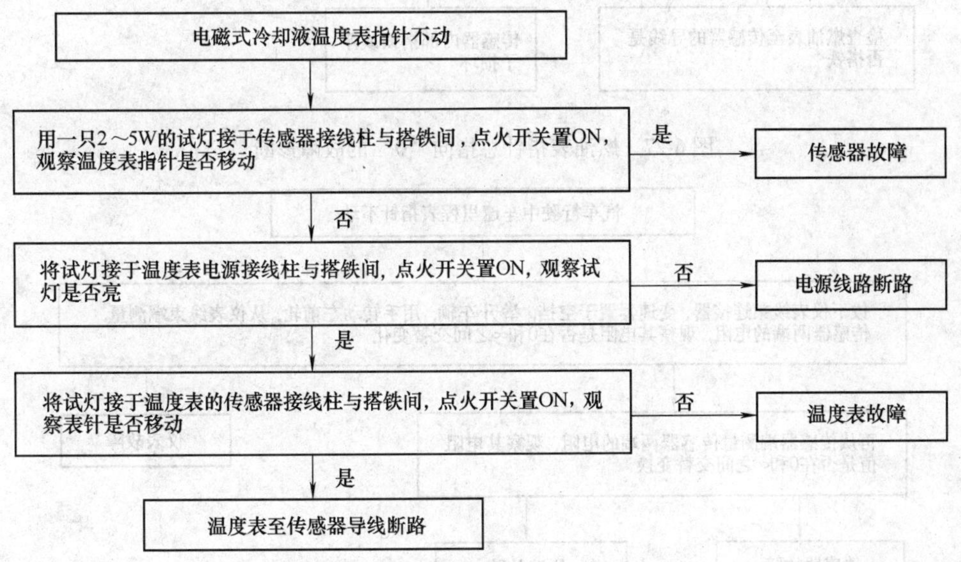

图 6-26　电磁式冷却液温度表指针不动的故障诊断

3. 燃油表指针总指向“0”（无油）的故障诊断

（1）现象　点火开关 ON，不论燃油量多少，燃油表指针总是指示“0”（无油）。

（2）原因

1）传感器内部搭铁或浮子损坏。

2）燃油表至传感器的导线搭铁。

3）燃油表电源线断路。

4）燃油表内部故障。

（3）诊断方法　燃油表指针总指向“0”的故障诊断可参照图 6-27 进行。

4. 电子式车速里程表不工作的故障诊断

（1）现象　汽车行驶中车速里程表指针不动。

（2）原因

1）传感器故障。

2）仪表故障。

3）线路故障。

（3）诊断方法　电子式车速里程表不工作的故障诊断可参照图 6-28 进行。

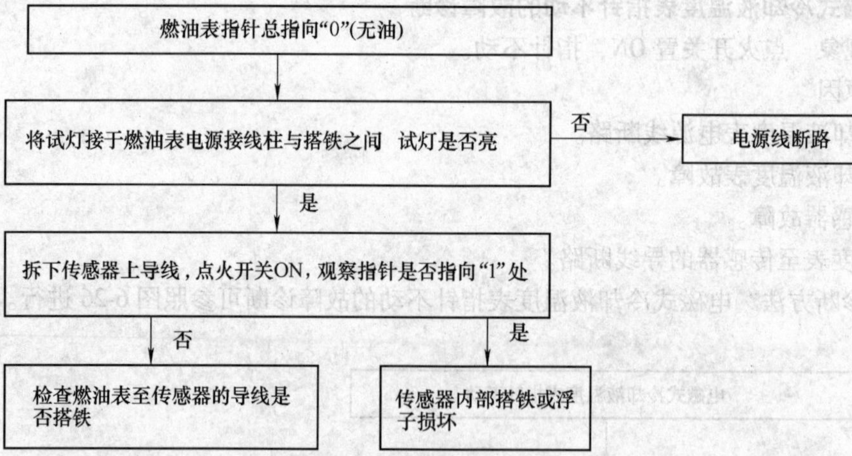

燃油表指针总指向“0”(无油)

将试灯接于燃油表电源接线柱与搭铁之间　试灯是否亮

否 → 电源线断路

是

拆下传感器上导线，点火开关ON，观察指针是否指向“1”处

否 → 检查燃油表至传感器的导线是否搭铁

是 → 传感器内部搭铁或浮子损坏

图 6-27　燃油表指针总指向“0”的故障诊断

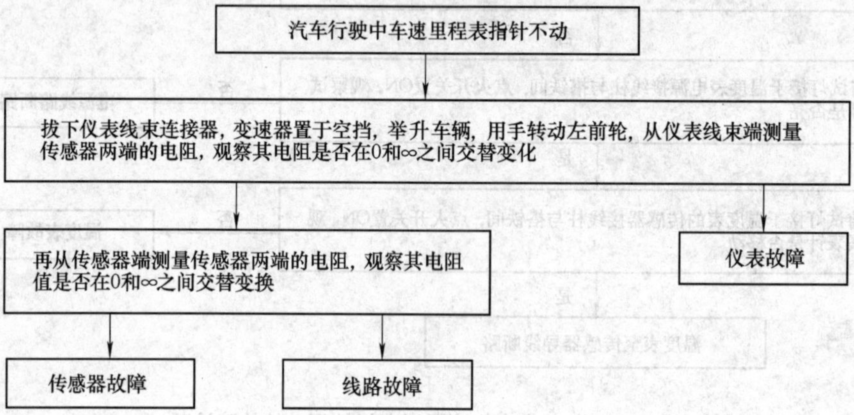

汽车行驶中车速里程表指针不动

拔下仪表线束连接器，变速器置于空挡，举升车辆，用手转动左前轮，从仪表线束端测量传感器两端的电阻，观察其电阻是否在0和∞之间交替变化

再从传感器端测量传感器两端的电阻，观察其电阻值是否在0和∞之间交替变换

仪表故障

传感器故障

线路故障

图 6-28　电子式车速里程表不工作的故障诊断

5. 桑塔纳 2000 系列轿车报警系统常见故障的诊断

以桑塔纳 2000 系列轿车为例，报警系统常见故障的诊断与排除方法如表 6-2 所示。

表 6-2　报警系统常见故障的诊断与排除方法

故 障 现 象	故 障 原 因	排 除 方 法
冷却液不足报警灯不工作	*冷却液不足指示开关损坏	● 检查开关内是否有水和黑色的插脚是否有横向裂纹，如有应更换开关
	*冷却液不足指示控制器损坏	● 检查印制线路板上 14 号位上的冷却液不足指示控制器，如腐蚀严重应更换
接通点火开关时机油压力指示灯不亮或发动机转速≤2000r/min 时机油压力指示灯闪亮	*低压油压开关损坏，连接导线断路、接触不良	● 油压在 0.015～0.045MPa 时，测线灯不熄灭，应更换低压油压开关
	*连接导线断路、接触不良	● 拔下低压油压开关的黄色导线并搭铁，油压指示灯不亮，修理或更换中间导线
	*油压控制器损坏	● 拆下仪表板，从油压控制器插座处引一根导线搭铁，机油压力指示灯闪亮，更换油压控制器

（续）

故障现象	故障原因	排除方法
发动机转速≥2000r/min时机油压力指示灯闪亮	*低压油压开关(常闭)损坏	● 低压油压开关始终闭合则更换
	*高压油压开关(常开)损坏	● 高压油压开关始终打开则更换
	*油压控制器损坏	● 更换

本项目小结

1. 机油压力表的作用是在发动机运转过程中，指示发动机主油道机油压力的大小，以便了解发动机润滑系统工作是否正常。机油压力指示表有电热式、电磁式和弹簧式三种类型。

2. 冷却液温度表用来指示发动机冷却液的温度。发动机正常工作时冷却液温度指示值一般应为80～105℃。它由装在气缸盖上的温度传感器和装在仪表板上的冷却液温度表组成。

3. 燃油表用来指示油箱中存油量的多少。它由装在燃油箱内的传感器和装在仪表板上的指示表组成。燃油指示表有电磁式、动磁式和双金属片式三种，传感器大多为可变电阻式。

4. 车速里程表是用来指示汽车行驶速度和累计行驶里程数的仪表，由里程表和车速表两部分组成。

5. 发动机转速表是用来指示发动机曲轴转速的。转速表按其结构不同分为：机械式和电子式两种。

6. 报警装置用来指示汽车某系统的工作状况，引起驾驶员的注意，保证行车安全，防止事故发生。报警装置通常由报警灯和报警开关组成。

7. 一般报警灯和报警灯开关串联后接入电路，报警灯开关监视相应值，并按照设定条件动作，使得报警电路接通，报警灯点亮。

8. 在掌握仪表与报警系统工作电路和工作原理的基础上，对仪表与报警系统进行故障诊断。

练习与思考

一、填空

1. 汽车仪表应具有________、________、________和________等优点。

2. 机油压力表的作用是在发动机运转过程中，指示发动机________机油压力的大小，以便了解发动机润滑系统工作是否正常。

3. 燃油表由装在燃油箱内的________和装在仪表板上的________组成。

4. 电子式车速里程表主要由________、________、________和________四部分组成。

5. 电子式转速表获取转速信号的方式有取自________、________和________三种。

6. 报警灯通常安装在驾驶室内仪表板上，功率为________W。

二、判断

1. 现代汽车广泛使用组合式仪表。(　　)

2. 冷却液温度表用来指示发动机冷却液的温度。发动机正常工作时指示值一般应为 80 ~ 105℃。(　　)

3. 汽车电气仪表只有在点火开关处于工作挡(ON 挡)和起动挡时才与电源接通。(　　)

三、问答

1. 汽车上常见的仪表有哪些?

2. 简述电热式机油压力表的工作原理。

3. 汽车上常见的报警装置有哪些?

4. 如何对电磁式冷却液温度表指针不动的故障进行诊断?

项目七　辅 助 电 器

汽车辅助电器主要包括：空调装置、音响视听系统、电动刮水器、风窗洗涤器、点烟器、防盗装置、电控门窗玻璃升降器、电动座椅以及主被动安全装置等。随着电子技术的不断进步和在汽车上的广泛运用，现代汽车上的辅助电器也变得越来越多、越来越先进。

汽车辅助电器作用是：辅助并弥补主电器的工作及不足；大力提高汽车行驶的安全性、乘坐的舒适性、整车的防盗性；着重提高汽车动力性、燃油经济性和排放环保性等指标。这里重点介绍风窗清洁装置、电控门窗玻璃升降器等最常用的辅助电器。

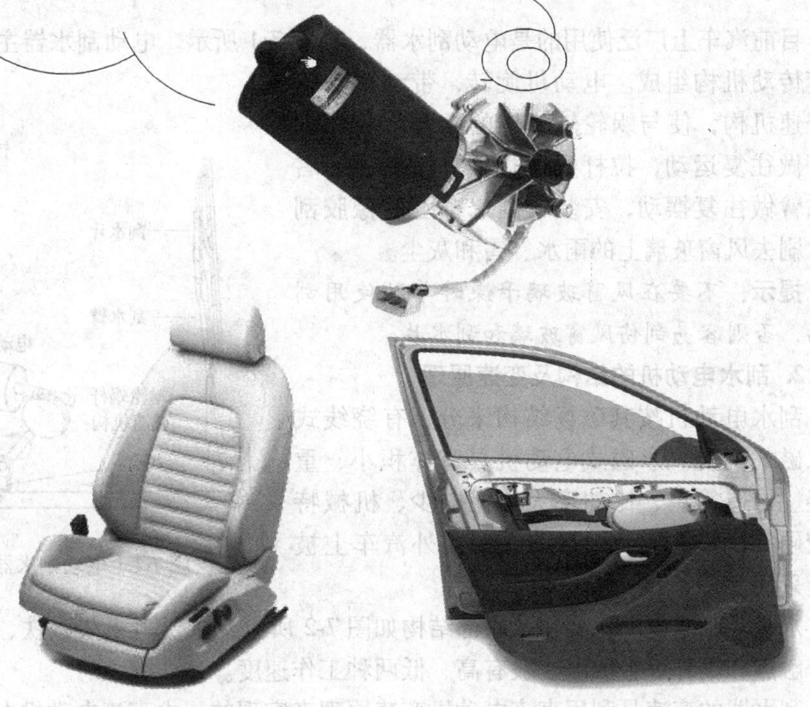

【学习目标】

◇ 认识几种辅助电器的结构及组成

◇ 学会各种辅助电器的电路分析方法

◇ 掌握汽车辅助电器常见故障的诊断与排除方法

任务一　风窗清洁装置的控制电路与检修

风窗清洁装置的作用是用来清除风窗玻璃上的雨水、冰雪和尘土，为驾驶员提供良好的能见度，以确保汽车行驶的安全性。汽车上的风窗清洁装置主要包括：电动刮水器、清洗装置和除霜装置。

一、电动刮水器

1. 电动刮水器的结构

为了保证雨、雪天气时驾驶员有良好的视线，汽车上都装有刮水器。刮水器根据其动力不同可分为真空式、气动式和电动式三种。

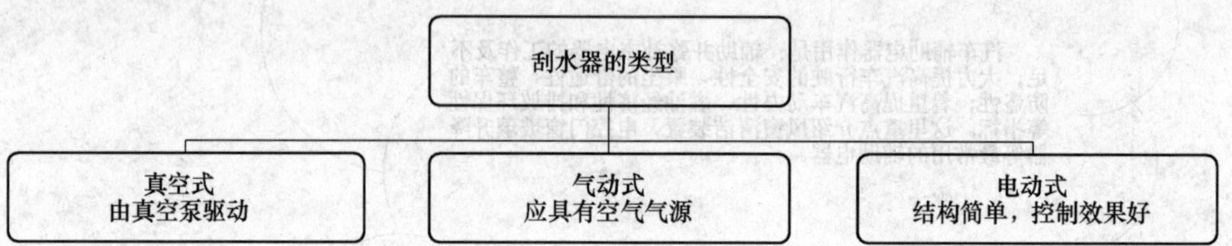

目前汽车上广泛使用的是电动刮水器，如图 7-1 所示。电动刮水器主要由直流电动机和一套传动机构组成。电动机旋转，带动蜗轮蜗杆减速机构，使与蜗轮轴相连的摇臂带着两侧拉杆做往复运动，拉杆则通过摆杆带着左、右刮水臂做往复摆动，安装在刮水臂上的橡胶刮水片刷去风窗玻璃上的雨水、雪和灰尘。

提示：不要在风窗玻璃干燥时单独使用刮水器，否则容易刮伤风窗玻璃和刮水片。

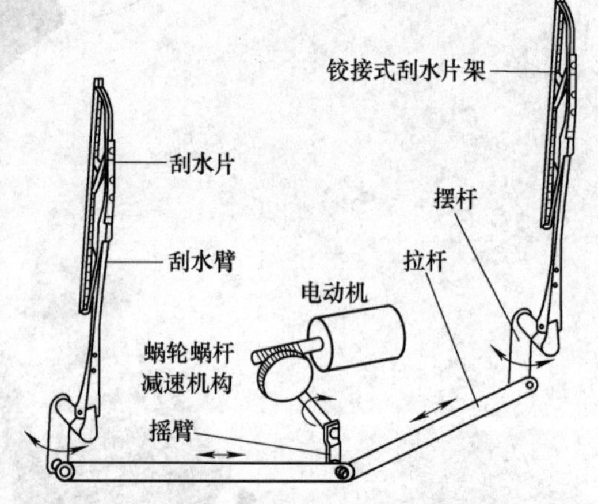

图 7-1　电动刮水器的结构组成

2. 刮水电动机的结构及变速原理

刮水电动机按其磁场结构来分，有绕线式和永磁式两种。永磁式电动机具有体积小、重量轻、构造简单、比功率大、耗电少、机械特性较硬等优点，因此，目前在国内外汽车上被广泛采用。

永磁式刮水电动机实物及内部结构如图 7-2 所示，主要由永久磁铁、电枢、电刷、蜗轮蜗杆触点和铜环等组成。一般有高、低两种工作速度。

刮水器的变速是利用直流电动机变速原理来实现的，由直流电动机电压平衡方程式可得转速公式为

$$N = \frac{U - IR}{KZ\Phi}$$

式中　U——电动机端电压；

I——通过电枢绕组中的电流；

R——电枢绕组的电阻；

K——常数；

Z——正、负电刷间串联的导体数；

Φ——磁极磁通。

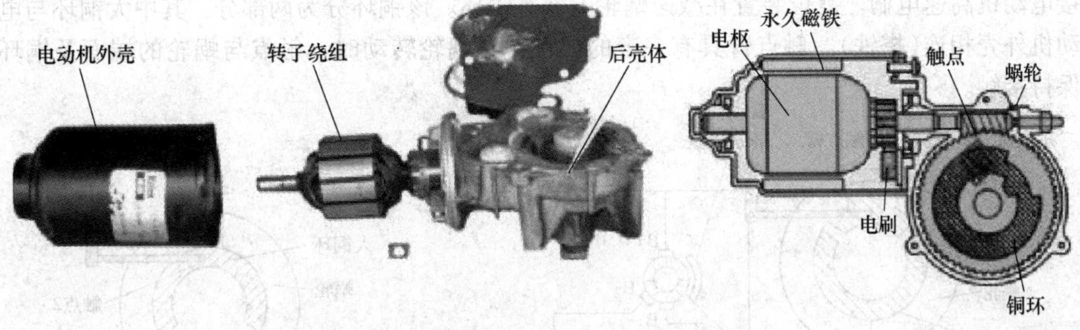

图 7-2 永磁式刮水电动机的实物分解及其解剖

在电压 U 和直流电动机定型的条件下，则 I、R、K 均为常数，当磁通增大时转速 N 下降，反之则转速上升。若两电刷之间的电枢绕组 Z 增加，转速也下降，反之则上升。所以，刮水器变速是在直流电动机变速的理论基础上，通过改变电动机磁极磁通的强弱，或改变两电刷之间的绕组数来实现的。

由于永磁式刮水电动机的磁场强弱是不能改变的，为了改变刮水电动机的转速，实现变速刮水，通常采用三刷式电动机，如图 7-3 所示。

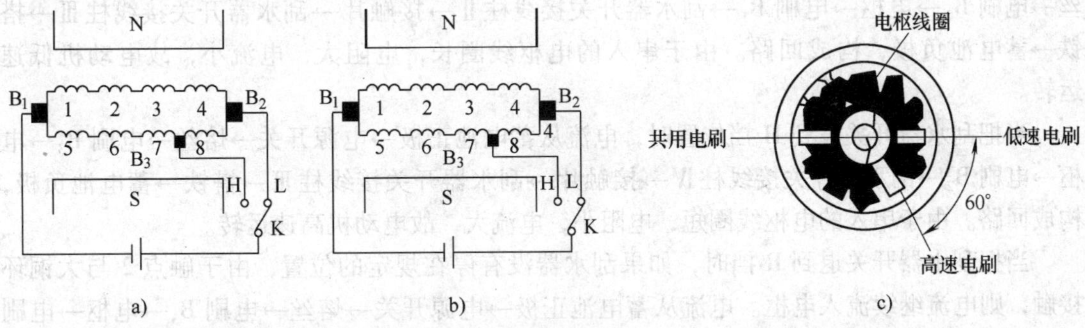

图 7-3 三刷式电动机电路原理图

a）低速旋转 b）高速旋转 c）电刷的布置

当电动机工作时，在电枢内同时产生反向电动势，其方向与电枢电流的方向相反。如要使电枢旋转，外加电压必须克服反向电动势的作用，当电枢上的转速上升时，反向电动势也相应上升，只有当外加电压几乎等于反电动势时，电枢的转速才趋于稳定。

当开关拨到低速挡（L 挡）时，如图 7-3a 所示，电源电压加在低速电刷 B_1 和共用电刷 B_3 之间，由于 1、2、3、4 和 5、6、7、8 绕组组成两条并联电路，各支路中串联的绕组均为有效绕组，串联绕组数相对较多，故反向电动势较大，电动机以较低转速运转。

当开关拨到高速挡（H 挡）时，如图 7-3b 所示，电源电压加在高速电刷 B_2 与共用电刷 B_3 之间，由于绕组 4 和绕组 8 产生方向相反的电动势，互相抵消，故组成两条并联支路中串联绕组数相对较少，故反向电动势较小，电动机以较高速运转。

3. 刮水电动机的控制电路和自动复位装置

永磁式双速刮水器控制电路和自动复位装置如图 7-4 所示。用刮水器开关控制刮水器的速度和复位。刮水器开关有三个挡位，R 挡为复位挡，L 挡为低速挡，H 挡为高速挡。四个接线柱：Ⅰ接线柱接复位开关；Ⅱ接线柱接电动机的低速电刷；Ⅲ接线柱接搭铁；Ⅳ接线柱接电动机高速电刷。复位装置在减速蜗轮上嵌有铜环。该铜环分为两部分，其中大铜环与电动机外壳相连(搭铁)。触点臂具有一定的弹性，在蜗轮转动时，触点与蜗轮的端面及铜环保持接触。

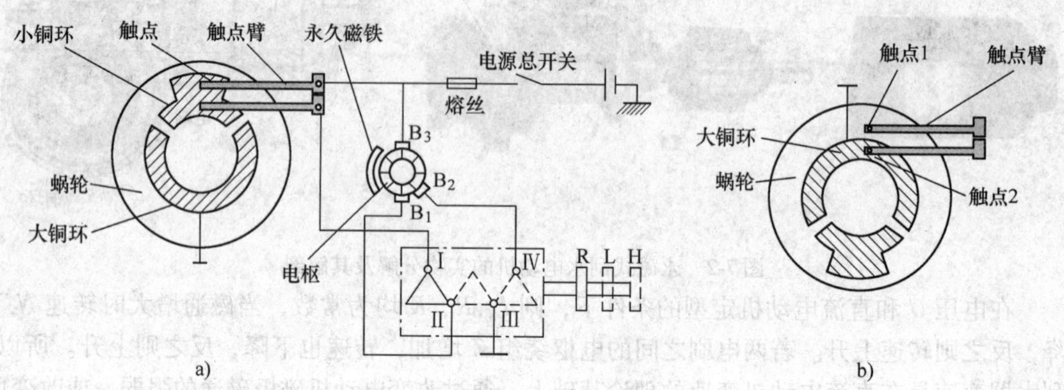

图 7-4　永磁式双速刮水器控制电路和自动复位装置

a）工作电路　b）复位原理

接通电源开关，将刮水器开关拨到 L 挡位置时，电流从蓄电池的正极→电源总开关→熔丝→电刷 B_3→电枢→电刷 B_1→刮水器开关接线柱Ⅱ→接触片→刮水器开关接线柱Ⅲ→搭铁→蓄电池负极，构成回路。由于串入的电枢线圈长，电阻大，电流小，故电动机低速运转。

当把刮水器开关拨到 H 挡位置时，电流从蓄电池正极→电源开关→熔丝→电刷 B_3→电枢→电刷 B_2→刮水器开关接线柱Ⅳ→接触片→刮水器开关接线柱Ⅲ→搭铁→蓄电池负极，构成回路。由于串入的电枢线圈短，电阻小，电流大，故电动机高速运转。

当把刮水器开关退到 R 挡时，如果刮水器没有停在规定的位置，由于触点 2 与大铜环接触，则电流继续流入电枢。电流从蓄电池正极→电源开关→熔丝→电刷 B_3→电枢→电刷 B_1→刮水器开关接线柱Ⅱ→接触片→刮水器开关接线柱Ⅰ→触点 2→大铜环→搭铁→蓄电池负极，构成回路，电动机以低速运转，如图 7-4b 所示，直至蜗轮转到 7-4a 所示位置，触点 2 与触点 1 相通，将电动机电枢短路。与此同时，电动机因惯性不能立即停转，以发电机方式运转，从而产生很大的反向电动势，产生制动力矩，电动机迅速停转，使刮水片停在特定位置。

注意：为了保证刮水器的正常工作和复位，在进行刮水臂和刮水器的装配时应注意正确的装配位置。

4. 电动刮水器的间歇控制

电动刮水器间歇控制的目的为：一是在与洗涤器配合使用时，可以达到先洗涤后刮水的循环刮洗工序，以提高刮洗效果；二是在毛毛细雨或雾天时，雨量较少，如果仍按原来那样不断地工作，不仅会引起刮片的颤动，而且也会容易刮伤玻璃。

电动刮水器的间歇控制电路有多种形式，按照间歇时间是否可调分为可调式和不可调式两种。

电动刮水器的间歇控制一般是利用自动复位装置和电子振荡电路或集成电路来实现的。下面以无稳态方波发生器控制的间歇刮水器为例介绍其工作原理。图 7-5 所示为同步间歇刮水器控制电路。

当刮水器开关处于间歇挡位置(开关处于 0 位，间歇开关闭合)时，电源通过自动复位开关向电容器 C 充电，其电路为：蓄电池正极→自动复位开关常闭触点(上)→电阻 R_1→电容 C→搭铁→蓄电池负极。随着充电时间的增加，电容两端的电压逐渐升高。当电容两端的电压升高到一定值时，晶体管 VT_1、VT_2 先后相续由截止变为导通，从而接通继电器线圈电路，其电路为：蓄电池正极→电阻 R_5→晶体管 VT_2→继电器线圈→间歇开关→搭铁→蓄电池负极。在电磁吸力的作用下，继电器常闭触点打开，常开触点闭合，从而接通刮水电动机的电路，其电路为：蓄电池正极→电动机电枢 B_3 接线柱→电动机电枢 B_1 接线柱→刮水开关接触片→刮水继电器常开触点→搭铁→蓄电池负极。此时电动机以低速运转。

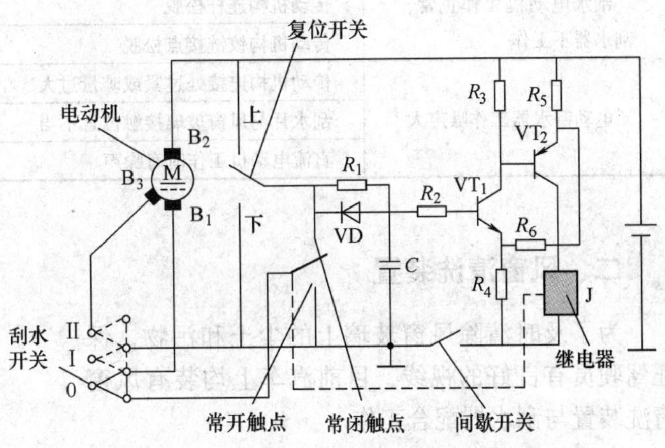

图 7-5 同步间歇刮水器控制电路

当复位装置将自动复位开关的常开触点(下)接通时，电容 C 通过二极管 VD、自动复位开关和继电器常开触点迅速放电，此时刮水电动机的通电回路不变，电动机继续运转。随着放点时间的增加，晶体管 VT_1 基极的电位逐渐降低。当晶体管 VT_1 基极的电位降低到一定值时，VT_1 和 VT_2 由导通变为截止，继电器线圈的电路被切断，继电器复位，常开触点打开，常闭触点闭合。此时，由于自动复位开关的常开触点处于闭合状态，电动机仍将转动，其电路为：蓄电池正极→电动机电枢 B_3 接线柱→电动机电枢 B_1 接线柱→刮水开关接触片→刮水继电器常闭触点→复位开关常开触点(下)→搭铁→蓄电池负极。只有当刮水片回到原位，自动复位开关的常开触点打开，常闭触点闭合时，电动机方能停止运转。继而电源再次向电容器 C 充电，重复以上过程。如此反复，实现刮水片的间歇动作，其间歇时间的长短取决于电阻 R_1 和电容 C 电路充电时间常数的大小。

5. 电动刮水器的检修

电动刮水器的故障多发生在直流电动机和传动杆件，在检修直流电动机之前应先检查几个易于查找的部件，如表 7-1 所示。

表 7-1 电动刮水器的检修

故障现象	产生原因	检修方法
刮水器不工作，刮水电动机发烫或嗡嗡叫	直流电动机损坏	检修或更换电动机
	连杆弯曲或损坏	校正或更换连杆
	传动机构安装不当	检修传动机构

（续）

故障现象	产生原因	检修方法
刮水电动机无电流通过，刮水器不工作	熔丝熔断	更换同型号的熔丝
	导线松脱或断开	检查、整理导线
	控制开关失效	检修控制开关
刮水电动机工作正常，刮水器不工作	传动机构连杆松脱	重新连接或更换连杆
	传动机构铰链接点松脱	重新连接或更换刮水片
电动刮水器工作噪声大	传动机构连接处过紧或旷量过大	检修、调整传动机构
	刮水片与风窗玻璃接触位置不当	调整刮水片工作面
	直流电动机工作时有噪声	检修、调整直流电动机

二、风窗清洗装置

为了及时清除风窗玻璃上的尘土和污物，保证驾驶员有良好的视线，目前汽车上均装有风窗清洗装置与刮水器配合工作。

如图 7-6 所示，风窗清洗装置主要由喷嘴、输水软管、储液罐、洗涤泵等组成。洗涤泵由直流电动机和离心式叶片泵组成，喷射压力约为 70～88kPa。喷嘴安装在风窗玻璃下面，其喷射方向可以调整。

注意：洗涤泵连续工作时间一般不超过 1min，使用时应先开洗涤泵，后开刮水器。喷水停止后，刮水器应继续刮 2～5 次，这样才能达到良好的洗涤效果。

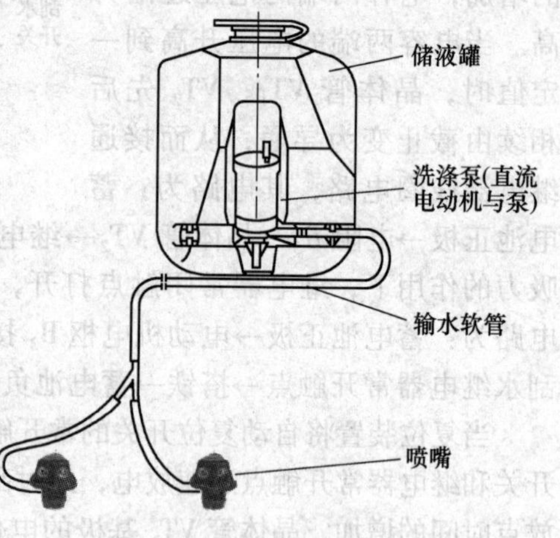

图 7-6　风窗清洗装置的组成

图 7-7 所示为上海桑塔纳轿车的刮水器及洗涤器电路。该装置由刮水电动机 V、洗涤泵

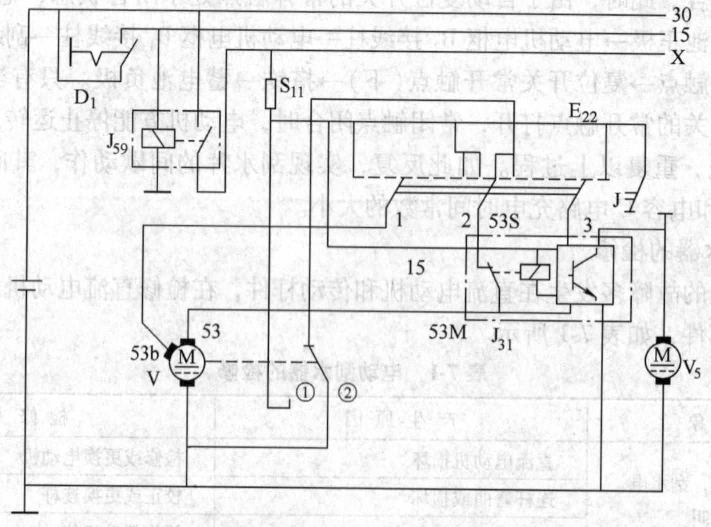

图 7-7　上海桑塔纳轿车刮水器及洗涤器电路

V_5、刮水器开关 E_{22}、间歇刮水继电器 J_{31}、熔丝 S 及刮水器机械传动装置等组成。

电动洗涤器的故障往往是由于软管或喷嘴堵塞等原因造成的。在检修时，应由外到里、由易到难。电动洗涤器的检修如表 7-2 所示。

表 7-2 电动洗涤器的检修

故障现象	产生原因	检修方法
电动洗涤泵不工作	控制开关损坏	检修控制开关
	电动洗涤泵损坏	检修电动洗涤泵
	喷嘴堵塞严重	用钢丝疏通
	电动洗涤泵线路断开	检查、连接电动洗涤泵线路
电动洗涤泵工作，但喷射压力低	电动洗涤泵工作不正常	检修电动洗涤泵
	喷嘴堵塞	用钢丝疏通
	软管堵塞或泄漏	疏通或更换软管

三、风窗除霜装置

冬季风窗玻璃上容易结冰霜，用刮水器无法清除，除去这些霜雾的有效方法是加热玻璃。轿车的后风窗玻璃一般利用发热丝组成的电栅加热除霜，即电热除霜，如图 7-8 所示。

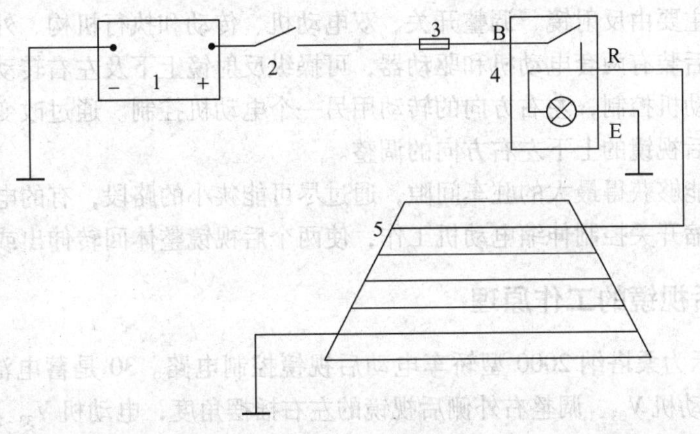

图 7-8 电热式后除霜电路原理图

1—蓄电池 2—点火开关 3—熔丝 4—除霜器开关及指示灯 5—除霜器(电热丝)

后风窗玻璃除霜器一般是在玻璃成形过程中，将一组平行的含银陶瓷电阻丝烧结在玻璃表面上。在玻璃两侧有汇流条，各焊有一个接线柱，其中一个用以供电，另一个用作搭铁。除霜器的电阻随温度的变化而变化，具有正温度系数。温度低时，阻值减小，电流增大；温度高时，阻值增大，电流减小。因此，除霜器自身具有一定的调节功能。

提示： 前风窗玻璃和侧窗玻璃可利用空调系统进行除霜。

风窗除霜装置的检修如表 7-3 所示。

表 7-3 风窗除霜装置的检修

故障现象	产生原因	检修方法
除霜器不除霜	熔丝熔断	检查更换同一标准的熔丝
	控制线路断路	检查、连接除霜器线路
	加热丝损坏	检修、更换加热丝
	控制开关损坏	检修更换控制开关
除霜器有时工作有时不工作	控制线路不良	检查、连接除霜器线路
	加热丝损坏	检修、更换加热丝
	控制开关损坏	检修、更换控制开关

任务二 电动后视镜的控制电路与检修

汽车上的后视镜位置直接关系到驾驶员能否观察到车后的情况，与行车安全性有着密切的联系。为了便于驾驶员调整后视镜的角度，很多轿车安装了电动后视镜，驾驶员在行车时便可方便地对左右后视镜的角度进行随时调节。

一、电动后视镜的结构

电动后视镜主要由反射镜、调整开关、双电动机、传动和执行机构、外壳及连接件等组成。反射镜的背后装有两套电动机和驱动器，可操纵反射镜上下及左右转动。通常上下方向的转动用一个电动机控制，左右方向的转动用另一个电动机控制。通过改变电动机的电流方向，就可完成对后视镜的上下左右方向的调整。

为了使车辆能够获得最大的驻车间隙，通过尽可能狭小的路段，有的电动后视镜还带有伸缩功能，由伸缩开关控制伸缩电动机工作，使两个后视镜整体回转伸出或缩回。

二、电动后视镜的工作原理

如图 7-9 所示为桑塔纳 2000 型轿车电动后视镜控制电路。30 是蓄电池过来的电源线，31 是搭铁线。电动机 V_{33-1} 调整右外侧后视镜的左右摇摆角度；电动机 V_{33-2} 调整右外侧后视镜的上下摇摆角度；电动机 V_{34-1} 调整左外侧后视镜的左右摇摆角度；电动机 V_{34-2} 调整左外侧后视镜的上下摇摆角度，所有电动机均由设置在左前门内把手上端的组合开关 M 控制，该开关既可旋动，又可上下、左右拨动。为便于叙述，将该开关分为 M_{11}、M_{21}、M_{22} 三个具有独立控制功能的子开关。

当调整左外侧后视镜角度时，将组合开关 M 的旋钮旋至 L(左)位置，左右拨动组合开关 M 的旋钮，可控制电动机 V_{34-1} 电枢电流的方向，带动左外侧后视镜左右摆动；上下拨动组合开关 M 的旋钮，可控制电动机 V_{34-2} 电枢电流的方向，带动左外侧后视镜上下摆动。右外侧后视镜角度的调整原理与左外侧后视镜角度的调整原理基本一样。只是将组合开关 M 的旋钮旋至 R(右)位置，然后左右、上下拨动组合开关 M 的旋钮即可。

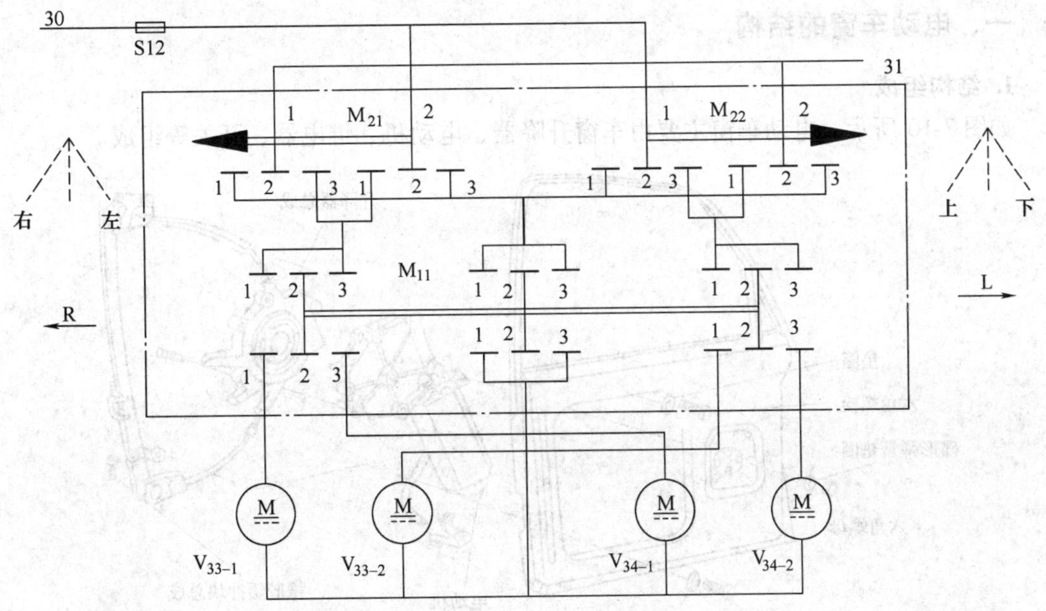

图 7-9 桑塔纳 2000 型轿车电动后视镜控制电路

三、电动后视镜的检修

电动后视镜的检修如表 7-4 所示。

表 7-4 电动后视镜的检修

故障现象	产生原因	检修方法
组合开关在任何位置，电动后视镜都不能工作	熔丝熔断	检查更换同一标准的熔丝
	组合开关损坏	检修或更换组合开关
	搭铁不良	检查线路、重新连接
	直流电动机损坏	检修直流电动机
一侧后视镜不能上下或左右运动	组合开关损坏	检修或更换组合开关
	直流电动机（控制上下或左右）损坏	检修直流电动机
	传动机构损坏	检修传动机构

任务三 电动车窗的控制电路与检修

电动车窗是指以电为动力使车窗玻璃自动升降的车窗。它是由驾驶员或乘员操纵开关接通车窗升降电动机的电路，电动机产生动力通过一系列的机械传动，使车窗玻璃按要求进行升降。电动车窗操作简便，可以使驾驶员更加集中精力驾车，方便驾驶员及乘客的操作，有利于行车安全。驾驶员操作时，可以使四个车窗中的任意一个上升或下降，乘员只能使所在的车窗上升或下降（乘员只有在驾驶员解除车窗玻璃升降开关锁止的前提下才可操控）。

一、电动车窗的结构

1. 结构组成

如图 7-10 所示，电动车窗主要由车窗升降器、电动机、继电器、开关等组成。

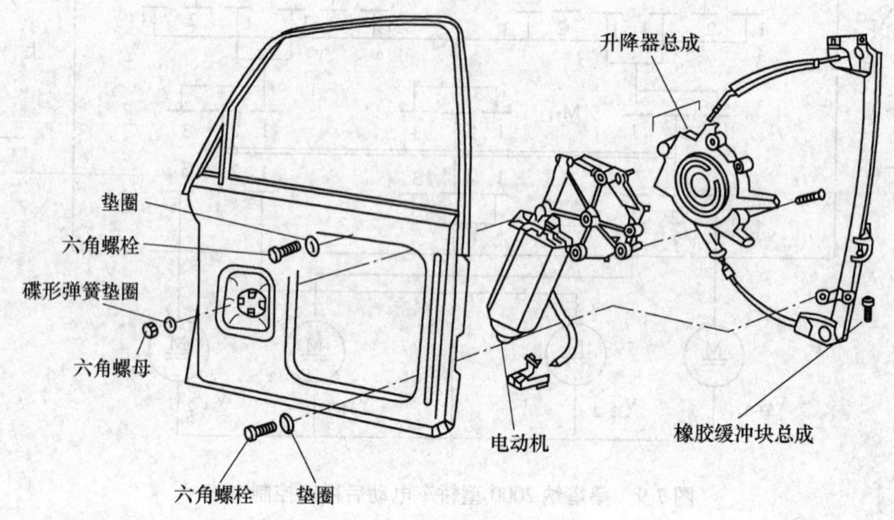

图 7-10　电动车窗结构组成

2. 结构类型

车窗升降器是电动车窗中最主要的组成部分，目前所使用的车窗升降器的结构类型主要有电动交叉臂式玻璃升降器、电动钢丝滚筒式玻璃升降器、电动齿轮齿条式玻璃升降器和齿扇式升降器等几种，其结构分别如图 7-11 ~ 图 7-14 所示。

电动车窗使用的电动机是双向的，有永磁式和双绕组式两种。每个车窗都装有一个电动机，通过开关控制它的旋转方向，使车窗玻璃上升或下降。

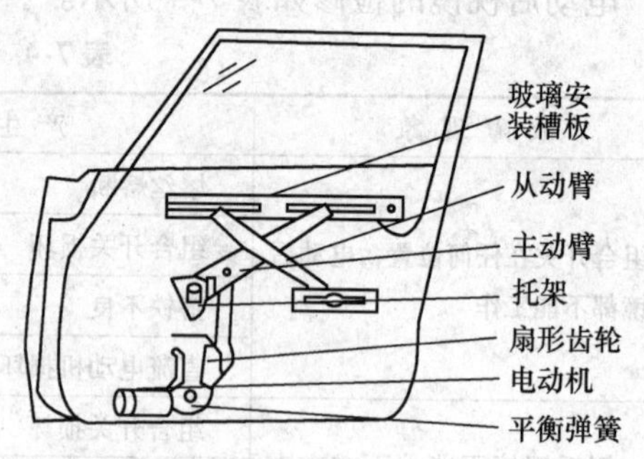

图 7-11　电动交叉臂式车窗玻璃升降器示意图

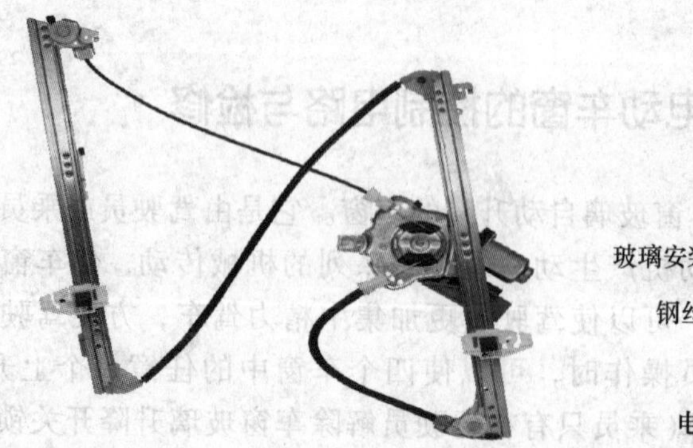

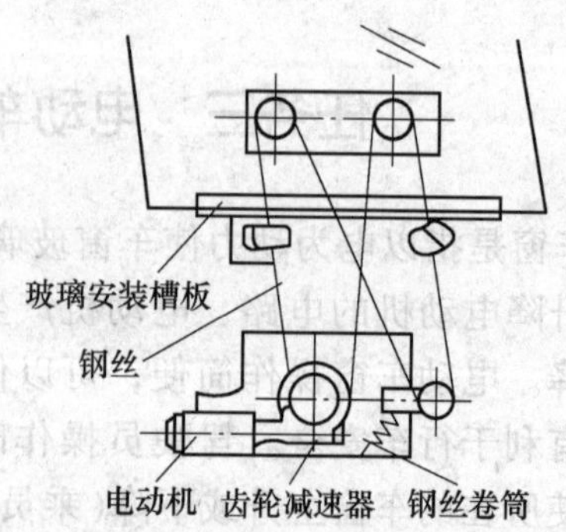

图 7-12　电动钢丝滚筒式车窗玻璃升降器实物及原理示意图

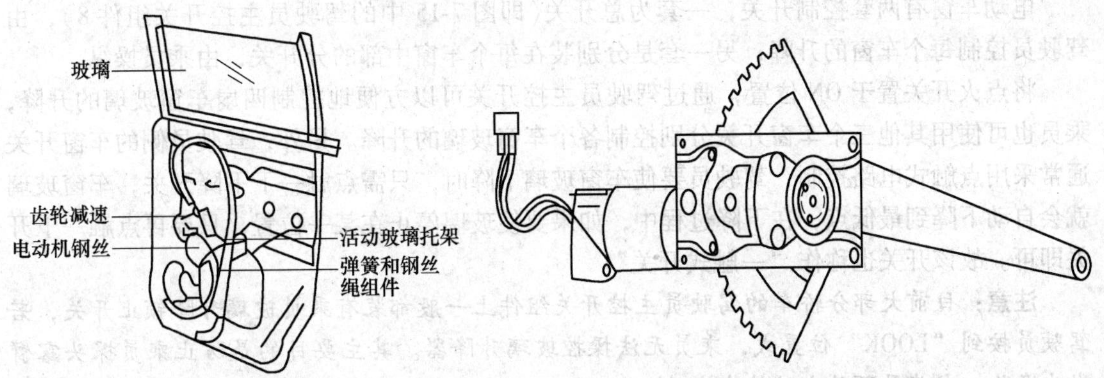

图7-13 电动齿轮齿条式车窗玻璃升降器示意图

图7-14 齿扇式电动车窗玻璃升降器示意图

提示：为了防止电路过载，电路或电动机内装有一个或多个热敏断路开关，用以控制电流，当车窗完全关闭或由于结冰等原因使车窗玻璃不能自如运动时，即使操纵开关没有断开，热敏开关也会自动断路。有的车上还装有延迟开关，在点火开关断开后约10min内，或在车门打开以前，仍有电源提供，使驾驶员和乘客有时间关闭车窗。

二、电动车窗的工作原理

1. 采用永磁式直流电动机的电动车窗升降原理

永磁式直流电动机结构简单，但开关和控制线路复杂一些，在实际当中应用较广泛。它是通过改变电枢的电流方向来改变电动机的旋转方向，使车窗上升或下降的。图7-15所示为永磁式电动车窗控制电路图。

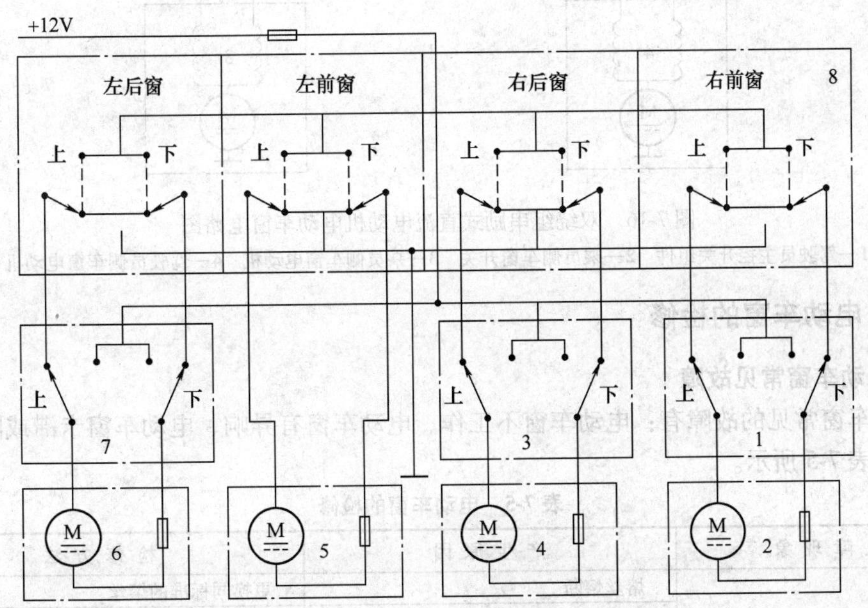

图7-15 永磁式直流电动机电动车窗控制电路图

1—右前车窗开关 2—右前车窗电动机 3—右后车窗开关 4—右后车窗电动机 5—左前车窗电动机
6—左后车窗电动机 7—左后车窗开关 8—驾驶员主控开关组件

电动车窗有两套控制开关，一套为总开关(即图 7-15 中的驾驶员主控开关组件 8)，由驾驶员控制每个车窗的升降；另一套是分别装在每个车窗中部的分开关，由乘员操纵。

将点火开关置于 ON 位置，通过驾驶员主控开关可以方便地控制四扇车窗玻璃的升降，乘员也可使用其他三个车窗开关分别控制各个车窗玻璃的升降。另外，驾驶员侧的车窗开关通常采用点触式电路控制，驾驶员要使车窗玻璃下降时，只需点触一下下降开关，车窗玻璃就会自动下降到最低点，在下降过程中，如果要使玻璃停止在某一位置，只要再点触一下开关即可。故该开关也称作“一触式开关”。

注意：目前大部分轿车的驾驶员主控开关组件上一般都装有乘员玻璃升降锁止开关，若驾驶员按到“LOOK”位置式，乘员无法操控玻璃升降器。其主要目的是防止乘员探头露臂发生危险，尤其是预防小孩摔出车外。

2. 采用双绕组串励式直流电动机的电动车窗升降原理

双绕组串励式直流电动机的一端直接搭铁，电动机内部有两组励磁绕组。一个称为“上升”绕组，一个称为“下降”绕组。通过接通不同的绕组，使电动机的转向不同，从而实现车窗的上升和下降动作。其控制电路如图 7-16 所示。

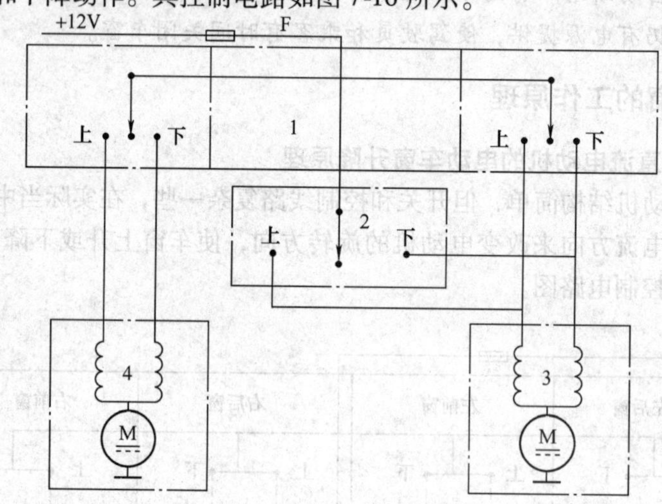

图 7-16　双绕组串励式直流电动机电动车窗电路图

1—驾驶员主控开关组件　2—乘员侧车窗开关　3—乘员侧车窗电动机　4—驾驶员侧车窗电动机

三、电动车窗的检修

1. 电动车窗常见故障

电动车窗常见的故障有：电动车窗不工作、电动车窗有异响、电动车窗卡滞或阻滞。检修方法如表 7-5 所示。

表 7-5　电动车窗的检修

故障现象	产生原因	检修方法
电动车窗不工作	熔丝熔断	更换同标准的熔丝
	控制开关损坏	检修控制开关
	线路短路或接触不良	用仪表检查、连接线路
	直流电动机损坏	检修直流电动机
	传动机构脱开	检查、更换传动机构部件

（续）

故障现象	产生原因	检修方法
电动车窗有异响	传动机构调整不当	检查调整各部件连接情况
	卷丝筒内钢丝绳脱槽	检查调整钢丝绳的位置
	电动机盖板或固定架与车窗玻璃擦碰	检查安装支架弧度是否正确
电动车窗卡滞、阻滞	导轨凹部有异物	排除异物
	导轨变形	回复原有形状
	直流电动机故障	检修直流电动机
	钢丝绳生锈磨损	更换钢丝绳

2. 电动车窗典型故障案例分析

案例　2002款上海大众波罗轿车电动车窗不升降

故障现象：

最近接修一辆上海大众波罗轿车，它的车身编码是：LSVFA49J822044665，此车配备手动变速器和两前门电动窗，无中控门锁。

故障排除：

分析造成编码错误的原因时，发现检修时他们用试灯测量电脑端子，可能是装防盗器时找某个信号或电源，误把试灯接头插入诊断导线K线或L线。错误给电脑一个编码信号，导致此故障。

现在汽车已经进入高科技时代，出现故障不要盲目用试灯测量。因为很多车都是网络传输，如上海大众波罗轿车装备14块电脑，全部电脑都是网络传输，数据共享，故维修中一定要加倍小心。

任务四　电动座椅的控制电路与检修

由电动机控制的汽车座椅称为电动座椅。电动座椅为驾驶员提供便于操作、舒适而安全的驾驶位置；为乘员提供不易疲劳、舒适又安全的乘坐位置。

汽车座椅的调节正向多功能化发展，使座椅的安全性、舒适性、操作性日益提高。电动座椅的种类很多，还可以有很多种组合方式，如具有四种调节功能的电动座椅，如图7-17所示。其动作方式有座位前后调节、座位前端的上下调节、座位后端的上下调节以及座位靠背的倾斜度调节等。

提示：电动座椅前后方向的调节量一般为100～160mm，座位前端和后端的调节量约为30～50mm，全程移动所需时间约为8～10s。

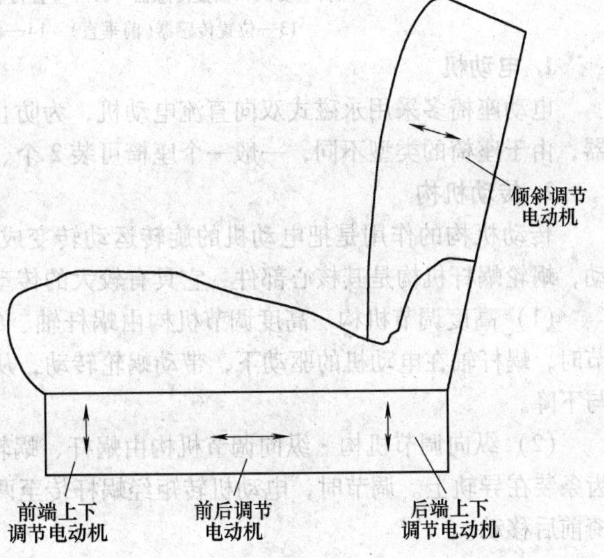

图7-17　电动座椅的调节方向

一、电动座椅的结构

电动座椅一般由座椅开关、电动

机、传动机构和座椅调节器等组成，如图7-18所示。

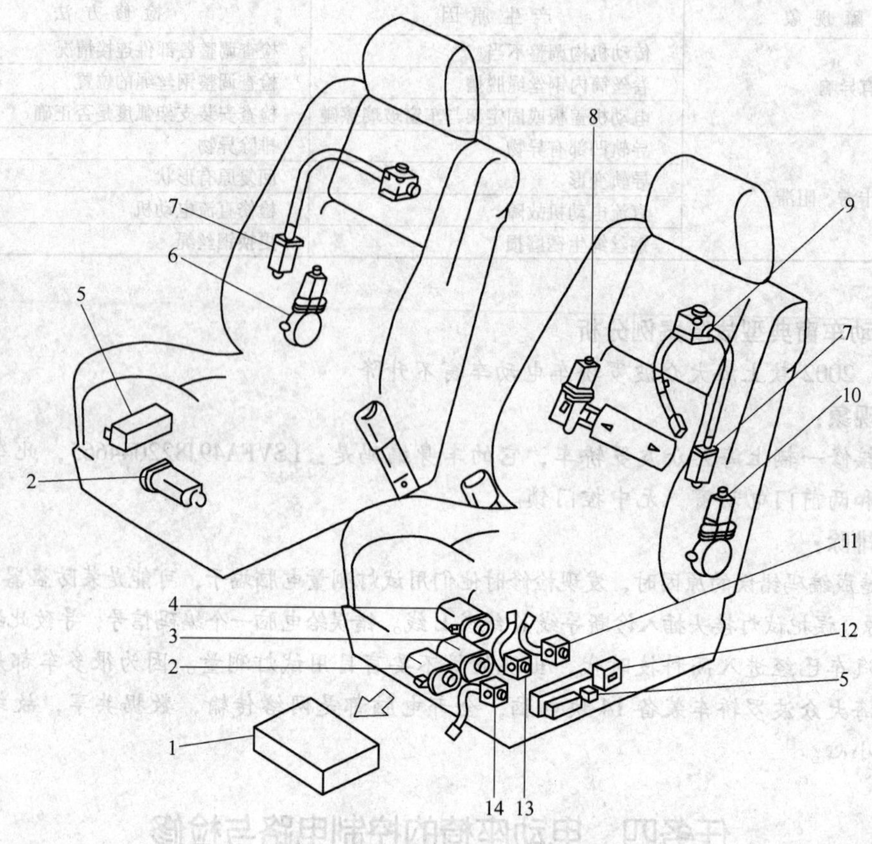

图7-18　电动座椅的结构

1—电动座椅ECU　2—滑动电动机　3—前垂直电动机　4—后垂直电动机　5—电动座椅开关
6—倾斜电动机　7—头枕电动机　8—腰垫电动机　9—位置传感器(头枕)
10—倾斜电动机和位置传感器　11—位置传感器(后垂直)　12—腰垫开关
13—位置传感器(前垂直)　14—位置传感器(滑动)

1. 电动机

电动座椅多采用永磁式双向直流电动机，为防止电动机过载，电动机内一般都装有断路器，由于座椅的类型不同，一般一个座椅可装2个、3个、4个或6个电动机。

2. 传动机构

传动机构的作用是把电动机的旋转运动转变成座椅的上下、前后移动或靠背的倾斜摆动，蜗轮蜗杆机构是其核心部件，它具有较大的传动比且自锁性能良好。

(1) 高度调节机构　高度调节机构由蜗杆轴、蜗轮和心轴等组成，如图7-19所示。调节时，蜗杆轴在电动机的驱动下，带动蜗轮转动，从而使心轴旋进或旋出，实现座椅的上升与下降。

(2) 纵向调节机构　纵向调节机构由蜗杆、蜗轮、齿条、导轨等组成，如图7-20所示。齿条装在导轨上。调节时，电动机转矩经蜗杆传至两侧的蜗轮上，经导轨上的齿条，带动座椅前后移动。

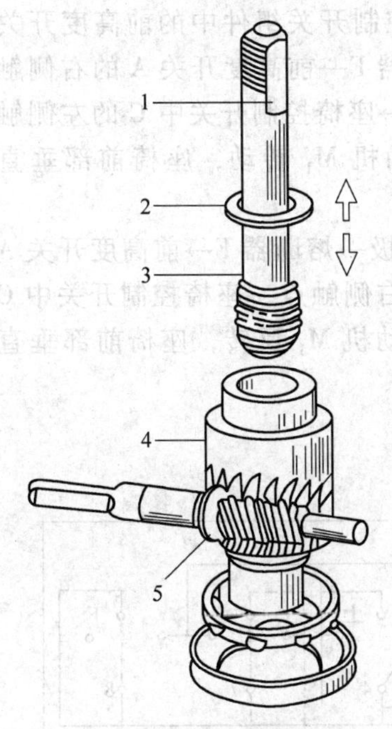

图 7-19 高度调节机构

1—铣平面 2—止推垫片 3—心轴 4—蜗轮 5—挠性驱动蜗杆轴

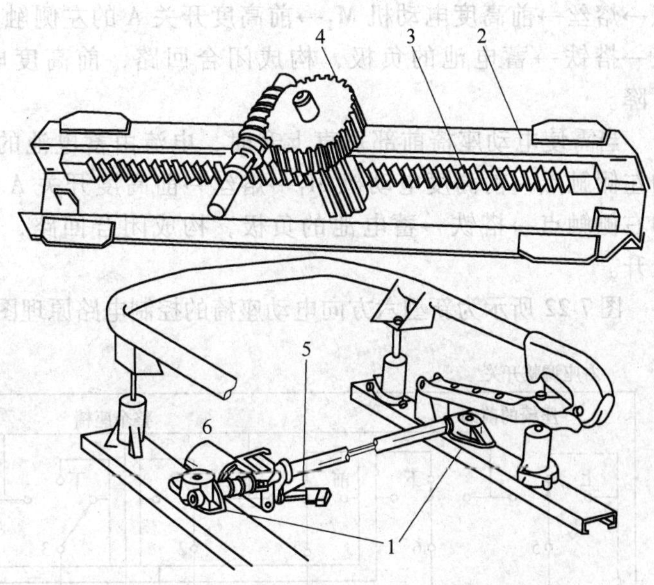

图 7-20 纵向调节机构

1—支承及导向元件 2—导轨 3—齿条 4—蜗轮 5—反馈信号电位计 6—调整电动机

二、电动座椅的工作原理

电动座椅最普遍的控制形式是使用三个电动机实现座椅六个不同方向的位置调整：上、下、前、后、前倾、后倾。三个电动机分别称为前高度调整电动机，后高度调整电动机与前后移动电动机。用这三个电动机控制座椅前部的高度，后部高度以及座椅的前后移动实现座椅位置调整。如图 7-21 所示，通过电动座椅控制开关，即可完成不同的调节功能。

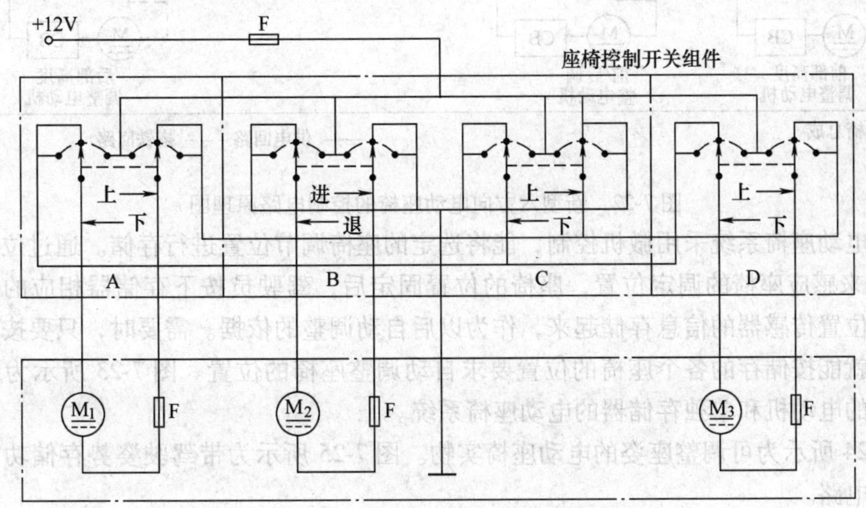

图 7-21 六方向电动座椅的控制电路原理图

M_1—前高度电动机 M_2—前进后退电动机 M_3—后高度电动机 F—熔断器

如需要电动座椅前部垂直下降时，可接通调节座椅控制开关组件中的前高度开关A。此时电路中电流的流动方向是：蓄电池的正极→熔断器F→前高度开关A的右侧触点→熔丝→前高度电动机M_1→前高度开关A的左侧触点→座椅控制开关中C的左侧触点→搭铁→蓄电池的负极，构成闭合回路，前高度电动机M_1转动，座椅前部垂直下降。

当需使电动座椅前部垂直上升时，电流由蓄电池的正极→熔断器F→前高度开关A的左侧触点→前高度电动机M_1→熔丝→前高度开关A的右侧触点→座椅控制开关中C的右侧触点→搭铁→蓄电池的负极，构成闭合回路，电动机M_1反转，座椅前部垂直上升。

图7-22所示为新型六方向电动座椅的控制电路原理图。

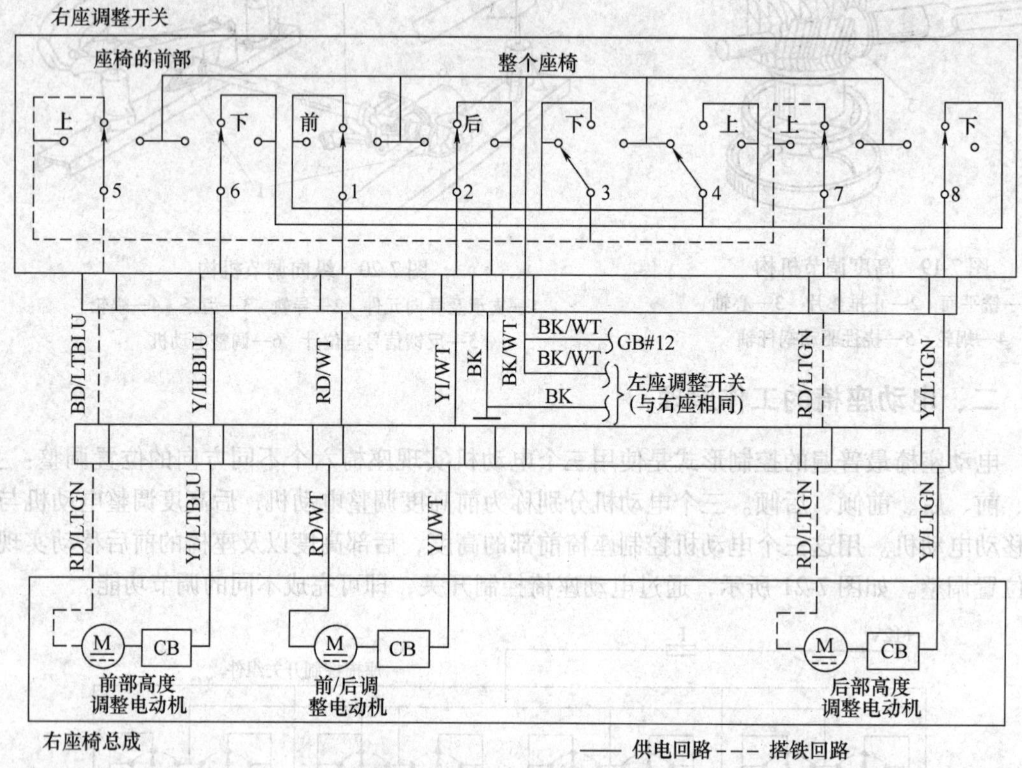

图7-22 新型六方向电动座椅的控制电路原理图

有些电动座椅系统采用微机控制，能将选定的座椅调节位置进行存储。通过位置传感器(电位器)来感应座椅的调定位置，座椅的位置固定后，驾驶员按下存储器相应的按钮，存储器就将位置传感器的信息存储起来，作为以后自动调整的依据。需要时，只要按存储器相应的按钮就能按储存的各个座椅的位置要求自动调整座椅的位置。图7-23所示为装有六个调整座椅的电动机和单独存储器的电动座椅系统。

图7-24所示为可调整座姿的电动座椅实物。图7-25所示为带驾驶姿势存储功能的电动座椅控制电路。

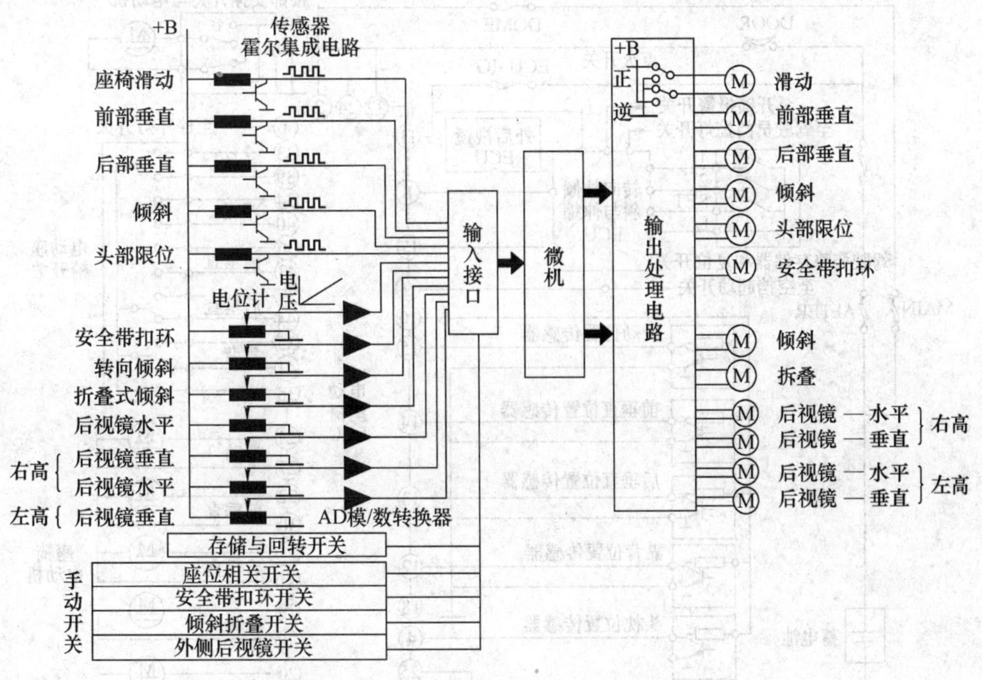

图 7-23　有存储功能的电动座椅系统

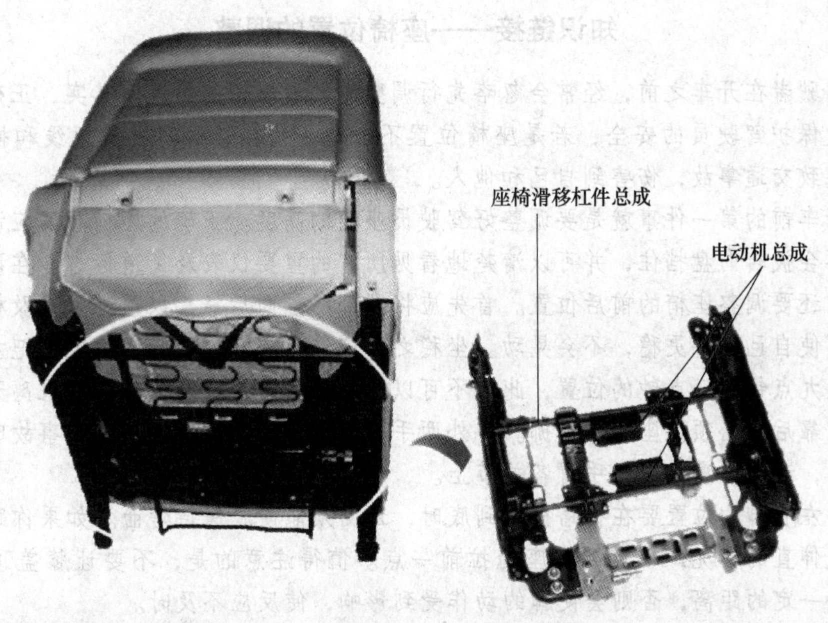

图 7-24　调整座姿的电动座椅实物

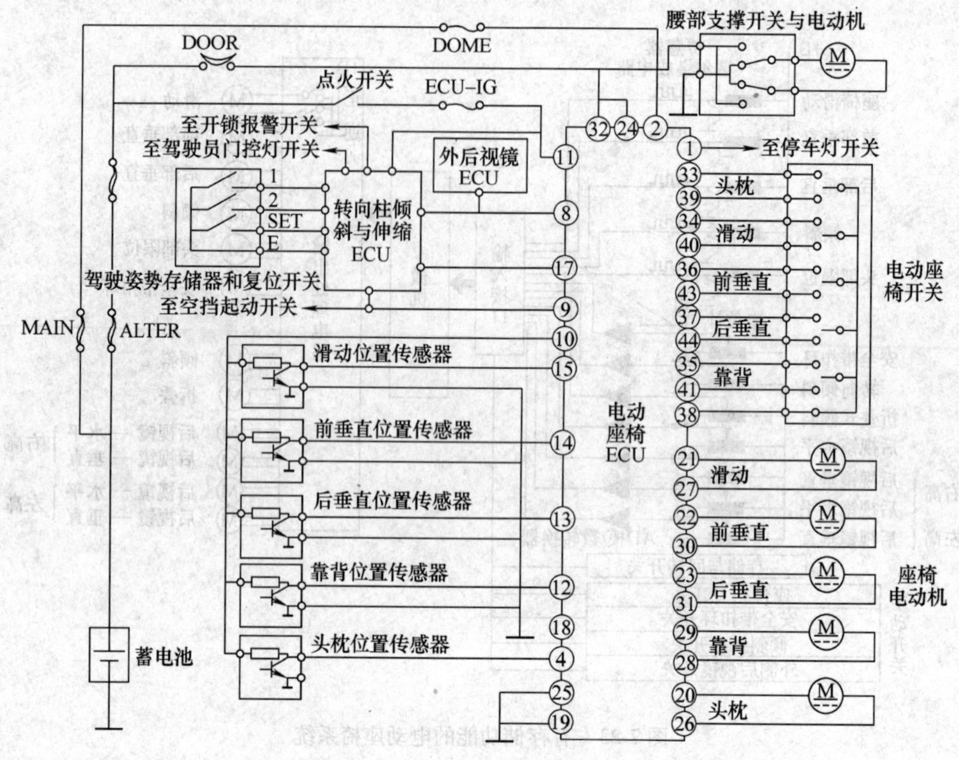

图 7-25　带驾驶姿势存储功能的电动座椅控制电路

知识链接——座椅位置的调整

很多驾驶者在开车之前，经常会忽略先行调整驾驶者座椅的位置。其实，正确的驾驶姿势可以有效保护驾驶员的安全，若是座椅位置不合适，就会影响驾驶员视线和操控的灵敏度，甚至导致交通事故，伤害到自己和他人。

因此开车前的第一件事就是要调整好驾驶员座椅的高度。正确的座椅高度应调整到驾驶者的视线不会被转向盘挡住，并可以清楚地看见所有的重要仪表及街道标志。在调整好座椅的高度后，还要调整座椅的前后位置。首先应将臀部尽量向后靠，以顶到坐垫及椅背之间最好，这样可使自己坐得更稳，不会晃动。坐稳之后应注意一下手、脚的位置，把左右手分别放在转向盘九点钟和三点钟的位置，此时不可以让自己的背部离开椅背，如果离开的话，表示你坐得太靠后，必须把座椅往前挪。另外两手要略微弯曲，这样万一发生事故时，能有效分散撞击力，避免力量集中在手臂各关节上。

此外，左右脚的位置要在将踏板踩到底时，还必须能使腿保持弯曲。如果你踩踏板到底时，两腿是伸直的情况，一定要把座椅拉前一点。值得注意的是，不要让膝盖顶在转向柱上，要保持一定的距离，否则会使脚的动作受到影响，使反应不及时。

安全带是一个非常有效的安全设施，能有效地缓解人向前的冲力。安全带也有它的系法，现在一般车内安全带拉下的位置通常是可以调整的。正确的位置是将其调整到当安全带不使用时，靠在 B 柱并与眼部相同或差不多高度的位置上。这样当安全带扣上后，才会刚好从胸前、锁骨通过，一旦发生撞击，不至于使冲击力过于集中在某个位置，而伤害到乘客。

三、电动座椅的检修

1. 电动座椅常见故障

电动座椅的常见故障有：电动座椅完全不动作或某个方向不能工作，对电动座椅的检修如表7-6所示。

表7-6　电动座椅的检修

故障现象	产生原因	检修方法
电动座椅完全不动作	电源电压不足	检修汽车电源(蓄电池、发电机)
	熔丝熔断	更换同标准的熔丝
	开关损坏	检修或更换开关
	线路断路	按电路图检查、连接电路
	电动机损坏	检修或更换电动机
	传动装置损坏	检修传动装置
电动座椅某个方向不能工作	电动座椅开关损坏	检修或更换开关
	线路断路	按电路图检查、连接电路
	某个直流电动机损坏	检修或更换直流电动机
	传动装置脱开或损坏	检修传动装置(包括软轴、齿轮齿条、螺杆等)

2. 电动座椅典型故障案例分析

案例　克莱斯勒轿车电动座椅卡死

故障原因：

部分2001～2005年生产的克莱斯勒Sebring轿车和Stratus轿车的电动座椅偶尔会出现粘连或完全卡死的故障。克莱斯勒汽车公司称，故障原因可能是调节器长螺钉氧化以及座椅调节连杆润滑不足造成的。

故障诊断与排除：

维修时，将吊灯和镜子放到后面乘员地板部位，照亮座椅下面，固定好镜子的位置，以便看清座椅底部。如果在调节器的两根水平方向的长螺钉上发现了氧化现象，则应松开座椅螺栓，向后推动座椅以露出座椅的整个调节器机构，用钢丝刷清除金属上的氧化层。这时，使用电动座椅，如果还是粘连，应在整个螺钉长度方向涂抹足量的润滑脂(零件号为05017414AA)，然后再前后使用电动座椅数次，使润滑脂分布均匀。最后，重新安装座椅，并将其固定螺栓拧至60.8N·m即可。

本项目小结

1. 电动刮水器主要由直流电动机和一套传动机构组成。电动机旋转，带动蜗轮蜗杆减速机构，使与蜗轮轴相连的摇臂带着两侧拉杆做往复运动，拉杆则通过摆杆带着左、右刮水臂做往复摆动，安装在刮水臂上的橡胶刮水片刷去风窗玻璃上的雨水、雪和灰尘。

2. 永磁式刮水电动机通常采用三刷式电动机，其磁场强弱是不能改变的，通过改变两电刷之间的绕组数来改变刮水电动机的转速，实现变速刮水。

3. 风窗清洗装置用于清除风窗玻璃上的尘土和污物，保证驾驶员有良好的视线。主要由喷嘴、输水软管、储液罐、洗涤泵等组成。洗涤泵连续工作时间一般不超过1min，使用时应先开清洗泵后开刮水器。

4. 轿车的后风窗玻璃一般利用发热丝组成的电栅加热除霜，前风窗玻璃和侧窗玻璃可利用空调系统进行除霜。

5. 电动后视镜主要由调整开关、双电动机、传动和执行机构、外壳及连接件等组成。通常上下方向的转动用一个电动机控制，左右方向的转动用另一个电动机控制。

6. 电动车窗主要由车窗升降器、电动机、继电器、开关等组成。其使用的电动机是双向的，有永磁式和双绕组式两种。每个车窗都装有一个电动机，通过开关控制它的旋转方向，使车窗玻璃上升或下降。电动车窗有两套控制开关，一套为总开关，由驾驶员控制每个车窗的升降；另一套是分别装在每个车窗中的分开关，由乘员操纵。驾驶员侧的车窗开关通常采用点触式电路控制，驾驶员要使车窗玻璃下降时，只需点触一下下降开关，车窗玻璃就会自动下降到最低点。

7. 电动座椅一般由座椅开关、电动机、传动机构和座椅调节器等组成。普通的电动座椅使用三个电动机实现座椅六个不同方向的位置调整，即：上、下、前、后、前倾、后倾。有些电动座椅系统有存储记忆功能，能将选定的座椅调节位置进行存储。

练习与思考

一、填空

1. 汽车电动刮水器由________和________组成。

2. 永磁式直流电动机是通过改变电枢的________来改变电动机的旋转方向，使车窗玻璃上升或下降。

3. 轿车的后风窗玻璃一般利用________组成的电栅加热除霜。

4. 电动后视镜主要由________、________、________、________及连接件等组成。

5. 双绕组串励式直流电动机的一端直接搭铁，电动机内部有________组励磁绕组。

6. 电动座椅一般由________、________、________和座椅调节器等组成。

二、判断

1. 洗涤泵连续工作的时间一般不能不能超过1min。(　　)

2. 电动后视镜背后装有两套电动机和驱动器。(　　)

3. 汽车各车窗玻璃升降开关都采用点触式。(　　)

4. 普通的电动座椅使用三个电动机实现座椅六个不同方向的位置调整。(　　)

三、问答

1. 永磁式电动刮水器是如何实现自动复位的？

2. 电动车窗的常见故障有哪些？如何进行诊断？

3. 电动座椅有哪些调节功能？

项目八　汽车整车电路

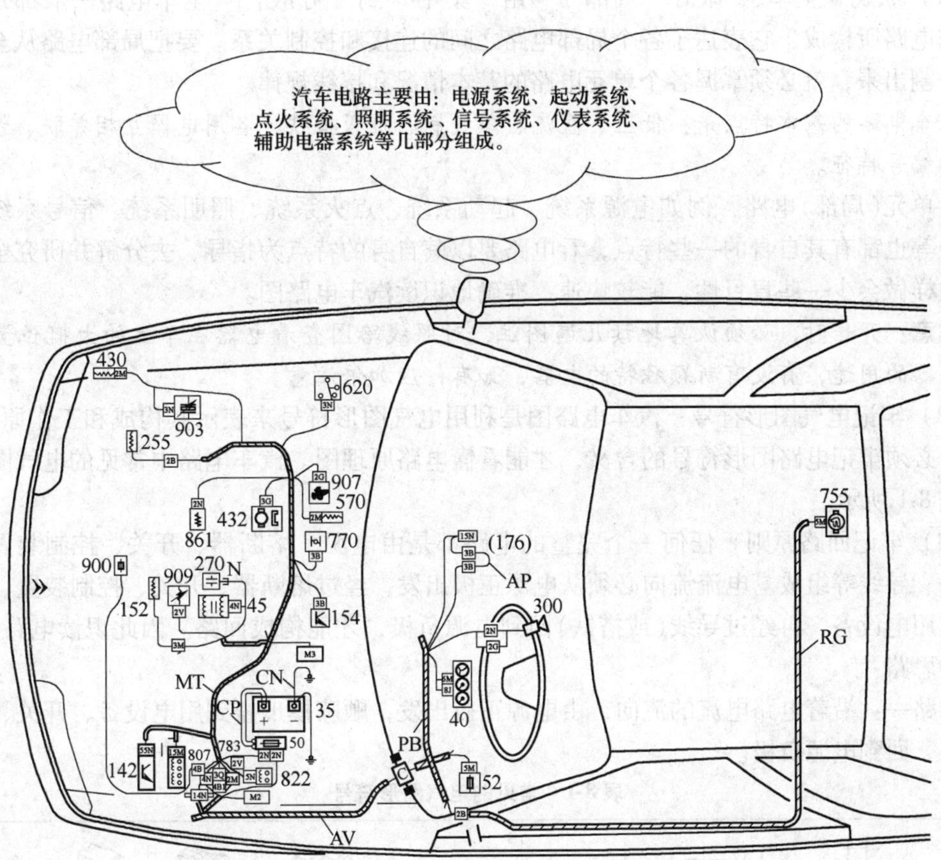

【学习目标】

- ◇ 了解汽车电路图的种类和特点
- ◇ 知道汽车电路图的识别方法
- ◇ 学会电路诊断与检修常用工具的使用
- ◇ 掌握汽车电路的诊断与检修方法

任务一　汽车电路识图

一、识读汽车电路图的方法

正确识读和分析汽车电路图是了解整个汽车电气系统的基本组成、工作原理、电路的结构特点以及各电器装置之间相互连接关系的主要途径，也是分析和判断汽车电气系统故障的主要依据。因此，掌握汽车电路图的正确识读和分析方法，对于汽车技术人员和汽车维修人员迅速分析汽车电气系统故障原因，准确查找故障所在，从而最终解决问题是十分重要的。

1. 识读汽车电路图的一般要领

（1）纵观“全车”，眼盯“局部”→由“集中”到“分散”　全车电路一般都是由各个局部电路所构成，它表达了各个局部电路之间的连接和控制关系。要把局部电路从全车总图中分割出来，就必须掌握各个单元电路的基本情况和接线规律。

汽车电路的基本特点是：低压、直流、单线制、负极搭铁、各用电器互相并联、线路有颜色和编号特征。

各单元(局部)电路，例如电源系统、起动系统、点火系统、照明系统、信号系统、仪表系统等也都有其自身的一些特点，看电路要以其自身的特点为指导，去分解并研究全车电路，这样做会少一些盲目性，能较快速、准确地识读汽车电路图。

注意：开始时，必须认真地读几遍图注，对照线路图查看电器在车上的大概位置及数量，电器的用途，有没有新颖独特的电器，如有，应加倍注意。

（2）牢记电气图形符号　汽车电路图是利用电气图形符号来表示其构成和工作原理的。因此，必须牢记电路图形符号的含义，才能看懂电路原理图。汽车电路中常见的电气图形符号如表 8-1 所示。

（3）牢记回路原则　任何一个完整的电路都是由电源、熔断器、开关、控制装置、用电设备、导线等组成。电流流向必须从电源正极出发，经过熔断器、开关、控制装置、导线等到达用电设备，再经过导线(或搭铁)回到电源负极，才能构成回路。因此识读电路图时，有三种思路：

思路一：沿着电路电流的流向，由电源正极出发，顺藤摸瓜查到用电设备、开关、控制装置等，回到电源负极。

表 8-1　常见的电气图形符号

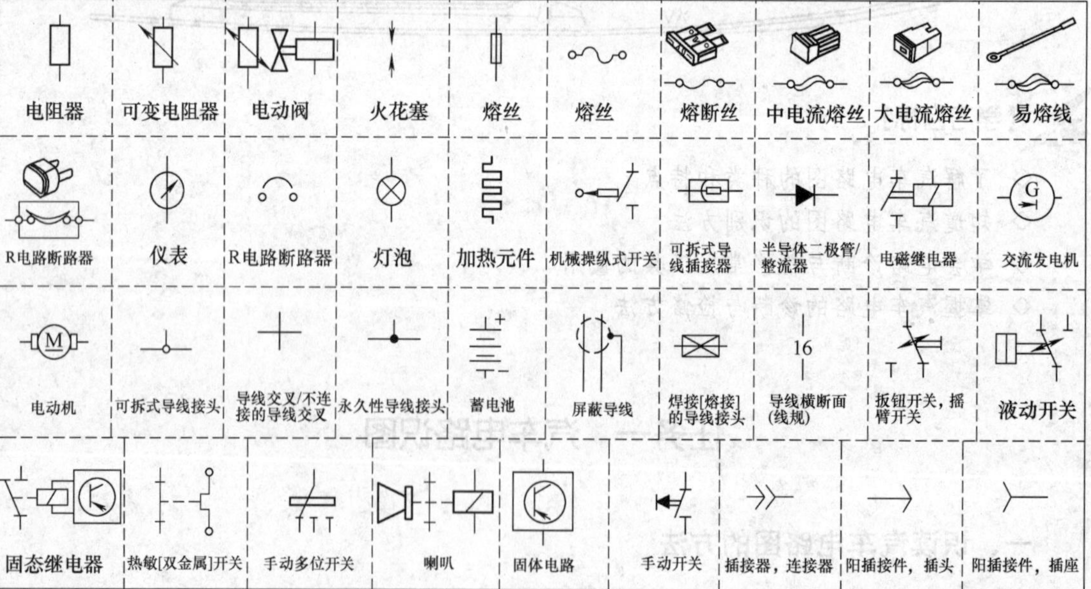

电阻器	可变电阻器	电动阀	火花塞	熔丝	熔丝	熔断丝	中电流熔丝	大电流熔丝	易熔线
R电路断路器	仪表	R电路断路器	灯泡	加热元件	机械操纵式开关	可拆式导线插接器	半导体二极管/整流器	电磁继电器	交流发电机
电动机	可拆式导线接头	导线交叉/不连接的导线交叉	永久性导线接头	蓄电池	屏蔽导线	焊接[熔接]的导线接头	导线横断面(线规)	扳钮开关，摇臂开关	液动开关
固态继电器	热敏[双金属]开关	手动多位开关	喇叭	固体电路	手动开关	插接器，连接器	阳插接件，插头	阳插接件，插座	

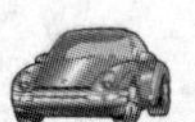

（续）

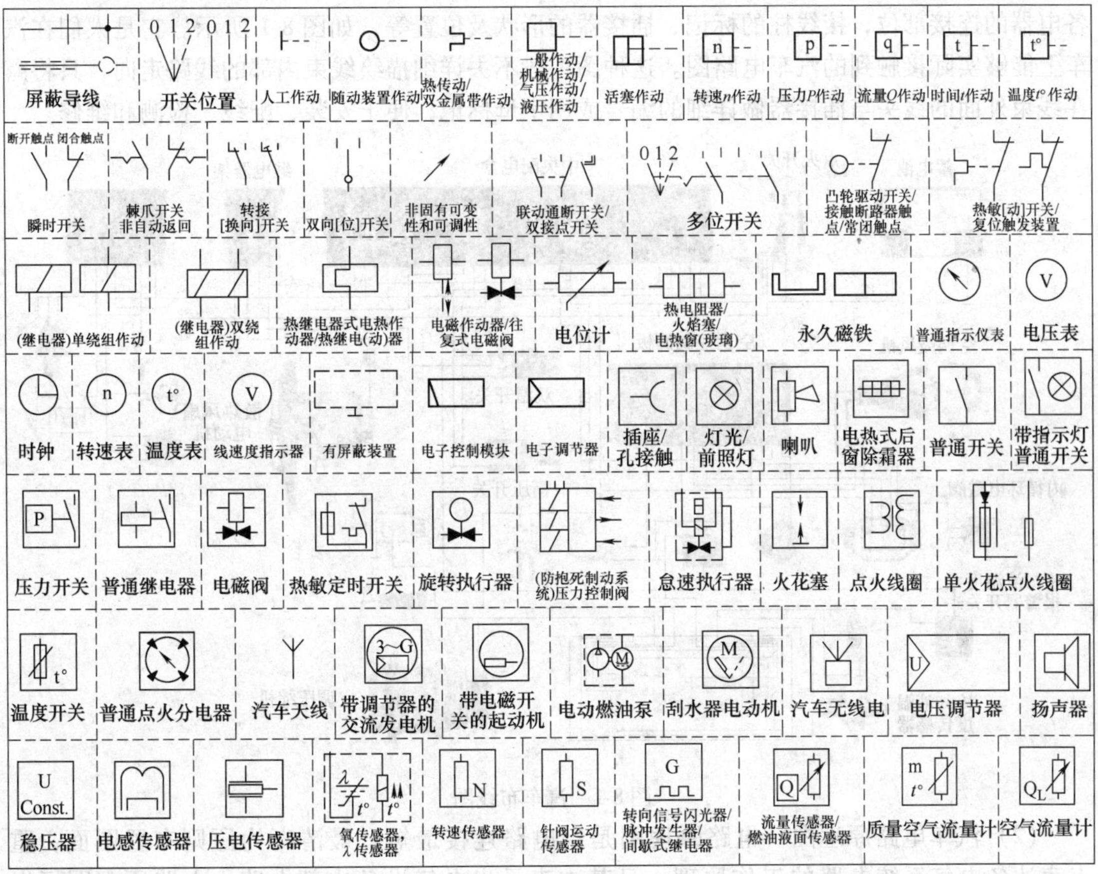
屏蔽导线
0 1 2 0 1 2
开关位置
人工作动
随动装置作动
热传动/双金属带作动
一般作动/机械作动/气压作动/液压作动
活塞作动
n
转速n作动
p
压力P作动
q
流量Q作动
t
时间t作动
t°
温度t°作动
断开触点 闭合触点
瞬时开关
棘爪开关非自动返回
转接[换向]开关
双向[位]开关
非固有可变性和可调性
联动通断开关/双接点开关
0 1 2
多位开关
凸轮驱动开关/接触断路器触点/常闭触点
热敏[动]开关/复位触发装置
(继电器)单绕组作动
(继电器)双绕组作动
热继电器式电热作动器/热继电(动)器
电磁作动器/往复式电磁阀
电位计
热电阻器/火焰塞/电热窗(玻璃)
永久磁铁
普通指示仪表
V
电压表
时钟
n
转速表
t°
温度表
V
线速度指示器
有屏蔽装置
电子控制模块
电子调节器
插座/孔接触
灯光/前照灯
喇叭
电热式后窗除霜器
普通开关
带指示灯普通开关
P
压力开关
普通继电器
电磁阀
热敏定时开关
旋转执行器
(防抱死制动系统)压力控制阀
怠速执行器
火花塞
点火线圈
单火花点火线圈
t°
温度开关
普通点火分电器
汽车天线
3~G
带调节器的交流发电机
带电磁开关的起动机
M
电动燃油泵
M
刮水器电动机
汽车无线电
U
电压调节器
扬声器
U
Const.
稳压器
电感传感器
压电传感器
λ t° t°
氧传感器，λ传感器
N
转速传感器
S
针阀运动传感器
G
转向信号闪光器/脉冲发生器/间歇式继电器
Q
流量传感器/燃油液面传感器
m t°
质量空气流量计
Q_L
空气流量计

思路二：逆着电路电流的方向，由电源负极（搭铁）开始，经过用电设备、开关、控制装置等，回到电源正极。

思路三：从用电设备开始，依次查找其控制开关、连线、控制单元，到达电源正极和搭铁（或电源负极）。

提示： 实际应用时，可视具体电路选择不同思路。但有一点值得注意：随着电子控制技术在汽车上的广泛应用，大多数电气设备电路同时具有主回路和控制回路，读图时要兼顾两回路。

2. 汽车电路图的分类

目前汽车电路图的种类繁多，电路图根据车型不同，存在一定差别。即使对于同一辆汽车，其整车电路也可以有多种表达形式。但归纳起来，汽车电路图主要有以下几种。

- 汽车电路图
  - 汽车电气线路图（布线图）
  - 汽车电路原理图
    - 汽车传统（开关/继电器）控制电路原理图
    - 汽车电子控制电路原理图
    - 汽车开关内部位置——电气连接关系图
    - 汽车电路原理框图
  - 汽车线路定位图
    - 汽车电器定位图
    - 汽车线束图
    - 汽车线路连接器端子图
    - 汽车接线盒（含熔丝盒、继电器盒）平面布置图

（1）布线图　布线图就是汽车电线在车上、线束中的分布图。主要用来表明电线束与各电器的连接部位，接线柱的标记、插接器的形状及位置等，如图 8-1 所示。它是人们在汽车上能够实际接触到的汽车电路图。这种图一般不去详细描绘线束内部的线路走向，只将露在线束外面的线头与插接器做详细的编号或用字母标记，便于安装、配线、检测和维修。

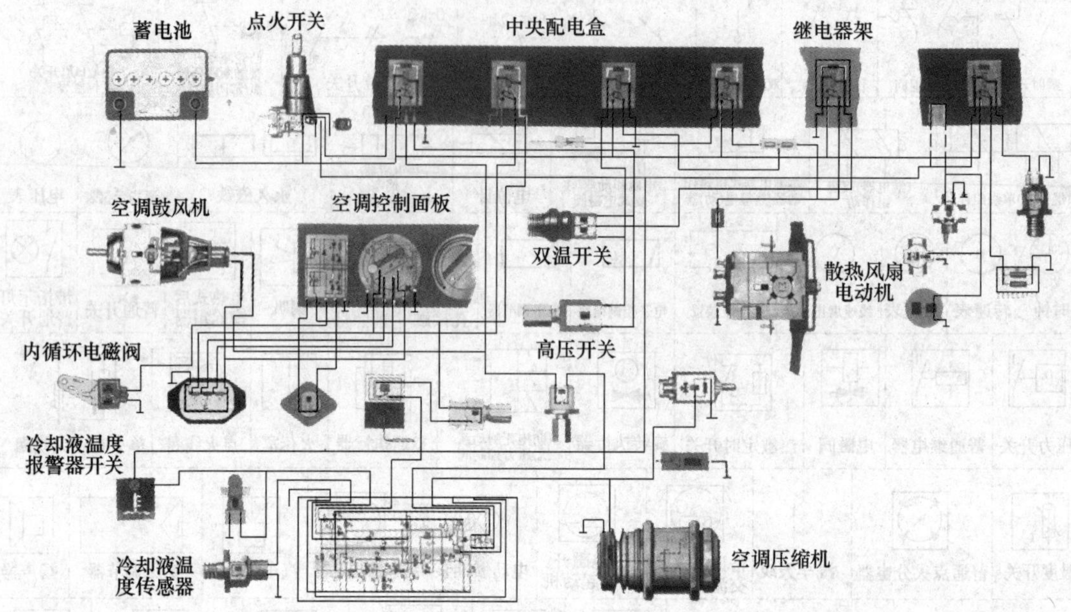

图 8-1　汽车布线图

（2）汽车电路原理图　电路原理图是以电路连接最短、最清晰为原则布置图面，重点表达各电气系统电路的工作原理，且基本表示出电气设备内部电路。电路原理图可以是全车电路图，也可以是各系统电路原理图。如图 8-2 所示为金杯海狮客货车局部电路原理图。

1）整车电路图。为了生产和教学的需要，常常要尽快找到某条电路的始末，以便确定故障的部位。在分析故障的原因时，不能局限于某一部分，而应该将这一部分电路在整车电路中的位置及其与之相关联的电路都表达出来。

整车电路图的优点是：

① 对全车电路有完整认识，它既是一幅完整的全车电路图，又是一幅相互联系的局部电路图。

② 在此图上建立起电位高、低的概念：其正极电位最高，用最上面的线表示；其负极搭铁电位最低，可用图中最下面一条横线表示。电流的方向基本是由上而下。

③ 尽最大可能减少电线的曲折与交叉，布置合理，图面简洁、清晰，图形符号应考虑元器件的外形与内部结构，便于读者识图。

④ 各局部电路相互并联且关系清晰，发电机与蓄电池之间、各子系统之间的连接点尽量保持原位，熔丝、开关等的连接基本上与实际一致。

整车电路图的缺点是：图形符号不太规范，容易各行其是，不利于与国际标准统一，因而也不利于对外交流。

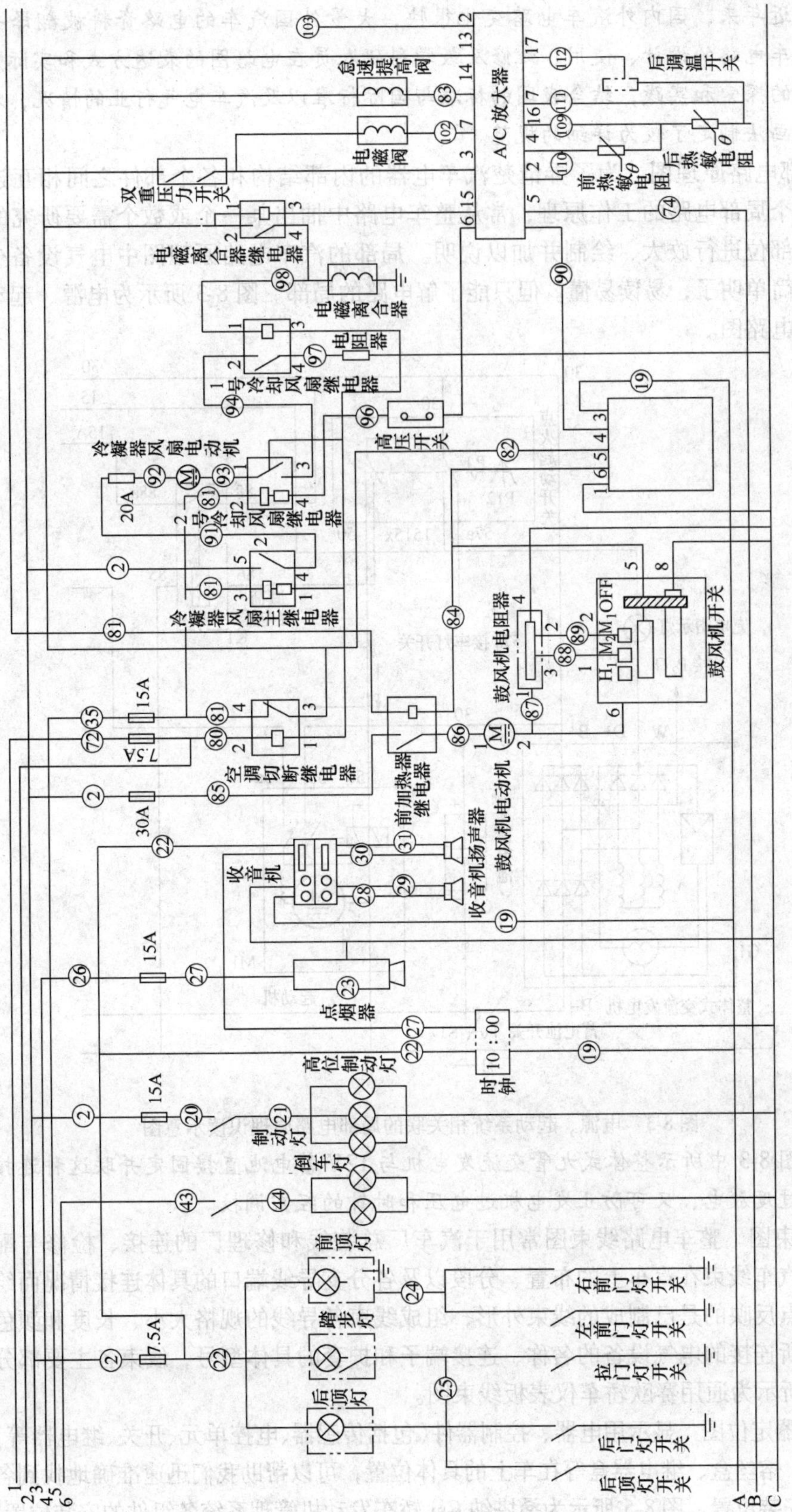

图 8-2　金杯海狮客货车局部电路原理图

提示：近年来，国内外汽车电路变化很快，大量外国汽车的电路资料被翻译并刊登出来，国产汽车电路的设计、使用、维修及教学科研人员在电路图的表达方式和实际应用方面均作了长期的探索和实践，结合我国的标准与国际标准以及汽车电气行业的情况，对汽车电路原理图的画法制定了较为详细的规范。

2）局部电路原理图。为了弄清楚汽车电器的内部结构和各个部件之间相互连接的关系，弄懂某个局部电路的工作原理，常从整车电路中抽出某一个或数个需要研究的局部电路，将重点部位进行放大、绘制并加以说明。局部的汽车电路原理图中电气设备少、幅面小，看起来简单明了，易读易懂。但只能了解电路的局部。图 8-3 所示为电源、起动系统相关联的局部电路图。

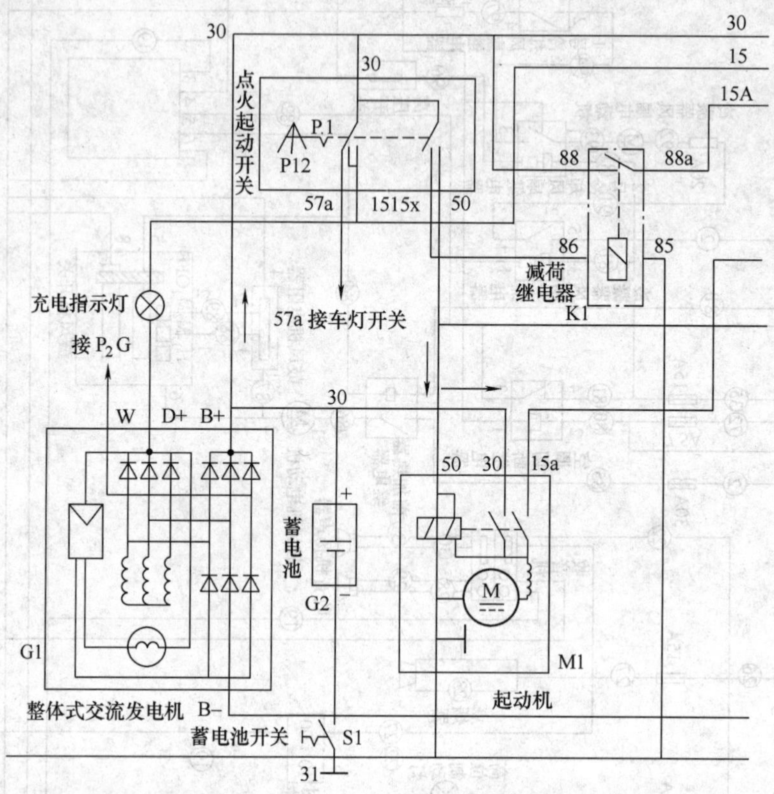

图 8-3　电源、起动系统相关联的局部电路原理识读示意图

提示：图 8-3 中所示整体式九管交流发电机与 12V 蓄电池直接固定并联这种连接既可防止蓄电池的过度放电，又可防止发电机过电压和时钟的经常调校。

（3）线束图　整车电路线束图常用于汽车厂总装线和修理厂的连接、检修与配线。线束图是根据汽车线束在汽车上的布置、分段以及各分支导线端口的具体连接情况而绘制的电路图，其重点反映的是已制成的线束外形，组成线束各导线的规格大小、长度和颜色，各分支导线端口所连接的电气设备的名称、连接端子和护套的具体型号，线束各主要部分的长度等。图 8-4 所示为通用赛欧轿车仪表板线束图。

（4）电器定位图　显示用电器、控制器件（包括传感器、电控单元、开关、继电器等）、连接器、接线盒、熔丝盒、继电器盒等在车上的具体位置，可以帮助我们迅速准确地找到各电器元件在车上的安装位置。图 8-5 所示为桑塔纳 Gsi 轿车发动机管理系统各组件的安装位置图。

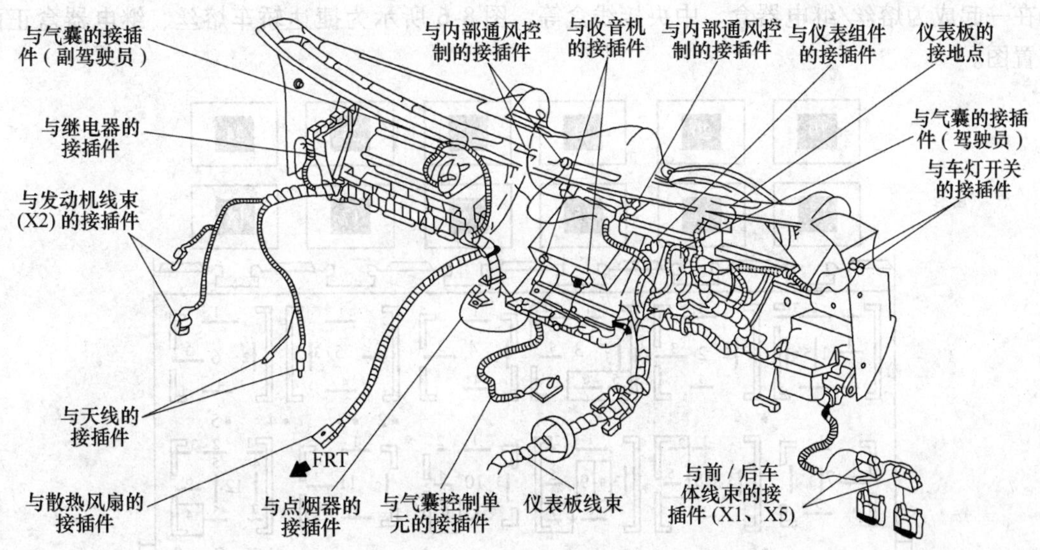

图 8-4　通用赛欧轿车仪表板线束图

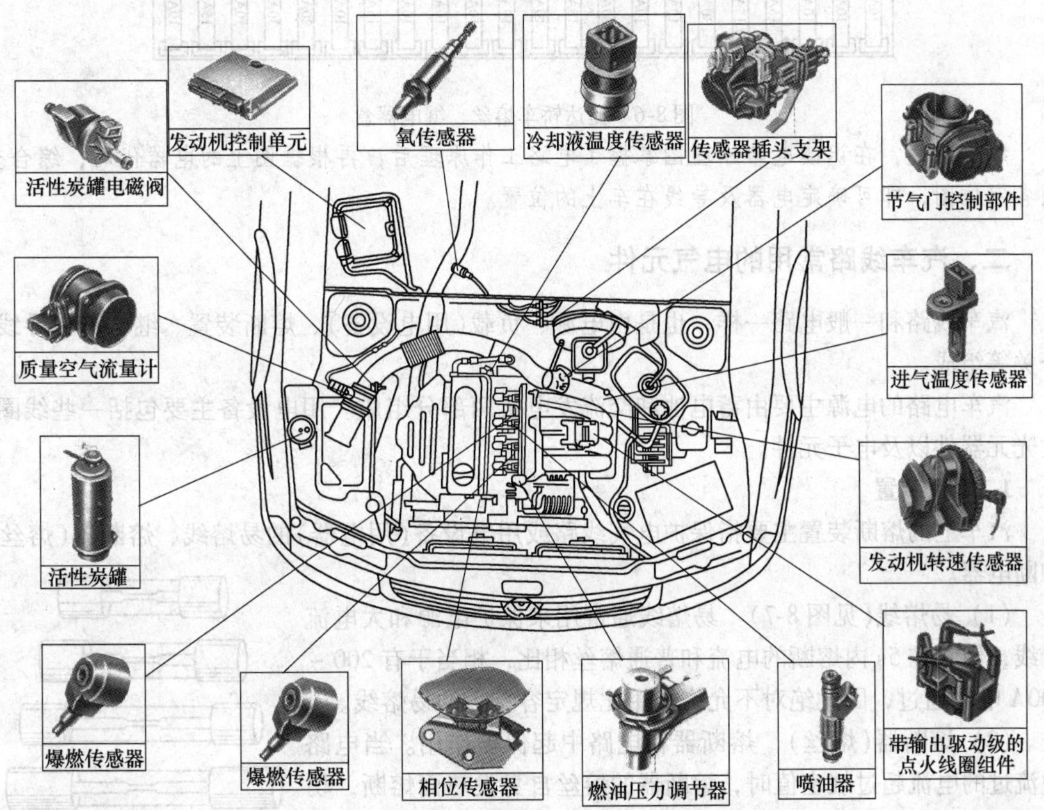

图 8-5　桑塔纳 Gsi 发动机管理系统各组件的安装位置图

（5）熔丝盒、继电器盒及接线盒的内部线路图　为便于检修，熔丝、继电器及导线的铰接点往往集中安装在熔丝盒、继电器盒及接线盒中。在读图时先从电器定位图了解各盒在车上的安装位置后，再通过各盒的内部线路图了解盒内的连接关系。许多车上把这三种盒组合在一起成为熔丝/继电器盒、中央接线盒等。图 8-6 所示为捷达轿车熔丝、继电器盒正面布置图。

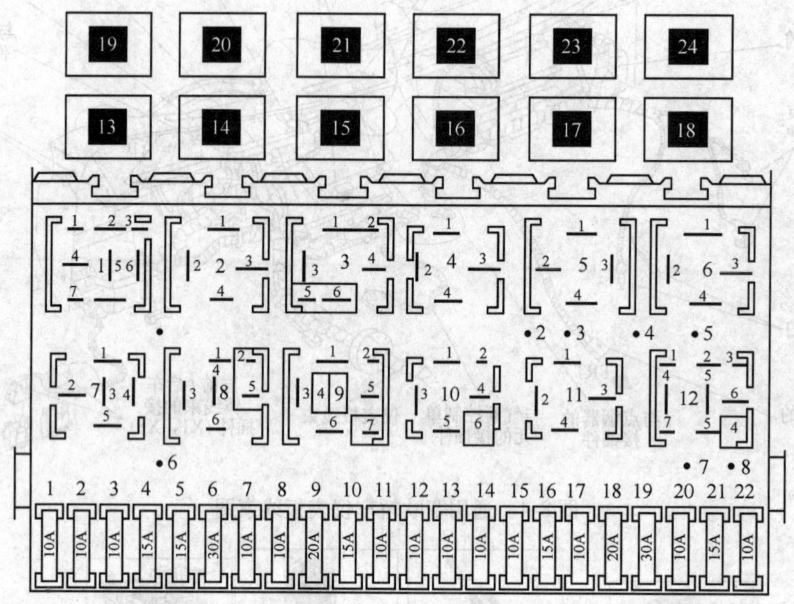

图 8-6　捷达轿车熔丝、继电器盒

综上所述，在识读电路原理图掌握了电路工作原理后，再根据图上的电器代码，综合查阅各定位图，即可确定电器及导线在车上的位置。

二、汽车线路常用的电气元件

汽车线路和一般电路一样，也是由电源、负载(用电设备)、熔断装置、继电器、导线、开关等组成。

汽车电路的电源主要由蓄电池和交流发电机两部分组成。用电设备主要包括一些线圈、发光元器件以及电子元件。

1. 熔断装置

汽车上的熔断装置主要指保护电气线路或用电设备(用电器)的易熔线、熔断器(熔丝)和断电器。

(1) 易熔线(见图 8-7)　易熔线通常用来保护电源和大电流干线，使它在 5s 内熔断的电流和普通熔丝相比，相当于有 200～300A 电流通过，因此绝对不允许换用比规定容量大的易熔线。

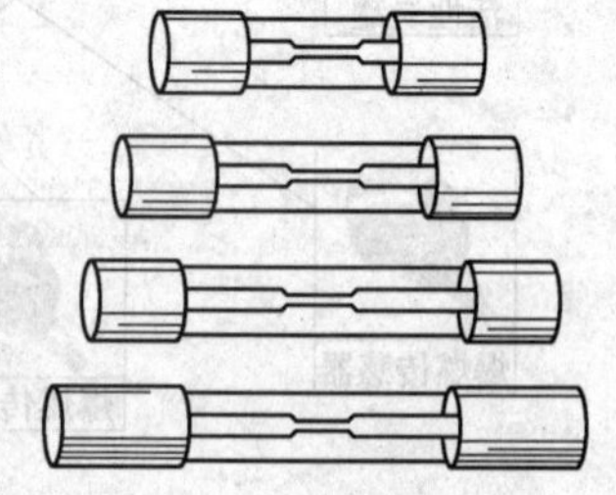

图 8-7　易熔线

(2) 熔断器(熔丝)　熔断器在电路中起保护作用。当电路中流过的电流超过规定值时，熔断器的熔丝自身发热而熔断，切断电路，防止烧坏电路连接导线和用电设备，并把故障限制在最小范围内。

熔断器一般安装在仪表盘附近或发动机罩下面的熔断器盒内，常与继电器组装在一起，构成全车电路的中央接线盒。

熔断器外观、颜色与熔值标注如图 8-8 所示。其颜色区分为：30A—绿色，20A—黄色，

15A—蓝色，10A—红色。

图 8-8 熔断器及其熔值标注

一般情况下，环境温度在 18 ~ 32℃，流过熔断器的电流为额定电流的 1.1 倍时，熔丝不熔断；达到 1.35 倍时，熔丝在 60s 内熔断；达到 1.5 倍时，20A 以内的熔丝在 15s 内熔断，30A 的熔丝在 30s 内熔断。

熔断器在使用过程中应注意以下几点：

1）熔断器熔断后，必须找到故障原因，彻底排除故障。

2）更换熔断器时，一定要使用与原熔值相同的熔断器；汽车上增加用电设备时，不要随意改用熔值大的熔断器，最好另外安装熔断器。

3）熔断器支架与熔断器接触不良会产生电压降低和发热现象，安装时要保证良好的接触。

（3）断电器　断电器通过断开电路以防止导线和电子元件过热，避免可能因此造成的火灾。汽车上大多采用的是双金属电路断电器。其原理是利用双金属片受热弯曲变形的特点工作，双金属片是用两片线膨胀系数不同的金属材料制成，当负载电流超过限定值时，双金属片受热变形，使触点分开，切断电路。等电路断路器冷却后，触点再次闭合，电路导通，如图 8-9 所示。

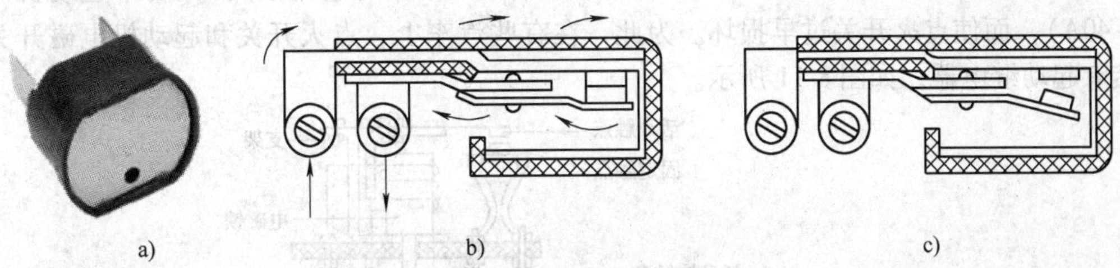

图 8-9 双金属断电器示意图

a）断电器外观　b）触点闭合　c）触点分开

2. 继电器

继电器可分为功能型继电器和电路控制型继电器两种。功能型继电器如闪光继电器、刮水器间歇继电器等。电路控制型继电器，即单纯实现电路通断和转换的继电器，如前照灯继电器、起动继电器、喇叭继电器等。它通过流经开关和继电器线圈的小电流，控制用电设备的大电流，起到减小开关电流负荷、保护开关触点不被烧蚀或实现电路转换等作用。

继电器通常由电磁线圈、铁心、衔铁和触点组成，其外形及内部原理如图 8-10 所示。当线圈两端加上一定的电压时，线圈中就会有电流，产生磁场将铁心磁化，衔铁在电磁吸力的作用下克服弹簧的拉力吸下铁心，从而带动动触点与静触点闭合或断开。线圈断电后，电磁吸力消失，衔铁及动触点在弹簧作用下返回原来位置，动静触点也恢复到原来的状态。图8-10 所示为常用继电器的结构原理。

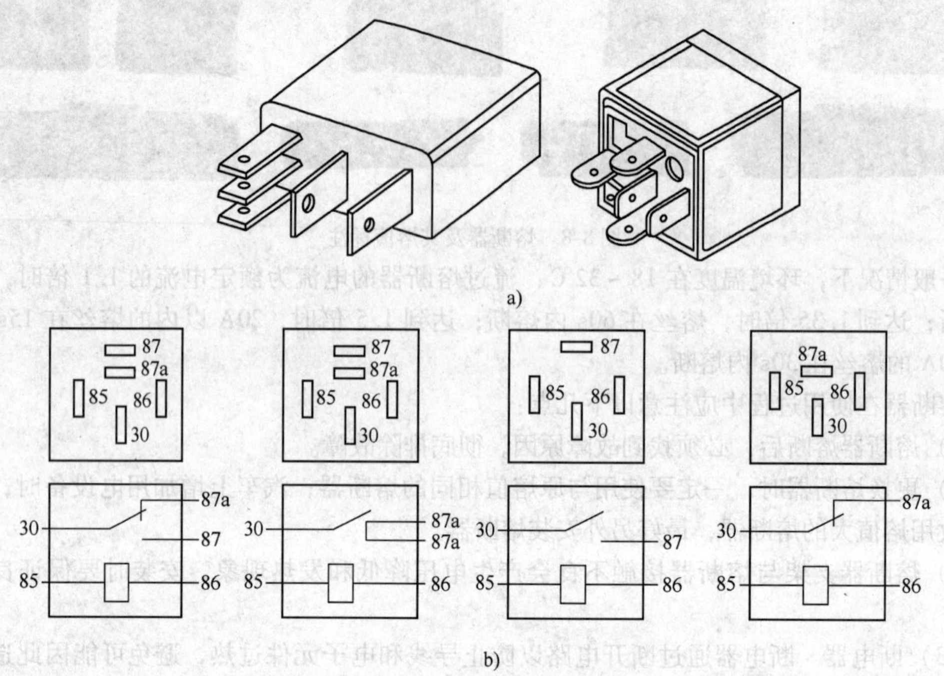

图 8-10　继电器的外形及内部原理

a）外形　b）内部原理

（1）起动继电器　在采用电磁啮合式起动机的起动电路中，起动开关常与点火开关制成一体，由于通过起动机电磁开关（吸引线圈和保持线圈）的电流很大（大功率起动机可达30～40A），而使点火开关过早损坏。为此，在有些汽车上，点火开关和起动机电磁开关之间装有起动继电器，如图 8-11 所示。

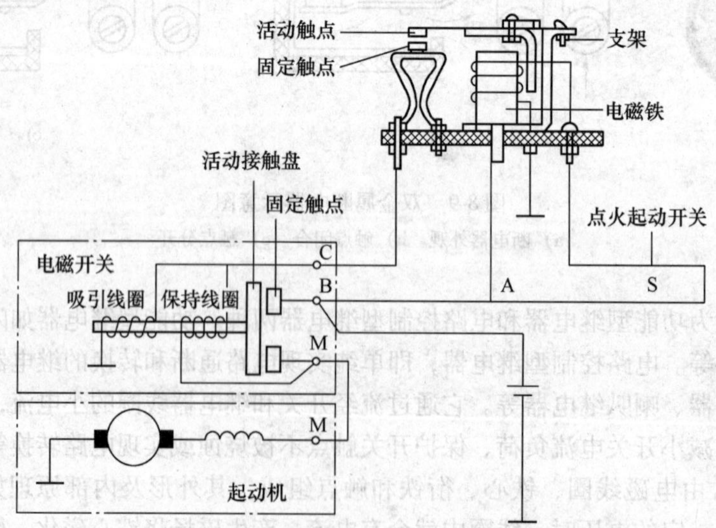

图 8-11　电磁啮合式起动机的控制电路

（2）喇叭继电器　图 8-12 所示为继电器在喇叭电路中的应用。

（3）刮水继电器　图 8-13 为东风 EQ1090F 型汽车上的间歇刮水器线路图，除刮水开关外，还有一个内部带有时间继电器的间歇继电器（刮水继电器）。刮水器开关上有 0、Ⅰ、Ⅱ、Ⅲ四个挡位，其中 0 挡为停止挡，Ⅰ挡为间歇挡，Ⅱ挡为低速挡，Ⅲ挡为高速挡。其工作原理如下：

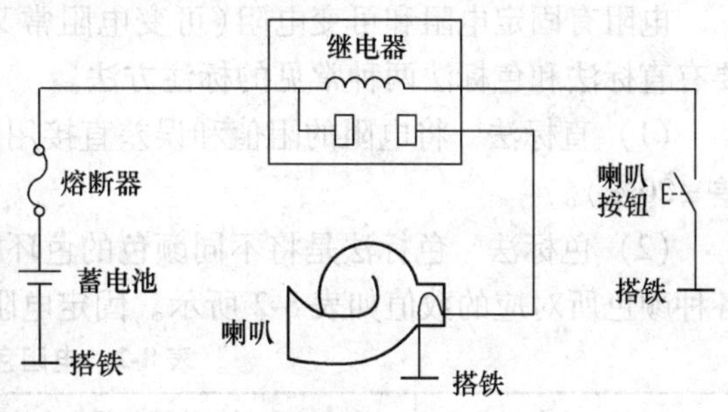

图 8-12　喇叭继电器的应用示意图

当刮水器开关拨至Ⅰ挡时，刮水间歇继电器中的时间继电器通电，产生吸力，将动合触点 A 闭合，动断触点 B 打开，此时电动机通过间歇继电器构成回路。其电路为：蓄电池正极→总熔断器（60A）→电流表→熔断器（10A）→刮水电动机电枢绕组→刮水器开关内部触点→间歇继电器接线柱 10→常开触点 A→刮水器开关→搭铁→蓄电池负极。电动机运转，带动刮水器工作。

当电动机运行一段时间后，间歇继电器中的时间继电器线圈经几秒的延时自动断电，在弹簧的作用下，动合触点 A 被打开，动断触点 B 又闭合。

由于此时自动停位触点处于自动停位器的搭铁铜片上，电动机不因继电器线圈断电而停止工作。此时电路为：蓄电池正极→总熔断器（60A）→电流表→熔断器（10A）→电枢→刮水器开关内部触点→间歇继电器接线柱 10→动断触点 B→自动停位器搭铁片→搭铁蓄电池负极。当电动机转到图 8-13 所示位置（即电源触点和自动停位触点处在同一铜片上）时，刮水电动机电路被切断，电动机便停止工作。但由于机械惯性，电动机瞬间还会转动，因而电动机以发电机运行而产生制动，迫使电动机立即停止转动，此时刮水片正处于玻璃下方。

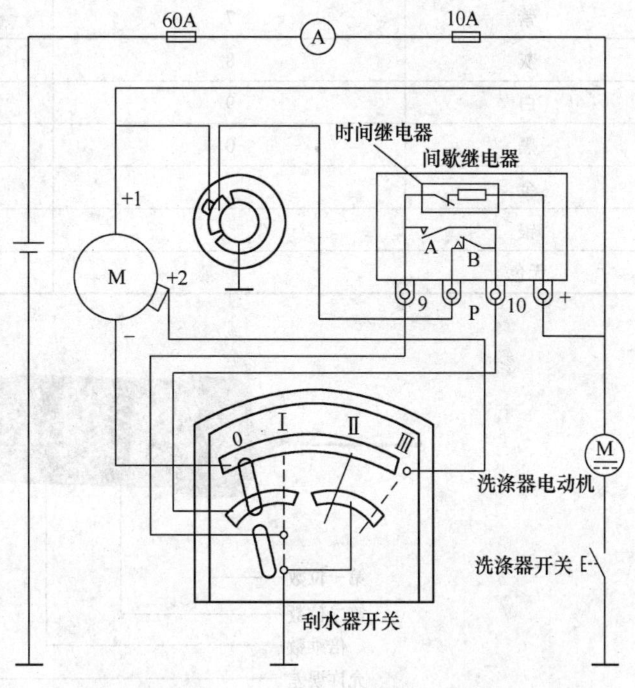

图 8-13　东风 EQ1090F 型汽车间歇刮水器继电器线路图

间歇继电器经几秒钟间歇延时又重新接通，刮水电动机又开始工作。如此反复循环，构成了刮水电动机的间歇工作。

当刮水器开关拨至Ⅱ挡、Ⅲ挡时，电动机的转速直接由刮水器开关控制。此时刮水器开关内部Ⅰ挡的触点自动与搭铁断开。只有将刮水器开关拨至 0 挡时，电动机才自动复位并停止运转。

3. 电阻

电阻的主要功能是阻碍电流流过，可应用于限流、分流、降压、分压、负载，并与电容配合可作滤波器及电阻匹配器等。数字电路中按功能可分上拉电阻和下拉电阻。

电阻有固定电阻和可变电阻(可变电阻常又称为电位器)两种。固定电阻阻值的标注主要有直标法和色标法两种常见的标注方法。

(1) 直标法　将电阻的阻值和误差直接用数字和字母印在电阻上(无误差标示为允许误差 ±20%)。

(2) 色标法　色标法是将不同颜色的色环涂在电阻上来表示电阻的标称值及允许误差,各种颜色所对应的数值如表 8-2 所示。固定电阻色环标志读数识别规则如图 8-14 所示。

表 8-2　电阻色环符号意义

颜　色	第一、二环每种颜色所代表的数	倍　乘　数	允许误差/(%)
棕	1	10^1	±1
红	2	10^2	±2
橙	3	10^3	
黄	4	10^4	
绿	5	10^5	±0.5
蓝	6	10^6	±0.2
紫	7	10^7	±0.1
灰	8	10^8	
白	9	10^9	
黑	0	10^0	
金		10^{-1}	±5
银		10^{-2}	±10
无色			±20

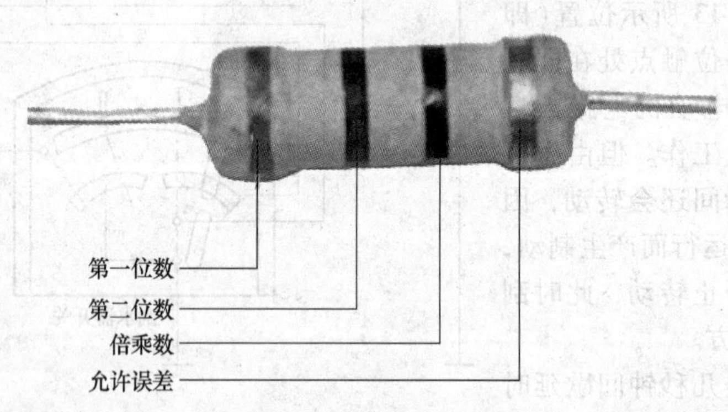

图 8-14　固定电阻色环标志

四个色环中的第一、二环分别代表阻值的前两位数;第三环代表 10 的幂;第四环代表误差。

如四个色环颜色为:黄橙红金

读法:前三个颜色对应的数字为 432,金为 5%,所以阻值为 $43\times10^2=4300\Omega=4.3\text{k}\Omega$,误差为 5%。

4. 电容

很多电子产品中，电容器都是必不可少的电子元器件。电路中常利用电容器充电、放电和隔直流、通交流的特性，在电路中用于隔直流、耦合交流、旁路交流、滤波、定时和组成振荡电路等。电容的识别方法如图 8-15 所示。

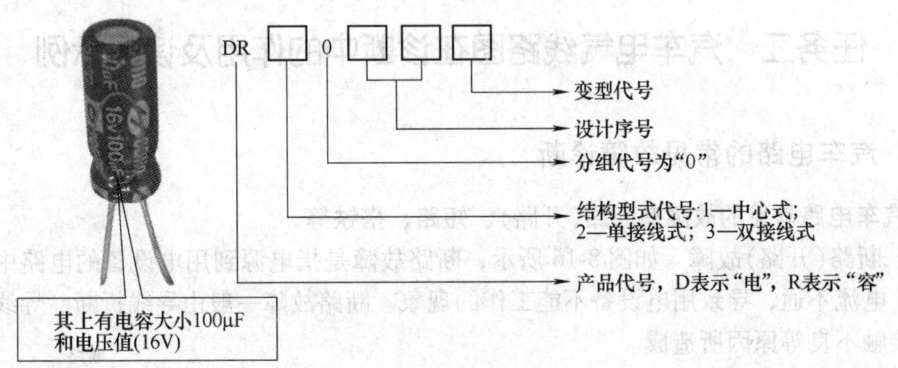

图 8-15 电容的识别方法

5. 导线

汽车电器系统所用的导线有低压导线、屏蔽线和高压线三种。

（1）低压导线 导线的截面：低压导线通常采用铜质多丝软线，其截面积的大小主要根据工作电流选择，但对于一些工作电流较小的电器，为保证导线具有一定的机械强度，汽车电器中导线截面积不得小于 $0.5mm^2$。各种低压导线标称截面积所允许的负载电流如表 8-3 所示。

表 8-3 低压导线标称截面积所允许的负载电流值

导线标称截面积/mm^2	1.0	1.5	2.5	3.0	4.0	6.0	10	13
允许电流值/A	11	14	20	22	25	35	50	60

汽车用低压导线的颜色和代号：随着汽车电气设备的增多，导线数量也不断增加，为了便于维修，低压导线常以不同颜色加以区分。其中截面积在 $4mm^2$ 以上的采用单色，而 $4mm^2$ 以下的均采用双色。双色线的主色所占比例大些，辅助色所占比例小些。一般辅助色与主色条纹沿圆周表面的比例为 1:3 ~ 1:5。汽车用低压导线的颜色与代号如表 8-4 所示。

表 8-4 汽车用低压导线的颜色与代号

导线颜色	黑	白	红	绿	黄	棕	蓝	灰	紫	橙
代号	B	W	R	G	Y	Br	Bl	Gr	V	O

在汽车电气设备的电路图中，导线上一般都标注有表示导线截面积和颜色的符号，常用的表示方法如：1.5RW，其中数字 1.5 表示导线的截面积为 $1.5mm^2$，第一个字母 R 表示导线的主色为红色，第二个字母 W 表示导线的辅助色(即呈轴向条状或螺旋状的颜色)为白色。

（2）屏蔽线 屏蔽线主要用于各种传感器和电子控制装置的信号线等。这种导线内只有电压很低的微弱信号电流通过，为了不受外界的电磁感应干扰，在其线芯外除了有一层绝缘材料外，还覆盖有一层屏蔽用的导体，最外层为保护用外皮。

（3）高压点火线　高压点火线用来传送高压电。由于其工作电压很高（一般在15kV以上），电流强度较小，因此高压导线的绝缘包层很厚，耐压性能好，但线芯截面积很小。

国产汽车用高压点火线有铜芯线和阻尼线两种。为了衰减火花塞产生的电磁波干扰，目前已广泛使用高压阻尼点火线。

任务二　汽车电气线路图在诊断中的作用及读图示例

一、汽车电路的常见故障诊断

1. 汽车电路常见的故障有断路（开路）、短路、搭铁等

（1）断路（开路）故障　如图8-16所示，断路故障是指电源到用电设备的电路中某一点中断时，电流不通，导致用电设备不能工作的现象。断路故障一般由导线折断、导线连接端松脱或接触不良等原因所造成。

（2）短路故障　如图8-17所示，短路是指电源从正极出发未经用电设备（用电设备全部被跨接）而直接与负极相通，使熔丝立刻熔断或严重时烧毁线路，导致用电设备不能正常工作的现象。造成短路故障的原因有：导线破损、绝缘老化、破裂、受潮等。

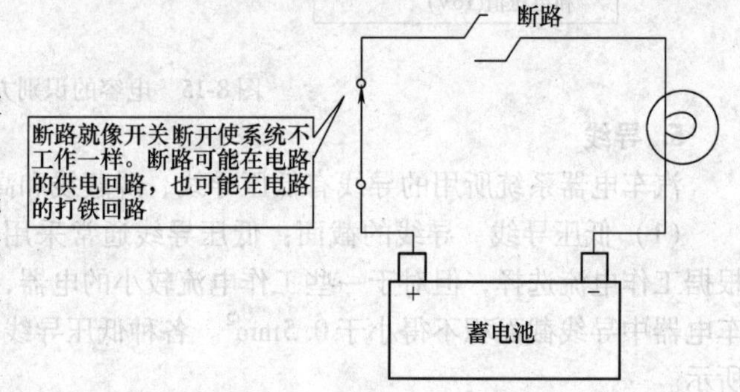

图8-16　断路（开路）故障

（3）搭铁故障　如图8-18所示，搭铁故障是指电源从正极出发还未流经用电设备之前就有一部分电流与负极相通所造成的部分短路（用电设备被部分跨接）现象。搭铁故障的原因是：线路绝缘破损，并相互接触；开关、接线盒、灯座等处接线螺钉松脱，造成线头相碰等。

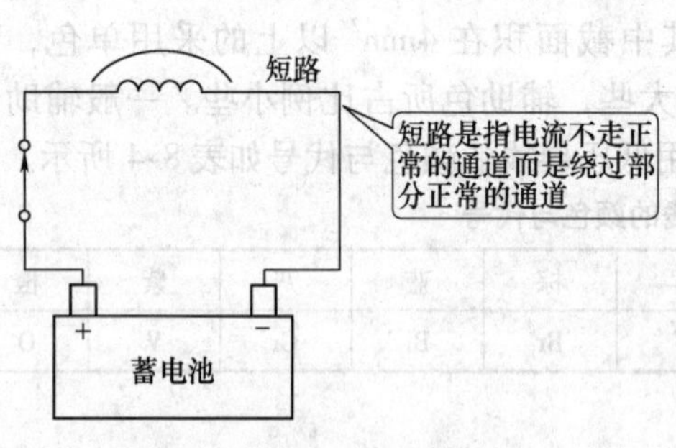

图8-17　短路故障

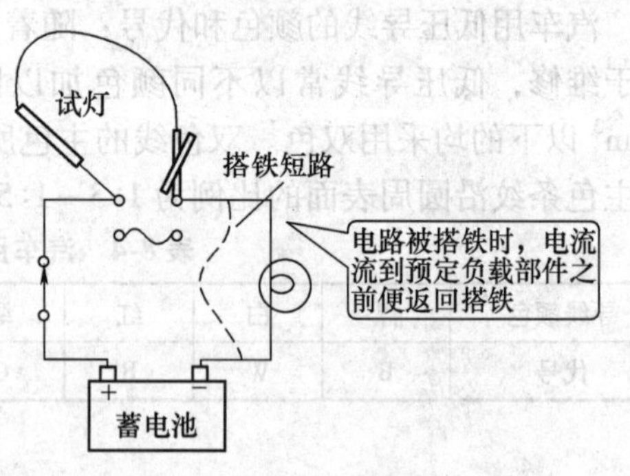

图8-18　搭铁故障

2. 汽车线路故障诊断常用的检测工具

汽车线路故障诊断常用的检测工具有：跨接线、试灯、试电笔、万用表（指针式、数字式）、示波器、点火正时枪等。

（1）跨接线　如图8-19所示，在进行汽车电路故障诊断时，为便于查找电路中某个元

器件是否损坏、导线是否断路或搭铁不良等故障时，经常会使用跨接线。

图 8-19　跨接线及其使用

（2）试灯　如图 8-20 所示，在进行汽车电路故障诊断时，为便于查找电路的断路、搭铁等故障，经常会使用试灯。

注意：使用试灯之前应进行正、负试灯的区分，试灯线与接线柱正极接触时灯亮的则为负灯；与接线柱负极接触时灯亮的即为正灯。

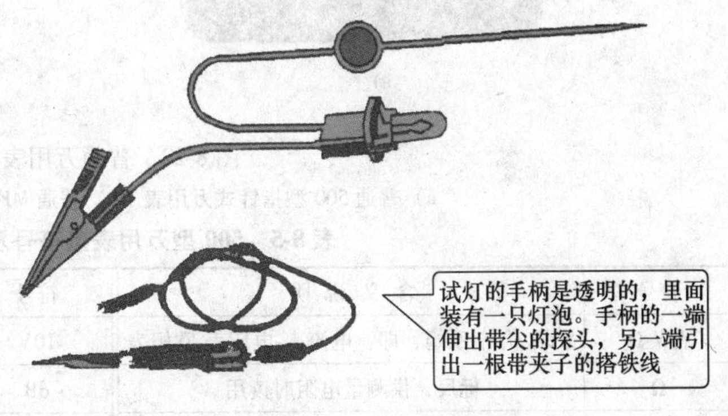

图 8-20　试灯及其使用

（3）试电笔，简称“电笔”　如图 8-21 所示，试电笔是用来测试电路中某点是否带电。笔体中有一氖泡，测试时如果氖泡发光，说明导线有电。

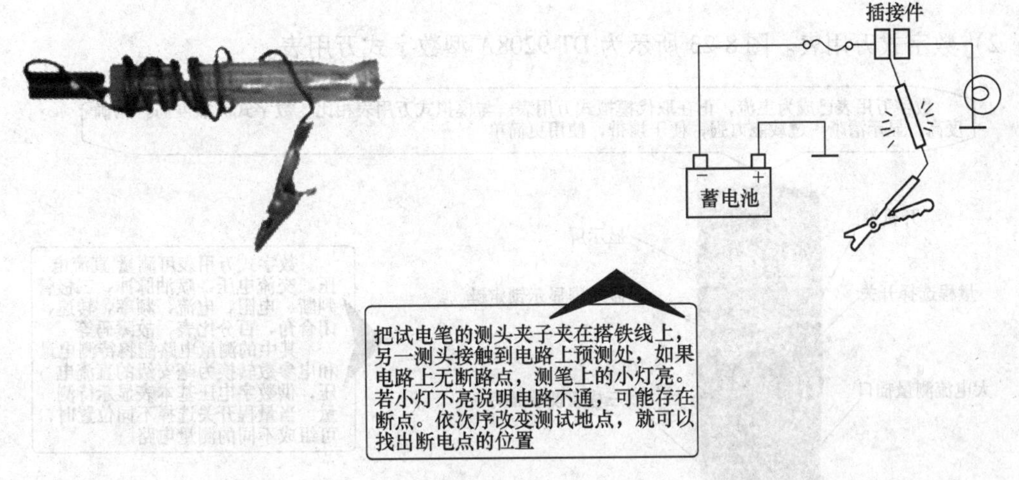

图 8-21　试电笔

（4）万用表　万用表又叫多用表、三用表、复用表，万用表分为指针式万用表和数字式万用表。万用表是一种多功能、多量程的测量仪表，一般万用表可测量直流电流、直流电压、交流电流、交流电压、电阻和音频电平等，有的还可以测频率、温度、转速、电容量、电感量及半导体的一些参数。

1）指针式（普通）万用表。指针式（普通）万用表的外形如图 8-22 所示，其表盘符号及其含义以普通 500 型指针式万用表为例，如表 8-5 所示。

a)

b)

图 8-22　普通万用表

a）普通 500 型指针式万用表　b）普通 MF47 型指针式万用表

表 8-5　500 型万用表盘符号及其含义

符号	含 义 说 明	符号	含 义 说 明
A-V-Ω	安培-伏特-欧姆，即：电流表-电压表-欧姆表	10V	标尺，供测量 10V 以下的交流电压时专用
Ω	标尺，供测量电阻时读用	dB	标尺，以分贝为单位，用于测量音频电平
≂	标尺，供测量交流电压和直流电压时用		

2）数字式万用表。图 8-23 所示为 DT-9208A 型数字式万用表。

数字万用表已成为主流，正在取代模拟式万用表。与模拟式万用表相比，数字式灵敏度高，精确度高，显示清晰，过载能力强，便于携带，使用更简单

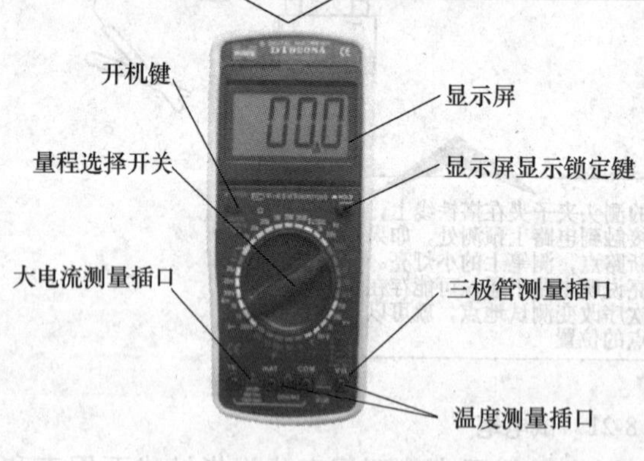

数字式万用表可测量：直流电压、交流电压、喷油脉冲、二极管判断、电阻、电流、频率、转速、闭合角、百分比表、故障码等

其中的测量电路能将待测电量和电参数转换为毫安级的直流电压，供数字电压基本表显示待测量。当量程开关选择不同位置时，可组成不同的测量电路

图 8-23　DT-9208A 型数字万用表

3）汽车万用表。汽车万用表是一个具有特殊用途的专用型数字式万用表，如图 8-24 所示，它除了具备普通数字式万用表所有的功能外，还具有汽车专用项目的测试功能，是检测汽车微机控制系统的智能化专业仪表。其检测项目有：

① 信号频率的检测。

② 温度的检测。

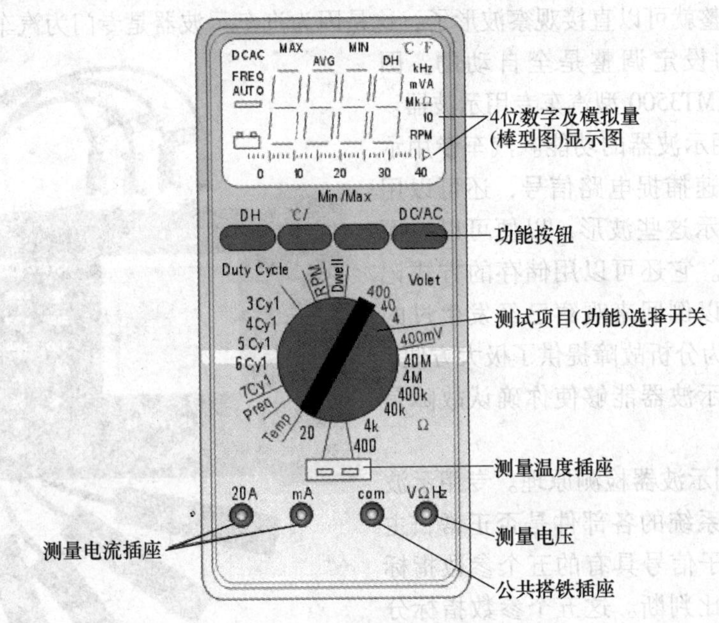

图 8-24　汽车专用数字式万用表

③ 闭合角的检测。

④ 占空比的检测。

⑤ 转速的测量。

⑥ 起动机起动电流的检查。

⑦ 氧传感器的检测。

⑧ 喷油器喷油脉宽的测量。

（5）示波器

1）通用示波器。通用示波器是一种用途十分广泛的电子测量仪器。它能把肉眼看不见的电信号变换成看得见的图像，便于人们研究各种电现象的变化过程。利用示波器能观察各种不同信号幅度随时间变化的波形曲线，还可以用它测试各种不同的电量，如电压、电流、频率、相位差、调幅度等。图 8-25 所示为 210 型双通道数字示波器。

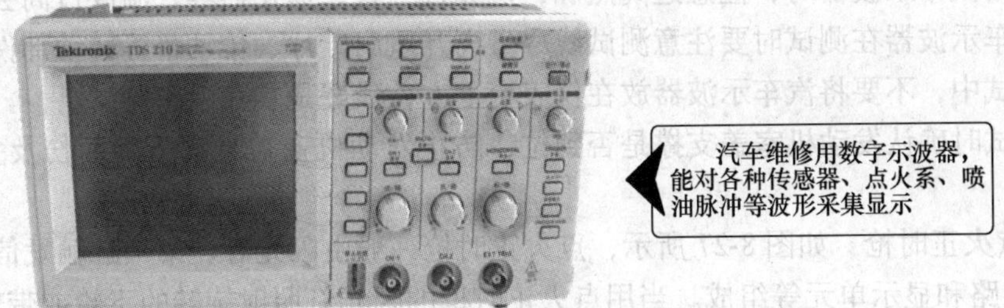

图 8-25　210 型双通道数字示波器

2）汽车专用示波器。使用通用的示波器测试汽车电控系统电子设备时，最大的困难是设定示波器（即调整示波器的各个按钮，使显示的波形更为清楚）和分析波形的形状。汽车专用示波器将汽车电子设备的测试设定得非常简单，只要像点菜单一样选择要测试的内容，无需任何设定和调整就可以直接观察波形了，这是因为汽车示波器是专门为汽车维修人员设计的示波器，它的设定调整是全自动的。图8-26所示为美国MT3500型汽车专用示波器。

3）汽车专用示波器的功能。汽车专用示波器不仅可以快速捕捉电路信号，还可以用较慢的速度来显示这些波形，以便可以一面观察，一面分析。它还可以用储存的方式记录信号波形，可以倒回来观察已经发生过的快速信号，这就为分析故障提供了极大方便。

此外，汽车示波器能够使你确认故障是否真的被排除了。

图8-26　美国MT3500型汽车专用示波器

4）汽车专用示波器检测原理。专用示波器检测汽车电控系统的各部件是否正常，主要是通过对其电子信号具有的五个参数指标的测量来进行对比判断。这五个参数指标分别是：幅值（信号最高电压）、频率（信号的循环时间）、形状（信号的外形模样）、脉宽（信号的占空比或所占时间）和陈列（信号的重复特性）。

汽车示波器可以显示出所有电子信号的这五种参数波形，通过波形分析可进一步检查出电路中传感器、执行器以及电路和电控单元等各部分的故障，也可以进行修理后的结果分析，最后再做氧反馈平衡检查整个发动机控制系统的运行情况。

5）汽车专用示波器使用注意事项。目前，汽车维修行业使用的汽车专用示波器一般都具有强大的功能，可测量各类传感器、电控单元和执行器以及点火波形，而且使用方便，可直接根据屏幕提示通过按键或触摸屏操作。在使用汽车专用示波器时应注意以下事项。

① 测试点火波形时，必须使用示波器附件中的专用电容探头，不能将示波器探头直接接入点火次级电路。

② 使用汽车示波器时，注意远离热源，例如排气管、催化器等，温度过高会损坏仪器。

③ 汽车示波器在测试时要注意测试线尽量离开风扇叶片、传动带等转动部件。

④ 路试中，不要将汽车示波器放在仪表台上方，最好是拿在手中测试。

⑤ 测试时确认发动机室盖支撑是否到位，防止发动机室盖自动下降而伤及头部或损坏示波器。

（6）点火正时枪　如图8-27所示，点火正时枪一般由闪光灯、第一缸触发信号传感器、信号处理电路和显示单元等组成。当用点火正时枪的闪光灯照射旋转的飞轮或带轮上的活塞上止点标记时，将会看到上止点标记相对于机体上某一角度数值的标记不动，此数值即为点火提前角。

3. 汽车线路故障的常用诊断与检修方法

（1）直观法　当汽车电系的某个部分发生故障时，会出现冒烟、火花、异响、焦臭、高温等异常现象。通过人体的感觉器官，听、摸、闻、看等对汽车电器进行直观检查，进而

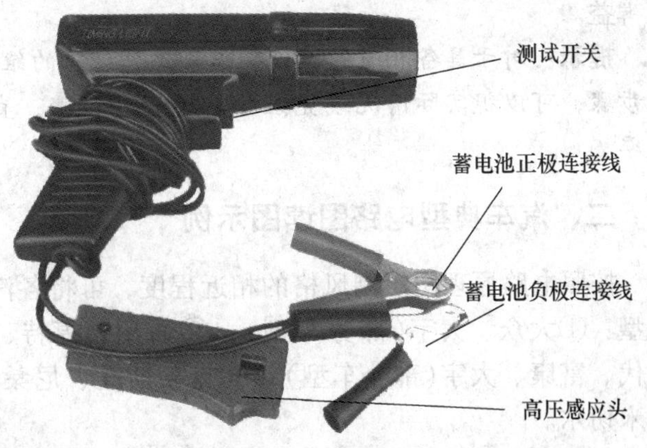

图 8-27 点火正时枪

判断出故障的所在部位，从而大大地提高了检修速度。

（2）刮火法　刮火法又称试火法，通常应用于判断线束或导线有无断路。拆下用电设备的某一线头对汽车的金属部分(搭铁)碰试，根据火花的有无，判断是否断路。

注意： 刮火法不宜用来检查汽车电子电路和检查硅整流发电机是否发电，以免损坏电子元件和硅二极管等。

（3）试灯法　用一个汽车灯泡作为临时试灯，检查线束是否断路或短路，电器或电路有无故障等。此方法特别适合于检查不允许直接短路的带有电子元器件的电器。

使用临时试灯法应注意试灯的功率不要太大，在测试电子控制器的控制(输出)端子是否有输出及是否有足够的输出时尤其要慎重，防止使控制器超载损坏。

（4）短路法　短路法又叫短接法，即用一根导线将某段导线或某一电器短接后观察用电器的变化。

（5）断路法　汽车电气设备发生搭铁故障时，可将怀疑有搭铁故障的电路断开，根据电气设备中搭铁故障是否依然存在，判断电路搭铁的部位和原因。

（6）替换法　替换法常用于故障原因比较复杂的情况，能对可能产生的原因逐一进行排除。其具体做法是：用一个已知是完好的零部件来替换被认为或怀疑是有故障的零部件，这样做可以试探出怀疑是否正确。若替换后故障消除，说明怀疑成立；否则，装回原件，进行新的替换，直至找到真正的故障部位。

（7）流程法　图 8-28 所示为流程排除故障法，初学者按照一般流程按部就班进行排故，对培养良好的故障诊断与检修思路大

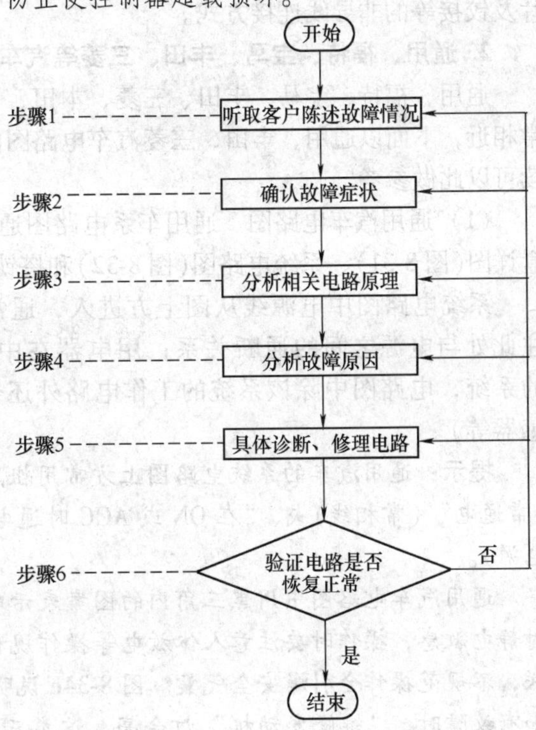

图 8-28 汽车电路故障常用诊断与检修的一般流程

有裨益。

提示：对于具备相当的理论知识和工作经验的维修人员，实际工作中不必过分拘泥于流程步骤，可以视实际情况或凭经验略过一些步骤，直达故障点进行检修，可有效提高工作效率。

二、汽车典型电路图读图示例

按照电路原理图绘制风格的相近程度，可将各汽车制造公司电路原理图大致分为五种类型：①大众、大宇(部分车型)；②通用、福特、宝马、丰田、三菱、本田、马自达、现代、富康、大宇(部分车型)；③克莱斯勒、尼桑；④奔驰；⑤美国汽车维修资料供应商米切尔。

1. 大众汽车电路图

图 8-29 所示为大众汽车电路原理示意图。

大众车系电路图遵循德国工业标准 DIN725527。特点是图上部的灰色区域表示汽车的中央接线盒的熔丝与继电器。灰色区域内部水平线为接电源正极的导线，有 30、15、X 等。其中 30 线直接接蓄电池正极，称为常相线。15 线接点火开关，当点火开关处于“ON”及“START”档时有电，给小功率用电器供电。X 线的电路如图 8-29 所示，当点火开关接至“ON”或“ST”档时，中间继电器闭合，通过触点给大功率用电器供电。31 线为搭铁线。图最下端是标注图中各线路位置的编号，各线路平行排列，每条线路对准下框线上的一个编号。线路如在图中中断，断口处标注与之连接的另一段线路所在的编号。同时也在线上注出各搭铁点。所有电器件均处于图中间的位置。图中起连接作用的细实线表示接线柱、接线铜片及铰接等的非导线连接方式。

2. 通用、福特、宝马、丰田、三菱等汽车电路图

通用、福特、宝马、丰田、三菱、本田、马自达、现代、富康等电路原理图绘制风格非常相近，下面以通用、丰田、三菱汽车电路图的识读为例做介绍，其他系列车型电路图的识读可以此做参考。

(1) 通用汽车电路图　通用车系电路图通常分为四类：电源分配简图(图 8-30)、熔丝盒详图(图 8-31)、系统电路图(图 8-32)和搭铁线路图(图 8-33)。

系统电路图中电源线从图上方进入，通常从熔丝处开始，并于熔丝上方用黑线框标注此处与电源之间的通断关系；用电器在中部，搭铁点在最下方。如果是由电子控制的系统，电路图中除该系统的工作电路外还会包括与该系统工作有关的信号电路(如传感器等)。

提示：通用汽车的系统电路图上方常用粗黑框内的文字标注与电源的通断情况，一般为“常通电”(常相线)式、“在 ON 或 ACC 时通电”(指点火开关在 ON 或 ACC 的位置时接通电源)。

通用汽车电路图中用黑三角内的图案表示电路中需予注意的内容。图 8-34a 表示此电路对静电敏感，操作时要注意人体放电等操作规程。图 8-34b 表示此电路与安全气囊电路有关联，不规范操作会引爆安全气囊。图 8-34c 说明电路在 OBDⅡ(车载电脑诊断Ⅱ)的范围内，如有故障时，“维修发动机”灯会亮。这类三角标注的底面往往标有相关内容具体说明的页码。

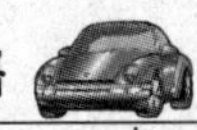

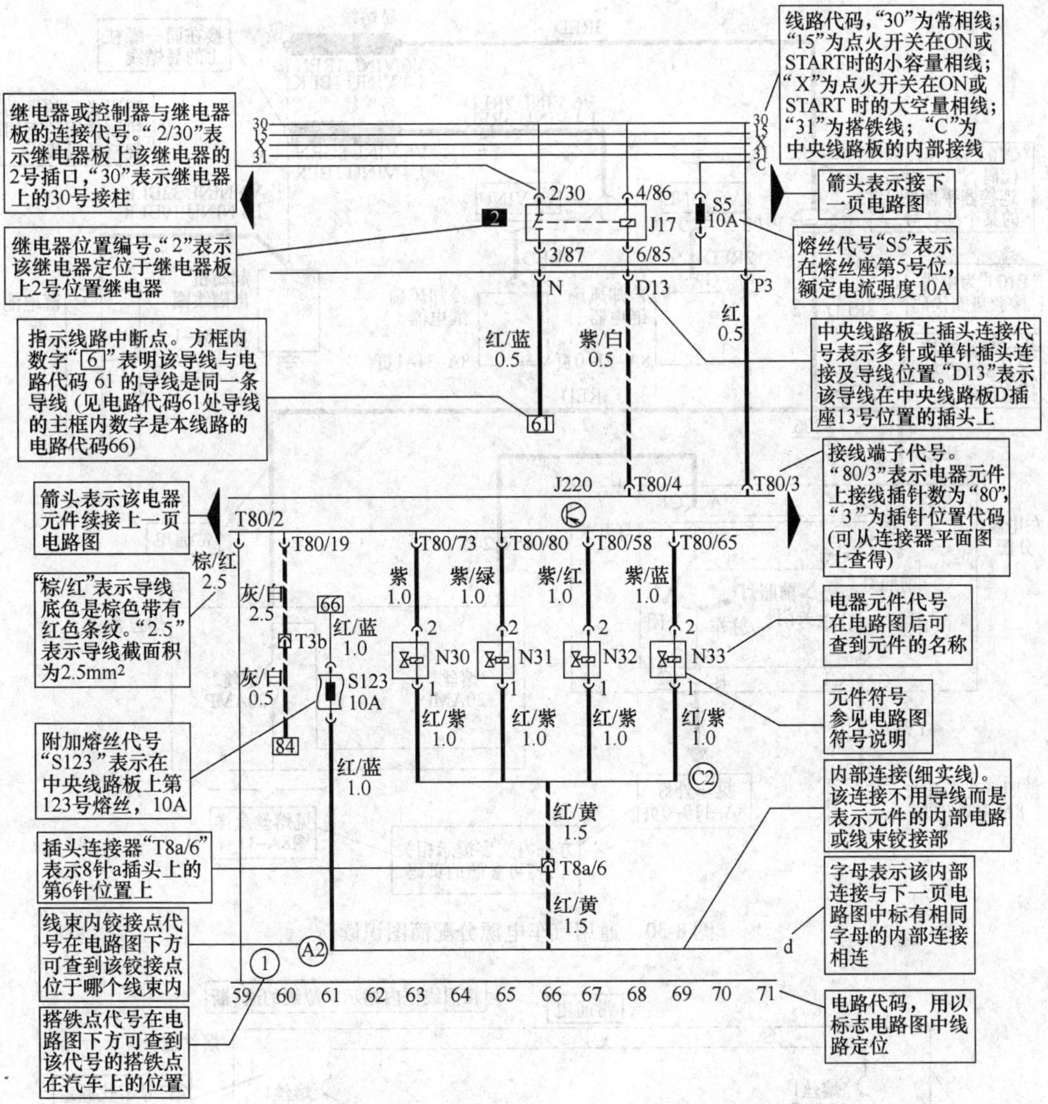
线路代码，"30"为常相线；"15"为点火开关在ON或START时的小容量相线；"X"为点火开关在ON或START时的大空量相线；"31"为搭铁线；"C"为中央线路板的内部接线
继电器或控制器与继电器板的连接代号。"2/30"表示继电器板上该继电器的2号插口，"30"表示继电器上的30号接柱
30
15
X
31
C
2/30
4/86
S5
10A
J17
2
3/87
6/85
N
D13
P3
箭头表示接下一页电路图
继电器位置编号。"2"表示该继电器定位于继电器板上2号位置继电器
熔丝代号"S5"表示在熔丝座第5号位，额定电流强度10A
红/蓝
0.5
紫/白
0.5
红
0.5
指示线路中断点。方框内数字"6"表明该导线与电路代码 61 的导线是同一条导线（见电路代码61处导线的主框内数字是本线路的电路代码66）
61
中央线路板上插头连接代号表示多针或单针插头连接及导线位置。"D13"表示该导线在中央线路板D插座13号位置的插头上
J220
T80/4
T80/3
接线端子代号。"80/3"表示电器元件上接线插针数为"80"，"3"为插针位置代码（可从连接器平面图上查得）
箭头表示该电器元件续接上一页电路图
T80/2
T80/19
T80/73
T80/80
T80/58
T80/65
棕/红
2.5
"棕/红"表示导线底色是棕色带有红色条纹。"2.5"表示导线截面积为2.5mm²
灰/白
2.5
T3b
灰/白
0.5
84
66
红/蓝
1.0
S123
10A
紫
1.0
紫/绿
1.0
紫/红
1.0
紫/蓝
1.0
N30
N31
N32
N33
电器元件代号在电路图后可查到元件的名称
元件符号参见电路图符号说明
红/紫
1.0
附加熔丝代号"S123"表示在中央线路板上第123号熔丝，10A
红/蓝
1.0
C2
内部连接(细实线)。该连接不用导线而是表示元件的内部电路或线束铰接部
红/黄
1.5
T8a/6
插头连接器"T8a/6"表示8针a插头上的第6针位置上
红/黄
1.5
字母表示该内部连接与下一页电路图中标有相同字母的内部连接相连
d
线束内铰接点代号在电路图下方可查到该铰接点位于哪个线束内
A2
1
59 60 61 62 63 64 65 66 67 68 69 70 71
电路代码，用以标志电路图中线路定位
搭铁点代号在电路图下方可查到该代号的搭铁点在汽车上的位置

图 8-29 大众汽车电路原理识读示意图

图中：

①—搭铁点，在发动机控制单元旁的车身上

Ⓐ2—正极接线，在发动机线束内

T8a—发动机线束与发动机右线束插头连接，8 针，在发动机中间支架上

Ⓒ2—在发动机右线束内

S123—喷油器、空气流量计、AKF 阀、氧传感器加热元件熔丝

N30—第一缸喷油器

N31—第二缸喷油器

N32—第三缸喷油器

N33—第四缸喷油器

T80—发动机线束，发动机右线束与发动机控制单元插头连接，80 针，在发动机控制单元上

J220—Motroic 发动机控制单元

S5—燃油泵熔丝

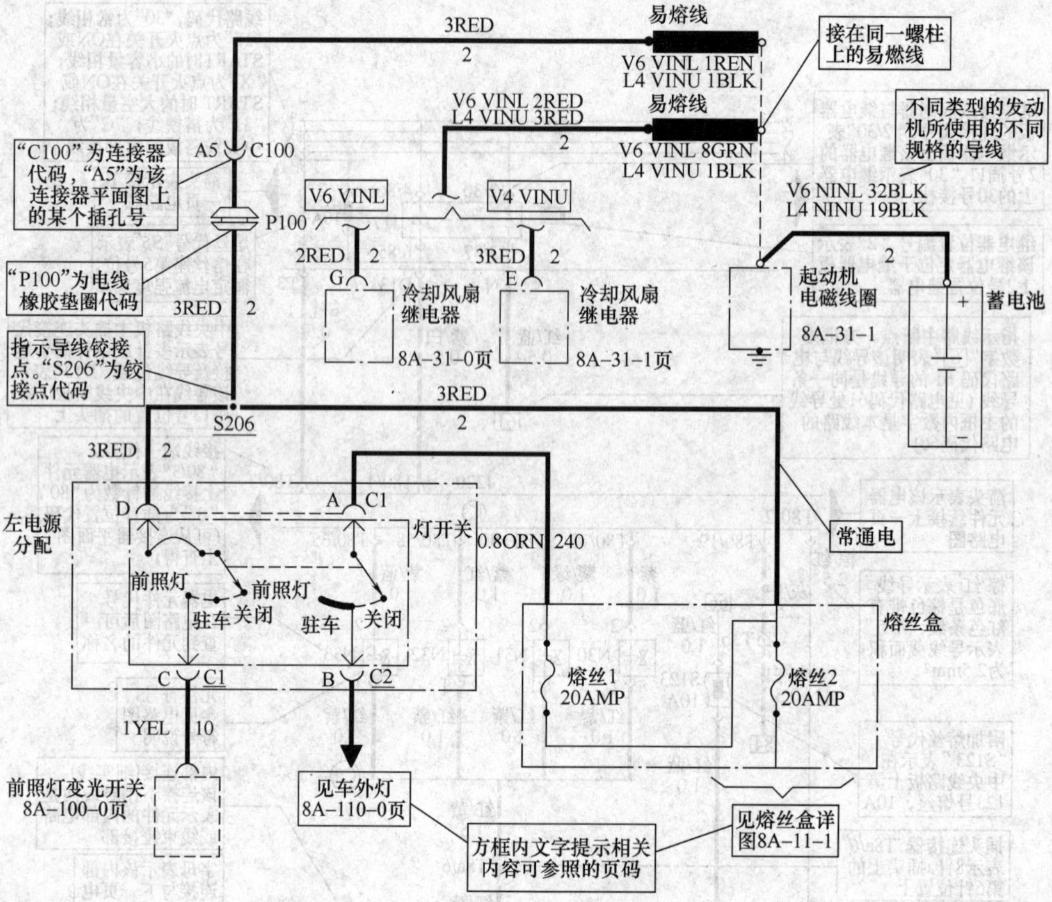

3RED 2
易熔线
V6 VINL 1REN
L4 VINU 1BLK
接在同一螺柱上的易燃线
V6 VINL 2RED
L4 VINU 3RED
易熔线
2
V6 VINL 8GRN
L4 VINU 1BLK
不同类型的发动机所使用的不同规格的导线
A5 C100
"C100"为连接器代码，"A5"为该连接器平面图上的某个插孔号
V6 VINL
V4 VINU
V6 NINL 32BLK
L4 NINU 19BLK
P100
"P100"为电线橡胶垫圈代码
2RED 2
G
冷却风扇继电器
8A-31-0页
3RED 2
E
冷却风扇继电器
8A-31-1页
2
起动机电磁线圈
8A-31-1
蓄电池
3RED 2
指示导线铰接点。"S206"为铰接点代码
3RED
2
S206
3RED 2
D
A C1
左电源分配
灯开关
0.8ORN 240
常通电
前照灯
前照灯
驻车 关闭
驻车 关闭
熔丝盒
熔丝1 20AMP
熔丝2 20AMP
C C1
B C2
1YEL 10
前照灯变光开关
8A-100-0页
见车外灯
8A-110-0页
方框内文字提示相关内容可参照的页码
见熔丝盒详图8A-11-1

图 8-30 通用汽车电源分配简图识读

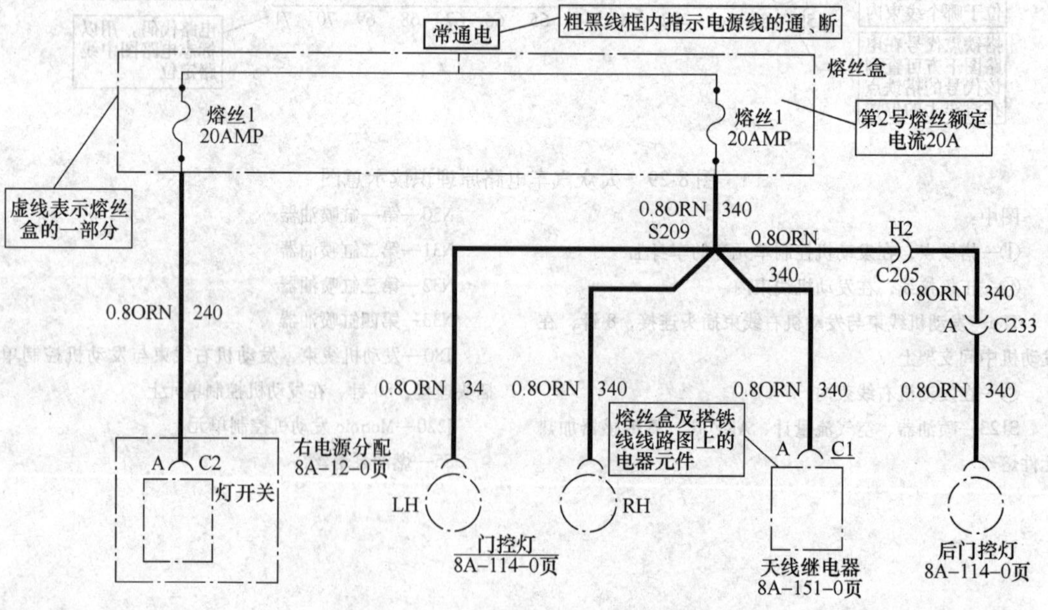

常通电
粗黑线框内指示电源线的通、断
熔丝盒
熔丝1 20AMP
熔丝1 20AMP
第2号熔丝额定电流20A
虚线表示熔丝盒的一部分
0.8ORN 340
S209
0.8ORN
340
H2
C205
0.8ORN 340
A C233
0.8ORN 240
0.8ORN 34
0.8ORN 340
0.8ORN 340
0.8ORN 340
熔丝盒及搭铁线线路图上的电器元件
A C2
右电源分配
8A-12-0页
灯开关
A C1
LH
RH
门控灯
8A-114-0页
天线继电器
8A-151-0页
后门控灯
8A-114-0页

图 8-31 通用汽车熔丝盒详图识读

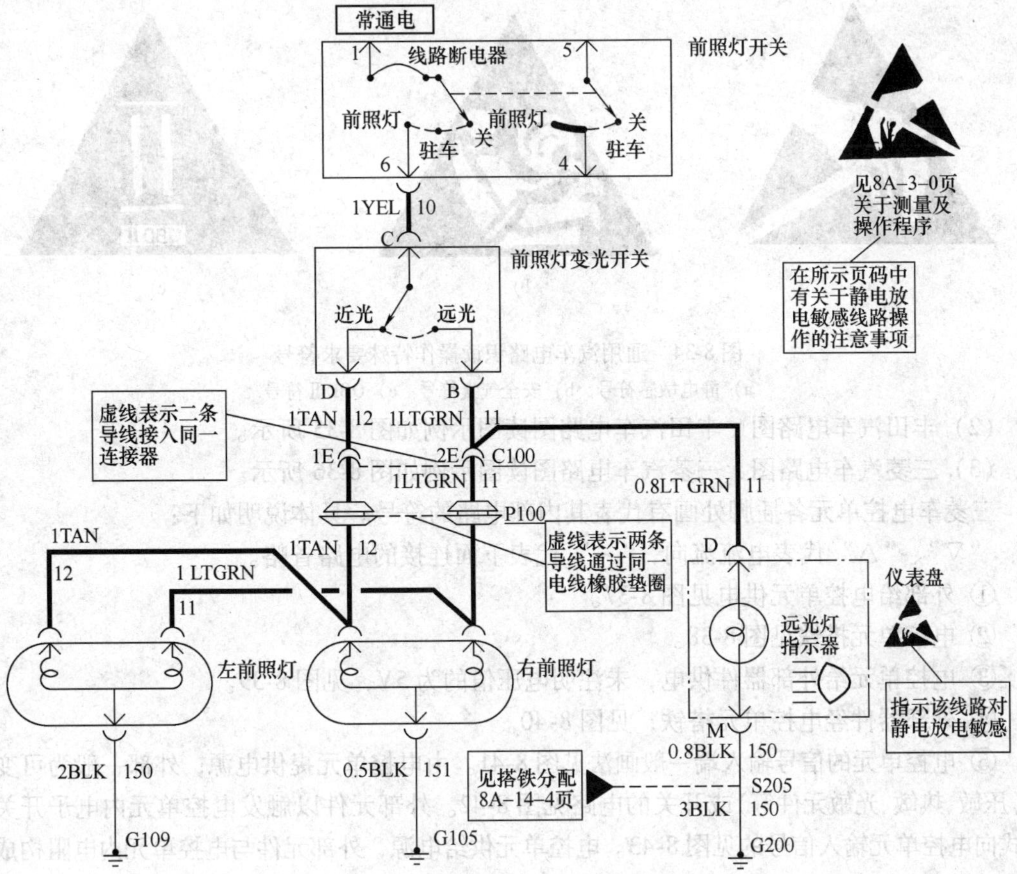

常通电
前照灯开关
1
线路断电器
5
前照灯
驻车
关
前照灯
关
驻车
6
4
1YEL
10
C
前照灯变光开关
近光
远光
D
B
1TAN
12
1LTGRN
11
虚线表示二条导线接入同一连接器
1E
2E
C100
1LTGRN
11
0.8LT GRN
11
P100
虚线表示两条导线通过同一电线橡胶垫圈
1TAN
12
1TAN
12
1 LTGRN
11
D
仪表盘
左前照灯
右前照灯
远光灯指示器
指示该线路对静电放电敏感
M
2BLK
150
0.5BLK
151
0.8BLK
150
见搭铁分配8A-14-4页
S205
3BLK
150
G109
G105
G200
见8A-3-0页关于测量及操作程序
在所示页码中有关于静电放电敏感线路操作的注意事项

图 8-32　通用汽车系统电路图识读

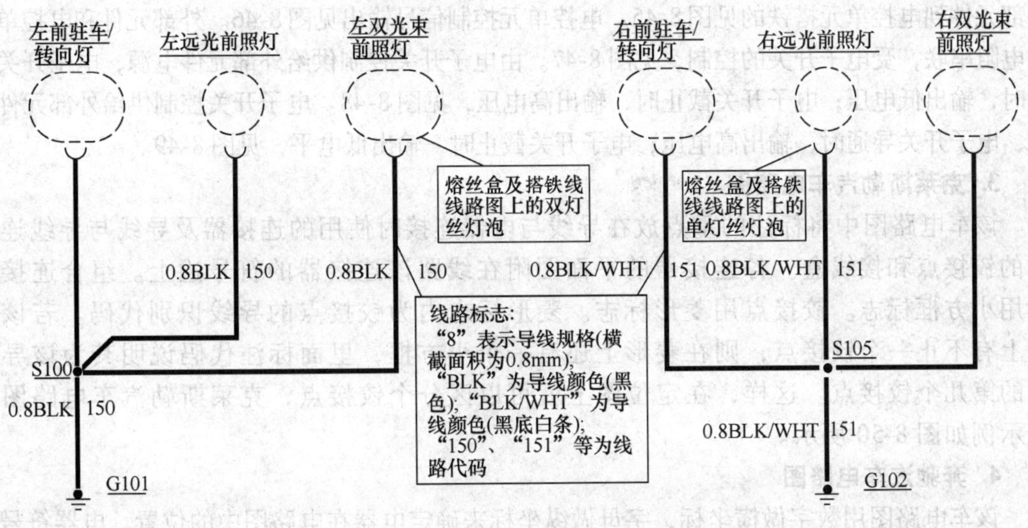

图 8-33　通用汽车搭铁电路图识读

a)

b)

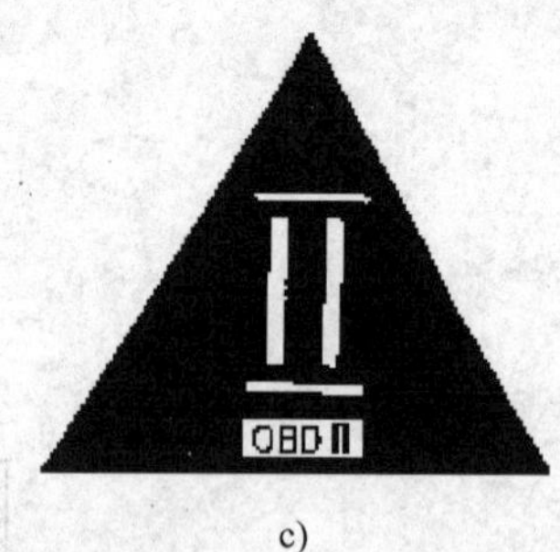

c)

图 8-34　通用汽车电路识读操作特殊要求符号
a）静电敏感符号　b）安全气囊符号　c）OBDⅡ符号

（2）丰田汽车电路图　丰田汽车电路图读图示例如图 8-35 所示。

（3）三菱汽车电路图　三菱汽车电路图读图示例如图 8-36 所示。

三菱车电控单元各插脚处画有代表其内部电路的符号。具体说明如下：

"▽"、"△"代表电流流向，"～"代表下面连接的电路省略。

① 外部给电控单元供电见图 8-37。

② 电控单元搭铁见图 8-38。

③ 电控单元给外部器件供电，未注明电压值的为 5V，见图 8-39。

④ 外部器件经电控单元搭铁，见图 8-40。

⑤ 电控单元的信号输入端一般画法见图 8-41。由电控单元提供电源，外部一般为可变电阻(压敏、热敏、光敏元件等)或开关的电路见图 8-42。外部元件以触发电控单元内电子开关的形式向电控单元输入信号的见图 8-43。电控单元供给电源，外部元件与电控单元内电阻构成串联电路，外部元件以触发电控单元内电子开关的形式向电控单元输入信号的见图 8-44。

⑥ 电控单元控制外部器件工作，电控单元通过电子开关控制外部元件电路的接通和断开，外部元件到电控单元搭铁的见图 8-45。电控单元控制信号输出见图 8-46。外部元件和电控单元内电阻串联，受电子开关的控制，见图 8-47。由电子开关控制供给外部元件电源，电子开关导通时，输出低电压；电子开关截止时，输出高电压，见图 8-48。电子开关控制供给外部元件电源，电子开关导通时，输出高电压；电子开关截止时，输出低电平，见图 8-49。

3. 克莱斯勒汽车电路图

该车电路图中将标注的重点放在导线与电器连接时使用的连接器及导线与导线连接时的铰接点和接线盒。各连接器的平面图附在线路该连接器的符号边上。组合连接器的用小方框标志。铰接点用菱形标志。菱形标志内为铰接点的导线识别代码。若该导线上有不止一个铰接点，则在菱形上还有一个小方框，里面标注代码说明其为该导线上的第几个铰接点。这样，在定位图上就可以区分个铰接点，克莱斯勒汽车电路图读图示例如图 8-50 所示。

4. 奔驰汽车电路图

该车电路图用数字做横坐标，字母做纵坐标来确定电器在电路图中的位置。电器符号用代码及文字标注。代码前部是字母，表示电器种类如：A 为仪表，B 为传感器，C 为电容，E 为灯，F 为熔丝，G 为蓄电池或发电机，H 为喇叭扬声器，K 为继电器，L 为转速、速度传感器，M 为电动机，N 为控制单元，R 为电阻或火花塞，S 为开关，T 为点火线圈，W 为搭铁

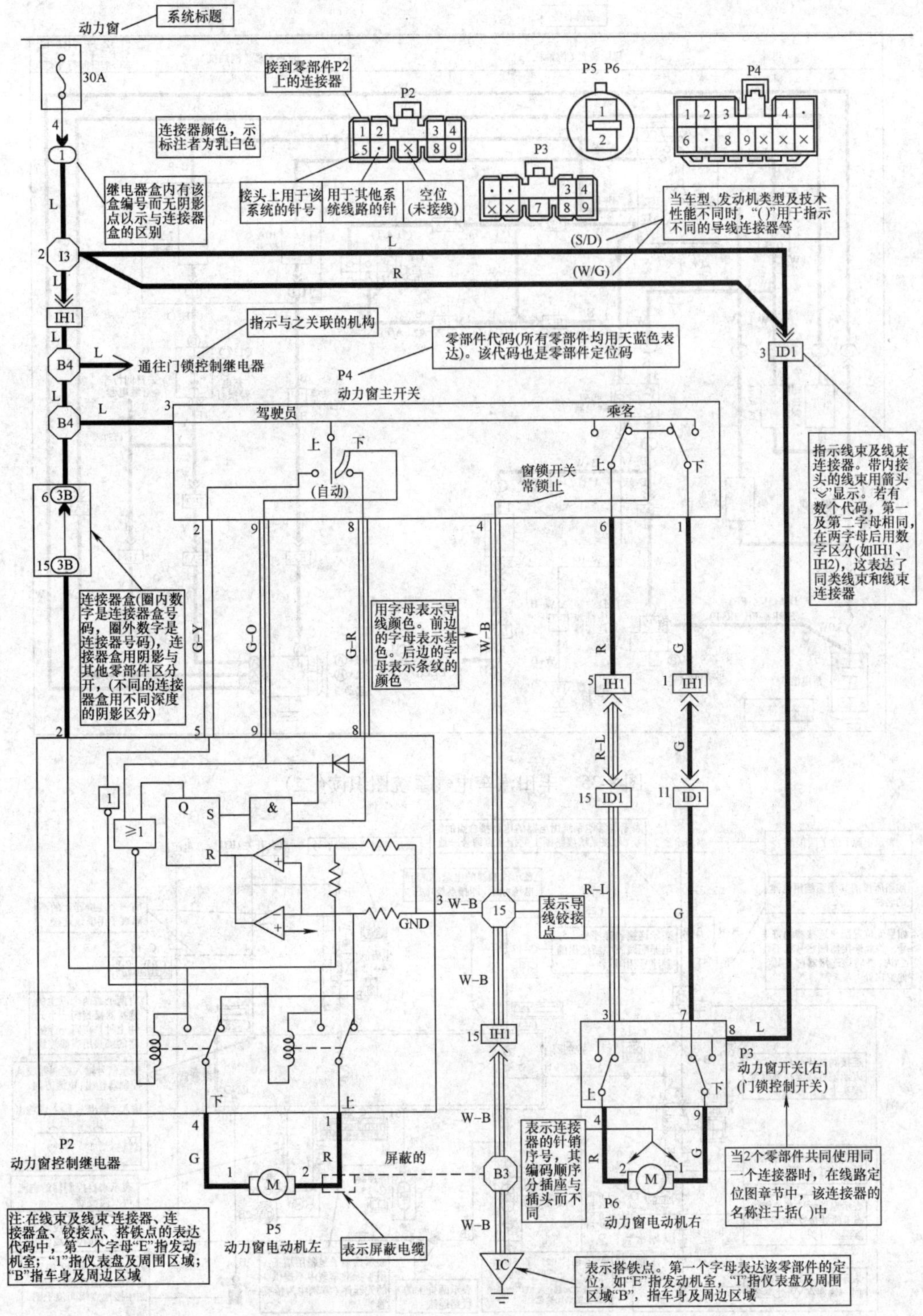

动力窗 系统标题

30A

接到零部件P2上的连接器

P2

连接器颜色，示标注者为乳白色

接头上用于该系统的针号

用于其他系统线路的针

空位(未接线)

P3

P5 P6

P4

继电器盒内有该盒编号而无阴影点以示与连接器盒的区别

当车型、发动机类型及技术性能不同时，"()"用于指示不同的导线连接器等

(S/D)

(W/G)

指示与之关联的机构

通往门锁控制继电器

零部件代码(所有零部件均用天蓝色表达)。该代码也是零部件定位码

P4

动力窗主开关

驾驶员

乘客

上 下

(自动)

窗锁开关常锁止

指示线束及线束连接器。带内接头的线束用箭头"≫"显示。若有数个代码，第一及第二字母相同，在两字母后用数字区分(如IH1、IH2)，这表达了同类线束和线束连接器

连接器盒(圈内数字是连接器盒号码，圈外数字是连接器号码)，连接器盒用阴影与其他零部件区分开，(不同的连接器盒用不同深度的阴影区分)

用字母表示导线颜色。前边的字母表示基色。后边的字母表示条纹的颜色

表示导线铰接点

GND

P3

动力窗开关[右]

(门锁控制开关)

P2

动力窗控制继电器

屏蔽的

表示连接器的针销序号，其编码顺序分插座与插头而不同

当2个零部件共同使用同一个连接器时，在线路定位图章节中，该连接器的名称注于括( )中

P5

动力窗电动机左

表示屏蔽电缆

P6

动力窗电动机右

注:在线束及线束连接器、连接器盒、铰接点、搭铁点的表达代码中，第一个字母"E"指发动机室；"I"指仪表盘及周围区域；"B"指车身及周边区域

表示搭铁点。第一个字母表达该零部件的定位，如"E"指发动机室，"I"指仪表盘及周围区域"B"，指车身及周边区域

图 8-35 丰田汽车电气系统图识读(一)

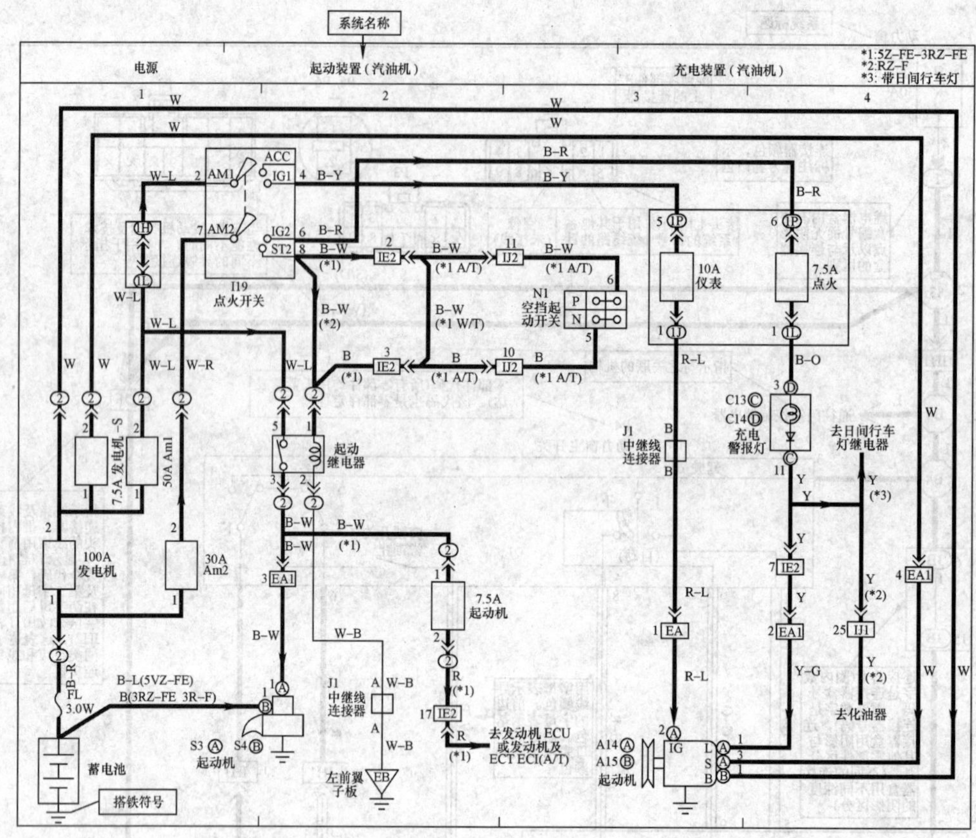

图 8-35　丰田汽车电气系统图识读(二)

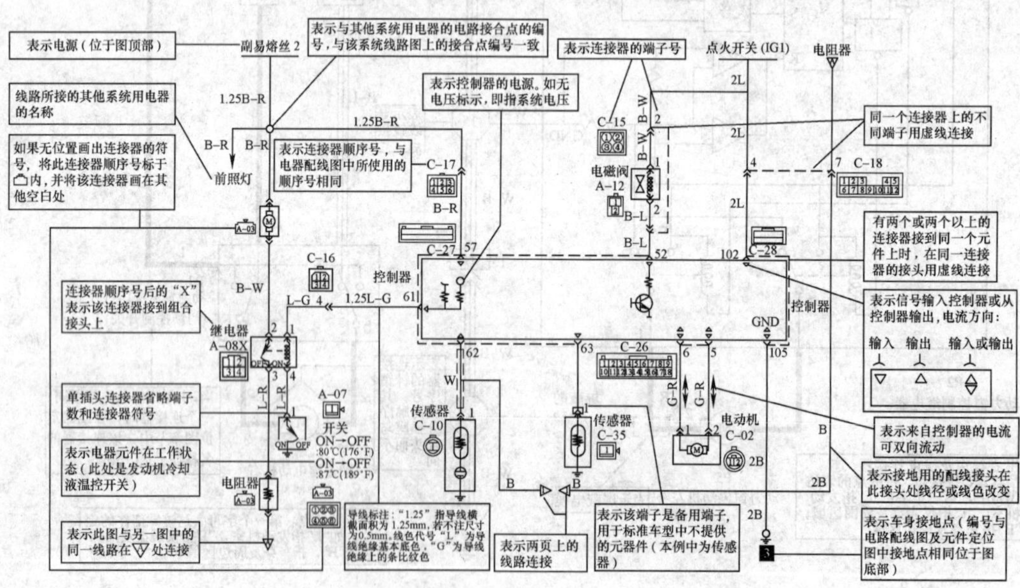

图 8-36　三菱汽车电路图识读

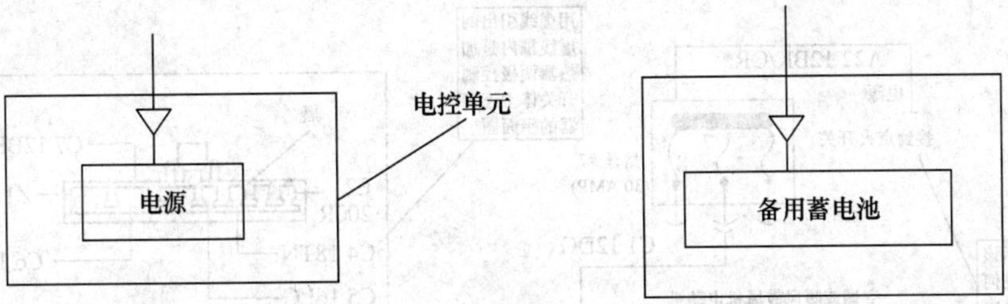

电控单元

电源

备用蓄电池

图 8-37　外部电源向电控单元供电

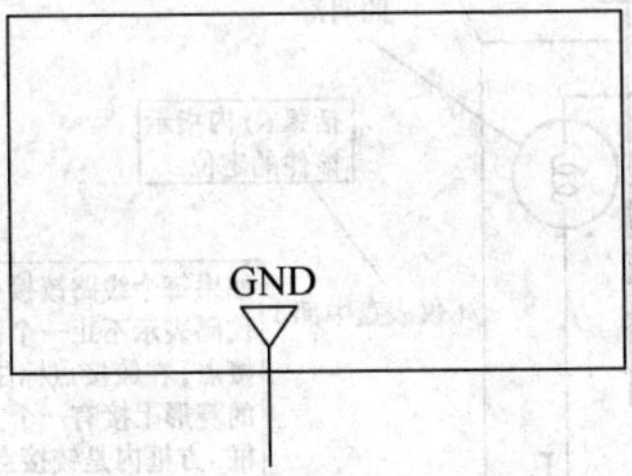

GND

图 8-38　电控单元搭铁

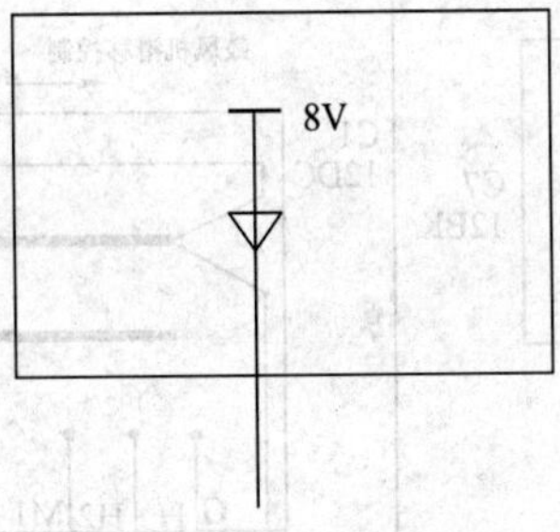

8V

图 8-39　电控单元向外供电

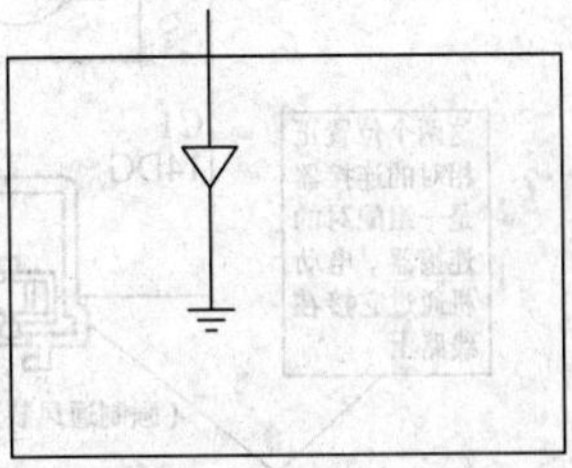

图 8-40　外部器件经电控单元搭铁

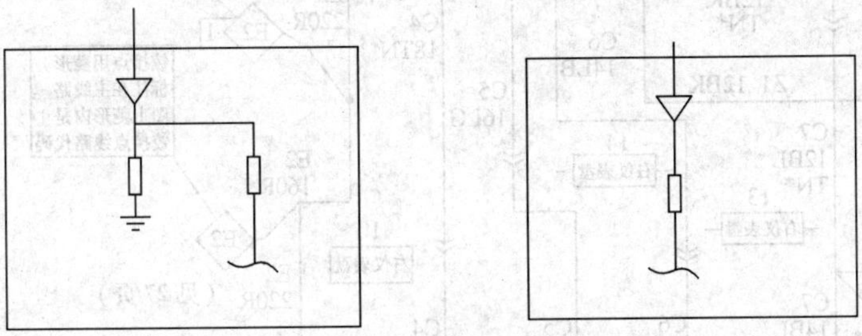

图 8-41　信号输入端

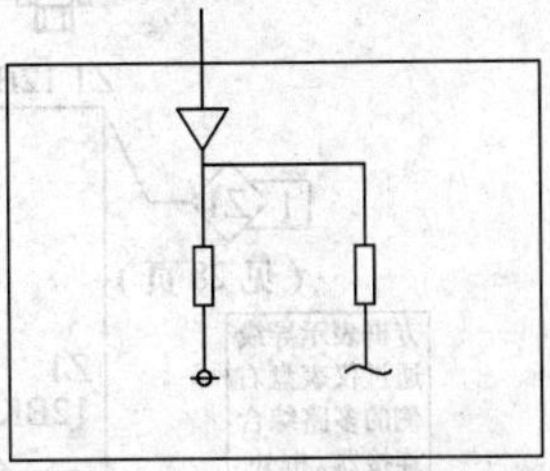

图 8-42　电控单元提供电源

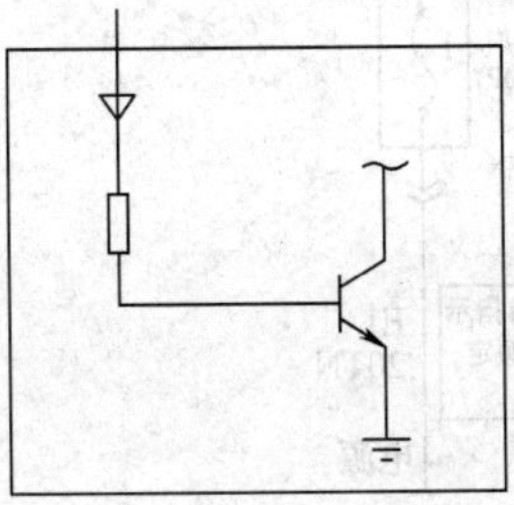

图 8-43　电控单元内部电子开关

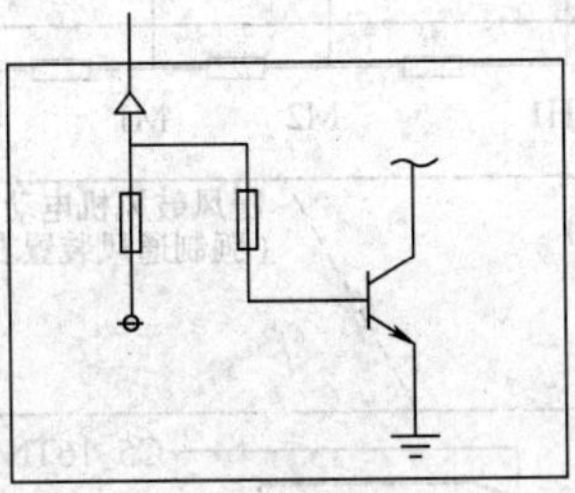

图 8-44　电子开关接受输入信号

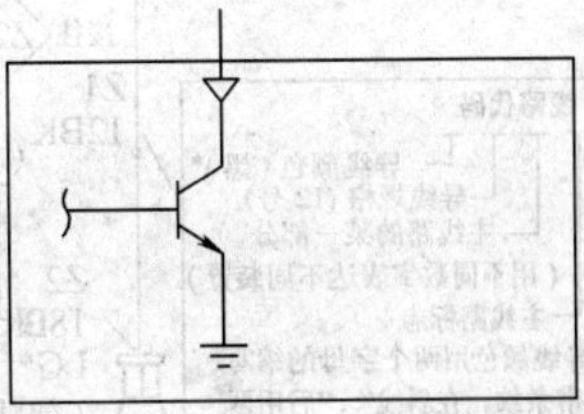

图 8-45　电控单元提供搭铁线路

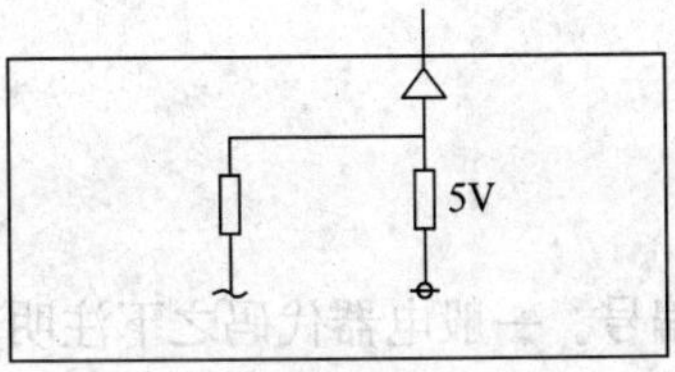

5V

图 8-46　电控单元控制信号输出图

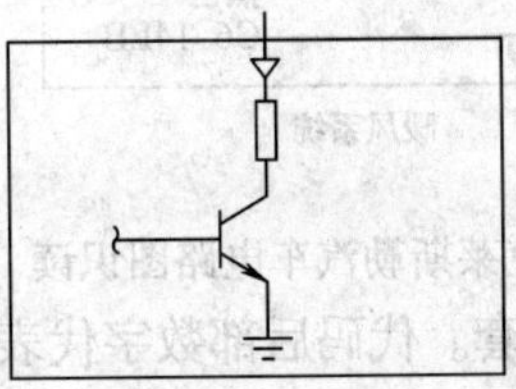

图 8-47　电控单元控制电路电阻

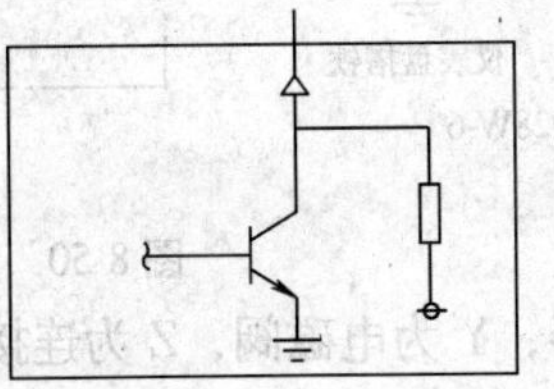

图 8-48　电控单元控制电路电压

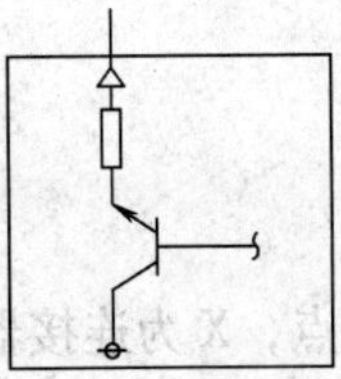

图 8-49　电控单元控制电路电压

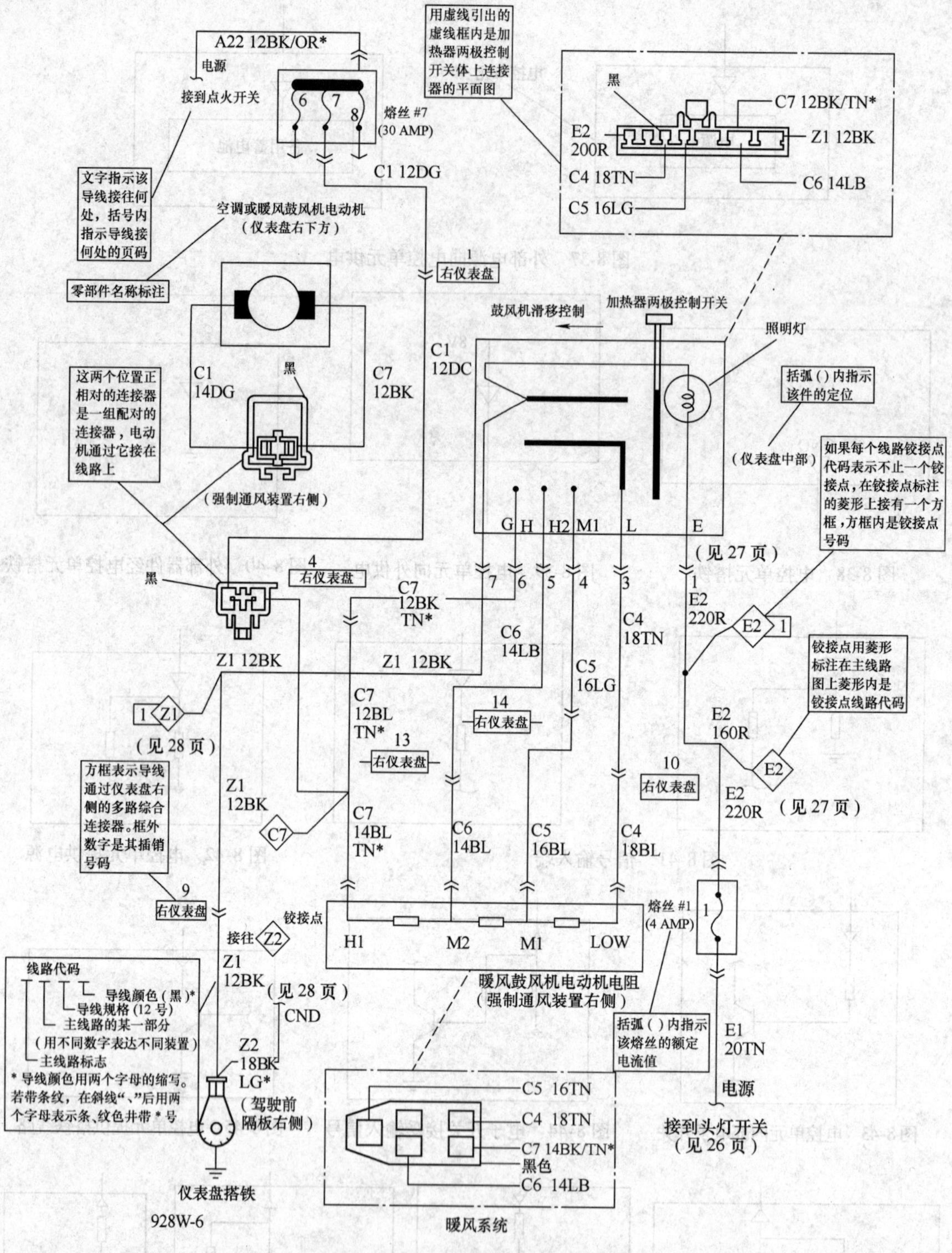

A22 12BK/OR*
电源
接到点火开关
6 7 8
熔丝 #7
(30 AMP)
C1 12DG
文字指示该导线接往何处，括号内指示导线接何处的页码
空调或暖风鼓风机电动机
（仪表盘右下方）
零部件名称标注
1
右仪表盘
用虚线引出的虚线框内是加热器两极控制开关体上连接器的平面图
黑
C7 12BK/TN*
E2
200R
Z1 12BK
C4 18TN
C6 14LB
C5 16LG
鼓风机滑移控制
加热器两极控制开关
照明灯
C1
12DC
C1
14DG
黑
C7
12BK
这两个位置正相对的连接器是一组配对的连接器，电动机通过它接在线路上
（强制通风装置右侧）
括弧()内指示该件的定位
（仪表盘中部）
如果每个线路铰接点代码表示不止一个铰接点，在铰接点标注的菱形上接有一个方框，方框内是铰接点号码
G H H2 M1 L E
（见 27 页）
4
右仪表盘
黑
7 6 5 4 3
C7
12BK
TN*
C6
14LB
C4
18TN
1
E2
220R
E2 1
Z1 12BK
Z1 12BK
C5
16LG
1 Z1
（见 28 页）
C7
12BL
TN*
14
右仪表盘
13
右仪表盘
铰接点用菱形标注在主线路图上菱形内是铰接点线路代码
E2
160R
E2
E2
220R
（见 27 页）
方框表示导线通过仪表盘右侧的多路综合连接器。框外数字是其插销号码
Z1
12BK
C7
C7
14BL
TN*
C6
14BL
C5
16BL
10
右仪表盘
C4
18BL
9
右仪表盘
铰接点
接往 Z2
H1 M2 M1 LOW
熔丝 #1
(4 AMP)
1
线路代码
导线颜色（黑）*
导线规格（12 号）
主线路的某一部分
（用不同数字表达不同装置）
主线路标志
*导线颜色用两个字母的缩写。若带条纹，在斜线“、”后用两个字母表示条，纹色并带 * 号
Z1
12BK
（见 28 页）
CND
Z2
18BK
LG*
（驾驶前隔板右侧）
暖风鼓风机电动机电阻
（强制通风装置右侧）
括弧()内指示该熔丝的额定电流值
E1
20TN
电源
接到头灯开关
（见 26 页）
C5 16TN
C4 18TN
C7 14BK/TN*
黑色
C6 14LB
仪表盘搭铁
928W-6
暖风系统

图 8-50 克莱斯勒汽车电路图识读

点，X 为连接器，Y 为电磁阀，Z 为连接套。代码后部数字代表编号。一般电器代码之下注明电器名称。连接器(字母 X)、搭铁点(字母 W)仅有代码不注明文字。有时也会出现如 M1 标注的搭铁点，是代码为 M1 的电动机本身壳体搭铁。奔驰汽车电路图读图示例如图 8-51 所示。

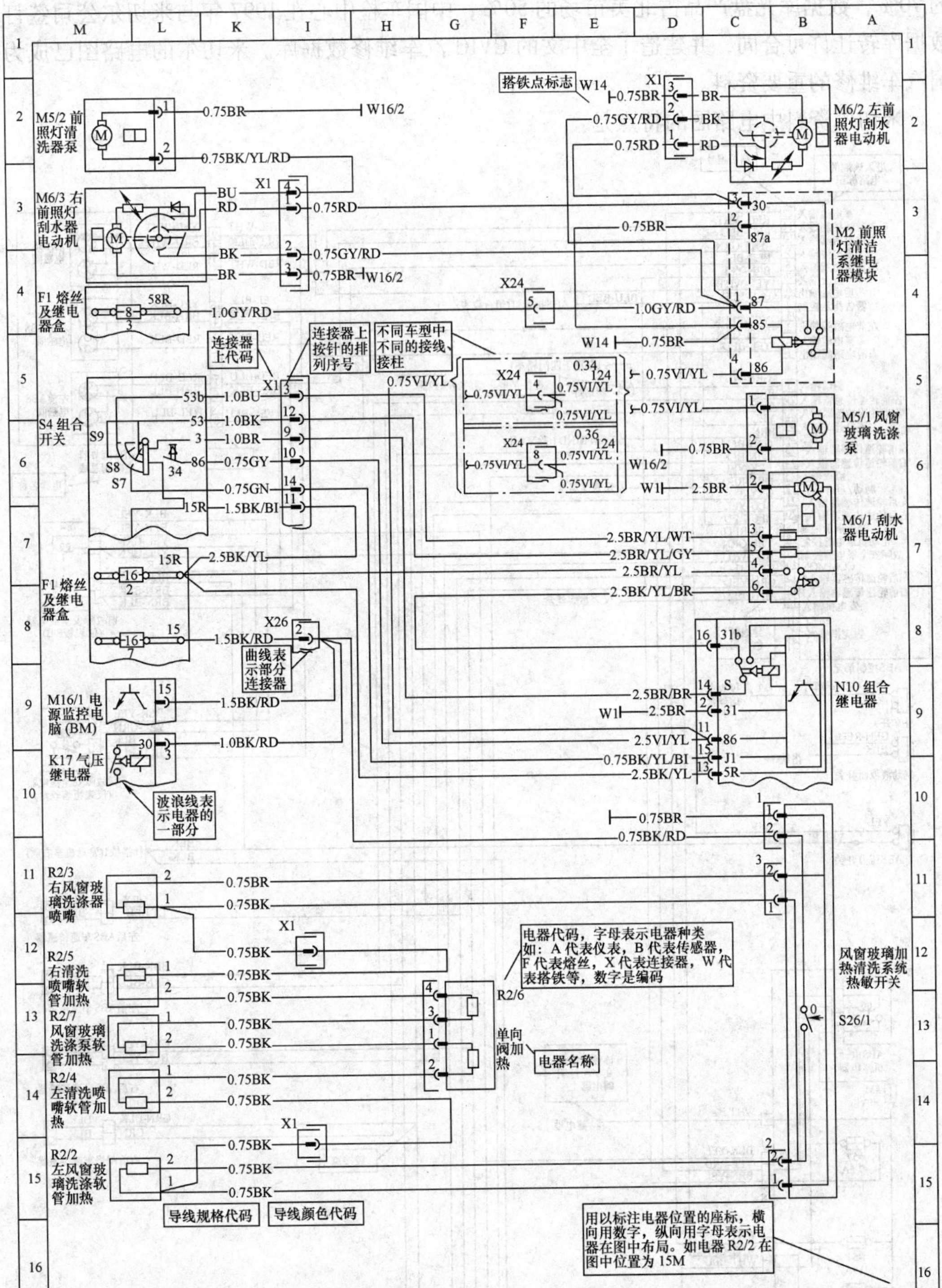

图 8-51 奔驰汽车电路图识读

5. 米切尔汽车电路图

米切尔(Mitchell)公司是北美著名的汽车维修资料供应商，其汽车书籍产品占北美市场的70%，数据库光盘产品占北美市场的50%，中国车检中心在1997年与米切尔公司签订了数据库转让许可合同，并建造了全中文的CVIC汽车维修数据库。米切尔的电路图已成为中国汽车维修的重要资料。

米切尔资料中电路图的特点是：

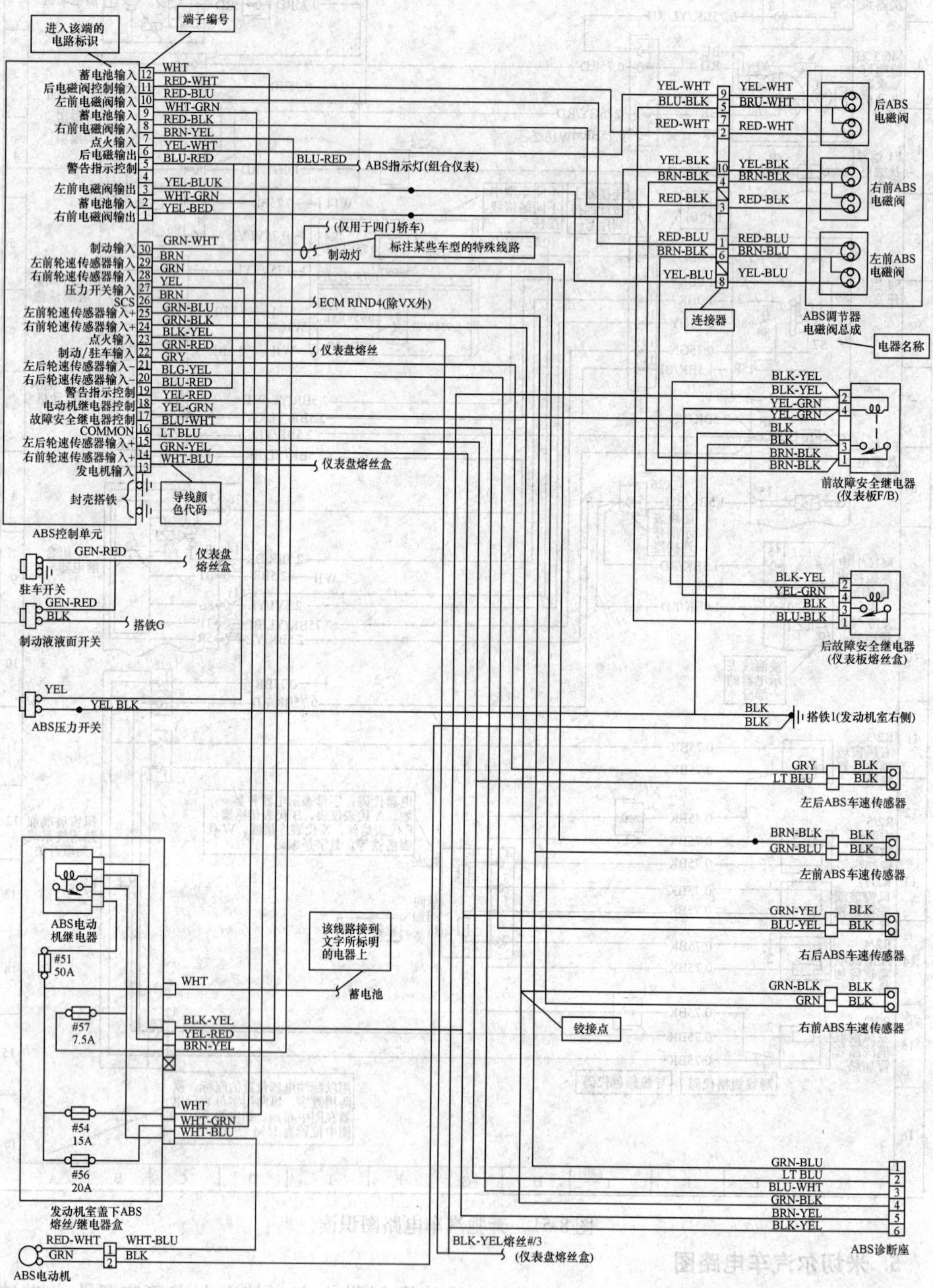

进入该端的电路标识
端子编号
蓄电池输入 12 WHT
后电磁阀控制输入 11 RED-WHT
左前电磁阀输入 10 RED-BLU
蓄电池输入 9 WHT-GRN
右前电磁阀输入 8 RED-BLK
点火输入 7 BRN-YEL
后电磁输出 6 YEL-WHT
警告指示控制 5 BLU-RED
4
左前电磁阀输出 3 YEL-BLUK
蓄电池输入 2 WHT-GRN
右前电磁阀输出 1 YEL-BED
制动输入 30 GRN-WHT
左前轮速传感器输入 29 BRN
右前轮速传感器输入 28 GRN
压力开关输入 27 YEL
SCS 26 BRN
左前轮速传感器输入+ 25 GRN-BLU
右前轮速传感器输入+ 24 GRN-BLK
点火输入 23 BLK-YEL
制动/驻车输入 22 GRN-RED
左后轮速传感器输入- 21 GRY
右后轮速传感器输入- 20 BLG-YEL
警告指示控制 19 BLU-RED
电动机继电器控制 18 YEL-RED
故障安全继电器控制 17 YEL-GRN
COMMON 16 BLU-WHT
左后轮速传感器输入+ 15 LT BLU
右后轮速传感器输入+ 14 GRN-YEL
发电机输入 13 WHT-BLU
封壳搭铁
导线颜色代码
ABS控制单元
BLU-RED ABS指示灯(组合仪表)
(仅用于四门轿车)
制动灯
标注某些车型的特殊线路
ECM RIND4(除VX外)
仪表盘熔丝
仪表盘熔丝盒
YEL-WHT 9 YEL-WHT
BLU-BLK 5 BRU-WHT
RED-WHT 7 2 RED-WHT
后ABS电磁阀
YEL-BLK 10 YEL-BLK
BRN-BLK 4 BRN-BLK
RED-BLK 3 RED-BLK
右前ABS电磁阀
RED-BLU 1 RED-BLU
BRN-BLK 6 BRN-BLU
YEL-BLU 8 YEL-BLU
左前ABS电磁阀
连接器
ABS调节器电磁阀总成
电器名称
BLK-YEL BLK-YEL YEL-GRN YEL-GRN BLK BLK BRN-BLK BRN-BLK
前故障安全继电器(仪表板F/B)
BLK-YEL YEL-GRN BLK BLU-BLK
后故障安全继电器(仪表板熔丝盒)
GEN-RED 仪表盘熔丝盒
驻车开关
GEN-RED BLK 搭铁G
制动液液面开关
YEL YEL BLK
ABS压力开关
BLK BLK 搭铁1(发动机室右侧)
GRY BLK LT BLU BLK
左后ABS车速传感器
BRN-BLK BLK GRN-BLU BLK
左前ABS车速传感器
GRN-YEL BLK BLU-YEL BLK
右后ABS车速传感器
GRN-BLK BLK GRN BLK
右前ABS车速传感器
铰接点
ABS电动机继电器
#51 50A
WHT
该线路接到文字所标明的电器上
蓄电池
#57 7.5A
BLK-YEL YEL-RED BRN-YEL
#54 15A
WHT WHT-GRN WHT-BLU
#56 20A
发动机室盖下ABS熔丝/继电器盒
RED-WHT GRN 1 2 WHT-BLU BLK
ABS电动机
BLK-YEL熔丝#/3 (仪表盘熔丝盒)
GRN-BLU 1
LT BLU 2
BLU-WHT 3
GRN-BLK 4
BRN-YEL 5
BLK-YEL 6
ABS诊断座

图8-52 米切尔电路图识读

1）米切尔电路图包括了美国、欧洲、亚洲主要汽车制造厂的电路图，按照统一的格式和电器符号绘制，便于使用。

2）在电控系统电路图中，以电控单元为中心，电控单元的各插脚按照代码依次排列，电控单元周围的元件大致是电源部分在图上方，搭铁部分在图下方。

3）电器元件一般在四周，中间为导线。

米切尔电路图读图示例如图8-52所示。

本项目小结

1. 目前汽车电路图表达形式有多种，但归纳起来，主要有电气线路图、电路原理图、线路定位图三类。

2. 布线图主要用来表明电线束与各电器的连接部位，接线柱的标记、插接器的形状及位置等。它是人们在汽车上能够实际接触到的汽车电路图。

3. 电路原理图是以电路连接最短、最清晰为原则布置图面，重点表达各电气系统电路的工作原理，且基本表示出电气设备内部电路。

4. 线束图是根据汽车线束在汽车上的布置、分段以及各分支导线端口的具体连接情况而绘制的电路图，其重点反映的是已制成的线束外形，组成线束各导线的规格大小、长度和颜色，各分支导线端口所连接的电气设备的名称、连接端子和护套的具体型号，线束各主要部分的长度等。

5. 汽车电路的基本特点是：单线制、负极搭铁、各用电器互相并联。识读汽车电路图要纵观“全车”，眼盯“局部”——由“集中”到“分散”，并且要牢记电气图形符号，牢记回路。

6. 汽车线路和一般电路一样，也是由电源、熔断装置、继电器、负载(用电设备)、导线、开关等组成。熔断装置用于保护电气线路和用电设备；继电器利用电磁感应原理以较小的电流来控制较大电流。

7. 汽车电路常见的故障有断路(开路)、短路、搭铁等，汽车电器故障诊断常用的检测工具有：跨接线、试灯、试电笔、万用表(指针式、数字式)、示波器、点火正时灯等。

8. 汽车线路故障的常用诊断与检修方法主要有：直观法、刮火法、试灯法、短路法、断路法、替换法以及流程法等几种。

9. 汽车电路图识读。

练习与思考

一、填空

1. 布线图主要用来表明________与________的连接部位，接线柱的标记、插接器的形状及位置等。

2. 线束图是根据汽车线束在汽车上的________、________以及各分支导线端口的具体________情况而绘制的电路图。

3. 汽车电路的基本特点是：________、________、各用电器________。

4. 汽车上常用的熔断装置主要有________、________和________等几种。

二、判断

1. 局部的汽车电路原理图中电气设备少、幅面小，看起来简单明了，易读易懂。( )

2. 汽车电路中熔丝熔断后只需更换新的便可。( )

3. 汽车上的继电器是利用低电压控制高电压。( )

4. 示波器可检测点火系的高压波形。( )

三、问答

1. 汽车电路常见的故障有哪些？试分析各种故障的原因。

2. 汽车电路图的种类有哪些？各有何特点？

参 考 文 献

[1] 白峭，张凯良，张西振. 丰田轿车结构与维修[M]. 沈阳：辽宁科学技术出版社，1999.

[2] 裘玉白. 汽车电气设备[M]. 北京：人民交通出版社，2001.

[3] 张春化，蹇小平. 汽车电器与电路[M]. 北京：人民邮电出版社，2005.

[4] 郭远辉. 汽车车身电气及附属电气设备检修[M]. 北京：人民交通出版社，2005.

[5] 李春明. 汽车电气设备与维修[M]. 北京：高等教育出版社，2007.

[6] 张茂国. 汽车电气设备构造与维修[M]. 北京：人民交通出版社，2007.

[7] 张茂国. 汽车电气构造与维修[M]. 北京：人民交通出版社，2007.

[8] 林文工. 汽车发动机维修工作页[M]. 北京：人民交通出版社，2007.

[9] 郝军. 汽车电器实训[M]. 北京：机械工业出版社，2009.